U0932529

教育部人文社会科学研究一般项目

美国崛起之政治经济学分析

1865—1945

张　爽◎著

时事出版社

图书在版编目（CIP）数据

美国崛起之政治经济学分析（1865/1945）/张爽著．—北京：时事出版社，2012.10

ISBN 978-7-80232-556-2

Ⅰ.①美… Ⅱ.①张… Ⅲ.①政治制度史—研究—美国—1865～1945 ②经济史—美国—1865～1945 Ⅳ.①D771.29 ②F171.29

中国版本图书馆 CIP 数据核字（2012）第 225986 号

出 版 发 行：时事出版社
地　　　址：北京市海淀区巨山村 375 号
邮　　　编：100093
发 行 热 线：（010）82546061　82546062
读者服务部：（010）61157595
传　　　真：（010）82546050
电 子 邮 箱：shishichubanshe@sina.com
网　　　址：www.shishishe.com
印　　　刷：北京百善印刷厂

开本：787×1092　1/16　印张：33.75　字数：470 千字
2012 年 12 月第 1 版　2012 年 12 月第 1 次印刷
定价：86.00 元

目　录

引　言

作为一个年轻的国家，美国的崛起之快、崛起之成功让人不能不为之惊叹。1776 年才独立的美国到 1894 年就已经成为世界第一经济大国，又过了半个世纪，美国就成为世界头等强国，而且其霸权到今天也未看到有完全衰落的迹象。美国是如何崛起的就必然成为无数学者最感兴趣的一个话题。然而学者们的研究每深入一次，就有一些新的疑问等待着人们的回答。诚如张宇燕先生所言：由于不同学科“历史每讲一遍，都会有所改变。那些长久令人困惑和兴奋的历史谜题似乎永远不甘屈从于唯一的谜底”。

由于不同学科对“崛起”这个概念的理解不同，所以学者对美国是如何崛起的，给出的答案就大不相同。经济学里对崛起的理解是经济超长期增长。因此经济学学者对美国崛起的研究的目的和兴趣在于了解美国是如何保持经济长期增长，从而快速实现工业化，让美国成为一个现代化国家的。它主要关注的是繁荣的问题。[①] 但是保持经济长期增长，成为一个繁荣的国家，并不意味着能在国际社会中具有强大的影响力，在国际舞台上发挥主导作用，比如新加坡的经济也保持着长期增长，但是没有哪个国家给予它高度关注，把它看作是一个崛起国。而在政治学和历史学的研究里，崛起的含义是与其他国家相比，国际地位的提高，也就是一个国家与其他国家

① 有些学者如张宇燕先生认为，所谓超长期应该有 30 年时间。不过对于美国来说这个问题有些复杂，因为美国从来没有过保持经济 30 年增长的记录，每隔一段时间就要出现一次经济危机。

相比其实力差距迅速缩小或拉大，从而对整个国际秩序和世界格局产生重大影响。[①] 对美国崛起的研究的目的和兴趣在于美国是如何影响和塑造国际格局，成为世界霸权国的。这是一个关于强盛的问题。然而强盛并不能说明这个国家在国际社会中真正崛起了。近代以来，先后有一些国家凭借强大的军事实力在国际社会中成为有影响的大国，但是由于国家经济不能保持长期增长，同时无法建立一个健全、整治、蓬勃有生机的国家而衰落下去，诸如战前的日本、战后的苏联等。因此本书认为大国崛起应该包含两方面的内容：繁荣和强盛。这就是本书研究的中心问题，即是什么因素导致美国成为既繁荣又强盛的国家。

一、历史学的解释

对美国崛起的论述和研究，早在19世纪末就开始了，最先从事这方面研究的是历史学者。1893年美国著名历史学家特纳在《开发地区边缘在美国历史发展中意义》的著名演说中认为，美国人生活中一直具有一种扩张的特性，他认为，向外扩展对美国民族天定命运世界观的形成起了重大的作用。[②] 据美国历史学家弗雷德里克·默克的研究，“天定命运”早在19世纪40年代中期就已经出现。“一种名称上、号召力上和理论上新奇的扩张主要形式在美国出现，它就是‘天定命运’……它意味着上天预先安排的向未明白确定的地区扩张。”[③] 当时《民主评论》杂志的主编约翰·L. 奥沙利文首次使用了这个词。不过把这个观念作为美国扩张的根源的研究始于特纳，

---

① 阎学通、孙学峰等：《中国崛起及其战略》，北京大学出版社2005年版，第2页。

② F. Turner，Thesignificance of the Frontier in American History，in Frontier in American History 1 — 38，p. 213，316. F. Turner，Frontier in American History，pp. 219，246.

③ Frederick Merk，*Manifest Destiny and Mission in American History*：*A Reinterpretation*，New York，1963，p. 24.

特纳从经济与民族特性的角度对美国崛起与扩张的解释对在这之后的美国学者影响巨大。

在这之后，一部分学者努力从意识形态的角度理解美国的对外扩张。最有名的当属艾伯特·K. 温伯格。他于 1935 年在其经典著作《天定命运：美国历史上民族主义的扩张主义研究》中认为，天定命运是美国扩张主义的重要源泉。“天定命运的权力要求我们为进行自由的伟大试验和联合自治政府的发展而开拓和占有上帝赋予我们的整个大陆。这就是我们的要求。”① 美国学者保罗·麦卡尼在《权力与进步》一书里也认为：“有一种天命主宰和指导着美国的扩张，这种思想在我们的民族意识里面。简直很少有不在一起的时候。”②

意识形态毫无疑问对美国崛起与扩张有着影响，因为美国的民族主义和其他国家的不太相同。对美国独特的政治体制的高度认同以及对上帝的虔诚信仰是其民族主义的核心内涵。因此意识形态始终都是美国对外行为的重要动机和利益诉求。但是意识形态显然不能说是美国崛起与扩张的核心变量，因为它的解释力显然是不足的，天定命运的观念在 19 世纪 40 年代就已经提出来了。如果说这种理念曾经指导美国在 19 世纪四五十年代在美洲大陆的扩张，那么为何当美国从内战中解脱出来崛起为工业强国的时候，扩张的势头反而放缓了呢？特别是美国在第一次世界大战之后，已经成为无可争议的头等强国，并且也具有强烈的意识形态冲动的时候，美国反而放弃了扩大自己国际影响力的机会，采取孤立主义的外交政策。

另一部分学者则从经济的角度探讨其对于美国的崛起与扩张的作用，这也受到马克思主义关于经济动力是国家兴衰的原因的影响，

---

① Albert Weinberg，Manifest Destiny：A Study of Nationalist Expansionism in American History，Chicago：Quadrangle Books，1963，pp. 72—77.

② McCartney，Paul T.，*Power and progress*：*American national identity*，*the War of 1898*，*and the rise of American imperialism*，Baton Rouge Louisiana State University Press，2006.

特别是一些被称为进步主义的史学家。著名历史学家比尔德在《美国宪法的经济学解释》一书中认为国家的兴衰在于经济基础："国家——不论是专制的，还是民主的——必须确保使自己拥有维系其自身生存的足够的经济保障，否则的话，它实际上一定会萎缩下去——就像许多国家和帝国经历过的那样。"[①] 他在《国家利益理念》一书里进一步明确指出美国扩张的动力的关键在于商业的扩张："政府现在不是而且从来不是一架在真空中依其自身的能量独立运作的引擎。"[②] 美国著名外交史专家威廉斯也同样认为商业利益是美国对外扩张的主要动力，国防、道德和权力制衡等都是次要因素。核心观念是要实现国内的自由、利润与福利，就必须扩展市场，而且是拓展自由市场。"1890 年代以后的岁月里，身居首都的美国领导人所垂青并作为行动依据的扩张主义观念，实际上是由工业巨头表达出来的、农业阶层的观念。"这就是美国的"门户开放"政策。它是美国崛起的战略基石。[③] 威廉斯的观点形成了一个"威斯康辛学派"。这个学派对 19 世纪后期开始的美国崛起与扩张的原因的分析特别强调经济因素，认为美国国内的根源是导致美国崛起与扩张的缘由。例如沃尔特·拉夫伯指出："美国内战之后，随着美国的利益由大陆领土转向商业，已经成为美国治国之策的共同主题。""是经济力量导致了商贸和领土扩张。"[④] 麦考米克认为："很明显，美西战争前夕，在保守的商界、政界和报界当中达成了共识，美国社会存在着

① 【美】查尔斯·A. 比尔德：《美国宪法的经济观》，何希齐译，商务印书馆 2010 年版。

② Charles Beard，The Idea of National Interest New York：The Macmillian Company，1934.

③ William Appleman Williams，*The roots of the modern American empire：a study of the growth and shaping of social consciousness in a marketplace*，New York：Random House，1969. 参见 William Appleman Williams The Tragedy of American Diplomacy New York：W. W. Norton & Company，1972。

④ 【美】孔华润主编：《剑桥美国对外关系史（上）（下）》，王琛等译，新华出版社 2004 年版。

工业生产过剩，为克服危机，迫切需要在世界市场上开辟新的疆界。”他通过对1894年和1897年美国关税法的制定过程和具体条款的考察，认为以武力的方式向外寻求市场是必须的。[①]

这些学者从经济动机的角度分析美国崛起与扩张的根源是有说服力的，影响国家的对外行为的因素有许多种，但是经济因素始终是最重要的一个因素。而且从经济动因出发，这些学者们得出内政与外交是不可分的，在海外施加压力是维持国内制度运转所必需的。只有考虑到美国国内不同利益集团的发展及其相互间的利益博弈，才能理解美国对外扩张的冲动。不过诚如扎卡里亚所言，如果是经济危机的原因导致了美国在19世纪末期开始向外扩张，那么为什么19世纪70年代的经济危机却没有导致美国向外扩张呢？更不用说1929年爆发的经济危机也没有导致美国采取扩张主义的政策，反而采取了孤立主义的政策。

二、国际政治学的解释

二战结束之后，随着国际政治学科的发展，一批学者开始采用现实主义的国际关系理论来解释美国的崛起和扩张政策。他们认为美国的崛起与扩张与安全的需要密切相关。比较有代表性的罗伯特·阿特认为，美国的崛起和扩张是对欧洲列强潜在和现存威胁的反应。例如美国介入拉美事务的重要原因是因为担心英国入侵拉丁美洲，它一直是美国的噩梦，这是美国扩张的动力所在。如果美国不事先采取行动应付任何可能的欧洲干涉的话，那么有朝一日美国周边地区将可能形成对美国利益造成破坏的威胁，因为几乎所有的欧洲列强都在疯狂扩张。如果美国不在加勒比地区采取行动的话，危险就会真的来了，“他们的行动不是着眼于现实

① Thomas J. McCormick, *China market: America's quest for informal empire, 1893—1901*, Chicago: Elephant Paperback, 1990.

的忧患，而是着眼于对未来的考虑，未雨绸缪地防止任何西半球以外的大国利用西班牙的日渐衰微和加勒比地区国家弱小的局势”。[①]

托赛尔·威格利也持同样的观点，认为对德国和英国在拉美势力扩张的担忧足以让美国走上一条重整军备和帝国主义扩张的道路。其结果就是“把一个 1890 年还基本上没有国防的国家，转变为一个到 1914 年可以对抗任何潜在军事挑战的安全的国家”。[②]

但是安全和威胁的概念太具有伸缩性，如果说安全与对外部威胁的担忧是美国崛起与扩张的根源，那么美国为什么在一战和二战之前国际形势日益紧张、美国的外部威胁日益增加时反而较少采取扩张主义政策呢？而在 1898—1908 年美国外部威胁较少时，却较多采取扩张主义政策呢？

扎卡里亚认为，美国的崛起是因为美国总统和其顾问察觉到政府实力的增长时，他们就推行扩大美国海外影响的扩张。但是扎卡利亚未有效解释美国政府的权力在 19 世纪末是如何变得强大起来的。他认为美国政治家对国家力量认识的转变是突然的，因此对 1908 年之后的若干历史阶段美国为什么不扩张就不能有效解释。比如为什么威尔逊意识到了政府权力的相对增长时，国家却不能对外扩张其政治影响。[③]

三、经济学的解释

经济学领域对于美国崛起的研究，主要是关注美国经济的长期

---

① 【美】罗伯特·阿特：《美国大战略》，郭树勇译，北京大学出版社 2005 年版，第 234—235 页。

② Russell F. Weigley, *The American Way of War: A History of United Sstaes Military Policy*, New York: Macmillan, 1973, p. 169.

③ Fareed Zakaria, *From Wealth to Power: the Unusual Origins of America′s World Role Princeton*, New Jersey: Princeton University Press, 1998.

增长问题，美国自 1865 年内战结束之后仅仅用了 30 年时间就成长为世界第一经济大国，基本完成了工业化，而且工业化的质量也为世界最高。在此之后美国经济仍然能够保持长期增长，即使在最严重的 20 世纪 30 年代的经济危机中，美国的生产力也没有下降。这就引起了许多经济学学者的关注。

一部分学者认为，美国的经济增长属于“斯密型增长”，即受分工和市场规模扩大的影响，结果是产出总量和人均产量的同时增长。美国大部分经济史学家，例如福克纳、菲特、阿塔克、弗雷德里克、罗纳德等都持这种观点。[①] 在他们撰写的美国经济史著作中，将美国经济在这期间的超长期增长归结为大量移民的涌入，内战以后美国土地资源的扩大以及铁路里程的增长等等所导致的市场规模的扩大。这种观点是传统的经济史学家的观点，即美国在内战之后的长期增长是因为各种生产要素诸如劳动力、土地、市场等生产要素能够得到充足供给。但是各种生产要素的增长终究有限。19 世纪末美国的劳动力和土地资源的增长就基本停止了，然而美国经济在进入新世纪之后仍然保持快速增长，而且从增长速度和效率来看更高。

另一部分学者关注“熊彼特型增长”，即作为技术和制度创新与

---

① 【美】杰里米·阿塔克、彼得·帕塞尔：《新美国经济史：从殖民地时期到 1940 年》，罗涛等译，中国社会科学出版社 2000 年版；【美】杰拉尔德·冈德森：《美国经济史新编》，杨宇光等译，商务印书馆 1994 年版；【美】沙伊贝、瓦特、福克纳等：《近百年美国经济史》，彭松建、熊必俊、周维译，中国社会科学出版社 1983 年版；【美】菲特、里斯：《美国经济史》，司徒淳、朱秉铸译，辽宁人民出版社 1981 年版；【美】福克纳：《美国经济史（下）》，王锟译，商务印书馆 1989 年版；Seavoy，Ronald E.，*An economic history of the United States*：*from 1607to the present*，New York：Routledge，2006；Du Boff，Richard B.，*Accumulation and power*：*an economic history of the United States Armonk*，N. Y：M. E. Sharpe，1989；Willis，James Frederick，*An economic history of the United States* Englewood Cliffs，N. J：Prentice Hall，1989；Bruchey，Stuart Weems，*The wealth of the nation*：*an economic history of the United States* New York：Harper & Row，1988。

扩散之产物的总量与人均产出之间的同时增长。这批学者关注技术、政策和制度创新对美国经济增长所起的突出作用。例如，恩格尔曼在其主编的《剑桥美国经济史》一书中提出企业家精神、商业组织和商法对美国大企业的形成起到了巨大的推动作用，进而促进了美国经济的长期增长。[①] 理查德·富兰克林·本塞尔教授认为，美国工业化的成功在于三大政策的持之以恒的执行：1. 对产业的关税保护；2. 对国际黄金本位制的坚持；3. 国内市场特别是劳工市场实行放任的政策。而这些政策是完全有利于美国工商业利益集团的，美国当时之所以采取这些政策，最主要的原因是代表北方工商业利益集团的共和党长期执政。他甚至把这作为美国能够实行工业化的一个重要原因。[②]

有些学者对于货币的作用给予了特别的关注，认为货币就是控制全世界的权力。威廉·恩道尔认为，美国在 19 世纪后期开始通过逐步控制世界资本流动的核心以及美元逐步成为世界储备货币从而控制了世界。[③] 迈克尔·赫德森也持同样的观点，他认为美国的帝国主义是一种货币帝国主义。所以美国的扩张就是货币资本在全球的扩张并取得金融霸权的过程。他同时认为实施保护主义政策对于美国经济崛起也发挥着至关重要的作用。他通过对美国学派经济学的发展及其与政治斗争之间错综复杂的历史的解读，说明保护主义政策是指导美国经济崛起的工业化逻辑。[④]

---

① 【美】斯坦利·L. 恩格尔曼、罗伯特·E. 高尔曼主编：《剑桥美国经济史（第二卷）》，《剑桥美国经济史（第三卷）》，高德步、王珏总译校，王珏、李淑清本卷主译，中国人民大学出版社 2008 年版。

② 【美】理查德·富兰克林·本塞尔：《美国工业化的政治经济学（1877—1900年）》（吴亮等译），长春出版社 2008 年版。

③ 【美】威廉·恩道尔：《金融海啸：一场新鸦片战争》，顾秀林、陈建明译，知识产权出版社 2009 年版。

④ 【美】迈克尔·赫德森：《金融帝国——美国金融霸权的来源和基础》，嵇飞等译，中央编译出版社 2008 年版；【美】迈克尔·赫德森：《保护主义：美国经济崛起的秘诀（1815—1914）》，贾根良等译，中国人民大学出版社 2010 年版。

对于政府在经济中的作用，美国的学者也给予了高度关注。例如乔纳森·休斯和路易斯·P. 凯恩尤其关注联邦政府对经济发展的作用，他们认为这种影响是巨大的，美国经济增长所需要的资本、劳动力等一系列生产要素的配置与形成，都同联邦政府的政策密切相关。理查德·雷恩认为，在美国历史发展的每个时期，政府都一直是经济活动的重要影响因素。美国拥有一些其他国家所缺乏的自然资源、根深蒂固的企业家传统和一个大规模的国内市场。相对于其他工业化国家而言，这是美国的优势所在。然而，真正将美国与其他国家区别开来的独特因素，却是美国的政府能力。美国政府在初创阶段所拥有的公共政策组合能力，帮助了经济的成长和工业的发展。他们代表了相当一部分学者的观点。①

就美国经济能够长期增长而言，“熊彼特型增长”的解释比“斯密型增长”的解释要更具有说服力一些，但是关键性的核心变量依然没有说清楚。是企业家精神，还是法律，或者货币、政府起着关键性作用。学者们的研究结论总是有着大量证据证明，但同样又有着大量的反例存在。例如美国企业家具有创新精神是毋庸置疑的，正是美国企业家的大胆创新精神促使美国在技术和管理层面始终对欧洲国家保持领先优势。但是大量的论据也证明美国的企业家阶层特别是大工商业家的分利行为导致了美国经济危机的不时发生。

总之，不同学科的学者由于对崛起的理解不同，给出的解释都只回答了美国繁荣的原因或者是美国强盛的原因，或者仅仅是其中

① 【美】乔纳森·休斯、路易斯·P. 凯恩：《美国经济史》，邢露等译，北京大学出版社 2011 年版；【美】理查德·雷恩：《政府与企业——比较视角下的美国政治经济体制》，何俊志译，复旦大学出版社 2007 年版。这方面的研究相当多，尤其是新政时期政府对于经济所产生的重大影响，研究成果数量巨大。笔者浏览过的英文著作就有几十本，能够查到的英文文章有数千篇，可参考经济史网 http：//eh. net/。

的部分原因。[①] 因此笔者试图努力寻找出一个比较好的答案能够同时解释美国既繁荣又强盛的原因。

① 对于美国崛起的研究、中国学者的研究与关注近年来在上升，尤其是2010年以来学界已经多次开过有关崛起的理论研讨会。有关美国崛起的经验与教训也被学者们反复提起。与美国几乎一样，中国学界对美国崛起话题最感兴趣的也基本集中在历史学、政治学和经济学领域，而且也首先是历史学科加以关注与研究，之后政治学领域和经济学领域加入其中。也产生了一些有影响的研究成果，例如黄安年教授所著的《美国的崛起》一书认为美国崛起有5个特点：年轻有活力、不断移民、典型的民主共和制度、商品经济发达、对外开放和不断调整社会机制（黄安年：《美国的崛起：17—19世纪的美国》，中国社会科学出版社1992年版）。杨生茂教授、刘绪贻教授主编的《美国通史》，也对美国崛起的过程从政治、经济、军事、外交、思想等各个领域进行了全面梳理，认为崛起与扩张是美国世纪之交的时代主题，美国在崛起中扩张，在扩张中崛起，其第四卷的标题就是《崛起与扩张的年代：1898—1929》（刘绪贻、杨生茂总主编，余志森本卷主编：《美国通史（第四卷），崛起和扩张的年代1898—1929》，人民出版社2008年版）对于美国崛起的国际政治分析视角和美国学者基本相同，但更多是从微观层面解读美国崛起。如崔斌认为美国在崛起过程中对英国采取灵活多样的外交策略，讲究斗争方式，与英国既竞争又合作（崔斌：《美国崛起过程中与英国争夺世界霸权的策略》，载《郑州大学学报》2009年第5期）。张文木认为，大国制衡战略促使了美国崛起（张文木：《美国当年是怎样崛起的》，载《领导文萃》2008年第4期）。封永平同样认为，采取正确的地缘战略为美国崛起营造了相对宽松的外部环境（封永平：《地缘政治与大国崛起：以美国为例》，载《理论导刊》2006年第1期）。曹云华和李昌新分析了美国崛起中海权的重要性（曹云华、李昌新：《美国崛起中的海权因素初探》，载《当代亚太》2006年第5期）。熊志勇教授以近代美国在华活动为例，对美国崛起过程中的对外策略进行了探讨，认为美国对外扩张主要是为了商业利益（熊志勇：《美国崛起过程中的对外策略——以近代美国在华活动为例》载《美国研究》，2006年第2期）。中国学者也从经济学的视角对美国崛起进行探讨。高程认为，美国联邦政府对产权的非中性保护使美国的工商业利益集团受到偏爱，这是美国崛起的不可或缺的条件之一（高程：《非中性制度与美国的经济"起飞"》，载《美国研究》2007年第4期）。李庆余也认为，公平竞争和保护大财产是美国崛起的两大模式（李庆余：《论美国的崛起》，载《江南大学学报（人文社会科学版）》2007年第2期）。王书丽认为，美国实现了从内战到新政时期的从传统经济社会向现代社会转型，在这个过程中联邦政府的作用是决定性的（王书丽：《政府干预与1865—1935年间的美国经济转型》，人民出版社2009年版）。王晓峰在博士论文《美国政府经济职能和变化研究》中对美国经济发展过程中政府对经济的干预作用及其成效进行了分析与梳理，认为美国政府对经济的干预特别是在战时和大萧条时期，取得极其显著的效果。总体来说虽然视角不大一样，但是中国学者的研究结论与美国同行大体相仿。

四、本书的研究假设

综合诸多学者的学术观点，笔者做出了这样一个研究假设：强化市场型政府的形成与发展是促成美国崛起的核心变量。

下面笔者论述这一假设的含义与与它的逻辑体系。

什么是强化市场型政府？奥尔森教授对强化市场型政府的解释是："一个政府如果有足够的权力去创造和保护个人的财产权利，并且能够强制执行各种契约，与此同时，它还受到约束而无法剥夺或侵犯私人权利，这个政府就是强化市场型政府。"也就是说，经济成功有两个条件：第一，存在可靠且明确界定的财产权利和公正的契约执行权利；第二，不存在任何形式的强取豪夺。[①] 奥尔森教授是从纯经济学的角度来看待强化市场型政府的职能与作用的。但是从政治学的角度来看，强化市场型政府的内涵并不仅仅局限于此。它还有一个重要内容，即对外部世界的反应高度灵敏，积极主动地运用国家能力寻求外部资源和扩大国家利益。因为创造和保护私人产权并不仅仅局限于国家内部的制度与法律设计。在许多时候需要国家运用强大的能力去维护和拓展海外市场，寻求更多资源。

因此本书在奥尔森教授的研究基础上对强化市场型政府的定义做了一个新的定义：如果一个政府在内部能够有足够的权力去创造和保护个人的财产权利，并且能够强制执行各种契约，同时对外部又有足够的意识与能力去寻求外部资源、扩大国家利益，本身又受到约束而无法剥夺或侵犯私人权利，这个政府就是强化市场型政府。

总而言之，本书认为作为强化市场型政府形态出现的美国联邦政府有四个特点：公共产品的提供者、良好市场环境的创造者、民众权利的维护者、国家利益的捍卫者。正是伴随着一个强化市场型政府的逐步形成与发展，美国进入到了崛起的起飞与冲刺阶段，最

① 参见张宇燕为《权力与繁荣》（曼瑟·奥尔森著，苏长和、嵇飞译，上海人民出版社 2005 年版）所写的序言。

终促使美国崛起成为世界主导国家。这就是笔者的研究假设。

五、本书的研究逻辑

首先，本书假设一个国家能够保持经济长期稳定增长以及向外扩张、提高国家的国际影响力的最直接推动力来自于一个强化型市场政府的作用。

那么接下来的一个问题就会产生，美国强化市场型政府产生的逻辑是什么。换句话说，美国政府为什么有那么强烈的动机去维护个人权利，同时又能索缚住自己的双手，不去损害私人权利。这是一个两难的问题，权力只做“好事”而不做“坏事”，只关心社会生产，抑制自身的掠夺倾向。奥尔森教授给出了一个答案：让当权者具有共容利益。什么是共容利益？其含义就是：“某位理性地追求自身利益的个人或某个拥有相当凝聚力和纪律的组织，如果能够获得特定社会总产出增长额中相当大的部分，同时会因该社会产出的减少而遭受极大的损失，则他们在此社会中便拥有了共容利益。共容利益给所涉及的人以刺激，诱使或迫使他们关心全社会的长期稳定增长。”① 因为“广泛性组织一般倾向于使其所在的社会更加繁荣，并力图在为其成员增加收入份额的同时尽可能减轻额外负担，从而只有当国民收入再分配中所产生的利益与由此引起的全社会损失相比较大时，才支持这种再分配活动”。②

逻辑向前推，问题又产生了。美国联邦政府是如何具有共容利益条件的呢？借助奥尔森教授的回答是同美国民主政体相关，民主政权更可能采取有利于长期经济增长和繁荣的活动。他将民主政权视为“大多数人的统治”，认为大多数人的统治不仅与专制统治一样

---

① 参见张宇燕为《权力与繁荣》（曼瑟·奥尔森著，苏长和、嵇飞译，上海人民出版社2005年版）所写的序言。

② 【美】曼瑟·奥尔森：《国家兴衰探源》，吕应中译，商务印书馆1999年版，第61—62页。

拥有与一般社会生产的共容利益，而且“还能获得社会中重要的市场收入份额，从而使其拥有更强的社会生产上的共容利益”。“在最大化的收入税率下，大多数人统治注定可以通过税率的减少增加自己的收入：当国民收入增加时，不仅可以从更多的国民收入中征集税收，也可以从市场中获得更多的收入。因此，大多数人统治下的最优税率注定会低于专制统治下的税率。”[①] 也就是说，美国政府拥有共容利益是因为其产生于自由的政治竞争过程，从而确保拥有共容利益的精英掌握政治领导权。

逻辑再往前推，问题又产生了。美国历史上一直是一个民主政体，但是为什么在19世纪后期美国内战结束之后美国开始朝着一个强化型市场政府方向发展，而不是在之前？答案是内战结束之后，利益集团开始多元化，各个利益集团在追求自身利益最大化的驱使下，都在不断寻求政府干预的支持，其结果是政府要来充当公正裁判的角色，根据普遍的民意倾向在利益相互冲突中采取适度的平衡规范原则，而不能再偏向于某个或少数利益集团。由于利益集团形成的目的就是为自己寻求更多的利益，因此，在选举中必须支持对本利益集团持友好态度的候选人，是所有利益集团都十分关注的事情。由于利益集团具有较强的集体行动能力，任何被选举人都必须注意到各个利益集团的利益诉求，才有可能当选。因此政治竞争的压力，更加容易让当权者感受到，只有相比以前更关心共容利益，才可能当选。因为只有蛋糕越做越大，各利益集团才能或多或少都得到资源。

有一点需要指出的是，美国的政治思潮是一种重要的干预变量，它对于强化市场型政府的强弱有着重要的影响。当社会意识形态的钟摆向右的时候，也就是对政府的权力持怀疑态度的意识形态在社会占据上风的时候，美国联邦政府的权力就会相应停滞和收缩。当社会意识形态的钟摆向左的时候，联邦政府的权力就会扩大，以适

① 【美】曼瑟·奥尔森：《权力与繁荣》，苏长和、嵇飞译，上海人民出版社2005年版，第13页。

应日益复杂的社会管理。

本书的逻辑体系因此可以用一个简单的模型来说明，就是利益集团博弈－共容利益形成－强化市场型政府兴起－经济增长与对外扩张。

逻辑思路是伴随着美国工业化的逐步发展，整个社会趋于多元化，大量的利益组织开始涌现，虽然政府的产权非中性保护对工商业利益集团有利，但是抗衡力量的存在、美国制度架构中制衡的特点，以及美国的主流意识形态也不时作相应地调整与其相契，逼迫政府更加关注共容利益。这意味着联邦政府更加集权、更具有理性的结构、总统的权威得到了显著增强。也就是联邦政府的权力相应扩大，政府活动具有更高的质量，其运行和调配国家资源的能力显著增强。在内部，美国政府不断加强对个人财产权利的保护，为此通过建立一整套法律体系和政治秩序来保证契约的实施和资本市场长期稳定和有效地运转，从而使大规模的分工交换等市场活动得以顺利实施。在外部，美国开始更加积极主动地向外扩张，这种扩张的动力是继续扩大共容利益，从而缓解美国国内各利益集团相互博弈所产生的压力，同时开始寻求美国的国际抱负，实现美国的领导世界的梦想。

六、本书的研究方法

本书所采取的实际上是以国家为中心的政治经济学分析方法，强调的是国家自主性，即国家界定和追求某一目标并贯彻其意愿的能力。但国家只是一个抽象的概念，我们只有通过政府的行为才能够理解国家的政策。正如扎卡利亚所言，政府权力是国家实力和政府力量的一种功能，政府越强大，它利用国家实力实现自己目标的能力也就越大。[①] 因此本书是以具体的美国联邦政府而不是以抽象的

① Fareed Zakaria，*From Wealth to Power：the Unusual Origins of America′s World Role Princeton*，New Jersey：Princeton University Press，1998，p55.

国家为研究对象，或者说我们把国家限定为美国联邦政府。利益集团不是本文的研究对象，因此利益集团的行为动机、集体行动能力以及行为结果中收益和损失的分配状况不是本书的研究重点，本书只是把利益集团的博弈情况作为强化市场型政府形成的动因。

本书主要从政府的规模、结构和方式三个方面探讨美国强化市场型政府是如何形成的。因为强化市场型政府的目标在于获得足够的权力来保护和创造个人的权利，扩大和获得所有可能的国家利益，所以它对政府的规模、结构和方式都有着越来越高、越来越明确的要求。从美国内战结束到二战结束，美国强化市场型政府的逐步形成正是表现在联邦政府规模、结构和方式三个方面的变化上。

首先，美国联邦政府的规模不断扩大，它的人员数量、机构设置以及财政支出和政府管理的领域都越来越多。政府的对内和对外职能总体呈不断增加的趋势，政府对社会干预的领域越来越广阔，对外部世界的反应越来越灵敏，对自身实力的认识更加明确清晰，越来越关注外部市场和资源。

其次，美国联邦政府特别强调民众的财产权利不受他人和政府权力的侵犯。这种保护体现在不让他人诸如分利集团也不让其他国家对美国私人权利产生伤害，同时也约束政府不让政府对个人权利产生伤害。这主要表现在美国国会的诸多立法以及最高法院的判例始终强调对契约的遵守上。

最后，政府的组织分工更加清晰明确，虽然联邦政府各部门之间有着激烈的竞争，但是联邦行政部门的权力迅速增长。较之立法和司法部门，联邦行政部门越来越处于联邦政府的核心位置。美国总统的权力在逐步上升，政治体制通过选举制度的改革更加具有竞争性，从而使联邦政府更能感受到社会的压力，并能够有效作出回应。

正是由于美国政府在规模、结构与方式上的变化，从而导致美国政府筹集和调动资源的能力显著增强，政府越来越具有高质量的活动，这促进了美国经济的持续增长和对外扩张的加强。

从经济增长的视角，本文选取关税政策、货币政策和反托拉斯法的实施三个方面来探究强化市场型政府如何更加有效地组织起资本市场的运转、大规模的分工和交换等市场活动。使“契约密集型生产”与资本密集型的生产变得容易，推动美国快速实现工业化，并尽可能地促进经济长期增长。

从对外扩张的视角，本文以美国对世界各地区和重点国家的利益诉求为线索，分析强化市场型政府如何更加积极主动地寻求财富与权力，逐步扩大美国的经济利益、战略利益和政治利益，将美国国际影响力扩大到整个世界，并最终在二战结束时主导世界秩序的形成。

七、本书的结构

本书除前言和结语之外，正文分成六章。

第一章主要论述1865年美国内战结束至1897年麦金莱总统在大选中获胜这个时间段的崛起历程。这个时间段通常称之为美国的镀金时代。本章认为伴随着美国内战结束，美国工业化的快速发展导致整个社会趋于多元化。不同的利益组织开始涌现，最主要的就是工商业、农业和劳工利益集团的出现，由于它们之间的相互抗衡以及竞争机制促使联邦政府更加关注社会的共容利益。开始加强政治与经济层面的国家制度建设，与此同时联邦政府越来越有意识地关注海外市场，对国家利益的敏感性越来越强，开始有选择地向外扩张。

第二章主要论述1898—1917年美国卷入第一次世界大战这个时间段的崛起历程。这段时期被称之为美国的进步主义时代。随着美国经济的进一步发展，联邦政府对社会职能的供给不能满足社会的需求，特别是以大企业为代表的工商业利益集团在社会总产出中的份额占据过大，社会思潮开始越来越要求政府加强其职能，满足社会的多元化需求。无论是老罗斯福的新国家主义还是威尔逊的新自由主义都开始强调政府的作用，这是经济和社会发展的客观要求。在此阶段美国联邦政府的规模结构都大大加强了，美国联邦政府更加积极主动地寻求扩展共容利益，以保持社会不同利益集团的平衡，并且越来越通过日益上升的国家能力拓展海外市场，寻求扩大美国的政治和战略利益。

第三章主要是论述第一次世界大战期间美国崛起的经历。这段时期持续不长，基本上就是威尔逊总统的第二个任期。通过对这一时段的剖析可以发现，由于战争的需要促使联邦政府从规模到结构都有了一个大的发展，这一方面有利于保持美国经济的持续增长，促使美国在经济与政治的战略方面有了更大的利益诉求，另一方面美国联邦政府的制度架构并没有适应美国急剧膨胀起来的实力，因此美国在一战结束之后所具有的庞大实力并没有转化为美国在国际事务中的优势地位。

第四章是从 1921—1929 年，整个 20 年代被称之为常态时期，是美国联邦政府重新开始强调要恢复小政府的时代，这种情形的发生是由于政治思潮的保守主义倾向、工商业利益集团在一战中和政府合作所获得的信任，使工商业利益集团完全成为社会的主导力量，从而导致联邦政府完全遵循其利益和目标，造成对政府功能的自我限制，由于美国联邦政府对于工商业利益集团的偏爱，因此社会不同利益集团在社会中所获取的资源和利益大不相同，贫富差距变得悬殊起来，这导致了 1929 年经济危机的爆发。

第五章是从 1929 年经济危机的发生到 1939 年二战的爆发，这段时期可以被看作是危机时期。危机的形成原因有多种，但是政府所造成的监管缺失却是最主要的原因。对于政府的作用，胡佛总统和罗斯福总统给出了不同的答案，虽然胡佛认识到联邦政府的功能不能满足社会的需求是经济危机爆发的原因，但是胡佛坚持自由主义思想，拒绝通过扩大政府的功能来解决危机。而罗斯福总统认识到如果要促进整个社会共容利益的扩大，就必须强化政府功能，通过提高政府的高质量活动来达到缓解和消除经济危机的目的。因此随着新政的出台，美国联邦政府特别是行政部门在规模、结构与方式上都大大扩大了，正是由于联邦政府的主导作用，美国经济才走出困境。

第六章是1939—1945年，这是二战时期。伴随着第二次世界大战的爆发，美国联邦政府的权力再次得到大大加强。政府的高质量活动，使美国经济彻底从危机中走出来，开始重新进入高增长时期，同时通过一系列政治与经济方面的制度安排，使美国在第二次世界大战结束之后巩固了其在战时获得的领导地位，通过建立一个新的世界秩序，最终完成了其崛起的历程，成为世界头等强国。

第一章　镀金时代（1865—1897）

从 1865 年美国内战结束到 1897 年麦金利当选总统，这个时期被称之为镀金时代，美国开始步入经济稳定发展的阶段，基本完成了工业化。正是美国工业化的快速发展导致整个社会趋于多元化，不同的利益组织开始涌现，最主要的就是工商业、农业和劳工利益集团的出现，由于他们之间的相互抗衡以及竞争机制促使联邦政府扩大权力，并关注社会的共容利益，加强政治与经济层面的国家制度建设。与此同时，联邦政府越来越有意识地关注海外市场，对国家利益的敏感性越来越强，开始有选择的向外扩张。

第一节　经济高速发展与各利益集团的兴起

1865 年对于美国历史来说是一个至关重要的年份。这一年，美国内战宣告结束。1861—1865 年的美国内战造成了美国有史以来最为惨重的生命与财产损失。然而，这种损失对于美国的全面崛起却是值得的，因为它为美国的快速发展扫清了之前始终存在的一些不明朗的阴影。这对美国日后的崛起具有非凡的意义。[①]

美国内战结束的最大意义在于美国联邦政府在内战中的胜利真正地树立起了国家主权原则，联邦政府的权威大大得到加强。“以前，总统从来没有这样强硬地行使过自己的权力。为了拯救联邦，林肯宣布封锁南方的海港，扩充军队，授权逮捕和监禁北方许多从事背叛活动的人。国内一切电报业务由政府控制，报纸刊登什么，不刊登什么，都要按照指示办。国会也开创了新的先例。国会发行了法定货币，征收了所得税，通过了兵役法。这种紧急状态下的立法固然重要，但更重要的是国家的权威扩大到与军事即使有关系也是间接关系的其他领域中。利用（狭义的）南方在国会没有代表的有利时机，共和党控制的国会通过了保护性高关税率，通过了宅地法、太平洋铁路营造法和国家银行法，还通过了一项规定由联邦赠地支持农业和机械业方面高等教育的法律。”[②] 总之，“内战与一系列重建法令将美国变成一个民族国家。使用的措辞已不再是 60 年代以

① 单纯从经济增长的角度来说，内战后与内战前相比经济并没有显著增长。许多经济学家认为促进美国在 19 世纪后期迅速增长的因素在内战以前就已经存在了，例如交通运输条件的空前发展在 19 世纪二十年代就开始了。到内战结束时已达 9 万公里。因此“在内战前，美国制造业增长的基本模式已经形成”。（【美】斯坦利·L. 恩格尔曼、罗伯特·E. 高尔曼主编：《剑桥美国经济史（第二卷，漫长的 19 世纪）》，高德步、王珏总译校，王珏、李淑清本卷主译，中国人民大学出版社 2008 年版，第 278 页。）“1840—1860 年，美国制成品的年增长率是 7.8%，而 1870、1900 年仅为 6%。1860—1870 年，美国制造业所增加的价值每年仅提高 2.3%，这一增长率是 19 世纪最低的。一些经济学象在解释这一令人吃惊的低增长率时认为，美国工业化的起源在最大程度上可以回溯到内战之前。”（参见【美】孔华润主编：《剑桥美国对外关系史（上）》，王琛等译，新华出版社 2004 年版，第 264—265 页。）此外，结束了南方合法的奴隶制度被公认为内战的一个伟大成就，但是这个伟大成就也并没有带来南方经济的迅速发展，相反“南部地区经济在整个十九世纪的后半期长期发展缓慢。甚至在南方的农业又回到一八六〇年以前的生产水平（大约发生在一八八〇年）之后，十九世纪末，南方按人口平均计其的收入仅达到全国水平的百分之五十一”。（参见【美】沙伊贝、瓦特、福克纳等：《近百年美国经济史》，彭松建、熊必俊、周维译，中国社会科学出版社 1983 年版，第 35 页。）

② 【美】纳尔逊·曼弗雷德·布莱克：《美国社会生活与思想史（下）》，许季鸿等译，北京：商务印书馆 1997 年版，第 6—7 页。

前通行的 the United States are，而是 the United States is”[①]。因此，美国内战的结束对于美国的崛起来说，作出了积极的、基础性的贡献，并且通过这种贡献，为美国崛起的政治经济学提供了有力的支撑。

随着经济的发展，美国社会中各种不同利益集团开始出现。在19世纪后期最主要的利益集团是以大企业为核心的工商业利益集团、农业利益集团和劳工利益集团。工商业利益集团希望以自由放任的经济思想作指导，希望在社会的无序竞争中谋得最大的利益；农民、劳工和其他利益团体则希望利用“公共福利”的宪政原则，敦促政府对经济发展进行干预。因此美国社会内部冲突的模式“由内战前的区域之争转化为跨区域的不同经济利益群体之间的斗争”。[②]

一、大企业的兴起

美国联邦政府在内战中取得了最后的胜利，中央政府对国家主权的行使重新树立起来，从而为美国现代商业企业的崛起和成熟提供了自由的经济空间。在内战以前，美国的公司就已经开始兴起，但是总体来说，规模是不大的。“但是 1865 年之后，工商业向大型和集中企业发展的趋势是明显的，这种形式的工业组织以惊人的速度发展起来。城市的公用事业、州和国内的铁路以及工业界的其他大规模联合以惊人的速度出现。钢铁、食糖、石油、威士忌酒、木材、煤和其他许多产品都以大公司的形式组织起来。最后从普通公司中又出现了双倍集中形式的托拉斯、控股公司和公司的联合。这些巨大组织的发展构成了美国生活发展中一个最引人注目的特点。

① 【美】孔华润主编：《剑桥美国对外关系史（上）》，王琛等译，新华出版社 2004 年版，第 265 页。

② 王希：《原则与妥协：美国宪法的精神与实践》，北京大学出版社 2000 年版，第 347 页。

数以十亿计的金钱流入他们的手中，千百万人的就业由他们掌握。”①

构建于19世纪晚期的美国现代化的商业企业成为大工业生产的一种主要组织形式，主宰着整个美国工业化发展，推动着美国成为一个现代化工业国家，是使美国走向世界历史舞台的强劲动力。为什么会有这种惊人变化呢？通过考察美国制造业变革的进程，我们能很清楚地洞察到南北战争以后，大型工商企业是怎么在美国资本主义体系中占据核心位置的。1865年，典型的美国工商企业仍归一个独资业主、一个家庭或一个合伙商所有。这种企业大体上都是当地经营买卖，同时都是在比较简单的组织形式下管理的。但到19世纪90年代，美国工商业系统的基本结构已经变化。虽然小企业仍然存在，但按经济权力来说，大型企业开始出现。随着企业规模的扩大，所有权与管理权分离，管理机构复杂以及业务逐步集中到少数公司手里，所有这一切都形成了一种明显的趋势。“一旦公司相对于市场来说规模扩展到足以影响自身（和其他公司）产品销售的价格时，它们之间的竞争就会变得异常激烈，起初每一个企业都试图通过降低价格来打击对手并以损害对手为代价增加自己的市场份额。但是，随着企业间影响和依赖程度的提高，价格竞争便在客观上受到了限制。许多企业试图通过共谋来抵制削价的尝试均未能获得成功。最后，他们尝试了正式合并。尽管许多这类尝试也以失败告终，但是那些资本最密集行业中的最后巨头不仅大获全胜，而且在接下来的数十年中长久地支配着市场。”②

这样，“到第一次世界大战前，美国的经济结构形成了一种双层结构，而由业主经营的较小厂商构成经济的外围。在经济的中心部分，各个大型公司在联系密切的寡头卖方垄断市场中运营，在那里价格竞争几乎完全失去了作用，大公司主要对维护他们各自的市场

① 【美】梅里亚姆：《美国政治思想》，朱曾汶译，商务印书馆1984年版，第10页。

② 【美】斯坦利·L. 恩格尔曼、罗伯特·E. 高尔曼主编：《剑桥美国经济史（第二卷，漫长的19世纪）》，高德步、王珏总译校，王珏、李淑清本卷主译，中国人民大学出版社2008年版，第293页。

份额感兴趣，并努力确保其长期增长”。[①]

大企业的兴起首先是从铁路公司开始的。“他们一度也是世界上最大的经济组织。在 19 世纪 80 年代末期，在没有一个制造企业的工人超过 2000 名的情况下，宾夕法尼亚铁路公司就雇佣了 5 万名工人。当联邦政府所雇佣的文职人员达到 5 万名时，有些单个的铁路公司就已经有 10 万名雇员了。”[②] 正如小阿尔弗雷德·D. 钱德勒（Alfred D. Chandler，Jr.）曾经说过的：“铁路企业是这个国家最早的大企业，它们是最早在国外和纽约资本市场上筹集大量货币资金的私人企业。它们的发展刺激了后来在经济发展中担当重要角色的新型金融中介和金融工具的发展。”[③] 铁路企业之所以能够迅速发展，一方面是市场发展的需要。由于市场的供应与需求中心之间相隔甚远，各个地区农业专业生产程度较高，导致了市场对于大批量、长距离货运的需求高涨。

另一方面，铁路的建设也说明了美国铁路企业家的创新能力。这些人以古尔德为代表，贪婪大胆、积极进取、渴望利润，因此在技术和管理制度上敢于突破和创新。“需要长距离的协调铁路货场与火车运动的问题推动着铁路公司首先开始尝试多元性组织结构，并且一旦发现这种组织结构具有利用价值，立刻全力推广，充分利用，将铁路运输的成本尽可能地降低。基于上述理由，美国的铁路公司是世界上最先诞生的现代化商业企业，这种全新的企业组织模式从交通运输领域迅速地扩展到了其他正在发展壮大的产业与商业领域当中。无论是从经济学的角度，还是从政治涵义而言，国内市场的

---

① 【美】斯坦利·L. 恩格尔曼、罗伯特·E. 高尔曼主编：《剑桥美国经济史（第二卷，漫长的 19 世纪）》，高德步、王珏总译校，王珏、李淑清本卷主译，中国人民大学出版社 2008 年版，第 293 页。

② 【美】理查德·雷恩：《政府与企业——比较视角下的美国政治经济体制》，何俊志译，复旦大学出版社 2007 年 7 月版，第 18 页。

③ 【美】斯坦利·L. 恩格尔曼、罗伯特·E. 高尔曼主编：《剑桥美国经济史（第二卷，漫长的 19 世纪）》，高德步、王珏总译校，王珏、李淑清本卷主译，中国人民大学出版社 2008 年版，第 303 页。

发展进化与扩张速度都是非常迅速的。”[①] 熊彼特认为经济长期性增长最需要的是创新，而19世纪晚期的铁路正是一个创新部门。“在无拘无束的资本主义制度下——回报在企业家手中累积增长、没有政府或其他计划机构对利润水平设定限制——一个具有高利润期望的创新部门会吸引资本和企业。”[②]

但是，无论是市场还是技术创新都不能否认这样一个事实，政府对铁路给予了大量的补助。1862年美国国会通过了太平洋铁路法，允许建立联合太平洋铁路和中央太平洋铁路。按照1864年修订的这项法律，这两家铁路公司建筑铁路都可以无偿取得铁路车站用地，免费取用国有土地上的木材和其它建筑材料，同时还提供大量贷款。“每修筑一英里铁路，拨给铁路线两侧各10英里的土地（合1.28万英亩）。铁路公司每修建一英里铁路按照地形的复杂程度，可以得到1.6万至4.8万美元的国家贷款。之后美国国会和政府又把这项贷款和免费拨给土地的政策更慷慨地扩大应用于其他铁路公司。根据国会立法，总共拨给各家铁路公司的土地约1.75亿英亩。各铁路公司实得土地约1.31亿英亩。政府还为铁路建设发放了贷款近6500万美元。”[③]

联邦政府对铁路公司的支持与帮助促使铁路运营公司众多。19世纪70—80年代，铁路公司之间通过削价竞争以致各铁路公司难以承受其巨大损失。“例如，从芝加哥到纽约当时的每车皮标准运费为110美元，但在‘运费战’中降至仅5美元，甚至低到1美元。”[④] 面对这种无法缓解的价格竞争局面，企业开始寻找制定停止价格战

---

① Alfred D. Chandler, Jr., The Visible Hand: *The Managerial Revolution in American Business*, Cambridge, Mass: Harvard University Press, 1977, p.121, 124, pp.244—245.

② 【美】乔纳森·休斯、路易斯·P. 凯恩：《美国经济史》，邢露等译，北京大学出版社2011年版，第298页。

③ 【美】菲特、里斯：《美国经济史》，司徒淳、朱秉铸译，辽宁人民出版社1981年版，第417页。

④ 丁则民主编：《美国通史（第三卷）》，人民出版社2002年版，第96页。

的协议办法，但这些协议很少能成功。关键的一点，由于当时铁路企业数量众多，很难保证所有铁路企业都遵守协议，因此，背叛是时常有的事情，这导致一些协议只能持续很短的时间。到70年代末，大公司开始采取托拉斯的组织形式进行大企业合并。

所谓的托拉斯是“各企业通过财产托管人而将所有权合并的垄断组织：而不是泛指一切垄断组织或联合企业、大公司”。[①] 这种在生产的基础上形成的高级垄断组织形式首先由美孚石油公司创立。1879年所有美国出产的原油中，有90％是被美孚石油公司精炼生产的，美国的输油管道有80％属于这家公司。

与此同时，企业规模的扩大也与资本的集中密切相关。“南北战争在给美国带来巨大灾难的同时，也带来了战争融资的巨大需求。这推动了美国资本市场的发展，使之一跃成为仅次于伦敦的世界第二大资本市场。”[②] 为了动员和筹措各方面的资金来源，股份公司成为内战后工业企业的主要组织形式。股份公司具有迅速膨胀资本的功能，在资本集中方面具有独特的作用。它“通过一根根无形的线把那些分散在社会表面上的大大小小的货币资金吸引到单个的或联合的资本家手中，……最后，它变成一个实现资本集中的庞大的社会机构”。[③] 内战前美国的投资额近百万美元的企业寥若晨星，但到1900年“资本额在百万美元以上的大企业已比比皆是，它们占企业总数的0.9％，却占工人数量的25％和工业产值的38％，表明这类大企业在19世纪末已拥有强大的生产能力”。“1865—1898年间，外国投资者控制的美国债券和股票已达34亿美元。丰富的投资来源与高积累率相结合，使工业企业的规模迅速扩大。以钢铁工业为例，在1870年钢铁厂平均投资额只有15万美元，但到1905年已增至

① 丁则民主编：《美国通史（第三卷）》，人民出版社2002年版，第96页。

② 【美】约翰·S. 戈登：《伟大的博弈：华尔街金融帝国的崛起（1653～2004）》，祁斌译，中信出版社2006年版，第71页。

③ 马克思：《资本论》（第1卷），中共中央马克思恩格斯列宁斯大林著作编译局译，人民出版社2004年版，第687页。

150万美元，其中居垄断地位的美国钢铁公司的投资额已达14亿美元。”[①]

资本的集中首先也是从铁路公司开始的。“内战后的铁路公司正是这种巨大股份公司的一个新的起点。”[②] 没有巨大的资金流入，铁路公司不可能发展为大企业。“事实上，从1878—1893年，铁路债券和股票发行总额增加了一倍多，从4.8亿美元增加到9.9亿美元。[③] 因而，铁路证券成为内战后30年美国资本市场上的主要证券产品。为此，主要承销铁路证券的铁路投资银行应运而生。在这个过程中，如同铁路巨头一样，在金融领域具有超人的天赋、胆识和创新精神的商人也成批出现，这其中最有名的就是J.P.摩根。为此，J.P.摩根等投资银行家们“发展起了一套较为成熟的业务运作模式——投资银行辛迪加（承销团）”。[④] “即为了集中财力、人力并降低风险，投资银行辛迪加逐渐取代了以前由单个银行或少数几个投资银行合作执行的功能。”[⑤] 这是美国金融史上的一次制度性创新。作为投资者和企业家之间的中介人，通过代销证券控制企业，从而促进了工业托拉斯和控股公司的形成。

托拉斯基本上是在没有政府的干预下迅速发展起来的，对于19世纪后期的工商金融企业家们来说，忽视劳工困苦、单纯追求利润是他们的共性。虽然他们通过展示他们的商业天才促进了美国经济的迅速增长和整个国家财富的快速增加，然而对商业权力的滥用和没有任何权力制约使这种私有的经济力量逐渐让许多人感觉到恐惧。克利夫兰总统1888年在对国会致辞时说：“在我们查看资本聚集的

① 菲特、里斯：《美国经济史》，司徒淳、朱秉铸译，辽宁人民出版社1981年版，第462页。

② 《马克思恩格斯全集（第34卷）》，中共中央马克思恩格斯列宁斯大林著作编译局译，人民出版社2008年版第347页。

③ Vincent P. Carosso，*Investment Banking in America*：*A History*，*Cambridge*，*Massachusetts*；Harvard University Press，1970，p. 29.

④ Ibid.，p. 51.

⑤ Ibid.，p. 32.

成就时，我们发现了托拉斯、联合经营和垄断，而公民正在遥远的后方挣扎，或者正被铁蹄践踏致死。公司应该是受到精心限制的法律产物和人民的仆人，但它却正在迅速变为人民的主人。”[1] 因此内战后不久便出现了反对企业家滥用经济权力的社会运动。

二、农业利益集团的形成与发展

在建国之初，美国农业势力曾居于统治地位，“内战以后，商业或‘企业’集团获得了优势。那场战争不仅是自由劳动对奴隶劳动的胜利，而且最终还是制造业对农业劳动的胜利”。[2] 不过虽然无法与工业的增长相比，农业的增长也是十分可观的，据托马斯·韦斯的估计，1860 年之后的 20 年是美国农业增长最快的时期。这 20 年美国农业的全要素生产率的增长率是每年 0.91%。从 1850—1900 年，每头牛的牛奶年产量从 2371 磅上升到 3352 磅，小麦的劳动生产率提高了 4 倍多，玉米的劳动生产率提高了 3 倍多。[3] 伴随着内战的结束、铁路的建设、大规模的西进运动开始进行，“1860 年有 204 万个农场，1890 年增加到 458 万个”。[4] 但是 1865 年以后美国农业面对两个基本问题，一个问题是农业势力受到生产分散性和地区差异的制约，作为个体经营的农场主，信息渠道不畅通，因而集体行动能力很弱，难以联合起来有效地控制、调节农产品的生产和价格。另一个问题是生产率提高带来的主要农作物产量的惊人增长，给农业产品的价格结构带来很大压力。“在一八六九年和一八七五年之

① 【美】乔纳森·休斯、路易斯·P. 凯恩：《美国经济史》，邢露等译，北京大学出版社 2011 年版，第 383 页。

② 【美】梅里亚姆：《美国政治思想》，朱曾汶译，商务印书馆 1984 年版，第 16—17 页。

③ 【美】斯坦利·L. 恩格尔曼、罗伯特·E. 高尔曼主编：《剑桥美国经济史（第二卷，漫长的 19 世纪）》，高德步、王珏总译校，王珏、李淑清本卷主译，中国人民大学出版社 2008 年版，第 186—187 页。

④ 【美】乔纳森·休斯、路易斯·P. 凯恩：《美国经济史》，邢露等译，北京大学出版社 2011 年版，第 322 页。

间，棉花单价从每磅十六点五美分下降到十一美分，玉米单价从每普式耳七十二美分下降到四十一美分，尽管小麦价格不像十九世纪八十年代下降得那么厉害，但也还是降低了。”① 此外，随着世界农产品市场一体化，小麦、棉花和玉米的产量对世界市场的波动全都非常敏感。“价格更多的反映了全球供给状况而非地方收成。整个市场的价格是由那些农场主看不到的市场决定的，是受他们不认识的人影响的。他们的命运开始与布宜诺斯艾利斯、墨尔本或者芝加哥、堪萨斯城的形势联系起来了。”② 更让农场主们不满的是几乎全部农产品都必须经过铁路公司运往东部以及欧洲市场。铁路从农场主们手中获取利益最简单直接的方式是实行运价歧视。例如，“从北达科他州东部的法戈到明尼苏达州德卢斯的小麦运费，几乎是从明尼阿波利斯到芝加哥运费的 2 倍，而后者的距离却比前者长 2 倍”。③

相比之下，工商业集团的利益就要大得多。“洛克菲勒成为石油冶炼业的巨无霸，铁路公司在压力下认识到这一新产业的重要性，洛克菲勒成功地为自己的工业企业谈判得到了较低的运费。在五年的时间里，标准石油公司迫使那些急于承担石油运输任务的铁路公司在运费价格上做出了巨大的让步。获得低廉的运输服务。”“石油公司的迅速组织和发展向农民表明，如果他们想获得低廉的运价，他们也必须组织起来。但他们的组织能力相对于石油公司而言，实在是太差了。”④ 农场主们坚信他们蒙受了损失，未能享受经济繁荣的成果，因此希望政府采取行动让他们获得更多收益，而让政府听到农民的利益诉求的办法只能是联合起来。1867 年在上密西西北河

---

① 【美】沙伊贝、瓦特、福克纳：《近百年美国经济史》，彭松建、熊必俊、周维译，中国社会科学出版社 1983 年版，第 80 页。

② 【美】斯坦利 · L. 恩格尔曼、罗伯特 · E. 高尔曼主编：《剑桥美国经济史（第二卷，漫长的 19 世纪）》，高德步、王珏总译校，王珏、李淑清本卷主译，中国人民大学出版社 2008 年版，第 181—182 页。

③ 丁则民主编：《美国通史第三卷 1861 年——19 世纪末》，人民出版社 2002 年版，第 269 页。

④ 【美】吉斯特：《美国垄断史》，傅浩等译，经济科学出版社 2004 年版，第 22 页。

谷兴起了自称为“耕作保护神”的农民组织，外界称之为“格兰其”。“到1875年，美国中西部各农业州已经建立起了约3万个‘格兰其’，成员发展到250万人。”格兰其的目标是“反对垄断资本的暴政，……反对贷款制度和抵押制度”。但是他们称自己“不是资本的敌人”，“只是希望在生产者和消费者之间、在农场主和制造商之间建立尽可能直接和友好的关系”。[①]

虽然农民协进会在其纲领中坚持它不是政党组织，不讨论政治和宗教问题，但是其众多的人数使其发挥了强大的政治影响力，特别是地方政治层面上，在威斯康星、明尼苏达、伊利诺伊和艾奥瓦等4州议会中，农民利益集团已很强大，能够迫使立法机构通过法律，管制铁路。然而，格兰其的人员太复杂，各自的利益诉求并不相同，难以在进一步发展时确定目标。大多数成员有着搭便车的心理，因此格兰其集体行动的能力始终不强。1876年后经济危机结束，农场主对投身社会运动的兴趣更加淡漠。格兰其的声势就大为减弱，1880年其会员人数锐减至12万余人。1881年以后农产品价格危机变得越来越严重，农民们又开始联合起来，开始组织比格兰其更有效的组织——“全国农民联盟”（即“北方联盟”）和“全国农民联盟和工业联合会”（即“南方联盟”）。农民联盟吸取了格兰其的教训，首先他们注意控制规模，一般不包括像农村零售商人和律师之类的会员，也不包括大农场主和农村的乡绅。其次农民联盟继承了格兰其集体行动成功的一些经验，注重在合作、经济、教育等方面的活动方式，同时农民联盟提出了更明确的要求。反对垄断法，取缔外资控制的铁路公司、增收铁路财产税和土地投机的调节税、增加货币发行量、制定州际贸易法。“北方联盟在堪萨斯、艾奥瓦、威斯康星、伊利诺伊等州迅速发展，到1882年已有2000个基层组织，成员达10万人，南方联盟1885—1886年其地方组织由700个增至3500个。”[②]

---

① 丁则民主编：《美国通史（第三卷）》，人民出版社2002年版，第276页。

② 同上书，第284页。

进入19世纪90年代之后，南北农民联盟都感觉到自身同其他利益集团之间的差距正在扩大，而无论是共和党还是民主党都无法表达农业利益集团的利益愿望。1892年，以南北农民联盟为核心成立了人民党。北方联盟主席韦弗被推为总统候选人，南方联盟菲尔德作为副总统候选人。在这年11月的大选中，投票的结果是，韦弗得到100万张以上的选民票和22张选举人票。堪萨斯、北达科他和科罗拉多州选举人民党人为州长，堪萨斯、内布拉斯加、北达科他、明尼苏达和科罗拉多等州的立法机构里平民党党员当上议员的人数很多。但是，人民党的努力事实上已告失败，因为农业利益集团的利益和其他利益集团有着明显的差别，因此其他利益集团不愿与人民党发生关系。而农业利益集团的复杂性以及农民们狭隘的观念使其集体行动能力始终无法最大化。“农民由于过于关注农业，而有可能忽视在其他方面出现的机会。”[①] 之后不久，人民党就为民主党所吞并。但是农业利益集团的诉求却不能不为联邦政府所关注，联邦政府对社会和经济的“干预已经蓄势待发，而且会来自多个不同的方面”。[②]

三、劳工利益集团的发展

劳动力一直是生产要素的重要组成部分，而且总体说来劳动者在社会中是受到尊敬的，辛勤工作被认为是美国价值观的主流，这是敬仰上帝的表现。但是有组织的工会却让企业家反感，因为工会意味着对企业财产权的威胁，这同样被认为是对美国价值观的挑战，因为财产权神圣不可侵犯的观念是根深蒂固的。在内战以前，工会并非不为人所知，但实际上被当做非法组织，一直未能取得可观的进展。“只有在内战以后，禁止工人联合的法律废除了，工会才获得

① 【美】斯坦利·L. 恩格尔曼、罗伯特·E. 高尔曼主编：《剑桥美国经济史（第二卷，漫长的19世纪）》，第203页。

② 【美】乔纳森·休斯、路易斯·P. 凯恩：《美国经济史》，第383页。

了明确的合法地位，从这个地位可以指导他的一切活动。”①

在大企业时代，工人感到自己日益受到威胁。因为美国内战结束之后，大量的移民流入，而在其他条件不变的情况下，劳动力供给的增加将迫使均衡工资率下降。如果工人不愿意接受公司提出的雇用条件，只能另找就业机会。因此，随着大工业公司的发展而产生的问题，不是工人凭个人力量所能解决的。对每个工人来说，合乎逻辑的唯一途径是联合其他工人，组成一个能代表工人自身利益的工会，这样才能有成效地同大公司打交道。

1866 年“全国劳工同盟”是在全国范围内把各行业工会联合起来的第一个工人组织。“不单从工会八小时工作制联盟吸收会员，而且从中产阶级改革协会和农民协会吸收会员。纲领确定的目标同样很分散，主要强调争取通过八小时工作制的立法，但也强烈支持生产者和消费者的合作社，支持工会的集体谈判，支持公共事务应由实际参与者主宰的原则。”② 1873 年的经济恐慌，给了全国劳动联盟致命一击。“1872 年共有 32 个全国性工会，在其后的 5 年里，除 7 个工会幸存下来外，其余的全都解散了。工会会员总数从 30 万下降到 5 万。”③

劳动骑士团开始应运而生，它成立于 1869 年，骑士团接纳一切以工资收入为生的人，“其中有的甚至不是雇佣劳动者。农民、商人，牧师、制造业主都可以参加骑士团；确实，声誉不好而被排除在外的只有酒贩子、赌徒、律师和银行家这几类人”。④ 因此，劳动骑士团依旧是个成分复杂而且人数极其庞大的团体。劳动骑士团的财力也很薄弱，所以它的影响力远远无法同它的规模相比拟。1886 年 5 月以后骑士团的人数开始下降，1886 年骑士团有 70 万人，到 1890 年只剩下 10 万之众了。

---

① 【美】梅里亚姆：《美国政治思想》，第 10 页。

② 【美】纳尔逊·曼弗雷德·布莱克：《美国社会生活与思想史（下）》，第 87 页。

③ 同上。

④ 同上书，第 98 页。

1881年美国劳工联合会成立，劳联章程明确指出："整个文明世界中正在进行着一场所有国家的压迫者与被压迫者之间的斗争。……劳联的宗旨就是积极建立从地方到全国，以至国性的行业工会，以便互相援助，并争取通过符合劳动人民利益的全国性立法。"①

在劳联成立大会上，塞缪尔·冈珀斯被选为执委会主席。从1886年起，除了1895年以外，冈珀斯终生担任劳联主席职务，一直到1924年去世。冈珀斯之所以能获得如此信任，全在于他对劳联组织原则方面的改造，冈珀斯吸收此前工会失败的教训，深知人数众多并非是巨大优势，人数较少，目标集中，且具有足够的奖惩措施才能成事。因而劳联会员首先必须是支持工会的雇佣劳动者，并且它吸收的成员都是熟练技工，占美国熟练劳工人数的90％以上。非熟练技工拒绝接纳。"当某一行业的技术改革减少了熟练工人在这个行业中的比重时，美国劳联通常不是把更多的非熟练工人吸收到该组织里来，而宁可降低这个行业中已参加工会的产业工人的比例。"②其次冈珀斯主张"唯一的管辖权"，即根据这个原则，仅仅承认和允许每一个行业或职业只有一个全国工会可以加入这个联合会。劳联还收取较高入会费，支付高额医疗丧葬费用，实行严格的纪律，稳妥管理罢工基金，以此达到稳定组织的目的。劳联最优先考虑的目标，还是放在能直接从资方争取增加工资，缩短工时，就业保障上。劳联提高工人地位的手段，以同雇主进行谈判为主，重点放在谈判上，只有在谈判破裂而不能妥协的情况下，才诉诸罢工。如果有必要举行罢工时，为了加强工人的力量，劳联领导人往往要求所属成员组织捐款予以支持并进行互助。由于劳联目标明确、奖惩分明，劳联在筹措资金和扩大社会影响力方面取得明显的成功，取得多次罢工的胜利。公众也普遍同情美国劳联。

劳联领导人不相信工会通过政治活动即能达到自身目的。冈珀斯说："我们作为强迫工资劳动者的不幸多半不是由于上层阶级或统

① 丁则民主编：《美国通史（第三卷）》，第243页。

② 【美】沙伊贝、瓦特、福克纳：《近百年美国经济史》，第159页。

治阶级行使权利，而是由于我们自己的阶级中那么多人愚昧无知，心甘情愿接受现状。”[①] 1895 年全国代表大会又在劳联章程中插入这样一段话：“在美国劳工联合会代表大会上不得进行党派政治活动。”[②]

然而劳联也认为，应该支持对工人事业持有友好态度的院外活动集团和总统候选人。进行这种活动的一般原则就是：“报答朋友，惩处敌人”。因而劳联也支持某些政治人物。因此在 19 世纪末期，劳工利益集团的影响开始变大了，这和 19 世纪 80 年代都成了鲜明对比。“在 1880 年的总统大选中，美国劳动力总数有 1740 万人，但其中只有不到百分之一的人从属于工会。1880 年独立企业家甚至比工业工人还多。如果企业家和农场主认为他们的利益和劳工组织相冲突，政客们显然会远离劳工。”[③] 而到了 1896 年的美国总统大选，麦金利总统已经不能不关注劳工的利益，如果没有劳工的选票，他甚至不可能当上美国总统。（麦金利所赢得的州大部分是工业州，选举人票麦金利 271 票：布赖恩 176 票）不过由于冈珀斯的态度，劳联作为代表劳工的利益集团，它的活跃程度以及对政府的影响力远远不如农业利益集团。

第二节　国内政治思潮的变化

自立国起，在美国的政治思想中就有两股潮流在并行发展：一股潮流是以杰斐逊为代表的民主思想；一股潮流是以汉密尔顿为代表的精英思想。这两股思潮都是自发产生的，而且在政治理论变革中共同存在与发展。只不过它们都是以自由主义为底色，因此有着很大的共性。在很长时间段之内，这种哲学的核心价值观是：

① 【美】梅里亚姆：《美国政治思想》，第 10 页。

② 【美】菲特、里斯：《美国经济史》，第 500 页。

③ 【美】乔纳森·休斯、路易斯·P. 凯恩：《美国经济史》，第 440 页。

第一，作为国家和个人兴旺基础的放任主义学说。其理论来源可上溯到亚当·斯密的古典经济学中的自由贸易理论。这个理论认为，贸易有某些天然法则，运用这些法则将会给个人和社会带来最大的福利。进步取决于实行自由竞争，唯有允许人们不受政府限制措施的掣肘，也不得助于政府的恩惠，自由地去追求自身的利益，才有可能实现最高的社会福祉。

第二，为了人身权利和财产权利而最严格地限制政府权力的学说。该学说认为，政府的存在，仅仅是为了维护秩序、保护财产、控制经济的事务。政府不应干涉人们的生活，个人权利和人身自由不受侵犯。这种思想可以回溯到洛克的政治理论。由于美国的建国是建立在反抗英国暴政的基础之上，因此对权力表示怀疑，认为权力应该受到制约的理念自立国起就成为美国信念的核心零件，成为美国人血液深处的有机构成的一部分。这样，一切扩大政府职权的行为都必须制止，尤其是如果它们干涉个人财产权。在很长一段时间之内，对政府侵犯个人自由和财产的警惕使政府的规模和管制手段受到最大程度的限制。

美国生活的一个持续的特点，又时时刻刻地强化着美国人的这种信念，那就是职业和经商的普遍自由。对美国人来说生活的意义就在于流动，土地的流动性、劳工的流动性、职业的交换，在美国人生活中司空见惯，从而成为美国国民的生活特征。虽然在分工的压力下，工作专门化了，这种自由确实越来越受到限制，但同一个倾向暂时却保留了下来，几乎没有偏离原来的轨道。联系到人口经常从一地转移到另一地，从农村地区转到城市社会，再加上移民的大量涌入，这种总的倾向的影响是十分巨大的。一方面，它使阶级和阶级观点难以固定；另一方面，它不让形成或者推迟形成一切政府归根到底赖以获得成功的那些必要的“共同谅解”。[①]

南北战争以后，社会达尔文主义思潮传入美国。社会达尔文主义同样认为权力会自然地流向最有才能者手中，财产的拥有和获得

---

① 【美】梅里亚姆：《美国政治思想》，第 21 页。

是神圣权利，文明依赖于这种体制。国家应该只限于从事保护财产和维持秩序的治安活动；若国家干预经济事务，势必会破坏自然选择的有益影响。“贫民窟和贫困是竞争带来的不幸，然而是不可避免的消极后果，由国家出面干涉来消灭贫民窟和贫困是方向性的错误。”①

社会达尔文主义因为符合美国的价值观而在19世纪后期的美国找到了最好的土壤，几乎所有的美国人都为这种经济和社会哲学所打动。

对工商业利益集团来说社会达尔文主义是最动听的。洛克菲勒说：“大企业的发展壮大只不过是最适者争得的生存而已，就是很自然的了。”② 当时工业巨头们在工商业和政治中，“干起来大胆不动声色并且不顾一切，他们剥削工人、榨取农民、贿赂国会议员、买通立法部门、刺探竞争对手、雇佣武装保镖、炸毁资产、采用威胁、密谋和武力手段。他们嘲笑那些天真的绅士们的思想，这些绅士想象靠体面和克制的办法就能使国家在自由竞争的制度下发展。”③ 工商业利益集团想尽办法将取得进步的可能性压缩至最小限度。“进行重大社会改革的运动被称为‘外国的和非美的，是鼓动家和不满分子干的，是失败的哲学’。直到1900年为止，保守主义集团始终认为‘不改变主张’就足够了，满足于经济和社会现状，把它们当作现代文明的最高发展，并斥责不满分子是不得意或不爱国或两者兼而有之。”④ 工商业利益集团实际上把进步与进化混淆起来，他们认为工商业的竞争反映了美国文明的进步和国家的繁荣。

另外，大工商业巨头中有不少出身贫寒，“他们这样的人不仅可以自信，而且也可以向全世界宣称，他们的财富与势力完全来自艰苦的劳动和非凡的聪明才智，并以自身经历为楷模，向充满进取心

① 【美】布卢姆、摩根等：《美国的历程（下）》，戴瑞辉、吕永祯、吴聿衡译，黄席群校，商务印书馆1995年版，第55页。

② 【美】理查德·霍夫施塔特：《美国政治传统及其缔造者》，第199页。

③ 同上书，第195页。

④ 【美】梅里亚姆：《美国政治思想》，第36页。

的中产阶级展示这种具有宏大机会的经济”[①]，使许多美国人相信机会人人有的美国神话。

农民利益集团和劳工利益集团虽然有着自己的利益诉求，但是他们同样深受社会达尔文主义的影响。

农民集团有它自己的个性特征，他们具有一定的独立性，一方面，农民的财产所有权以及他同雇工或“帮手”的关系倾向于使他和商业集团携手合作；但另一方面，垄断对他进行的各种形式的剥削又倾向使他结盟反对“商业”统治集团。他是坚决反托拉斯的，坚决不赞成工会的。他既不支持垄断，也不支持罢工。农民力量是“一支强大的力量，这不仅是因为农民的行动中包含着政治力量，而且还因为商业和工人集团中大批出身农民阶级的成员的头脑里还有农业传统的残余，无法完全摆脱农民集团的传统观点。尽管到这时他们越来越受机器和制度两者的影响，另外农民的保守派和自由派之间的裂痕也越来越大”。[②]

劳工利益集团同样如此，虽然他们逐步认识到他们的许多利益只有依靠政府的帮助才能够实现，但是和大多数美国人一样，他们对于政府也抱着本能的怀疑。劳联主席塞缪尔·冈珀斯一直反对有可能使劳工地位依赖于立法的措施，他反对强制企业主与工会打交道的法律，也反对实行强制性仲裁的法律，不认为企业联合的倾向能够被法律制止。他在1898年发表的主席演说最好地说明了他的理论：“我们要保护工人过水平较高和较好生活的不可剥夺的权利，要保护工人不仅在法律面前平等，而且有权享受他们的劳动果实；要保护他们作为人、作为工人和作为公民的生命、四肢、健康、家庭、家属和自由；克服和战胜偏见和对抗；为他们争取生存的权利和维持生活的机会，使他们能充分享受他们的脑力和体力所产生的丰富物资以及由他们创造和支持的文明。对于这些，工人毫无疑问是有

① 【美】理查德·霍夫施塔特：《美国政治传统及其缔造者》，第197页。
② 【美】梅里亚姆：《美国政治思想》，第7页。

权享受的。除了这些之外，再没有也不应当有其他东西能使他们满足。”①

由于社会不同利益集团的基本哲学纲领都是承认个人自由和财产权的重要，因此社会思潮中最有意思的特点之一，“是资本家和工人为支配民主主义的各种制度和理论而进行斗争。资本主义竭力扮作个人自由的捍卫者和民主学说的保护人，为此目的而利用范围较小、技术性较强的法律和政治论据，指责其反对者出卖个人、漠视民主，实施各种最终导致社会主义统治下实际奴役的计划。另一方面，为工业民主主义效力的势力则指责资本主义以贿赂和非法手段背叛了代议制，用巧妙的手法使保护自由变为袒护压迫，其目的是在民主制度的伪装下维护少数人和独裁者的利益。资本主义战略家们力求使反对派陷入这样一个境地，非放弃自由或甚至民主的学说不可，而各种进步势力则力图表明资本主义和财阀统治集团通过巧妙地解释各种过时的法律实际上正控制着人们的生命与财产”。②

但是，工商业利益集团无论如何也无法长期阻止其他利益集团对自身利益的诉求。到了 19 世纪后期，美国越来越多的人感觉到社会正在为少数人所掌控。“就是这种新型的所谓大企业既在工业界又在政治界取得了领导权。一个传统上软弱无能而且已经腐败的政府，除了对特权或豁免权有用之处以外，往往被撇在一旁，以后要么被政党机器控制，要么更加直截了当地腐败下去。因此塔夫脱先生说：大公司先是发现限制不利于自己的立法是有用的，后来又发现争取制定一些在业务经营方面给它们极大好处的立法更为有用。时至今日，某几个大公司的高级职员和董事已经能够一方面下命令定购钢轨或工业设备，另一方面下命令派代表出席州、县或全国的政治性会议，而且不论哪一方面都满有把握地认为一定能照办不误。在本世纪初，人民开始充分认识到他们几乎完全被富豪集团所控制。”③

① 【美】梅里亚姆：《美国政治思想》，第 42 页。

② 同上书，第 7 页。

③ 同上书，第 18 页。

这让许多美国人感到恐惧。在美国对权力的戒心是根深蒂固的，并不仅仅只是对政府的权力感到恐惧。除了大工商企业家之外的各利益集团的人们，开始对少数大工商企业家迅速掌权产生一种共同的本能反抗，大工商企业家正在把他们的经济权力变为政治权力。因此到了19世纪后期，民主主义政治思潮开始兴起。“主要由农业和工业劳动者阶层发起，还有一批来自于中产阶级和手工业者阶层的追随者，致力于发扬和发展杰克逊思想运动，认为只有它真正关心民主原则的发展，只有它才能通过进行行政改革来净化政府，只有它才能不断扩大政府的社会控制力对于经济活动的影响范围，也只有它才能巩固政府以使其能与大集团的财富抗衡，迫使财阀集团也服从和服务于民主政治的目标。”① 当时美国参议员鲁特对这种情况作出了这样的评价，他说：“作为19世纪初叶改革准则的个人主义，是民主对于使人们的出身成为他们生活中一个控制因素的法律和习俗的反作用。可是现在，组织的力量已使资本和劳动两者在那么大的活动范围内集中起来，……结果，民主不得不重新请求政府根据法律提供个人不再能通过契约自由获得的保护，并迫使广大群众——我们所有的人都少不了群众的合作——在社会生活中发挥他们应有的作用。”② “当社会组织被处于变革中的经济形态无情地撕扯时，政治理论与实践便会经历随之而来的混乱。对于一个国家来说，到底是少数服从多数还是与之相反，政府的职责是什么，是解决多数人的温饱，还是促进少数人获得更多的财富，这些问题需要一个具有足够社会控制力的政府才能解决。”③

虽然不同利益集团感觉到有必要大大扩展国家的职能，但是在究竟往哪一个方向扩展这一点上意见并不总是一致的。“普遍的心情是要强调迫切需要一个强大和灵活得足以应付不断改变着的工业和

① 【美】沃浓·路易·帕灵顿：《美国思想史》，陈永国、李增、郭乙瑶译，吉林人民出版社2002年版，第873—879页。

② 【美】梅里亚姆：《美国政治思想》，第37页。

③ 【美】沃浓·路易·帕灵顿：《美国思想史》，第873—879页。

社会现状的政府。”①

尽管某种分量的政府管制已经成为必要，工商业利益集团仍然认为这种管制是不必要或者应该减少到最低限度的。但是到19世纪末，社会改革纲领的的轮廓已经开始出现。“承认某些改革是可取的和必需的，但必须慢慢来，而且必须由已经当权的集团来主持。提高政府效率和争取更大工业福利开始成为保守分子的纲领的一部分。和一个世纪前的英国一样，保守分子开始认识到改革的重要性以及由他们自己来实行改革的同样重要性。”②

美国政治思潮的变迁为一个全新的统一政权的尊严和权力概念扫清了道路。随着社会由各自为政走向中央集权，联邦政府便注定在权威中成长，政治理论也注定与之保持同步，从而为变革的社会提供了理论支持。“随着个人与群体的结合，个人权利与尊严也在主权运动的漩涡中逐步消减。中央集权化必定会摧毁摇摇欲坠的杰克逊思想结构而代之以一个全新、宏大、系统的理论。一项专门的和多少有点全面性的社会民主纲领也制定出来了。”③ 这样到19世纪后期，政府被要求扮演更积极的角色，充当社会不同利益集团的公正裁判者，来保证社会不同利益集团的利益不受到损失，这就要求政府扩大自己的功能。

第三节　美国联邦政府权力的扩大

一、行政集权

美国内战结束以后，联邦政府的权力迅速减小，一方面是从战

① 【美】梅里亚姆：《美国政治思想》，第41—42页。
② 同上书，第37页。
③ 【美】沃浓·路易·帕灵顿：《美国思想史》，第873页。

争向恢复到常态的一种正常反应，另一方面美国悠久的哲学传统就是自由放任，限制权力，所谓最小的政府就是最好的政府。梅里亚姆说："我们的情况是这样的：当权派希望人家别去管他们，只有在例如关税这样的问题上才偶然使用一下政府；当权派感到，只要他们需要，政府任何时候都是听他们支配的，但是他们并不经常需要政府，也无意建立一个有实力的政府，生怕这个政府一旦建成并行使职权后会给他们添麻烦。人民反对经济集中和政党分赃那类政治腐败倾向对这种情况起了促进作用。因此，关于政府的普遍想法是对政府抱轻视态度，并不是无政府主义者所持的那种理论上的厌恶，而是感到强有力的政府很可能给国内工业的发展添麻烦，就像工人经常被认为是一种潜在的麻烦根源一样。政府是必不可少的，但它是一种腐败、愚蠢和软弱的东西，逢到非和它接触不可的时候应该粗暴地对待它，厉声责骂它——当国内外需要力量来保护人或财产的时候政府是有用的，但一旦受激励而活跃起来，露出要一个劲儿地干下去的苗头时，政府就是危险的了。政府掌权或不掌权都是麻烦的。"① 因此内战结束之后国家权威建立起来了，但是政府的职责范围却非常狭窄。

首先是美国联邦行政部门的规模很小和人员非常少。

内战之后，美国联邦行政部门的职责范围迅速缩小。仅仅满足于维持内部秩序、对外防御、基础设施及其他。这说明当时美国联邦行政部门"缺乏一个有稳定性、忠诚而娴熟的官僚政体"。② 因此联邦政府的规模很小，人员也较少。

表 1：1884—1900 年期间联邦政府雇员人数

年份	联邦行政部门人数
1884	13780

① 【美】梅里亚姆：《美国政治思想》，第 19 页。

② 【美】扎卡利亚：《从财富到权力》，门洪华、孙英春译，新华出版社 2001 年版，第 55 页。

续表

年份	联邦行政部门人数
1885	15590
1886	17273
1887	19345
1888	22577
1889	29650
1890	30626
1891	33873
1892	37523
1893	43915
1894	45821
1895	54222
1896	87044
1897	85886
1898	89306
1899	93144
1900	94893

资料来源：The Historical Statistics of the United States，Volume V，Cambridge University Press，2006，p. 127。

其次是政府的财政收入与支出也非常少。

联邦政府财政政策的核心是："尽量减少政府预算，每年都实现预算平衡以避免赤字和税收消耗（关税、货物税、财产税、非收益税），而税收只是为了负担省之又省的政府公务员的工资和公务费用。”①

西达·斯科波尔指出：“与其他单一因素相比，国家筹集和调度财政资源的手段告诉我们更多关于国家创立或加强政府组织、补贴经济企业和资助社会项目的现存（和潜在）能力。”所以说，政府收入和支出可以用作反映政府活动的指标，而在1865—1896年的大部分时间里美国政府的收入和支出低的惊人。

表2：联邦政府1865—1898年财政收支情况

年份	联邦财政收入（千美元）	联邦财政支出（千美元）
1865	333715	1297555
1866	558033	520809
1867	490634	357543
1868	405638	377340
1869	370944	322865
1870	411255	309654
1871	383324	292177
1872	374107	277518
1873	333738	290345
1874	304979	302634
1875	288000	274623
1876	294096	265101

① 【美】哈罗德·G. 瓦特：《美国大政府的兴起》，刘进、毛喻原译，重庆出版社2001年版，第4—5页。

续表

年份	联邦财政收入（千美元）	联邦财政支出（千美元）
1877	281406	241334
1878	257764	236964
1879	273827	267948
1880	333527	267643
1881	360782	260713
1882	403525	257981
1883	398288	265408
1884	273827	267948
1885	333527	267643
1886	360782	260713
1887	403525	257981
1888	398288	265408
1889	387050	299289
1890	403081	318041
1891	392612	365774
1892	354938	345023
1893	385820	383478
1894	306355	367525
1895	324729	356195
1896	338142	352179
1897	347722	365774

续表

年份	联邦财政收入（千美元）	联邦财政支出（千美元）
1898	405321	443369

资料来源：The Historical Statistics of the United States，Volume V，Cambridge University Press，2006，pp. 80－81。

美国财政收支自美国内战结束之后几乎一直处于下降状态，最令人吃惊的是尽管美国财政收入不高，但是财政支出更少，都到1893年美国的财政都是盈余的。

最后也是最关键的问题是，内战结束以后，以美国总统为首的行政机关软弱无能，联邦政府中行政与立法部门之间存在着权力竞争，从而大大损害了联邦政府的权威和职能的发挥。

联邦政府的行政部门除了内战结束所导致的权力自然回落的原因之外，还有一个最重要原因，就是由于美国各个利益集团的形成和发展是一个渐进的过程，因此联邦政府对社会的反应也就较为迟缓，“未能正确地解释当时的经济趋势并相应地制定对策。形势的新颖，情况的迅速改变，政府的软弱，对政府在政治意义上干涉个人自由或干涉体现在个人竞争自由上的那种自由的、普遍的和传统的反对——所有这一切，使得在这个政治经济的发展阶段不可能采取有效的行动”。[①] 这种情形造成联邦政府无为而治，没有足够的能力和凝聚力来实现其愿望。但是伴随着美国工业化形成的内在压力，已经促使不同的利益集团逐步形成，这些利益团体日益具有持久的、复杂的组织化力量，“随着市场体系的发展，诸竞争团体在追逐最大限度利益的驱使下，都在不断寻求政府干预的支持”。[②] 在这个过程中联邦政府尤其是行政部门的权力显著扩大。这个过程大致可以分

① 【美】梅里亚姆：《美国政治思想》，第18—19页。

② 【美】哈罗德·G. 瓦特：《美国大政府的兴起》，第3页。

成三个阶段：

第一阶段是约翰逊总统和格兰特总统时期。由于内战结束之后，美国国家建设方面大幅度地向工商业利益集团倾斜，因此工商业利益集团的利益迅速增长，这刺激了农民和劳工等利益集团为维护自身的利益而组织起来。但是这些利益集团的集体行动能力不强，而“企业尤其是大规模企业，主要是要求不干涉，它能够利用政府的惰性来达到一目的，必要时也可以通过施加影响、恐吓或贿赂来达到目的。只要他们需要，政府任何时候都是听他们支配的，但是他们并不经常需要政府，也无意建立一个有实力的政府，生怕这个政府一旦建成并行使职权后会给他们添麻烦”。[①] 加上整个社会思潮的保守性，联邦行政部门无法有效应对经济趋势并相应地制定对策，尽管这一时期内阁增加了 2 个部，原有的邮政总局和检察总署在 1872 年和 1870 年分别升为内阁的邮政部和司法部，但是其管理职能却并没有多大的扩展。

同时，美国国会开始力图主导美国联邦政府的运作，这导致了联邦政府内部的权力争夺，很长一段时间之内，联邦政府的核心决策机构并不是行政机构，而是国会。

总统与国会之间的权力斗争在美国内战结束之际就已经爆发。由于约翰逊总统仍然保持着传统的杰克逊主义的州权理念，因此希望减少联邦政府权力，而国会在共和党人的领导下，决心在南方重建问题上树立起他们的主导地位。这种动力来自于北方工商业利益集团渴望扩大自己的利益，因此希望扩大联邦政府的权力。“约翰逊与其他共和党人在一些原则问题上出现严重分歧，这使他与国会的斗争激化了。过去林肯希望加强联邦政府的权威，目的是要为非洲裔美国人争取法律平等地位；与此形成对照的是，约翰逊挑战南方重建的立法是为了保持州权。”[②] 围绕南方重建而展开的公民自由和

---

① 【美】梅里亚姆：《美国政治思想》，第 18—19 页。

② 【美】米尔奇·尼尔森等：《美国总统制（起源与发展 1776—2007）》，朱全红译，华东师范大学出版社 2008 年版，第 175 页。

财产权利的斗争持续了整个约翰逊执政时期。1866年国会制定《人权法案》，这个法案规定各个种族和各种肤色的公民都享有“订立契约、提出控告、获得和处分财产、起诉和提供证据以及所有保障人生和财产安全的法律所规定的同等利益的权利。这一规定是保证美国国内所有的人享有事实上的自由”。[①] 而约翰逊总统的种族优越性却促使他加以否决，从而激怒了支持这一法案的全体共和党人，结果国会推翻了他的否决。自此之后，国会通过一系列法案取代总统主导行政机构事务。

1867年国会通过《军事重建法案》，禁止总统在没有获得参议院的同意下解除、剥夺军事指挥官的职权或将他调离。“这是对总统作为军队总司令职权的直接挑战，而这一切都是由战争部长埃德温·斯坦顿（Edwin Stanton）鼓动进行的，他与格兰特一道和共和党的国会领导人进行了密谋策划。”[②]

虽然约翰逊否决了国会的《军事重建法案》，并且指出这是明显“剥夺了总统作为军队总司令的宪法职能”，但是国会推翻了约翰逊的否决，对他的抗议不予理睬。根据宪法规定总统有权搁置否决10天内即将休会的国会所通过的立法提案。为了防止总统的搁置否决权，国会做出安排让国会永不休会。国会还同时剥夺了总统召集（或不召集）国会召开特别会议的权力。1867年3月，国会推翻了约翰逊的否决通过了《任职法》，规定总统没有首先获得参议院同意，不得解除任何经参议院认可的官员的职务。这一法案推翻了1789年第一届国会通过的决定，即支持总统有权免除行政官员的职务，“国会与约翰逊的斗争已经达到了如此尖锐的地步，就连那些已经确立的宪法明令禁止的条款都不能阻止激进的共和党人来对行政权威发起进攻。1867年春，约翰逊已经没有能力阻止任何国会想要通过的

① 【美】伯纳德·施瓦茨：《美国法律史》，王军译，法律出版社2007年版，第84页。

② 【美】米尔奇·尼尔森等：《美国总统制（起源与发展1776—2007）》，第178页。

立法”。[①]

因此约翰逊越过国会领导人，向公众舆论直接发出呼吁，希望能够恢复他严重受到削弱的总统职权。这不但没有给他带来帮助反而迎来了麻烦，内战结束之后，美国社会中的国家意识大为增强，虽然社会不要求联邦政府扩大职权，但是联邦的权威已经高于各个州的权威。约翰逊总统并没有认识到这一点，因此公众对他指责史蒂文斯和萨姆纳两位议员为叛国者的讲话非常反感，导致国会对约翰逊总统进行弹劾。虽然约翰逊以一票之差没有被弹劾成功，但是国会部门凌驾于行政部门的权力之上却已经被认为是一种事实。

格兰特是以极其成功的军事生涯入主白宫的，但是他并没有改变国会对联邦决策权的控制，国会仍然通过《任职法》牢牢控制对内阁官员的任命权。虽然格兰特强烈反对，也只是促使参议院通过了一个“妥协”修正案，实际上保留了它在免除行政官员职务上的作用。

格兰特在八年总统任期之内行使了93次否决权，但实际上只有4次成功。“最重要的一次，是否决国会要求扩大美钞发行量，以挽救日益危机的农业。”[②] 格兰特之所以能够取得这次成功，是由于获得东部工商业利益集团特别是银行家们的大力支持。同时格兰特也认识到破坏政府的信用会造成通货膨胀失控，从而使一次经济不景气变为一次经济萧条。正是在格兰特总统的催促下美国国会在1875年通过的《货币回收法案》，从而确立了美国金本位体制。

格兰特时期美国联邦政府权力的软弱同政治腐败也有着密切的关系。最主要的就是实行所谓政党分赃制，在这种制度下，文官不仅得到生计和服务的机会，而且也常常得到一个扩大个人收入的机会。对于那些出身于非上层阶级的人来说，文官是一个重要的向上

---

① 【美】米尔奇·尼尔森等：《美国总统制（起源与发展1776—2007）》，第178页。

② 同上书，第184页。

流动的手段。两党都在全国范围内充分利用分赃制，政党需要分赃任命来奖励那些为政党忠诚工作的人，政党分赃制是内战后美国工商业利益集团力量不断强大的产物。工商业利益集团期待政党维护他们的利益，并用他们的选票来回报政党。首先，国会在利益集团的要求下，扩大了公共开支拨款，于是道德低下的公职人员和私人公民便利用更多的机会来把公共资金装入自己的腰包。[①] 当时国会议员手里有几百个可任命的联邦职务，他们可以拿这些职务来对政治上的支持者论功行赏。公众对政府雇员和官员猖獗的贪污现象习以为常。历史学家萨缪尔·E. 莫里森（Samuel E. Morison）和亨利·斯蒂尔·康马杰（Henry Steele Commager）曾这样描述这一时期："道德标准的败坏几乎影响了美国社会生活的所有方面，人们能够在州和大城市的政府、在商业和金融业以及运输业，甚至在专业职业中发现这一现象，几乎在所有的地方，旧标准都已经被破坏掉了，对于许多人来说，诚信似乎离开了公共生活。有可能控制很大一部分国民经济，并能够收买各级政府中的重要官员。"[②] 例如在著名的"威士忌集团"逃避酿酒税案中，圣路易斯国内税务官约翰·A. 麦克唐纳与财政部官员以及总统的私人秘书奥维尔·E. 巴布科克将军共谋，诈骗了政府几百万美元。格兰特却尽力要保护巴布科克，他免除了巴布科克的职务，以便有利于他最后获得无罪的判决，后来格兰特甚至还任命他担任了一个巡查灯塔的职位。

可以想象，"如果一个政府步履蹒跚、腐化堕落、软弱无能，不能唤起人们的希望和自豪，陷入懒散的无政府主义的漩涡，再加上掌权的是一个新生的政体，那么这个政府就非常容易受到忽视，除非他可以证明他的所作所为都有益于这样一个政体。在建立一个充满活力、有能力控制自身一切活动的政府的道路上，财阀统治将是最大的敌人。少数服从多数原则对于人们最终掌握和支配财富具有

① 周琪、袁征：《美国的政治腐败与反腐败：对美国反腐败机制的研究》，中国社会科学出版社 2009 年版，第 24 页。

② 同上。

一种暗淡的、潜在的威胁。在财阀统治没有在民主制度的框架内建立起大本营之前，一切民主管理形式在发展时都将受到激烈的反对”。[①]。

改革的呼声开始出现了。因为政治腐败和联邦行政部门权力的软弱无能对社会各利益集团的负面作用越来越大。1868 年，针对政党分赃制所导致的腐败，国家制造商协会通过了一个决议，确定“为了我们政府的独立和永久性，公众事务绝对需要遵照商业原则的方式；不管它多么合理，将公职给予政治乞丐（泼皮）和政党的奴仆的危险习惯不应当再继续下去了”。[②] 1870 年在获得国会的必要授权之后，格兰特成立了一个委员会，后来名为“文官委员会”，责令它制定出改革的章程和规则。委员会还监管具有竞争性的新考试体制，以选拔人员到各行政部门聘用。这样，历史上最腐败政府之一的格兰特政府首次试图对文官制度进行改革。[③] 但是政党分赃制遭到国会顽固派势力的反对，在顽固派的阻挠下格兰特总统最后让步了，撤销了全部文官考试委员会。

从 1877 年海斯政府开始到 1889 年克利夫兰第一届任期结束，是第二阶段，“这 12 年时间里，内战之后行政部门和国会的权力博弈中处于下风的情形终于得到了终止；原因是美国工业化所产生的内在压力迫使社会各利益集团要求政府加强干预。1862 年成立的农业部在 1889 年升格为正式内阁部就是一个明显的迹象。行政人员的人数有了明显的增加，1889 年与 1888 年相比增加了将近 7000 人。而国会由于助理人数少、信息不充分导致其对外部的反应较慢，参议院对政府具体事务的控制，特别是在免职权方面的操控，在经历了海斯、加菲尔德和克利夫兰政府时期的一系列失败之后得到了放松；文官制度改革的实施也推动了恢复行政机构独立性的斗争，开

① 【美】沃浓·路易·帕灵顿：《美国思想史》，第 873—879 页。

② 【美】扎卡利亚：《从财富到权力》，第 168 页。

③ 【美】米尔奇·尼尔森等：《美国总统制（起源与发展 1776—2007）》，第 187 页。

始了将联邦职位的任命与政党分肥者们的地方利益脱离开来的进程。总统和国会的权力博弈逐步占据上风，“然而，尽管取得了这些成就，总统职位在19世纪的后几十年中仍然保持着规模小、权力有限的状态。总统确实恢复了对行政领域的控制．但它自身仍然受到高度的制约”。①

1. 任免职权方面的博弈

由于“国会同行政部门共同承担任命的责任已经成了习惯。说这种习惯必然是腐败的，并不公正，这仅仅是一个发展起来的习惯，一个不能被忽略的事实。总统很少任命，他不过是登记了国会成员的任命”。② 海斯总统没有与国会商量便独自任命了自己的内阁成员，这大大激怒了参议院的共和党领导人，参议院以马拉松式的审查来拖延对整个内阁的确认。然而情况已不同于10年前，来自各方的电报和信件像洪水般涌进白宫，敦促总统坚定立场。在公众舆论面前，参议院不得不做出让步，几乎一致通过了所有内阁成员的确认。宾克利指出：“参议院在与总统之间的一件有把握的事情上被征服了，这在内战以来还是第一次。参议院的鼎盛时期已经过去了。”③

詹姆斯·加菲尔德担任总统时间很短，但是他坚持总统的独立任命权，并且迫使参议院放弃了任命权。加菲尔德的胜利标志着“振兴白宫权力和威望的一个里程碑”。“尽管参议员在建议总统任命官员和拒绝有争议人员的任命方面仍发挥重大影响，但他们要取代行政机构自由做出决定的做法就此结束了。”④ 加菲尔德胜利的根源在于时代已经完全变化了，社会不同利益集团都要求进行行政改革，

① 【美】米尔奇·尼尔森等：《美国总统制（起源与发展1776—2007）》，第198页。

② 【美】扎卡利亚：《从财富到权力》，第161页。

③ 【美】米尔奇·尼尔森等：《美国总统制（起源与发展1776—2007）》，第190页。

④ 同上书，第194页。

以应对复杂的社会经济形势，平衡日益上涨的利益集团之间的矛盾。社会对政党分赃制越来越不满，加菲尔德的遇刺身亡更加重了了公众的这种情绪。

当副总统亚瑟继任时，“前总统海斯曾经预言，亚瑟的赞助人康克林将是王位后面的权力，比王位的地位更高”。然而“亚瑟拒绝了康克林对他发出的让他解雇由加菲尔德任命的纽约海关征税员威廉·H. 罗伯逊，并任命一位忠诚的顽固派取而代之的要求。亚瑟觉得他在道义上必须继续前任总统的政策”。[①] 实际上不是道义问题，而是社会的强烈要求使亚瑟无法这么做。

2. 文官制度改革的博弈

在海斯的就职演说中，他表示文官制度改革应该彻底和全面地进行。他在 1877 年 4 月 22 日的日记上写道：“现在该处理文官制度改革的问题了。”[②]

但是文官制度改革并没有想象的那么容易，一直到亚瑟担任美国总统之后文官制度改革才重新起步。因为亚瑟意识到“如果他不支持文官制度改革，那将会威胁到共和党自内战以来所享有的政治支配地位”。[③]

在亚瑟总统的积极支持和社会的普遍要求之下，国会压力越来越大。“在公众舆论中，国会被当成分赃制的堡垒，已直接影响到议员选举。1882 年选举中不少议员落选，这对许多当选者也是一个教训。因而，新一届议会在对待改革法案的态度上有所变化。”[④] 国会经过多次辩论，于 1883 年初通过了由参议员彭德尔顿提出的文官法案。

---

① 【美】米尔奇·尼尔森等：《美国总统制（起源与发展 1776—2007）》，第 196 页。

② 同上书，第 191 页。

③ 同上。

④ 张友伦、李剑鸣主编：《美国历史上的社会运动与政府改革》，天津教育出版社 1992 年版，第 167 页。

彭德尔顿文官法的主要内容有：对官员选拔实行竞争性的公开考试和考核制，同时对高级要职实行选举制和任命制；按照各州人口比例分配政府官员名额；实行文官预备期制度；禁止现职政府官员介入党派活动；禁止以官职作为竞选诱饵；文官隶属于行政部门。彭德尔顿文官法的核心是实行竞争淘汰的考绩制，即根据公职人员的能力和政绩，按照公开竞争原则决定其录用和提拔降退。文官法虽然得以通过，但是它以部分保留政党分赃制作为代价，在实行中仍很不彻底。1883 年文官法的适用范围只及当时联邦官员的 12%，州和地方政府仍在实行分赃制。但是总的趋势是功绩制范围不断扩大，到 1900 年已占联邦文官的 20%。[①]

克利夫兰一上任就立即和国会产生冲突，他停止向参议院递交任命和解职的文件。克利夫兰认为任命行政部门官员是总统的宪法特权，在给国会的咨文中写道："他们想当然地认为，参议院有权对我行使属于我自己的决断权力和行政职能进行评判，而我不久前刚获得人民神圣的信赖就任这一职位，我只对他们负责。我支持和维护宪法的誓言……要求我必须拒绝他们的这些要求。""克利夫兰给国会的咨文激化了他与参议院的矛盾，因而引起了全国的注意。正如最近其他类似的争斗一样，公众舆论支持了总统。"[②] 同时他也获得了最高法院的支持，"他宣布，这个法案是不符合宪法的，他极力辩明，参议院要求得到行政部门文件的做法，造成了分权中一个裂痕。他的一个传记作家认为，关于克利夫兰所谓的这些文件是总统私人财产的声明，'是尼克松总统之前和平年代中美国总统对于行政特权的最大限度的肯定'"。[③] 一年以后，在民主、共和两党压倒性多数的支持下，国会投票废除了《任职法》，从而维护了克利夫兰在任命官员问题上的地位。克利夫兰在此次事件很久之后写道："通过废

① 丁则民主编：《美国通史（第三卷）》，第 217 页。

② 【美】米尔奇·尼尔森等：《美国总统制（起源与发展 1776—2007）》，第 198 页。

③ 【美】扎卡利亚：《从财富到权力》，第 167 页。

除这一侵犯行政机构宪法特权的最后法律借口，一场不愉快的争议就这样愉快地结束了，并恢复了我们对宪法的传统理解。”①

从哈里森总统到麦金利总统是第三个阶段，在这阶段总统不仅牢固确立了对行政部门的控制，而且其权力开始不断扩大。主要原因在于19世纪后期，不断增强的财富集中产生了巨型“托拉斯”。这些托拉斯构成了不受控制和不负责任的权力堡垒，引起了人们的担忧，因为不断增长的大企业可能会损害个人在经济上往上攀登的能力，人们担心美国社会的机会将变得不再那样平等。此外，许多人相信，为了它们自身的利益，大企业利益集团已经俘虏并腐蚀了政府官员和行政手段。工业增长带来的金融剥削与政治腐败，造成了美国国内对工商业利益集团强烈的质疑和不满。人民要求强有力和有效的领导来反对强大的特殊利益集团。这对美国政治体制的反应能力提出了严峻的挑战。而行政权正是在这种背景之下逐步扩大的，并且日益在美国联邦政府中占据核心地位。在哈里森总统时期，总统权力并未扩张，一个重要原因是国会进行了改革，从而提高了了效率；另一原因是哈里森并不是共和党众望所归的候选人，在共和党党内预选中，一直进行到第八轮，他才获得胜利。由于哈里森总统没有认识到，“大规模的社会与经济变革正在扩大美国生活的范围，增加了它的复杂程度，从而导致了不和谐的经济混乱和激烈的政治冲突。面对这些变化，对一个更具扩张性联邦政府的要求和对公共政策实施更系统管理的压力骤然加大，它依靠的是总统一贯的和强有力的领导”。②

到了克利夫兰重新任总统时，他已经清楚地认识到了这一点。在他的任期之内，美国的行政规模大大增加了。1896年美国行政部门人数已经增加到8.7万多人，比1892年的3.7万多人增加了一倍多。从1893年起美国财政支出超过了收入，转为赤字财政。克利夫

① 【美】米尔奇·尼尔森等：《美国总统制（起源与发展1776—2007）》，第198页。

② 同上书，第203页。

兰总统还开始插手立法程序，在他的强力主导下，美国国会召开特别会议废除《谢尔曼白银购买法》。在普尔曼铁路工人大罢工时，在没有和伊利诺斯州州长商量的情况下，就派军队去芝加哥镇压工人罢工。克利夫兰的行动是总统行政权力的一次显著扩张。因为“他既不具有其行动可以依据的明确的法律条文的授权，也没有来自州和地方官员的请求”。[①] 虽然克利夫兰总统在1894年的确得到了最高法院的有力支持。法院支持逮捕尤金·V. 德布斯和其他罢工领导人，罪状是阴谋阻止联邦邮件的运输。法院判决宪法授权总统“负责使宪法得到切实执行”，依据此授权，他可以采取任何手段来保护合众国的和平。[②]

不过，克利夫兰总统的行为为他的总统竞选带来巨大的副作用。劳工利益集团转变态度反对他和民主党。同时克利夫兰坚持金本位制的行为又受到农业利益集团的质疑。这是他没有成为1896年民主党总统候选人的原因。

总之，美国的人口在1870—1900年间翻了1倍；城市化加快，移民人数增长，商业活动正在以惊人速度从地方、小规模的制造与贸易向大规模的工厂生产与全国性的巨型公司转变。伴随着这些变化，美国的工业化也产生了涉及范围广泛的各种问题，“工业的发展是以其他社会和政治价值观为代价而取得的，人们在无节制地追求经济进步的过程中牺牲了这些价值观。在19世纪最后30年，行政主动权和领导权概念有了发展。到了19世纪末期，行政部门大有压倒政府的立法部门之势”。[③]

二、国会制度改革

美国内战结束以后，美国国会的权力全面压倒行政部门，约翰

① 【美】米尔奇·尼尔森等：《美国总统制（起源与发展1776—2007)》，第204页。

② 同上书，第205页。

③ 【美】梅里亚姆：《美国政治思想》，第78—79页。

逊总统甚至仅以一票之差没有被国会弹劾。美国国会在整个联邦政府中居主导地位。这种情形的发生，一方面同当时美国公众对政府持怀疑和警惕的态度，不希望有一个大政府存在，行政机关的权力受到很大压制有关。另一方面美国传统上是一个法治国家，通过制定法律来维护自身的权益是利益集团普遍的选择。因此，美国国会是各个利益集团博弈的主战场。各种利益集团互相交叉，往往通过达成默契和妥协来保证某些立法得以通过。在美国内战结束之后，很长一段时间之内，与其他利益集团相比，工商业利益集团处于绝对优势，由于工商业利益集团并不喜欢行政部门的职能扩大，因为这会影响工商业利益集团攫取更多的社会总产出，工商业利益集团偏好通过国会的立法来建构产权的非中性制度以获取利益。因此美国国会的力量在内战结束之后显得特别强大。工商业利益集团势力的强大可从参议员们的出身就可以看出，“的确，有的时候，参议院里因为有许多富翁而被称为‘百万富翁俱乐部’”。①

但是，“权力导致腐败，绝对的权力导致绝对的腐败”。当权力过多的集中在国会时，不可避免地导致贪污和腐败横行。例如联合太平洋公司占用了近1000万亩的公有土地，因而国会有可能进行调查。为了防止这种调查，来自马萨诸塞州的议员、联合太平洋公司的股东奥克斯·埃姆斯在有影响的国会议员中分发了一批克雷迪特·莫比利尔公司的股票。1872年是竞选年，国会不得不对此案进行了调查，众议院以182票赞成对36票反对的结果通过了一项决议，断然谴责了埃姆斯的上述行径。然而，议员们的态度却很说明问题：“他们立即围到埃姆斯的桌子周围，向他保证，他们这样做是不得已，并且完全相信他的动机是正直的。”② 由于19世纪70年代的国会普遍的贪污腐败，以及所揭露出来的腐化堕落的事实，公众对立法机关大失所望。“由一笔公用贿金控制的‘头奖’立法机关成了个

① 【美】梅里亚姆：《美国政治思想》，第66页。

② 【美】理查德·霍夫施塔特：《美国政治传统及其缔造者》，第202页。

耳熟能详的字眼，尽管不能就此断言这种做法在美国立法史上是前所未有的。立法机关被政党核心人物和首领控制，在许多情况下被两党核心人物和首领控制，这就使得人民对代表的控制变得空前困难。特殊商业利益集团在取得补助和特权或阻挠人民例如对铁路、公用事业和酿酒业实行控制方面的巨大势力，对于引起人民对立法机关不信任有很大作用。院外或通常所说的'第三院'所组织的一套政治商业制度是一种经常控制立法的活跃势力。"①

国会的表现让美国普通民众失望，特别是对工商业利益集团在国会中受到偏爱感到十分不满。因此在这个时期内，必须对美国国会制度的某些缺陷给予修正已经在美国国内引起广泛讨论。从19世纪80年代开始，面对由社会不同利益集团的要求，美国国会也开始加强制度化运作，越来越强调效率。只有提高效率才能有效回应利益集团的诉求，在和行政部门的权力博弈中占据上风。因此为了提高效率，共和党和民主党都开始加强政党建设，以加强纪律、更有效地面对日益复杂的社会经济形势，国会机构开始健全。

1. 国会议员的职业化

1880年之前，国会虽然在联邦政府中处于优势地位，这也是与行政部门相比较而言，实际上国会议员的吸引力也并不是很强，许多议员任期未满即已离开国会。随着美国工业化的发展、利益集团的多元化，美国社会对国会立法的要求也越来越多。国会议员成为人们羡慕的对象。从19世纪80年代之后，几乎所有当选议员都以议员为自己的终身职业，从那以后，竞选连任就成为左右美国议员的最主要动力。由于议员们寻求连任，就逐步导致1880年之后，每届国会新议员的比例逐步下滑。随着议员们任期的延长，议员们开始积累经验，成为有关领域的专家，同时，由于议员把自己的工作重心放在竞选连任上，议员对选民的意见和要求

① 【美】梅里亚姆：《美国政治思想》，第74页。

也变得十分敏感起来。议员对自身的名声也更加关注，议员的负面消息随之大幅减少。这是彭德尔顿文官制度改革法通过的重要原因。当然因为选举变得越来越重要，因此议员也越来越需要利益集团的捐款与支持，这使他们在进入国会以后，不可避免地会受到利益集团的左右。

2. 增设机构

共和党早在1865年和1874年就分别在参议院中建立了事务委员会和政策委员会。民主党在1877年和1879年也建立了上述机构，以加强和协调参议员的政策立场。1883年共和党在众议院设立少数党领袖一职，以团结当时在众议院中居于少数的共和党人。1889年共和党在夺回众议院多数之后，又设立了多数党领袖一职。1897年，共和党在众议院中设督导一职。民主党设立以上职务相对较晚，分别在1889年设立少数党领袖，1900年设督导一职。1911年民主党在夺回众议院多数之后，又设立了多数党领袖一职。同时议员在参议院服务的时间也就是资历逐步成为担任参议员常设委员会主席和委员的标准。这样共和民主两党对国会的控制能力加强了，国会的效率也明显有了提高。

3. 提高议会领导成员的权威

在众议院，立法越来越受到领导成员的控制，即那些主要的委员会主席和议长。哈里森担任总统期间，共和党议长托马斯·B. 里德（Thomas B. Reed）在众议院实施的规则大大简化了混乱的议事程序，提高了效率。针对少数党民主党人使用“消失的法定人数”问题，即议员在议长点名时不应答，以便使议长不能达到所需的法定人数，从而无法按照议事日程开展工作，议长有权强行清点人数，以阻止少数人通过利用出席会议又拒不投票而造成不足法定人数使表决无效的情况发生；议长有权禁止阻挠议事的议员发言，里德为此声称：“绝不允许使用正当的议事程序阻止立法。立法机关的目的是行动，而不是停止行动。因此，如果任何议员执意反对正常的议事进程，哪怕他（他们）运用的是公认正当的议事动议方法，多数议员也有权拒绝接受。”[①] 全院委员会的法定人数从全院议员的半数减至100名议员；全院委员会有权终止对议案的辩论；众议院议员提出议案无需议长同意，只需将提案在众议院秘书处登记即可，这项规则使众议院的提案从第40届国会（1867—1869）时的不足2000条剧增到第51届国会时的1.9万多条。[②] 这证明议员们的立法积极性和效率大为提高。最高法院维护了这一做法以及其他“里德规则”的合宪性，如禁止以冗长的演说阻挠议案通过等，从而保障了众议院的变革，使它成为一个更加有纪律的立法机构。19世纪后期“众议院的组织的逐步一体化……是一个比较具体和明显可见的问题。议长的权力已经有了新的情况……以他行使‘准许’发言的权力，断然决定什么议案可以允许个别议员超越由规则规定的或由规则委员会安排的正常程序去投票表决”，“这在众议院内部就显然创造一种公认的十分集中的领导权”。[③]

4. 加强常设委员会

1800年人口统计时，美国仅有16个州，488万人口，173名（第12届国会议员的数目）国会议员，而到1890年人口统计时，美国已有44个州，近6191万人口，445名（第54届国会议员数目）国会议员。[④]

议员数量的剧增势必将加剧国会权力的分散和管理的难度，与此同时随着社会经济活动的急剧扩大，不同利益集团之间的博弈越来越激烈。这就直接导致了美国国会的工作量显著上升，美国国会的立法过程变得更加繁忙和复杂，列入法令全书的立法数量

---

① Mary Cohn, “Guide to Congress”, Congressional Quarterly Inc., 1991, p. 48.

② Rorbet A. Diamond, “The Origin and Development of Congress,” Congressional Quarterly Inc., 1976, p. 107.

③ 【美】伍德罗·威尔逊：《国会政体——美国政治研究》，熊希龄、吕德本译，商务印书馆1985年版，第4页。

④ http: //www. infoplease. com/ipa/A0774721. html2004-3-10.

之多，为历史上任何一个时期所不及。“每届国会讨论的议案从 70 年代的 3.7 万项增至 80 年代的 7.4 万项。”[1] 为了应付这种局面，立法程序的主要环节越来越在各常设委员会中进行。常设委员会直接决定着一项议案的命运，它是国会“立法过程中的核心与灵魂”[2]。

常设委员会还是行政部门的直接监督者。各常设委员会一般都对应着相关的行政部门，代表国会监督它们的日常运作及执行法律的情况，经常要求行政部门长官向国会提交日常工作报告，到国会接受质询，参加国会的听证会等等，国会虽然放弃对行政部门成员的任命权，但是对行政部门的监督加强了。1887 年参议院成立考克瑞尔委员会，1893 年组建了参众两院的联合委员会。这两个委员会考核行政机构各部的工作，接受各部的工作报告白皮书，形成一种行政部门的监督，促进了新的制衡关系建立。常设委员会因此被国会议员形容为“国会的眼睛、耳朵、手、甚至是国会的大脑”。[3] “会议中的国会是陈列中的国会，委员会中的国会才是工作中的国会。”[4]

伴随着美国国会制度的改革，1886 年之后美国国会无论是数量还是通过的法案的质量都迅速上升，这表明其对社会利益集团的利益诉求的反应程度大大提高了。许多非常重要的立法，其中包括《州际商务法》、《谢尔曼反托拉斯法》等都得以通过，这些法案的制定标志着国会效率的显著提高。

---

① 丁则民主编：《美国通史（第三卷）》，人民出版社 2002 年版，第 224 页。

② Thomas R. Dye，Lee S. Greene and George S. Parthemos，*Governing the American Democracy*，NewYork，St. Martin’s Press，1980，p. 278.

③ Roger H. Davidson，WalterJ. oleszek，*Cogress and Its Members*（Seventh Edition）[M]，CQPress，A Division of Congressional Quarterly Inc.，2000，p. 200.

④ Lewis Lipsitz，*American Democracy*，New York，St. Martin’s Press，1986，p. 317.

三、最高法院作用的扩大

作为美国联邦政府的司法分支的最高法院，在内战结束以后，其在美国政治经济生活中发挥了突出的作用。这种作用是通过最高法院的司法判决体现出来的。

随着美国工业化的发展，美国市场机制不健全的弊端暴露出来。市场并非能够自动形成，它存在着一些限制，如果没有政府的介入，完全的市场机制永远无法形成。在19世纪后期，政府对经济的自由放任政策导致美国市场机制存在一些严重缺陷。最严重的有两个缺陷：

第一，国内市场不统一，从而导致竞争不充分。由于双层联邦制的存在，美国的各州政府被认为拥有包括经济事务权力在内的充分主权，宪法上没有明令禁止的权力都归各州所有。因此各州的立法机关为19世纪晚期美国国内市场的统一起着重重阻碍的作用。当时美国国内市场甚至有着“巴尔干半岛化”的可能性，而“各州无法对商业企业进行有效的规制，因为各州的规制是对州际贸易或正当程序的干涉；但是联邦政府同样也无法规制，因为联邦规制所针对的领域可能被认为是属于州规制的范围，联邦规制是对州权的侵犯”。[①]

第二，产权争端的频繁发生。对于经济增长来说，私人所有权的法律保障和个人缔约自由是极为重要的。只有有效维护私权，才能激发私人极力发展市场交易的数量连续性和稳定性。但是随着经济的飞速发展产权的争端经常存在，因为财产的范围在迅速扩大，最初的财产制是物质性的东西，而现在能用作商业用途的都算是财产，因此政府限制对财产的使用以及财产的收益都是对产权的侵犯，特别是“各州根据其自身的政策制定权力以及对辖区范围内的人员

① Dean Alfange, *The Supreme court and National Will*, *Doubleday*, Doran &Company, Inc., 1937, p. 148.

与财产的管辖权，对人的生命权、身体权、健康权、精神权与财产权进行保护之时；或者由于各州对有害人体健康产品或者有损社会公德产品的销售通过法规进行监管与限制之时”。[①] 因此，19 世纪后期各州立法与行政机关通过的许多法律条文与行政措施与契约自由相冲突。例如路易斯安纳州就曾制定一项法律，禁止该州公民与州外保险公司缔结保险契约。

为了市场秩序能够顺利运转，所有涉及到市场运行的法律纠纷必须能够得到有效解决，只有这样财产权利、契约权利以及由此催生的资本市场才能得到有效地维护。这时候，美国最高法院就发挥出极为重要的作用，这种作用的实现固然是因为美国人的法治精神，但“在美国，不论是公民还是政府，当他们对政府行动的合法性出现分歧，并且这些分歧无法用不那么正式的途径解决时，他们都把法律诉讼看作是一种可以接受的解决办法”。[②] 但更重要的还是因为美国最高法院拥有司法审查的权力。在美国，最终解释宪法的巨大的权力是由最高法院承担的，这是在马伯里诉麦迪逊案中所确立起来的原则。因此面对这一时期越来越多的有关公众经济权利的宪法性问题，不管最高法院愿意与否，它都必须对此做出反应。

联邦最高法院处理经济事务的主要依据是宪法第五修正案和第十四条修正案。这两条修正案禁止联邦政府和州政府“非经法律程序不得剥夺个人生命、自由和财产”。尤其是宪法第十四条修正案，其原文是要保护黑人的公民权利。“任何州也不得不经由法律正当程序，即剥夺任何人的生命、自由或财产，或在其管辖区域内对任何人拒绝提供法律的平等保护。”最高法院把修正案中的“任何人”解释为任何“法人”，从而使各个大公司可以以“法人”身份行事。最高法院对美国宪法第十四条修正案的解释是 19 世纪后期联邦最高法

① 【美】理查德·富兰克林·本塞尔：《美国工业化的政治经济学（1877—1900年）》，吴亮等译，长春出版社 2008 年版，第 283—285 页。

② Rodriguez, *State Constitutionalism and the Dom ain of Normative Theory*, San Diego Lrev , 2000, p. 37.

院对经济干预的最主要方式，“第十四条修正案前期的历史几乎都是关于经济事务的”。[①] 该修正案使“最高法院可以废除政府的任何法令，即便该法令内容并没有违背宪法条文”。[②] 原来的第五条修正案只是针对联邦政府，但是宪法第十四条修正案将限制的范围扩大到州政府。因为内战之后，州政府成为威胁私人产权的源头。其实早在考尔德诉布尔案中，最高法院大法官蔡司就代表最高法院宣布：“我不相信州立法机构是全能的，……必须对其予以限制，否则在我看来，它们就将是不能为我们这一自由共和国所接受的政治异端。”[③] 经过史芬·J. 菲尔德和约瑟夫·P. 布拉德利两位大法官的极力倡导，最高法院最终确立了“实质性正当程序”原则作为其司法审查的重要依据。其含义是：“尽管立法的程序可能是正当的和合理的，但仍可能会产生不合理的和不正当的法律，尤其是出现那种武断地剥夺公民权利（生命、自由和财产权等）的情况。此时，法院有必要对立法的内容进行审查，而审查的方式是通过司法部门对立法的程序加以必要的限制，以保证对公民最基本权利的保护。”[④]

1. 联邦最高法院对国内市场统一的构建

在19世纪后期，最高法院的司法判决中有一点是始终明确的，那就是“联邦干预经济的目的不是为了取消竞争，而是为了减少竞争中的不公平成分，创造一个更公平的竞争环境，提高竞争中的社会公正程度”。[⑤] 因此当州立法机关和行政机关试图维护地区利益的时候，“包括国家与州一级的法院机构推翻这些立法障碍的速度几乎

---

① Bernard Schwarts，The Law in America：Ahistory，MaGraw—Hill Book Compary，1974，p. 88.

② 【美】杰弗里·西格尔、哈罗德·斯柏石：《正义背后的意识形态》，刘哲玮译，北京大学出版社2011年版，第123页。

③ 同上。

④ 王希：《原则与妥协：美国宪法的精神与实践》，北京大学出版社2000年版，第342页。

⑤ 同上书，第382页。

可以与设置这些立法障碍的速度相媲美。其最终所导致的结果就是：无论是联邦政府，还是各州政府，当他们试图管理不断地向不同地区市场延伸拓展的工业化发展之时，均受到一系列的复杂法律原则的约束。”①

所以在19世纪后期，关于州际商务的司法判决占据了最高法院判决的大多数。“美国国内市场的宪政结构要点在于商务条款。”② 州际商务问题其实包含两方面：一方面是州际贸易问题；另一方面是联邦运输问题。对于最高法院来说，如果想促进美国国内市场的统一，就必须解决这两方面的问题。

最高法院的判决首先在州际商务领域的司法解释中确立了“双重主权”概念，“这一概念将贸易区分为州际贸易和地方贸易。联邦政府拥有对州际商务独一无二的管理主权，而各州政府则同样拥有对于本地区以内经济活动的专属控制权。这样，美国最高法院实际上在州政府的管理权与联邦政府的管理权之间划定了一种界限，一种需要不断调整的界限。与商务条款有关的诉讼案件围绕着几个极为不同的政策领域所展开：原始包装在不同形式的州际交通领域的适用问题、关于人类健康以及相关问题的政策制定权限问题、支持商务的当地经济活动问题、联邦政府对垄断企业和托拉斯的试图管理问题”。③

在州一级，最高法院在1877年芒恩诉伊利诺伊州这样一些著名的案件中支持州运用治安权来管理“影响到公共利益”的商业事务。因此“通过治安权和商业权范围内选择性排外原则的运用，或者由上述权利派生而来的原则，法院也允许各州有管理州外公司的权力。尽管最高法院在国家征用权案中加强对公平补偿权的保护．但是它也坚持维护州行使征用权的广泛自由裁量权”。但是“最高法院和联

① 【美】理查德·富兰克林·本塞尔：《美国工业化的政治经济学（1877—1900年）》，第274页。

② 同上书，第283页。

③ 同上书，第283—285页。

邦司法地位的独立性又促使公司依据宪法条款或——就像债券和保险合同案中发生的情况——与斯威夫特原则相联系的一般商法来挑战州的管制政策”。①

在联邦一级，美国最高法院明确规定：“各州不得对于过境该州的人员征纳税收，或者对基于短期目的前往该州的人员征纳税收，尤其是对与州际商务或者国际商务有关的人员征纳税收；也不得对从海外进口到该州的财产或者是从其他州进口到该州的财产征纳税收，以及尚还未成为该州共同大多数财产的那一部分财产征纳税收；而且，任何诸如此类的管理规章均不得歧视其他各州的人员或者财产；此外，各州均不得制定直接影响州际商务的规章制度。涉及到州际商务管辖权重合的唯一领域：由于各州在行使上述职责连带影响了州际商务之时，诸如对高速公路、运河、铁路、码头、渡口，以及其他商业设施的设立与管理行使职责之时。”②

例如，在1878年美国最高法院推翻宾夕法尼亚州对州外商品的拍卖销售予以征税法律的判决当中，大法官萨缪尔·F. 米勒代表最高法院宣读的判决书写道：“在授权国会管理商务的时候……宪法之父们深信他们已经充分地防范了联邦各州所引发的任何税收风险，这些由联邦各州所征收的税负妨碍了商品在生活于不同州当中的人们之间、在生活于美国的不同国家公民与臣民之间进行最为自由的交换。许多诉请本法庭宣布无效的各州法律均系尝试种种途径来违背上述宪法所制定的神圣约束，展示了相关宪法条款的必要性与价值所在。假如某些州可以实施没有限制的征税权，……对那些——就像近来所发生的——从沿海地区出发，乘火车路过上述各州辖区范围以内的人们按人头征税，联邦宪法就将无法实现一个最为重要的制宪目的。”③ 11年以后，在推翻密歇根州的一项酒类进口管理法

① 【美】理查德·富兰克林·本塞尔：《美国工业化的政治经济学（1877—1900年）》，第337页。

② 同上书，第283—285页。

③ 同上书，第276页。

之时，首席大法官迈尔文・W. 富勒坚定地重新阐述了法庭的立场："我们一再坚持下列观点：任何一个州均无权对任何形式的州际贸易征收关税，无论是通过对州际商务对象的交通运输征收费用，或者是对交通运输的进款征收费用，或者对从事州际商务的职业或者对州际商务相关营业项目征收费用，均无权征收费用……不能在未经国会授权情况下，将权力下放到各州，使之能够间接地或者是直接地让州际商务的对象承担税赋，以实现对州际商务的全权管理。适用于所有享有交通权利、得到国会法律的认可、符合法庭判决和商业世界普遍规则的商品。权利应当移交给国会，由美国国会依照其针对个别情况所作出的明智的判断，来决定诸如此类的例外情形。"[①] 从 1877—1900 年，美国最高法院根据州际商务条款部分地或者全部地废除了至少 19 个州所制定的法律规章。

2. 联邦最高法院对私人产权的保护

对私人产权的保护来自于最高法院对宪法第十四条修正案的扩展司法解释。最开始联邦最高法院并没有对宪法第十四条修正案做宽泛的解释，因为最高法院一直担心如果对宪法第十四条修正案作出宽泛解释的话，有可能会影响到州政府的权力，有可能导致联邦政府以执行政策来代替州法律的实施，从而会威胁到州政府的基本功能。在著名的 1873 年屠宰案中，最高法院的法官开始就是以这样的思维方式做出的判决。（1869 年路易斯安那州通过一项法律，授权新奥尔良一家公司垄断牲畜屠宰业务，引起了广大屠户的不满，屠户们引用宪法第十四条修正案向法院上诉要求废除这项法律。）当时米勒大法官代表最高法院多数对此作出裁决，裁决完全是按照宪法的条文进行判决，将第十四条修正案保护的范围限制在新近取得自由的黑人公民以内，他认定白人屠宰场主所要求的不受州法干预的屠宰工作权得不到这项修正案的保护，而且必须受到联邦体制下

① 【美】理查德・富兰克林・本塞尔：《美国工业化的政治经济学（1877—1900 年）》，第 278 页。

州的治安权的管辖。所以，最高法院在这项判决中支持路易斯安那州议会为维护公共卫生授权建立垄断性屠宰中心的立法，哪怕这项法律确实使一般屠宰场主失去了过去享有的工作机会。公民的"特权和豁免权"应该包括"享有生命和自由，有权获取和占有各种财产，有权追求与获得幸福及安全，但要受制于政府为所有人的共同利益而公正规定的限制"。但是正是在这起案件中，菲尔德大法官提出了异议。他认为，对宪法第十四条修正案不能够理解的这么狭窄。菲尔德大法官认为路易斯安那州的立法实际上是一种阶级立法。布拉德利大法官则在异议中进一步指出："只有经法律正当程序才能剥夺的基本权利"包括"选择自己职业的权利"。"禁止公民中一个很大的阶层选择一种合法的职业或者继续过去选择的合法职业的法律，确实是未经法律正当程序便在剥夺他们的自由和财产。"[①]

伴随着美国工业化的快速发展，大公司的集中日益明显，而农民利益集团由于无法有效组织起来，同时国际市场农产品价格的下降，因此产生强烈的怨恨心理；劳工集团由于其冗长的工作时间、恶劣的工作和生活条件开始组织起来；其他利益集团对大公司的兴起而造成的贫富差距也极为不满，所有这一切导致19世纪后期，美国国会和州议会通过了一系列立法来试图调整各种利益冲突。这使美国最高法院大多数法官感到十分不满。在他们看来，美国经济和社会中一个突出的优势和特点就是尊重私权，严格保护公民的财产不受任何侵犯。而现在联邦和州议会的立法行为在正破坏它。最高法院认为这些干预带有阶级立法的色彩，即借助政府的权力来牺牲他人的利益去维护社会中某一个人或某一阶级的利益。因此联邦最高法院在司法判决中对实质性正当程序的拒绝逐渐弱化，开始加强对私人产权的保护。最高法院在实施宪法第十四条修正案之时，正式作出以下诠释："凡是阻止自然人或者公司就资本投资赚取合理利润的一切监管法规均被视为是一种违反宪法的行为。为了将这种司

① Ames W. Ely, Jr., The Guardian of Every Other Right: A Constitutional History of Property Rights, New York: Oxford University Press, 1998, p. 78.

法结构施加于联邦各州的监管措施之上，则须让公司的法人地位在法律上等同于自然人。”[①] 最高法院的“实质性正当程序”原则从此确立了各州利用治安权管理公司企业的界限。也就是说当规制是为了公益需要的时候，州政府有权对企业的活动进行规制，但是规制不能够使企业的发展面临困难。每当遇到此类案件的时候，最高法院首先考虑的是州的经济立法是否合乎州干预经济的合法目的。最高法院的目的十分清晰，必须通过限制对私人产权的破坏来保护和促进个人创造性能量的释放。只有这样，个人的自由权利才能得到有效维护，经济才能顺利发展。

为了有效维护私有财产权，更好地促进个人的积极性和创造性活力，最高法院在与私人产权密切相关的所得税问题上也采取毫不妥协的立场。美国宪法赋予国会征收税收的权力，1894 年国会通过了《所得税法》，对超过 4 万元以上的任何形式的公司和个人所得征收 2%的所得税，以此消除劳工和其他中下等阶层的不满。最高法院立刻做出反应。在 1895 年的波拉克诉农业信贷公司案例中，最高法院运用司法审查原则，对所得税法案进行司法解释。大法官富勒在判决中强调：“只要针对不动产与动产的收益，属于宪法意义上的直接税，那么由于没有根据代表份额予以分配，因此是违法与无效的，而所有这些条款，作为一整套税收体系，也必然是无效的。”[②] 此案的决定反映出最高法院对联邦征收所得税的政治含义的担忧和怀疑，相当一部分大法官害怕国会利用税收损害私人产权，从而导致社会整体对创造财富的热情下降。

对反垄断法的执行同样体现了最高法院的这种哲学理念。与州际商务法案一样，在美国农民、中小企业等各利益集团的压力之下，1890 年国会通过了《谢尔曼反托拉斯法》。《谢尔曼反托拉斯法》旨

① 【美】理查德·富兰克林·本塞尔：《美国工业化的政治经济学（1877—1900年）》，第 283—285 页。

② 【美】斯坦利·I. 库特勒：《宪法的精神》，北京大学法学院司法研究中心译，中国方正出版社 2003 年版，第 187 页。

在通过禁止限制竞争的相互串通和垄断行为保护经济竞争。但是，《谢尔曼反托拉斯法》在执行过程中就产生了问题，因为它反而推动了合并浪潮的兴起，以使垄断企业能够逃避新法的限制。而且它也造成了抬高价格、降低产出和质量以及减少创新的危险。由于“国会想做两件事，尽管它们不是互不相容，却也难以协调，那就是在受益于合并的同时又要保住竞争的好处”。[①] 因此，《谢尔曼反托拉斯法》在目标上具有多重性，导致了条文的模糊性。由于国会没有规定该法的具体实施细节，而是将制定具体规则的任务交给了联邦最高法院。在这种情况之下，需要最高法院作出判断，是遵循法律条文，还是从保护私人产权提高经济效率的角度来看待《谢尔曼反托拉斯法》。总体来说，在这个时期美国最高法院选择的是后者，从而在很大程度上改变了反垄断法案的效力，最为著名和具有深远影响的就是1895年联邦政府提出控告的伊·西·奈特公司一案。这家糖业公司实际控制了全国糖业市场的95%，然而在处理这个案件时，最高法院拒绝下令解散这家公司。首席大法官梅尔维尔·W. 富勒在代表最高法院所做的判决书中指出，根本问题在于：“控制州内制造业、农业、矿业和其他企业的，以及提高或降低价格和工资的合同、联合和密约无疑会限制州内和州际的贸易，但这种限制是间接的，就不会影响到该合同、联合和密约的主要目标。”[②] 最高法院的判决显然认为保护私人产权、提高经济效率而不是保持适当的竞争对于美国经济来说更为重要。一个重要的统计数字是当美国国民生产总值在《谢尔曼反托拉斯法》通过前10年增加了约24%时，美国所谓垄断部门的实际产值平均增长175%。这说明了垄断企业对美国经济增长所起的重要作用。而且垄断企业也没有抬高价格，例如在该案

① William Letwin, Law and Economic Policy in America: The Evolutionof the Sherman Antitrust Act: 4th ed. [M], New York: Random House, 1965, p. 234.

② Stanley I. Kutler ed., The Supreme Court and the Constitution: Readings in American Constitutional History [Z], Third Edition, New York: W. W. Norton & Company, 1984, pp. 267－269.

中据统计，在1880—1890年间，糖价下跌22%。[①]

最高法院由此认为，《谢尔曼反托拉斯法》是根据既存的法律原则制定出来的，美国国会并没有授予该法案可直接对付这种垄断的权力，或者试图限制或控制由各州设立的公司或各州公民在取得、占有或使用财产方面的权利。“国会在此处并非指‘任何’联合均为非法，生产对贸易只有偶然的影响，因而联邦政府不能对其加以管理。”因此“没有任何证据证明被告有任何限制贸易和商业的企图，而且，正如我们所知道的，贸易和商业可能被间接影响的事实不足以支持原告。因此，既然被告的合同和行为并未直接涉及州际和对外贸易，也就未触犯反托拉斯法。最高法院对禁止的解释是垄断一种市场只是指以非理性的或强制性的企图去垄断一种被禁止垄断的市场，那些源于传统商业活动的垄断是完全合法的”。[②]

3. 最高法院司法判决的两难困境

然而，极力保护私人产权的意愿也导致最高法院的判例出现了“一种影响更大的政策后果，公司的规模超过了现行的规制能力，即现行规制已无法确保公司承担的法律和宪法上的责任同对社会福利或公共利益的普遍观念相一致”。[③] 在最高法院看来，维护产权是最为重要的，这是美利坚民族安身立命之所在，对于这个国家来说，对于基督教的虔诚信仰以及对于洛克和伯克学说的信赖是整个美利坚民族的灵魂所在。所以最高法院坚定地认为维护产权不仅有助于促进国家最有活力的企业创造更多的财富，而且也是整个国家保持社会稳定所必需的，这种最高法院的主流哲学观念决定了这一时期

---

① Thomas J. DiLorenzo, The Origins of Ant itrust: An Interes－t GroupPerspective [J], International Review of Law and Economics, 1985, p. 78.

② 【美】理查德·雷恩：《政府与企业——比较视角下的美国政治经济体制》，何俊志译，复旦大学出版社2007年7月版，第366页。

③ 【美】斯坦利·L. 恩格尔曼，罗伯特·E. 高尔曼：《剑桥美国经济史（第二卷，漫长的19世纪）》，高德步、王珏总译校，中国人民大学出版社2008年版，第337页。

最高法院的判例明显倾向于产权的维护。即使维护产权同国内市场的统一产生矛盾，也优先考虑维护产权。因此在联邦运输方面，尽管铁路公司的不公平运价对于国内市场的统一起着不利的作用，但是联邦最高法院依然不支持加强联邦运输管制。1887年在美国公众的强烈要求之下，国会通过了《州际贸易法案》，成立一个五人委员会来实施联邦运输管制。基于社会各界对铁路运输公司不公平运价强烈不满，州际贸易委员会决定对不合理的价格发布终止令。由于法案中并无条文默示授权州际贸易委员会（ICC）有任何权力制定新的价目表来取代被停止实行的价格，1897年州际商务委员会向联邦最高法院提出诉辛辛那提—新奥尔良—德克萨斯太平洋铁路公司案，要求最高法院明确州际商务委员会有这种权限。但是，最高法院明确否定了该委员会具有任何此类“立法”意义上的功能。大法官布鲁尔（Brewer）代表最高法院作出这样的司法解释：“法案中并无制定价格的条文，国会并未试图使用那种权力，这样的权力的授权决不能是默示的。这种权力本身如此庞大与全面，能如此深刻地影响到运输商和货主的权利，并间接影响所有商业贸易活动，授予这种权力的措辞如此常用，对立法者来说如此熟悉并能够采用相当明确肯定的表述，因此没有一种法律解释的原则可以容忍仅仅用默示来授予这样一种权力。……国会并无意图授权委员会制定价目表和决定将来什么样的价格是合理的和公平的。所授予的是执行与实施的权力，而不是立法的权力。所授予的权力部分是司法性的，部分是行政性的，但不是立法性的。……在州际贸易法案下委员会无权制定应在将来实行的价目表，因此，州际商务委员会无权制定铁路运费标准。”①

“这样，在由州际商务委员会提交给最高法院的16个运价案件中，除一个外，在其余15个案件的判决中，铁路的要求都得到了满

① 【美】斯坦利·I. 库特勒：《宪法的精神》，第159页。

足。”[①] 联邦最高法院的判决说明其认为保护产权是最重要的，如果允许州际商务委员会有权力制定价格是对铁路公司财产公然的巧取豪夺，是对契约原则的挑战，因而破坏了公认的宪法原则。

保护弱势群体与维护契约自由也是一个困扰最高法院的问题。在美国，契约自由一直被认为是美国法律中最为神圣的一条，所以“无论是联邦各州一级的法院，还是联邦法院，均运用普通法的原则来干预劳动争议案件，尽管无一例外地站在了雇主这一方。法庭对‘公司财产’这一概念作了扩张解释，将公司、其他的商务、公司的客户之间的商业关系——公司历经多年才建立发展起来的商业关系、在通常情况下可以预期的发生事件、均纳入了财产的范畴之内，从而这些财产同样受到了罢工活动和间接抵制活动的威胁。这些新型的、广义的财产观点与《谢尔曼反托拉斯法》和州际商务条例鼓励了法庭禁止令在罢工活动和间接抵制活动当中更为普遍的应用”。[②]

在著名的丹伯里制桐公司的案件里，法院的判决甚至要求一个工会的会员对各州际之间的联合抵制运动所造成的工商业损失负财务责任，要求用工会会员的私人财产来赔偿联合抵制所造成的全部损失。[③]

这种判决显然是对工商业利益集团非常有利的。世人大多认为最高法院对于富人阶层显然是十分友好的。“美国宪法第十四条修正案中的‘法律既定程序’原则的确立在镀金时代为司法控制开辟了广阔的道路。随着财阀集团的发展，司法检查原则得到迅速扩张，为私有财产保护提供了固若金汤的保护。”[④] 但是如果把最高法院的判决看作是完全为工商业利益集团服务也是不符合实际的。实际上从 1873 年的屠宰场案和 1877 年芒恩诉伊利诺斯州案即格兰其诉讼

① 【美】沙伊贝、瓦特、福克纳：《近百年美国经济史》，彭松建、熊必俊、周维译，中国社会科学出版社 1983 年版，第 190 页。

② 同上书，第 281 页。

③ 同上。

④ 【美】沃浓·路易·帕灵顿：《美国思想史》，陈永国、李增、郭乙瑶译，吉林人民出版社 2002 年版，第 873—879 页。

案开始，美国最高法院就逐渐发展了一项公众有权对影响公众利益的企业实行管制的引人注目的理论，在审理这些案件时，法院认为，当财产以某种形式被用来造成公共后果并影响全社会的时候，它就披上了公共利害的外衣。因此，一个人把他的财产用于对公众有益的用途时，他实际上就是在那个用途上给予公众好处，因而必须为公共利益而接受公众控制，为此，最高法院在一系列判决中建立起一个后来被称为“警察权力的理论。在这种权力下，许多本来违反宪法的立法都干脆获得确认。这种权力从来没有仔仔细细地说明过，但是被认为是一种全面的权力，借以保护公众的健康、安全、道德、康乐和便利。弗罗因德给它下的定义是：“一种以通过对个人权利施加限制和强迫来促进公共福利为其直接目的的权力。它被用来管理公用事业公司，以便为控制公司的价格和服务提供法律根据。这种权力也被用于各种涉及公共安全、道德秩序、劳工立法、妇孺保护以及管理各种社会性质的职业的措施。法院认为在这些问题上‘个人自由力必须服从’公共利益力。”[①]

在内战结束之后的30年间，联邦最高法院的大法官们确实要比行政部门和国会对当时美国社会政治经济的变迁反应要慢的多，因为联邦司法机构有着它的特殊性。首先“联邦法院法官的任期是终身的，而且法院法官的职业具有很强的职业特点，这样就使他们受到地方利益和利益集团的压力要小的多。法院的诉讼通常涉及的是具体问题，因此法官的判断是接近实际的。最后诉讼成本显然比游说国会制定或取消某个法案成本要小的多”。[②] 由于美国国内利益集团之间的博弈加剧，最高法院的大法官们显然相信必须抵抗阶级立法的威胁，而给与财产权的保护。

总起来说，美国自内战结束至19世纪末，其最高法院在国内经济生活中发挥了巨大的作用。这一时期美国最高法院的最大贡献在

① 【美】梅里亚姆：《美国政治思想》，第94—95页。

② Hurst，James Willard，Law and the Conditions Of Freedom in the Nineteenth-Century United States，Madison：The University of Wisconsin Press，1956，p. 50.

于无论是政府权力的集中化，还是公民权利的个人化，都不再以普通法为依据，而是建立在宪法修正案和美国最高法院的解释之上。宪法取代普通法成为国家权力和个人权利合法性的最后仲裁者，从而使美国的法律在世纪之交走向了宪法化。[①] 它能起到这种作用关键在于它处在调整竞争过程中的制度体系的顶层位置上。最高法院在某种程度上可以凌驾于联邦和州行政部门以及州法院和联邦地区法院之上，它是联邦法律的最终裁判者，也是适用于各种公民身份案件的一般普通法的最终裁判者。充分运用了它的几乎完全是自由裁量的司法管辖权限，通过一系列的司法判决对涉及到美国国内市场统一，以及私人产权的问题做出了明确的司法解释，从而建立起一个有效的法律体系来强制执行契约合同，保证市场机制有效运转，推动了美国国内的经济增长。

但是，“法院似乎永远不会跑，它只会永远拖着沉重的步伐走，边走边对各种判例给予应有的考虑。一个具有一颗火热的心和冷静头脑的公正法官的义愤和迅速行动，往往博得社会人士的赞美和信任，但两者兼有却是难上加难。……它一方面卷入了经济垄断与自由竞争之间的斗争，另一方面又卷入了工会与雇主之间的斗争。当贫和富并肩站在它前面的时候，它因为难以在贫富之间作出公平的判决而感到压力沉重”。[②]

在这一时期美国最高法院对私人产权的过度偏爱对公共利益产生严重影响，造成了社会成本日益巨大，一直到进入 20 世纪之后，在社会的强烈要求之下，美国最高法院才开始逐步谋求市场权力与整个社会之间的稳定与平衡。

---

① Novak, William J., The People' s Welfare: Law and Regulation in Nineteenth-Century America, Chapel Hill: The Universiy of North Carolina Press, 1996, pp. 249—283.

② 【美】梅里亚姆：《美国政治思想》，第 92—93 页。

第四节　美国国内经济政策的制定与实施

一、关税政策

关税在美国国内经济与国际经济当中发挥着协调作用，同时也决定着什么样的商品以及究竟哪一个国家能够进入到美国消费者市场当中。因此，内战前关税问题就已经是南北地区经常引起激烈争论的政治问题。南方的农场主们要求降低关税，而北方的工商业主则极力主张高关税。内战后，这个问题仍然是不同利益集团博弈的焦点问题。“尽管 19 世纪晚期的关税保护政策是一项经济政策，它同时也是美国历史上最为受到政治性操控的政策之一。”① 由于高额关税作为对美国几百家采矿业和制造业的一种津贴形式而起着保护国内工业的作用，所以工商业利益集团一直坚持实施高关税保护政策。

内战结束以后，美国政府绝大多数时候在这个问题上持续实行符合大多数工商业主利益的高关税政策，工商业利益集团始终占据着上风，最主要的优势就在于代表了工商业利益集团的利益的共和党持续执政。“关税保护政策是引领 19 世纪晚期美国工业化进程的共和党政治联盟的政策焦点，它给直接面临外国竞争的产业制造商从中得到了最为直接的利益。”② 对于共和党人来说，高关税政策和爱国主义几乎就是同义词。“共和党总是忠实于它的保护主义思想信念，而且该党的国会领袖总是高度同情来自制造商的保护主义要求的。”③

---

① 【美】理查德·富兰克林·本塞尔：《美国工业化的政治经济学（1877—1900年）》，第 403 页。

② 同上书，第 396 页。

③ 【美】沙伊贝、瓦特、福克纳：《近百年美国经济史》，第 220 页。

历任共和党总统和共和党控制的国会都把高关税政策当成自己的核心政策。不管此前该党总统候选人在这个问题上是多么暧昧，甚至持相反立场，只要成为美国总统，必定奉行高关税政策。例如海斯上台后，立即抛弃原来的低关税立场，坚定地执行高关税政策，博得了大企业的青睐，他卸职后任国会关税委员会主席，继续坚持高关税立场。

表3：1875年欧美主要国家的制成品关税水平　　单位：%

国别	1875年
奥地利	17.5
比利时	9.5
丹麦	17.5
法国	13.5
德国	5.0
意大利	9.0
荷兰	4.0
西班牙	17.5
瑞典	4.0
瑞士	5.0
英国	0
上述国家平均值	9.32
美国	42.3

资料来源：Judith Goldstein，Ideas，Interests，and American Trade Policy，Ithaca and London：Cornell University Press，1993，p. 95。

到1890年，美国的关税甚至达到50%以上。对于共和党来说，关税保护制所体现的价值是一笔巨大的政治资本。这是完全可以理解的，由于某种商品在国内经济当中大批量地生产，往往集中于一些产业或者经济领域和地区之内，利益变得十分集中，而产品销售则广为分布。这种利益的高度集中和责任的广为分散必然促使利益集团形成组织以及他们的立法游说组织化。“在19世纪晚期，保护性关税政策远比其他政府政策更能促进美国商业朝着具有政治组织形式特点的工商业联盟形式发展。只要关税修订成为一个严重的政治可能事件，这些团体及其各自的成员经常就会组织上千人去国会请愿并且提供证词。他们的政治需求有力地强化了关税政策构建的国内观点以及界定各种利益并予以保护的经济观点。鉴于各种利益在中央政府之前的动员组织方式，人们可以预期政治家们可能只不过是扮演了不同的产业、不同的经济以及不同的地区的经纪人；在选民或者其他方式的作用下，影响到这些政治家的行为举措。”①

而民主党则代表了所有受关税利益保护之害的利益集团，特别是农业利益集团的利益。19世纪70年代以后，美国农产品在国内供过于求，过剩严重。在国际市场上，又遇到了加拿大、俄国、阿根廷等国的小麦和埃及、印度棉花的有力竞争。美国对欧洲列强实行高关税政策，势必引起欧洲国家对美国农产品的严厉报复。美国农产品只能以低价向欧洲市场倾销，反过来又加速了国内价格的猛跌，使工农业产品的“剪刀差”进一步扩大了。而工业产品却以农产品作为牺牲来保持稳定的国内价格。而且这些工业已经在各种制造业中享有控制市场的利润，因为它们的工艺技术已使进口成本过高，而削弱了国内竞争。因而农业利益集团强烈要求实行低关税，民主党主张实行低关税，极力攻击共和党实施贸易保护主义的外衣。“他们说保护关税有利于制造商，而不利于农民，因为农民在自由的世

① 【美】理查德·富兰克林·本塞尔：《美国工业化的政治经济学（1877—1900年）》，第398页。

界市场卖出产品，而在关闭的国内市场买进货物。”[①] 民主党人经常支持公众的这一口号，市场要求平等竞争，总是更加支持自由贸易。所谓“关税是托拉斯之母”，断言保护贸易主义是“保护”了不再需要政府帮助的高度发展的美国工业家制造的产品，还认为大多数关税支持了国内物价上涨，这就有利于增加工业的利润。例如，“在1878年，内布拉斯加州的民主党人宣称，基于任何产业都不得从其他产业所遭受的损失中受益，任何单项或所有的保护性关税政策均是一种变相剥夺行为。我们渴望完美的商业自由，那样一来，我们可以选择价格最高的地方销售，也可以选择价格最低的地方购买。”“在目前的保护性关税政策下，东部的垄断主义者每年都要从西部的生产者手中勒索走大笔的钱财。这一极不公正的行为已成为西部的生产者们无法忍受的负担。我们有权要求在没有关税的保护下自由地在世界上所有的市场进行购买或销售。我们渴望能将自由主义贸易制度迅速转化为这个国家永久性的贸易政策。”[②] 但是，农业利益集团的抱怨从来没有得到重视。因为农业利益集团虽然人数众多，但是利益的分散化和普遍的搭便车心理，使其集体行动能力却很弱。而工商业利益集团本身的的集体行动能力比较强，又善于和许多利益集团形成联盟，因此工商业利益集团的利益基本上总是能够达到最大程度的维护。从1865—1897年，一共有8次正式的关税修正案进入到了国会法案制定程序，但是每次降低关税的努力几乎都遭到了失败，原因就在于通过不断扩大关税保护范围，从而使越来越多的利益集团受到保护。“赋予这些制造商的利益，并不足以从政治上支撑起关税保护政策。基于上述原因，通过保护一些精心选择的农产品，关税保护政治联盟政策得以扩大。”[③]

例如通过将生羊毛纳入到保护性关税政策的范畴，促使部分农

① 【美】小阿瑟·施莱辛格：《美国共和党史》，上海人民出版社1977年版，第173页。

② 【美】理查德·富兰克林·本塞尔：《美国工业化的政治经济学（1877—1900年）》，第101页。

③ 【美】同上书，第397页。

场主支持高关税。由于生羊毛是面临外国竞争的农产品当中的主要农产品之一，征收高额生羊毛进口关税对保护该产业来说非常重要。由于绝大多数农场主至少饲养了一些绵羊，因此可以从个人角度出发轻易地认同关税政策。在19世纪晚期所有共和党人的政治纲领当中，都非常清楚地谈起了羊毛税问题。农产品所征收的高额关税，又为联邦提供了大量的岁入来源，使共和党能够支付庞大的内战所导致的联邦退伍士兵的抚恤金。“自然，通过这些联邦退伍士兵加入到共和党的庞大支持者队伍当中来，进一步地扩大了关税保护联盟的声势。关税保护政策和联邦抚恤金政策的结合进一步地支撑起了共和党在产业制造业领域的主宰者地位，给予了美国的工业化革命一种独特的民族主义者风格。”①

在1878年的关税修订过程中，民主党要求对工业制成品关税普遍进行削减，但是包括国会众议院议长兰德尔在内的一部分民主党议员和共和党议员一起投票反对这个议案。兰德尔来自于费城，这是当时美国的毛纺中心，如果议案通过，必然会对费城的毛纺工业造成严重打击。“兰德尔也是一位强硬的贸易保护主义者，特别是因为他所属的党派提出关税改革方案，他的反对使得这届国会关于关税改革的方案彻底破产。”②

1883年关税法稍微扩大了免征关税的商品范围。原因是从1875—1879年，联邦财政预算每年盈余都超过2000万美元，这使得关税保护主义者都感觉到难以完全为这一政策辩护，经济危机使美国农业利益集团对低关税政策感到十分不满，由于农业协会的发展，其影响力也在此时达到一个高潮。“在19世纪80年代初经济发展时期，当这种盈余上升到1879年水平的5倍时，公众的压力变得更加强大了。甚至一些有保护贸易思想的人也认为‘对公众的意见做一

① H. Wayne. Morgan，From Hayes to McKinley：National Party Politics，1877—1896，N. Y.：Syracuse University Press，1969，p. 170，pp. 318—319.

② 【美】理查德·富兰克林·本塞尔：《美国工业化的政治经济学（1877—1900年）》，第405页。

些让步’是必要的，甚至连养羊售毛业者院外活动集团的秘书长也不得不承认这一点。在1883年的关税法中，三种商品盐、煤和木材的所有关税被取消，但是耐用丝绸产品的关税却并没有修改。但是，在国会中保护主义者的无情压力之下，这个法令也提高了大多数耐用商品包括纺织品和钢铁产品的关税等级。”[①] 所以“关税税率虽然在许多细节方面经过修订，但是仍然颇高，足以对来自外国的竞争构成有效的关税壁垒。更为甚者，在毛纺织品方面的其他关税清单上增添了关税的保护主义影响。”[②]

1890年的麦金莱关税法来自于1887年民主党克利夫兰总统对关税保护政策的猛烈抨击，使得这个问题成为1888年美国总统与国会选举中的主要问题。于是，共和党所领导的关税政策联盟中的各个利益群体采取了前所未有的、激烈的积极行动。“在美国国会就米尔所提出的法案展开斗争以及在随后所举行的总统大选期间，美国钢铁协会总共散发了超过100万份的教育性宣传册。”[③] 从而导致1888年他的总统职位为本杰明·哈里森夺去，因为共和党控制了国会两院议员大多数席位。结果是在1890年颁布了麦金莱关税法令，这个法令再次决定扩大保护贸易的范围，提高羊毛和纺织品、刀刃钢和马口铁的进口关税，还保留了对钢制品和钢铁的保护关税率。虽然废除了进口糖的关税（实际上是对投资于古巴甘蔗种植园的美国投资者的一种让步），国会又设法对某些集团实行补偿。例如为了补偿路易斯安那州的糖业生产厂商因此受到的损失而通过了给他们每磅糖2美分的补贴政策。使税率高达50%以上的麦金莱关税法得以通过。由于这个关税法的税率过高，使美国的出口贸易受到影响，而且麦金莱关税法严重损害了消费利益，因此，高关税成为1892年总统和国会竞选中的一个重要话题。1892年，民主党在总统和国会大

① 【美】沙伊贝、瓦特、福克纳：《近百年美国经济史》，第222页。

② 【美】理查德·富兰克林·本塞尔：《美国工业化的政治经济学（1877—1900年）》，第407页。

③ 同上书，第410页。

选中都获得胜利，并且在1893年的危机中，高关税政策暴露出造成海外市场大幅萎缩的缺陷，使得修改关税不可避免。

1894年民主党众议院财政委员会主席威尔逊在国会提出关税修改法案，即“威尔逊—戈曼关税法”。羊毛、铁矿石、铜和木材都放置于免除关税之列，并且对毛纺织品等下游产品的关税保护进行了相应调整，将平均税率降至39.9%。尽管对毛纺织品的关税减让极为有限，民主党人对毛纺织品制造商们的态度可以说一种异常的温柔。但是共和党、工商业利益集团还是十分不满，激烈抨击这项修正案，指责其违反联邦宪法等等。在工商业利益集团的强烈要求下，代表其利益的共和党虽然无法在众议院挫败这项法案，但是通过参议院提出600项修改，“几乎所有的修改在本质上都比原来的众议院最初通过的关税清单更具有保护主义色彩。不过是将这份注重实效的自由主义贸易法案修改成为另外一个版本的关税清单而已——一份比共和党多数派可能制定的相对温和的关税保护主义版本，但是，骨子里仍然是一模一样的保护主义。”① 由于“威尔逊—戈曼关税法”对保护主义作出重大让步，导致克利夫兰总统谴责这个法案是“党派的背叛和耻辱”，克利夫兰总统同意这个法令成为法律，但没有签署。

总的说来，“在这一过程当中不通，关税失去了它作为一项国家经济政策本来所应当拥有的和谐性，成为了美国工业化发展的一项政治工具。鉴于关税所扮演的上述角色以及其他角色，关税保护政策同时也就成为了共和党发展政治联盟的政治基础。保护性关税政策对于国家发展的重要性主要在于其政治效果：通过共和党所组建起来的较为庞大的政策集合体进行运作。”②

当然，上述政策的实现有时候又十分复杂。美国东部的共和党人对高关税政策情有独钟是可以理解的。在当时，美国的工商业主

---

① 【美】理查德·富兰克林·本塞尔：《美国工业化的政治经济学（1877—1900年）》，第410页。

② 同上书，第396—397页。

要集中在东部。不仅工商业阶层，即使劳工利益集团也赞成高关税政策，工人们可以拿到更多的工资。然而，西部和南部的共和党人却对高关税政策感到不满。由于在美国南部没有什么产业基础，棉花经济又主要依赖于出口，而且在当地没有几个人能从联邦政府那里获取抚恤金，南部的共和党人不得不承受高关税政策给他们带来的压力。同样在美国西部大平原各州中，农民利益集团越来越受到国际市场的影响，这迫使当地的共和党人要么把保护性关税政策与当地能够获益的产品联系起来，或者在极个别的情况下干脆祭起了反对高关税地大旗。要么在东部，商业界也不是完全赞同保护关税。“航运界和进口商，比多数工厂主更希望制定较低的关税。许多共和党人实际上都赞成对降低关税进行有选择的修订，但在国会的院外活动集团人员都禁止采取这种科学处理办法。”①

所以，无论是在共和党还是民主党内，一旦涉及到议员选区自身的利益之时，共和党内部总是有拥护低额关税的派别，民主党内部则有拥护高关税的派别。例如在产业发达的东部各州，绝大多数民主党人公然宣称保护主义关税。美国19世纪晚期的关税政策制定方式就是一个反复博弈的过程，“在此过程当中，代表不同集团利益的国会议员们，除了在关税修订最后通过阶段，在其他环节的每个阶段中，他们分别代表了不同的私人利益。在关税修订最后获准通过的阶段，党派忠诚几乎不可能替代数以百计的单项关税清单的汇总账户，并且国会议员们通过与他们效忠的政党结成简单的联盟而避免了优劣得失的复杂经济计算。这一诠释，既解释了关税保护政策构建的混乱过程，也解释了在关税修订获准通过的最后阶段不同政党分歧所显示的几乎形式化的刻板过程。”②

关税保护政策有力地保证了美国在此期间迅速成为世界工业大国。高关税政策对促进美国国内市场的发展起了重要作用。19世纪

① 【美】小阿瑟·施莱辛格：《美国共和党史》，第171页。

② 【美】理查德·富兰克林·本塞尔：《美国工业化的政治经济学（1877—1900年）》，第396页。

末的美国商品进出口总额仍不到国民生产总值的1/10，故不足以成为决定经济增长速度的主要因素。但是美国的劳动力价格偏高，致使制造业在国际市场上竞争不利。高关税政策大大提高了美国产品在国内市场上的比重，从1860年的60％上升到1900年的97％。

高关税政策促进了美国工业的集中。关税壁垒稳定了国内市场行情，有利于大企业迅速拓展和占有国内庞大的市场。受到高关税保护的工业部门大多较早地形成垄断，所以“高关税乃托拉斯政策之母”。关税税率调整反映了部门经济和资本集团的发展不平衡。例如，19世纪60年代末苏必利尔湖大铜矿被发现后，国会立即对智利铜矿进口征高关税，以进口智利矿石为主的新英格兰冶铜业却由此倒闭。一般地说，受益于高关税政策的主要是工商业利益集团，特别是面向国内市场的中西部大企业，以及制糖和生产羊毛的农场主们。这从议员们的投票就可以看出。来自于美国国内经济最发达地区的国会议员们总是赞成高关税政策，而来自于美国经济最不发达地区的议员们都反对关税保护。美国南方地区、新英格兰、纽约的出口商、航运业则站在低关税立场上。由于工商业利益集团的集体行动能力最强，因而高关税政策在19世纪后期始终不曾根本动摇。大体上，联邦政府是按照工商业集团的利益需要来调整关税税率的，而其他利益集团的利益则相应受到损失。

二、货币政策

19世纪最后30年，美国的货币政策较之关税保护政策来说更为尖锐复杂，因为它更牵涉到不同利益集团的切身利益，因此长时间成为美国内政中的核心问题。在各个利益集团有关货币政策的相互博弈过程中，东部的工商业阶层，特别是银行家们，一直坚持实行国际金本位制，主要是在他们的推动下，美国联邦行政部门始终是金本位制的捍卫者。“历届总统和财政部长在年度咨文当中都反复强调把正统的货币改革作为管理政策的优先选择。上述这些咨文都赢得了金融界的好评。”[①] 但是其他利益集团却持反对态度，在他们的影响下，美国国会对金本位制是反对的、消极的，甚至公开支持使用纸钞或者白银作为替代品。这导致了旷日持久的争斗，争斗的结果是美国一直坚持实施国际金本位制。虽然在这个过程充满了反复，甚至有几次差点放弃金本位制。美国的货币政策凸显了联邦政府职能扩大的必要，因为没有一个稳定的货币制度和强有力的资本市场，无法有效地组织大规模的经济活动，而这必须依靠强有力的政府活动才能做到。

内战之后的美国币制相当混乱，流通的货币包括金币、银币证券、国民银行和州立银行的钞票、联邦政府的绿钞和债券等。其中绿钞占通货量的一半，约4.5亿美元。它反映了联邦政府权力薄弱，没有一个中央银行。因而联邦政府发行的绿钞没有信用，既不能兑换黄金，又不能用于国际支付，遂不断贬值。1865年每元绿钞的实际价只等于35美分金币。“这种状况造成市场价格波动，影响着美国的国际支付能力，难以吸收急需的欧洲资金。”[②] 因此，在美国内战接近尾声时，联邦政府、国会和民众总体上都倾向于重新恢复铸币支付，而且认为货币紧缩是恢复硬币支付的必要步骤之一。在安德鲁·约翰逊总统和尤利西斯·斯·格兰特总统的领导之下，紧缩通货一直是美国联邦政府的财政政策。共和党的总统们因此坚持金本位制。从1866—1868年，财政部长麦卡洛克一直寻求在美钞回到政府手里时便从流通领域里收回这种货币。“财政部长麦卡洛克在1865年12月的年度报告中写道：现在的法偿货币法案一天也不应该存在，人们要准备迎接法定货币的回归。”[③] 他建议绿钞尽早退出流通。几个月后国会通过了货币法案，这一法案同意推行财政部长所建议的政策。它受到从事国际贸易的商人、东部的银行家、产业工

① 【美】理查德·富兰克林·本塞尔：《美国工业化的政治经济学（1877—1900年）》，第325页。

② 【美】沙伊贝、瓦特、福克纳：《近百年美国经济史》，第252页。

③ 【美】米尔顿·弗里德曼、安娜·雅各布森·施瓦茨：《美国货币史》，巴曙松、王劲松译，北京大学出版社2009年版，第28页。

人和美国新英格兰的纺织工人的欢迎，“对于公众来说，银行和商人当时非常支持恢复铸币支付，尽管他们后来在此问题上产生了很大分歧；工人和农民组织尽管后来是主张绿钞扩张和银币自由铸造的主要力量，当时却仍然倾向于硬通货的使用，他们至少从美国内战以来就一直坚持这一立场。”[①] 对于美国许多公众来说尽可能快地恢复硬币支付有利于手中的货币保值，所以对政府的货币政策表示支持。

但是很快农民、劳工组织、西部的商人和银行家、宾夕法尼亚的钢铁业主以及对西部不动产和运输感兴趣的商人就对财政部的收缩货币政策感到严重不满，渴望有贬值的货币，以便用来扩大资金和偿还以前借的长期债务。他们一致要求货币和信贷保持向上浮动，代表上述利益集团的俄亥俄州的民主党众议员彭德尔顿提出，如果政府用硬币支付公债，就会引起私人债务的硬币支付，那么以往借贷纸币的债务人利益就会受到损失，因此政府仍应以纸币偿债。最后成功地迫使国会停止收回美钞。在 1874 年，随后又在 1878 年，国会对收回美钞采取了限制，其结果保留 3.46 亿美元的纸币作为国家长期使用通货的一部分。但是，格兰特总统坚持对所有的联邦债务实行金币支付。政府用黄金收兑纸币，这就会使美钞恢复纸面价值，并由此稳定通货，提高政府的信用。

不久，斗争的焦点又转向恢复银币的支付。因为中小资本和农场主的大量破产，使债务人与债权人的矛盾有增无减。通过发行绿钞已经不能满足他们的利益需要，他们希望通过恢复金银复本位制来增加通货量以减轻债务。早在 1837 年联邦政府就规定了白银与黄金的比价为 16 比 1，这个比价在整个 19 世纪一直未变。1848 年随着加利福尼亚金矿开采后，出现银贵金贱。1861 年，黄金年产量为白银的 20 倍，银币退出流通。70 年代落基山区巨大银矿被发现和开采，形势陡变为金贵银贱，但此时欧洲国家已相继实行金本位制，

---

① R. P Sharkey, Money, Class, and Party, Baltimore, Johns Hopkins University Press, 1959, Passim.

国际市场上白银贬值。尽管如此，联邦政府并未正式废止银本位制，中西部和南部陷入债务的农场主对白银价格的上升并不感兴趣，他们加入银元制造商的阵营，是因为他们坚信“自由铸币”、“自由银元”，正如他们所称，能够增加货币供应量，从而减轻其债务的实际负担。银币派根据“劣币驱逐良币”的“格雷欣法”，认为白银一旦进入流通，就会取代黄金，实现通货膨胀。1873 年经济危机造成金融形势恶化，同时美国国会通过的 1873 年铸币法又限制了白银铸币量，国会制定铸币法的目的主要是从工商业利益集团的利益出发，保持货币稳定，减轻经济危机的后果。但是这一法案却严重损害了许多农场主的利益，他们愤怒地把该法称为“1873 年罪恶”。这导致了他们在 1874 年国会中期选举中支持民主党，促使共和党在内战后第一次丧失国会主导权。

共和党在 1876 年国会选举中的失败，促使共和党为了金融界的利益，在新的国会召开之前急急忙忙通过了一项“恢复”硬币支付的法案，要求从 1879 年 1 月 1 日开始恢复硬币支付。规定从 1875 年开始以硬币发行量 80％的比率陆续收回绿钞，直至绿钞流通额降至 3 亿美元；至 1878 年美元同黄金价值挂钩，全部纸币均可兑换硬币。这个法令表明美国实际上开始实行金本位制。

可以想象这个法案通过以后引起了多么大的反响。从 1875 年之后，美国国会总是有许多立法尝试企图废除这个法案，但总是遭到以总统为代表的美国联邦行政当局的全力反对。有关货币的争论甚至在 1876 年产生了一个新的政治组织“美钞党”，这个党是以农业利益集团为核心所组建的。“在三次总统竞选运动中它提出了全国性政治纲领，最主要的要求就是用纸币偿还战争公债和不要恢复硬币支付。”①

1877 年国会众议院在农业利益集团的要求下不顾行政部门的强烈反对，甚至通过了废止法案，只是由于参议院里共和党与支持金本位制的民主党达成了一项妥协法案，才避免了该法案被废止。这

① 【美】沙伊贝、瓦特、福克纳：《近百年美国经济史》，第 261 页。

就是“布兰德—艾利森法案”，用有限地恢复银元的货币地位，来继续维护金本位制。

根据该法，财政部每个月购买的银条数量不得少于200万美元，又不得多于400万美元，并把这些银条镕成含412.5格令的银元。按照黄金对白银16比1的旧比率铸造银币。“提案执行委员会的主席在芝加哥的一次群众集会上说：在这件事情上，我们愿意提醒处于昏睡不清醒状态的总统和他的顾问们，要多少注意到这样的事实，即西部地区的人们正在酝酿一场风暴，除非总统和他的顾问们很留神，否则他们中有些人很可能会受到愤怒的公众闪电般地攻击，除非他们对人民的正义要求作出让步。”①

但是拉瑟福德·比·海斯总统还是坚持否决了这个提案，他认为“国家所作出的承诺必须言而有信，没有任何力量能够强迫国家来替他偿还债务。国家的信用取决于其尊严。”② 但是在收到总统的咨文以后，国会没有经过进一步地辩论，就以多数投票推翻了总统的否决。就在海斯总统发表咨文并将法案退回给国会两个小时以后，这项否决案就被彻底推翻。并且在这个提案执行的13年间，共铸造了3.78亿块银元。同时1882年颁布的法令授权财政部长，在国库所存准备兑换美国政府钞票的金币或黄金条减到1亿美元以下时就停止发行黄金兑换券。但是以后的各任财政部长都没有允许储备金降到这个安全点以下。

同时劣币驱除良币的现象也没有发生，白银没有驱逐黄金。1879年美国开始实施金本位制的时候，联邦行政部门积累了为数不多的1.4亿美元的黄金，用它去偿付预料中的纸币持有者的抢兑热。但是，由于政府信用良好，提出要求兑换黄金的仅有12.5万美元，相反，准备用来兑换纸币的黄金却有40万美元。主要是“因为当时全国正处在一个巨大的工业扩张时期，正需要大量货币，所以银元

① 【美】沙伊贝、瓦特、福克纳：《近百年美国经济史》，第261页。

② 【美】理查德·富兰克林·本塞尔：《美国工业化的政治经济学（1877—1900年）》，第328页。

和银元券就毫无困难地被吸收了。而且 19 世纪 80 年代有几年的时间，由于那时联邦政府财政部靠海关税收发了财，国库里有了盈余。”①

1886 年开始的第 48 届国会由民主党控制，他们中的许多人代表要求实行白银本位制的利益集团的利益，最主要的还是农业利益集团。那些支持白银本位制的国会议员试图迫使财政部大幅降低黄金储备，将所有超过 1 亿美元的财政盈余用于赎回全部到期的公债。占据众议院多数的民主党议员们支持这一提案，但是民主党总统克利夫兰坚决反对这一提案，结果“当该项协议最后进行投票时，美国历史上出现极为罕见的奇观：绝大多数的共和党国会议员支持一位民主党的总统来对抗同样多数的民主党国会议员”。②

克利夫兰总统认为只有实行金本位制，美国的经济才能更好地发展，因为美国的产品对于海外市场的需求正在日益增加，只有实行稳定的货币制度才能够扩大美国的海外市场。

尽管有美国总统和财政部的反对，但要求生产更多白银的压力还是如此之大。由于农产品的价格继续下跌，到 1889 年，美元含白银已下降到 72 美分，农场主们强烈希望有更多的白银被强制变成通货。但是这遭到提倡黄金做流通手段的利益集团的强烈反对。克利夫兰总统坚决主张维持国际金本位制，“克利夫兰总统向国会指出，继续铸造银元最后会使通货增加到超过工商业的需要，并由此使流通领域多余的货币会被人们贮藏起来，因而黄金会被从流通领域中排挤出去。从全国范围看，纽约集中了当时国民银行全部现金储备的 40%以上。华尔街以此控制了全国各部门、各地区的投资方向，形成独一无二的垄断地位。③

迫于农民与劳工利益集团的压力，共和党为了确保麦金莱关税

① 【美】沙伊贝、瓦特、福克纳：《近百年美国经济史》，第 265 页。

② 【美】理查德·富兰克林·本塞尔：《美国工业化的政治经济学（1877—1900 年）》，第 340 页。

③ 【美】沙伊贝、瓦特、福克纳：《近百年美国经济史》，第 266 页。

法令获得通过。不得不做出让步发起并通过了1890年谢尔曼白银购买法令。这部法律将美国国库每月必须采购的白银配额由价值200万美元的白银修改为每月必须采购450万盎司的白银。按照盛行的市场价格，这部法律将美国国库被迫采购的最低白银数量提高了50%。“共和党在国会的领导阶层之所以支持这项增加法案仅仅是因为：如果该党拒绝一切的白银立法案件，可能就会最终导致自由铸造银币政策。谢尔曼本人后来这样说道：当时的情形千钧一发，参议院当中的绝大多数参议员都支持自由铸造银币政策，我很担心众议院当中占微弱多数议员是否会放弃并且认同这一法案。总统在这一事务上的沉默态度使人更加忧虑：一旦自由铸造银币法律在两院通过，他也不能不受约束地予以否决。必须采取一些行动来避免美国重新回到自由银币铸造时代，后来通过的法律是我们力量范围之内所能实现的最好效果。我投票支持了这一法案，然而，当它正式成为国家法律的时候，如果废除这项法律不会导致一项彻底的自由铸造银币政策来取代它的位置，我就准备废除这一法律。”①

按照谢尔曼法令购进的白银数量多到不易很快被吸收，而另一方面，由于劣币驱除良币法则的作用，黄金开始从流通领域里被排挤出去。而把黄金储备耗尽就意味着停止硬币支付，形势到了极为危险的时刻。金本位制的取消意味着货币贬值，这种情况会使通货膨胀主义者感到高兴，但将会使固定资本的持有者和工商界陷入噩梦之中。

1893年美国白银采购政策所造成的金融危机终于对美国经济造成最为严重的浩劫。该年美国蒙受出口黄金8700万美元纯损失。联邦政府出现了财政赤字，从而使财政部陷入更深的困境。该年11月份，美国黄金的储备金额下降到5900万美元。大批公司破产已动摇了公众对工商业结构的信任，而储备金额下降的后果导致出现了一个前

① 【美】理查德·富兰克林·本塞尔：《美国工业化的政治经济学（1877—1900年）》，第343页。

所未有的严重导致工商业企业的破产时期："在一八九三年，有六百多家银行机构倒闭，同年夏天，有七十四家铁路公司拱手让人……一八九三年登记在册的工商企业倒闭事件达一万五千起，其总负债金额达三亿四千六百万美元。"①

作为金本位制的坚定维护者，克利夫兰决定不惜任何代价坚持金本位制。同时美国心脏地区的商业协会于5月底开始呼吁停止白银采购，加入到美国东部地区的各类商业协会一直坚持的立场。6月底，克里夫兰总统呼吁国会进入特别议程，在众议院和参议院于8月初完成组建以后，发布了一份要求"立即废除"谢尔曼白银采购法的要求。"随着联邦国库黄金储备跌破了1亿美元的警戒线，新一届政府谴责废弃金本位制造成了经济的崩溃。克利夫兰总统充分利用总统这一职务所赋予的权力和政党领袖提供给他的一切资源，在深受金融危机之苦的数百万人民的帮助下，迅速让废除谢尔曼购银法的法案在国会两院当中通过。总统特别利用了委任官职的特权，将许多支持自由铸造银币的民主党国会议员转变为政府的忠实信徒，8月28日，该项法案于众议院通过，10月30日，该项法案于参议院通过。"②

尽管谢尔曼白银采购法被废除，联邦国库所维持的黄金储备的压力仍然很大。到1895年2月，美国国库只有4100万美元的黄金储备，并且以每天200万美元的速度减少，克利夫兰总统向国会提交一份特别咨文，迫切要求减轻国库的压力，但国会毫不理睬他的请求。在这种情况下，克利夫兰总统求助于当时以美国摩根家族为代表的银行家集团，从他们那里借来350万盎司的黄金，准备用付年息4分的美国政府公债券偿还。双方商定，有一半黄金应当从国外输入，并且各个银行家将施加一切影响去防止提取黄金，直到契约期满。克利夫兰总统私自从各银行家那里借入黄金的决定严重激

① 【美】沙伊贝、瓦特、福克纳：《近百年美国经济史》，第269页。

② 【美】理查德·富兰克林·本塞尔：《美国工业化的政治经济学（1877—1900年）》，第349页。

怒了民主党的支持者，特别是饱受通货紧缩之害的农民。坚决主张废除金本位制的威廉·詹宁斯·布赖恩取代克利夫兰成为1896年民主党总统候选人。

在1896年大选中布赖恩要求按照16比1的比率自由地和不受限制地铸造银币，然而，国际金本位制的作用已经逐步为多数人所认可。“尽管如此，直到1900年3月14日金本位制法案才获得通过。法案宣布黄金为美国货币本位，并指定67亿美元的财政储备用作纸币的赎回。金本位制终于在美国取得了胜利，同时，布赖恩在1900年秋的总统选举中再次失利，从而结束了白银问题在国家政治活动中的主导地位。农民们曾寄望于通过白银而实现的价格反弹，最终在1897年后借助于国际货币黄金供给的大幅增加而实现。‘货币’问题从此退出了政治漩涡的中心。”①

在19世纪后30年关于是否维持金本位制的博弈中，美国联邦行政部门对金木位制坚定维护。“正如《商业与财经年鉴》所解释的，从1881年回顾自内战结束以来的纪录，每当遇到金融经济情况，都会有一位财政部长站在人民和差劲的国会中间，国会通常是很难驾驭的，当不能被有效管理时，只能智取。国会已推翻金融调整计划的最佳方案，并且很显然有几次取得暂时性的胜利。但是所有的总统和财政部长不管其是民主党还是共和党，不管他是喜欢还是不喜欢金本位制，最后都成为金本位制的坚定捍卫者。”② 例如，在克里夫兰总统的第二届任期之内的财政部长约翰·卡利斯勒曾将1873年废除银币描述成“貌似已经在美国和欧洲形成的、通过立法手段毁灭占世界3/7至1/2的世界金属货币的一个阴谋，这将是历史上最恶劣的弥天大罪。”然而在1895年的货币危机当中，这位财政部长将国会的党内同志们的激烈反对抛在脑后，继续在美国稳固金本位制。麦金莱总统直到1896年成为

① 【美】米尔顿·弗里德曼、安娜·雅各布森·施瓦茨：《美国货币史》，第78页。

② 同上。

共和党总统候选人才表明他对金本位制的忠诚。[1] 这并不能完全从利益集团的需求来解释。

最根本的原因是美国实行国际金本位制大大有利于美国资本市场的流动和安全性。“较高的私人银行储蓄、公司盈利的较高再投资比例、外国资本对美国工业化的支持，这三大来源在很大程度上取决于美国金融市场的稳定性，并且更进一步，我们可以说它依赖于美元币值的稳定性以及在政府税收、军事冒险以及其他的可能威胁到投资安全性的政策方面相对不存在政治上的不确定性。鉴于美国比较广阔的国内市场、现代企业的可获利性，在美国投资将带回高额回报。然而，即使回报丰厚，也极有可能通过惩罚性的政府政策课税或没收等手段予以掠夺。此外，其他敌意的政府行为的威胁，尤其是美元汇率的变化，也总是经常存在。事实上，美国资本市场的自由开放正是对这些威胁的明确反应。因此，也是一个支持资本投资的主要促进因素。从极其实在的角度来说，美国政府拒绝操控国际资本流动的做法极大地提升了投资者的信心。”[2]

因此，美国对黄金本位制的坚持最大程度降低了在美国投资的政治风险：“最重要的就是，金本位制通过将美元与黄金挂钩，为纽约与伦敦金融市场之间的紧密一体化提供了基础，并降低了汇率变化的风险——这种不确定性一旦消除后，那么无论美国证券或是合同协议是否以美元还是英镑来表示，其本质都是黄金，其结果是，无论是国内投资者还是外国投资者都可以放心持有美国证券，无须担心联邦政府汇率政策会以不可预知的方式影响到他们的价值。”[3] 而一旦美国出现金本位制动摇的迹象，大量的黄金就迅速外流，1893 年的金融危机就是这样发生的，相反，如果美国金本位制稳

---

① 【美】理查德·富兰克林·本塞尔：《美国工业化的政治经济学（1877—1900 年）》，第 323 页。

② 【美】米尔顿·弗里德曼、安娜·雅各布森·施瓦茨：《美国货币史》，第 61 页。

③ 同上书，第 62 页。

固，黄金就大量流入美国，可以想象如果没有资本的稳定性与流动性，对于银行家们和企业家来说，在工业化发展过程中所累积起来的庞大的私人银行储蓄、公司盈利，极有可能流向海外投资，从而让飞速发展、方兴未艾的美国工业化革命半路夭折。

所以美国联邦行政部门与国会相比，由于信息更灵敏，以及总统是从全国范围选举出来，而不像议员是从地区性范围中选举出来，他更少受到利益集团的干扰，而更关注整个社会的共容利益。由于在长时间的博弈过程中，金本位制给美国经济所带来的好处为越来越多的人所了解，美国公众逐步认识到联邦行政部门有时候比国会更能实现民众的利益。因而，在日后的货币政策上，联邦行政部门逐步占据了主导权。

三、州级贸易法与反托拉斯法的制定

自 1865 年到 19 世纪结束的数十年间，美国社会的的普遍潮流就是让企业充分发挥自己的活力，在市场上按其意愿来自由行事。因此无论是联邦还是州和其他地方政府对工商企业的管理是非常松散的，然而对铁路的管理却越来越成为一个例外。1870 年后，各大铁路公司在运输方面的竞争加剧，各公司往往采用高额短途运费的垄断性策略，剥削经常使用短途铁路运输的小农场主、小商业主和其他私人企业。面对这种情况，使用铁路的各社会和经济利益集团开始联合起来，特别是农民开始形成有组织的活动之后，虽然联邦层面还没有做出有效的反应，但是各州政府开始出面制定公平的铁路运费。1869 年，马萨诸塞州成立第一个铁路管理委员会。到 1900 年，已经有 28 个州都建立了类似的机构，专门管理铁路运费。在中西部农业州，这种现象尤其普遍。同时许多州又通过了保护农场主利益的“格兰其法”。该法通常规定，铁路属于与州人民生活关系重大的公共交通枢纽，因此州立法机关有权对经由本州的铁路运价实行管理。铁路公司当然对此极为不满，不愿意接受州立法机关或管制委员会规定的运费。铁路公司开始联合起来采取有效的集体行动，“大部分管制铁路的法律不是被废除掉了，就是被修改得面目全非”。[①] 同时，铁路公司向最高法院提起诉讼，指责这些管制措施违宪，宣称管制违反了特许营业证的规定，损害了契约义务。

在1886年的维伯西－圣路易斯太平洋铁路公司诉伊利诺伊州案中，最高法院的判决非常有意思，最高法院判决认为，鉴于跨州铁路运输的全国性特征，管理法规“必须也具有普遍性和全国性，而且这些法规应仅仅以一般性规定和原则的形式存在。这便也意味着应该由国会根据宪法的州际贸易条款来制订铁路管理法规”。[②] 由于本案中的伊利诺伊州法涉及了应属联邦政府管理的州际贸易，该法律违宪无效。另一方面通过这一案例的裁决，使大家了解到：联邦政府不采取行动，各州管制机构就控制不了贯穿几个州的铁路。最高法院企图通过司法解释为联邦政府干预经济活动创造机会。因为根据美国宪法，美国国会具有管理与外国之间的商务或者是各州之间的商务组成的交通、购买、销售、以及商品交换的权力。

最高法院对沃巴什铁路公司案件的判决，促使公众更加强烈地要求国会采取行动，特别是农业利益集团，向国会议员施加了强大的压力，特别是向民主党参议员。1886年国会中期选举中，正是在农业利益集团的帮助下，民主党才得以击败共和党入主国会。此前国会多次讨论过管制铁路运费的可能性问题，但是都没能在国会获得通过，因为国会议员普遍认为经济事务的管理属于州的权限范围。国会针对不同州管理之间的矛盾进行管理会损害各州的权力，永无宁日可言。最高法院的判决出来以后，国会再无躲避余地。由于包括农业利益集团在内的诸多利益集团的要求，同时出于商务发展必要，美国需要一个管理体系或者管理机关。终于参众两院协商一致

① 【美】菲特、里斯：《美国经济史》，第558页。

② Stanley I. Kutler ed. The Supreme Court and the Constitution：Readings in American Constitutional History［Z］，Third Edition，New York：W. W. Norton & Company，1984，p. 250.

通过州际贸易法案，赋予联邦政府监管铁路的权力。该法案于1887年2月4日经克利夫兰总统签署后成为正式法律。

“州际商务法法令授权州际商务委员会去调查各铁路公司的营业状况，传讯证人，并对由法令所涉及的其他事务和运费的所有方面作出决定。于是这个委员会便成为第一个联邦独立管理铁路委员会，成为一个由法院、立法和行政权力机关几方面参加的强制机构。”[①]显然，国会通过的这部法案最初是倾向于设立一个有权管制铁路运费率的委员会。州际商务法是联邦宪法关于州际商务条款的第一个具体体现，为联邦政府在其他经济领域的干预提供了先例和法律依据。因此被美国的保守派说成是“无异于一场革命”。

但是州际商务法的许多条文是含糊的，所以它的实际权力一直受到限制。从农业等利益集团的角度来说，是要求强有力的联邦控制，然而“州际商务法令过分地受到限制，因为它给法院留下了一个实施法律的过程：州际商务委员会不能无保留地强制实行它的管理和裁决，但如果铁路公司拒绝接受它的裁决的话，它有权向联邦法院控告铁路公司”。[②] 这样一来，州际商务委员会的权力就不是强制性的，铁路公司可以拒不接受并向最高法院上诉。然而，法院从维护产权的角度出发通常对铁路公司给予支持，几乎使这条法律成为一纸空文。“事实上是最高法院的复审权决定一切。据统计，从1887年《州际贸易法》生效到1905年，共有16个有关运费的案件提交到最高法院审理，而最高法院对其中15个的判决都满足了铁路公司的要求。1900年的1份国会报告承认铁路公司仍在实行价格歧视，其‘程度也许和以往相同’。”[③]

这引起了社会利益集团越来越大的不满。到了19世纪80年代后期，从铁路企业开始的美国工商业中企业合并的趋势越来越明显。这日益引起知识分子改革团体、农民利益集团、劳工利益团体、小

① 【美】沙伊贝、瓦特、福克纳等：《近百年美国经济史》，第189页。
② 同上书，第190页。
③ 同上书，第170—171页。

商人利益团体的不满甚至恐惧。“中小企业主抱怨垄断企业的不公平和非法的竞争方式削弱了他们的地位，并将他们中的许多人逐出了企业界；消费者则对企业合并运动带来的物价上涨产生了忿懑情绪；农民则继承了‘格兰其运动’的反垄断传统。”[①] 美国悠久的政治思想观念就是限制专制，所以厌恶垄断的心理深入人心，无论这种垄断是国家还是私人。

尽管各州的立法和司法机构都对于大型的产业公司进行兼并运作并且由此控制市场条件的行动越来越充满敌视态度。但是，反托拉斯的效果并不好，因为习惯法对于这种行为没有惩处的规定，极少有垄断组织被要求解散，而且托拉斯的经营范围都跨越好几个州，托拉斯可以轻松地通过组建新的公司组织形式来规避法庭判决，因此各个州单独控制托拉斯运动的想法很难实现。例如 1889 年 11 月，纽约高等法院在“人民诉北方河流蔗糖提炼公司”一案的判决当中，法庭决定反对北方河流蔗糖提炼公司的托拉斯兼并行为，宣称托拉斯与其他限制市场竞争的协定违反宪法。在纽约高等法院就北方河流案件作出判决之前，该州的原告即预言：“无论本案的判决究竟如何，本案当然必将会被上诉。此案的托拉斯在预计到一个不利判决之时，将会通过转型来逃避判决效果，我对此毫无疑问。例如，托拉斯当中的每一个公司都可能在预期法庭作出不利判决之前就将其财产转移到一些其他公司或者是自然人的名下。”“普通法诉讼程序在反托拉斯诉讼当中的一个更为重要的缺陷在于各州政府无法启动诉讼，只能够等待一个打抱不平的私有诉讼当事人站出来吁请法庭救济。”[②]

当时一位历史学家摩根的叙述典型地反映了全国反垄断的态度。他说：“法律准许存在的垄断是法律特许的，也应由法律来控制。托

① 胡国成：《塑造美国现代经济制度之路》，中国经济出版社 1995 年版，第 52、57、56 页。

② 【美】理查德·富兰克林·本塞尔：《美国工业化的政治经济学（1877—1900年）》，第 285—286 页。

拉斯是反对合法贸易的一种阴谋，它反对人民的利益和公众的福利，它正在运用自己的影响使道德败坏，它与自由制度完全不和谐，对我们的自由构成了威胁，参加托拉斯是应受到严厉惩罚的一种罪恶。托拉斯不过是垄断的别名，垄断正在政府中行使着比人民所拥有的更大的权力。”[①] 反对托拉斯的人们强烈要求联邦政府进行干预，对托拉斯的反对已经倾向于需要有效的国家立法。1884 年的总统选举中民主党政纲中开始列入了反垄断条款，从而迫使共和党在 1888 年的总统选举政纲中加入反托拉斯的辞令。在 1888 年的总统竞选运动中，共和党和民主党都主张制定反托拉斯法，但在大选后，这两个政党在国会中似乎都不特别急于推动这个问题的解决。托拉斯所具有的集体行动能力是其他利益集团所无法比拟的。“许多共和党领袖同大公司有密切关系，生怕这种立法会直接影响大公司的利益，民主党人似乎同样不愿意带头去干。”[②] 然而，反托拉斯的各个利益集团的压力终于迫使国会于 1890 年通过《谢尔曼反托拉斯法》。但是参议院司法委员会有意把草案措辞改得更加含混无力。参议院的辩论只涉及了法案与宪法的一致性问题以及关税和垄断的关系，根本没有研究对垄断行为的具体惩处办法。甚至在投票时，“许多国会议员还相信《谢尔曼法案》违宪，并将被最高联邦法院推翻。”[③]

“耐人寻味的是，国会对这样重要的立法问题连一次意见听取会都没有召开，参议院经一场很不像样的辩论后以 52 票对 1 票的多数草案通过了这个议案。众议院也只进行了一天辩论，仅对议案作了几处微小修订（后来干脆被协商委员会删掉了），敷衍塞责，草率了事。看来，共和党和民主党都很想在反对坏人坏事——至少是在反对垄断——的功劳薄上记上一功，却不特别热衷于采取有效的或强有力的实际行动。这个法案的条文措词含糊，人们指责说其所以规

① 胡国成：《塑造美国现代经济制度之路》，第 53 页。

② 【美】菲特、里斯：《美国经济史》，第 563 页。

③ 【美】吉斯特：《美国垄断史》，第 28 页。

定不明确，就在于蓄意削弱该项法律。”①

1890年通过的《谢尔曼反托拉斯法》宣布：“凡以限制州际贸易或国外贸易为目的而签订的合同、组织的托拉斯等联合企业或2人以上的共同策划均属非法。凡签订这种合同、从事组织这种联合企业或参与该种共谋者均属不法行为。法院可斟酌情况，判处交付不超过5000美元的罚金或判处为期不超过一年的徒刑；或同时予以罚款和监禁两种惩处。”②

从《谢尔曼反托拉斯法》可以看出，不仅法案条文是含混的，“托拉斯”和“垄断”没有任何定义，而且最高惩罚只有处以最高5000美元的罚款，这说明违反该法仅仅是一种轻微的罪行。因此“正如之前通过的《州际商业法案》一样，《谢尔曼反托拉斯法》更多的只是一种象征意义。没有多少商人对之严肃对待”。③“在哈里森总统执政时期，法院只受理了5起案件。在克利夫兰再任总统时期，有关案件也只发生了7起。麦金莱上台后共有5起案件，其中4起出现于他就任总统的头两年，最后一起发生于1899年。然而在1899—1901年期间却成立了146家大工业联合公司，其中一家就是拥有10亿美元资本的美国钢铁公司。”④ 总而言之，《谢尔曼反托拉斯法》并没有取得反托拉斯的明显效果。“可以肯定，该法几乎没去限制世纪之交的合并浪潮，即使许多合并引起了经济集中。而且《谢尔曼反托拉斯法》绝没有动芝加哥肉类加工公司一根汗毛，而正是这家公司的活动促成了反托拉斯法的通过。”⑤

那么如何看待19世纪末这部法律的意义呢？确实这部法律实施的时机不是十分恰当，1893年的美国经济危机使工商业遭到严重打击，联邦政府无法对大企业施加更大的压力，而美国工商业利益集

① 【美】菲特、里斯：《美国经济史》，第563—564页。

② 同上书，第564页。

③ 【美】吉斯特：《美国垄断史》，第28页。

④ 【美】菲特、里斯：《美国经济史》，第565页。

⑤ 【美】杰里米·阿塔克/【美】彼得·帕塞尔：《新美国经济史》，罗涛等译，中国社会科学出版社2000年版，第480页。

团有能力使美国国会的许多议员和他们的利益保持一致。“与巨型工商企业有密切联系的一大批保守的共和党人已对这种措施给予支持。这也许因为他们是把自己的选票作价以换取对方提高关税要求的支持，但是，更大的可能是因为他们怀疑反托拉斯法令是否会有任何真正的目标。”[①] 而且反托拉斯法的实施情形也表明，农民、工人、受威胁的小生产者和小商人联合起来，能够获得政治上的胜利，但是却不能使他们为之斗争的政策获得实现并贯彻始终。

但是，《谢尔曼反托拉斯法》的重要性在于，美国行政部门和美国国会不能不对社会诸多利益集团的强烈利益诉求给予回应，联邦最高法院和各级法院将不得不受理限制贸易的诉讼。这说明美国联邦政府必须对整个社会的共容利益给予关心。如同美国宪法一样，谢尔曼法的规定并不具体，这样一部语言泛泛的法律在后来经过了几次重要的考验，成为美国反垄断传统的奠基石。它宣布保持竞争是美国的一项重要政策，因而是美国政治经济历史上伟大的里程碑之一。

第五节　1865—1897 年美国的对外扩张

一、美国对外扩张的不同阶段

从美国内战结束到 19 世纪末，美国的国力显著地跃升。“到 1885 年，美国超过英国，成为占世界制造业份额最大的国家。一年之后，美国取代英国成为世界上最大的钢铁生产国。美国在 1890 年超过了英国；到 1900 年，其能源消耗超过德国、法国、奥匈帝国、沙皇俄国、日本和意大利的总和。”[②] 但是美国的扩张却与自身的国

① 【美】沙伊贝、瓦特、福克纳：《近百年美国经济史》，第 279 页。

② 【美】扎卡利亚：《从财富到权力》，第 66 页。

力不相称。无论是对外经济利益的拓展，还是政治和战略利益的诉求，都与其他列强相差甚远。“19 世纪下半叶是殖民争夺和帝国主义的时代，其间国际影响的最终测量标准是对国外领土的政治控制。从 1865—1890 年，美国获得了被抛弃的阿拉斯加和微小的中途岛，并获得萨摩亚的基地权。在此期间，英国和法国各自获得了 300 万平方英里的新殖民地。”① 这种情形的发生是因为当时的美国政府的职责仅仅满足于维持内部秩序、对外防御。那么它的对外决策能力和行动能力自然都十分弱，还远远不能说是一个强化市场性政府。因此，美国政府对内部事务尚缺乏有效的职能实施，对外部世界更是无力扩张。但是这种情形也不是一成不变的，大体上来说，美国的崛起与扩张与美国联邦政府的行政分支集权的程度紧密相连。而美国联邦行政部门的集权状况是和美国各种利益集团的兴起从而对政府提出各种要求相联系的，它推动着美国联邦政府努力寻求扩大共容利益。因此，从 1865 年至 19 世纪末，美国的对外扩张与行政集权一样可以分为三个阶段。

1. 第一个阶段（1865—1877 年）

在这个阶段美国的扩张多数是不成功的。其中主要的原因是：

（1）行政部门与立法部门的权力博弈处于下风。如前所述，国会在内战后的美国权力架构中处于主导地位，国会不仅对美国内政发挥着至关重要的作用，在美国外交事务上同样也发挥着关键性的作用。国会利用条约批准权、拨款权紧紧地钳制住美国联邦行政部门的诸多扩张意图。当时，美国行政部门所做的扩张计划、与外国签署的条约许多被美国国会予以否决。

（2）美国行政部门自身权力的羸弱。实际上在内战结束之后不久，美国联邦行政部门就已经将兴趣投向了海外，但是能够发现行动机遇却很难抓住，就是因为美国联邦政府没有足够的能力和凝聚力。这突出地表现在美国的外交机构和军事力量上，其人数之少让

---

① 【美】扎卡利亚：《从财富到权力》，第 68 页。

世人为之惊讶。美国内战一结束，联邦军队的人数就从 100 万人削减到 3 万人左右，一直到“1890 年的现役部队只有 2.5 万人——位居世界第十四位，排在保加利亚之后，而那时美国已经是世界上最富有的国家。”[①] 社会上的反军队倾向强烈，把其看作是共和国的敌人。“1877 年 12 月 30 日之前国会没有给陆军接任何款项。士兵薪水主要依靠高利贷银行家的贷款。”[②] 而且美国军队的建制也是很不完善的，一直到 1896 年麦金莱上任后，陆军部长艾利胡·卢特才开始设立总参谋部，用以制定防御和动员计划、调查部队效率和状况、协调军兵种行动，在陆军部与部队之间建立起较为畅通的渠道。相对于陆军而言，海军的情况要稍微好些。军费从 70 年代的 400 万美元增到 90 年代的 3000 万美元。但是其军事力量也远远谈不上强大，甚至位于同时代的中国北洋海军之后。“对拥有如此绵长海岸线的国家而言，美国海军力量的状况尤其异常，以致成为欧洲取笑的对象。美国海军力量在强国中位居最末，还排在意大利之后，而意大利军队是欧洲最小的部队，其数量仍是美国军队的 8 倍；而美国的工业实力是意大利的 13 倍。”[③]

表 4：1866—1897 年美军兵力人数

年份	总兵力人数	军官人数
1867	74786	57194
1868	66412	51066
1869	51632	36953
1870	50348	37240

① 【美】扎卡利亚：《从财富到权力》，第 69 页。

② 【美】拉塞尔·韦格利：《美国陆军史》，丁志源等译，解放军出版社 1989 年版，第 282 页。

③ 【美】扎卡利亚：《从财富到权力》，第 68 页。

续表

年份	总兵力人数	军官人数
1871	42238	29115
1872	42205	28322
1873	43228	28812
1874	43609	28640
1875	38105	25513
1876	40591	28565
1877	34094	24140
1878	36444	26023
1879	38022	26601
1880	37894	26594
1881	37845	25842
1882	37850	25811
1883	37278	25652
1884	39400	26666
1885	39098	27157
1886	38636	26727
1887	38763	26719
1888	39035	27019
1889	39452	27759
1890	38666	27373
1891	37868	26463
1892	38677	27190

续表

年份	总兵力人数	军官人数
1893	39492	27830
1894	42101	28265
1895	42226	27495
1896	41680	27375
1897	43656	27865

资料来源：The Historical Statistics of the United States，Volume V，Cambridge University Press，2006. p. 354。

表 5：联邦政府财政支出 1866—1899 年情况

年份	联邦财政支出（千美元）	国家防务陆军支出（千美元）	国际防务海军支出（千美元）
1866	520809	284450	43324
1867	357543	95224	31034
1868	377340	123247	25776
1869	322865	78502	20001
1870	309654	57656	21780
1871	292177	35800	19431
1872	277518	35372	21250
1873	290345	46323	23526
1874	302634	42314	30933
1875	274623	41121	21498
1876	265101	38071	18963

续表

年份	联邦财政支出（千美元）	国家防务陆军支出（千美元）	国际防务海军支出（千美元）
1877	241334	37083	14960
1878	236964	32154	17365
1879	266948	40426	15125
1880	267643	38117	13537
1881	260713	40466	15687
1882	257981	43570	15032
1883	265408	48911	15283
1884	244.126	39430	17293
1885	260227	42671	16021
1886	242483	34324	13908
1887	267932	38561	15141
1888	267925	38522	16926
1889	299289	44435	21379
1890	318041	44583	22006
1891	365774	48720	26114
1892	345023	46895	29174
1893	383478	49642	30136
1894	367525	54568	31701
1895	356195	51805	28798
1896	352179	50831	27148
1897	365774	48950	34562

续表

年份	联邦财政支出（千美元）	国家防务陆军支出（千美元）	国际防务海军支出（千美元）
1898	443369	91992	58824
1899	605072	229841	63942

资料来源：The Historical Statistics of the United States，Volume V，Cambridge University Press，2006，p. 92。

与军事力量相比，美国外交机构的状况几乎可以忽略不计了。“美国只在几个主要国家派驻了名誉大使和公使。国务院是一个微小的部门，在几间房子里办公，只有两个助理国务卿、几个低级官员和一些职员。华盛顿和其他几个大国首都之间的信息来往少之又少。美国极少参加国际会议，未曾参与共同的决策，当然也未曾作为中间人来安排结盟。结果，美国与仅拥有其物质实力一小部分的国家地位相当，被当作二流国家来对待。1880 年，奥斯曼帝国的苏丹决定削减驻外使团，取消了派往瑞典、比利时、荷兰和美国的使节。几乎在同时，一位德国使节宁愿忍受减薪的降级待遇也不愿意改派到华盛顿。驻华盛顿的外交官无一是大使级的：1892 年前，没有欧洲国家认为美国足够重要，值得派遣那个级别的外交使节。”①

（3）缺乏有效的利益集团驱动。在这一阶段，美国正处在工业化的发展阶段，社会中的不同利益集团正在形成和发展之中，与外部世界的利益纠葛也没有那么深，因此对政府的诉求还不是那么明显和强烈。“直到西部边疆‘消失’之前，美国的企业家大多是全神贯注于他们的国内事业。19 世纪 80 年代中期，美国政府的对外贸易津贴仍然为数甚微，它宁愿靠保护关税促进国内开发。而且美国商人开始时缺乏良好训练，经商不顾时令季节，不研究市场的需要，

① 【美】扎卡利亚：《从财富到权力》，第 69 页。

加上语言不通，在发展对外经济关系方面远不如英、德等国商人。”[①]这样，美国联邦政府没有感觉到强大压力来拓展美国的国家利益。当然这种情况并不意味着美国对于扩张其政治、战略和商业利益无动于衷，无论是约翰逊总统还是继任的格兰特总统都对向外扩张表示浓厚的兴趣。但是由于得不到国会和利益集团特别是工商业利益集团的有力支持，在这段时间之内，美国的对外扩张总体来说是十分克制的。

2. 第二个阶段（1877—1889 年）

在这个阶段美国向外扩张的势头有所增强。

首先，美国行政部门在同国会的权力博弈中逐步占据上风，总统逐步收回了行政任免权。总统更敢于对其不满意的议案行使否决权，从海斯总统任期的 12 次否决上升到克利夫兰总统第一任期的 301 次否决。文官制度的改革大大减少了腐败行为，提高了行政效率，随着利益集团对政府诉求的增加，联邦政府的职责和权力都增加了。“1888 年，洛德・布赖斯评述说：无法忽略向心和统一力量的增加。”[②] 此外，在 19 世纪 80 年代，总统领导下的现代情报系统开始运行，此时出现了军事情报部，海军还向情报局指派了四名官员，负责监视全球事务。1889 年，国会在驻外机构中设立了陆海军武官制度。与此同时，最高法院在关于尼格尔一案（这个案子与对外事务没有任何直接关系）的裁决中宣布，总统的权力并不限于实现国会的愿望，还应包括履行“从宪法本身、我们的国际关系以及立宪政体的性质所隐含的所有保障措施中所派生出来的各种权利、义务和责任”。[③] 美国的军事力量特别是海军开始得到加强。“海军复兴真正的开始是在 19 世纪 80 年代。1883 年国会拨款建造‘亚特兰大’号、‘波士顿’号和‘芝加哥’号。1884—1889 年间拨款建造

---

① 丁则民主编：《美国通史（第三卷）》，第 333 页。

② 【美】扎卡利亚：《从财富到权力》，第 150 页。

③ 【美】孔华润主编：《剑桥美国对外关系史（上）》，第 353—354 页。

另外30艘军舰，包括‘缅因’号战列舰。在这个过程中，政府、军方和工业界形成了合伙关系，这一关系在20世纪继续得到发展。”①“在人民的心目中，国内的各种问题、对西部的扩张以及经济的萧条都比发展海军更为重要，只有当美国经济扩张到能够在全世界范围内吸引投资并带来利益的时候，这个国家才能够苏醒过来，开始思考自己在全球范围内的命运，并再次筹建一支强大的海军，使其作为实现这一命运的手段。”②

“农场主对供过于求的理论尤为注意，因为美国市场无法吸收他们的产品。棉花、烟草和小麦的生产者都指望国外市场。每年棉花收成的一半以上是出口的；1873—1882年期间，小麦生产者每年总收入中有1/3来自出口；威斯康辛州的乳酪制品运往英国；斯威夫特与阿穆尔肉类公司在欧洲销售冻牛肉；“魁克”牌麦片成了国际食品。为了在亚洲销售谷物，大北铁路公司的詹姆斯·希尔分发译成各种不同文字的食谱。”③

利益集团的要求使美国政府的海外扩张开始变得更加积极起来。“海斯总统的国务卿威廉·M·埃瓦茨遴选一批具有从事工商业经验的人出任驻外领事，要求这些领事每月提供一份驻地的详细经济情报，其中包括工商业活动、银行活动以及金融、税收、交通和劳工等方面的信息。有的经济情报还分析了某些美国商品在海外滞销的原因，提出了怎样做广告，鼓吹在海外设立工商企业和银行的分支机构，甚至建议开办永久性商品展览机构等等。美国驻外人员提供的准确经济情报，深受美国国内工商企业主、各地商会和经济刊物的欢迎，大大推动了美国对外经济关系的发展。”④

虽然如此，当时这一阶段的美国对外扩张并没有取得大的突破。

① 【美】托马斯·G. 帕特森：《美国外交政策》，李庆余译，中国社会科学出版社1989年版，第211页。

② 【美】莫里斯：《美国海军史》，勒绮雯译，湖南人民出版社2010年版，第69页。

③ 【美】托马斯·G. 帕特森：《美国外交政策》，第206页。

④ 丁则民主编：《美国通史（第三卷）》，第337页。

因为联邦政府特别是行政部门的集权是一个逐步增长的过程，文官制度改革还没有涉及到外交机构。美国的军事力量在20世纪80年代并没有大的变化。虽然在亚瑟总统时期美国国会同意了扩大美国海军的方案，但是建设战舰的周期需要一个过程。直到1889年，美国海军在世界的排名大约是第17—20名之间。[①] 这种情况充分反映了这个时期美国政府的弱点。国家日益上升的力量无法有效地反映到政府的运作中去。虽然有关军队的大量的改革方案已经出现，尤其是海军先后在1884年和1888年建立了海军指挥学院和海军情报部。但是，军队的改革要比精简外交行政机构困难得多。当时在工业化的过程中，美国的国内市场还是相当巨大，工商业利益集团对政府的要求更多的是提高关税，以保护国内市场，而提高关税的结果是美国商品的输出又受到其他国家的抵制。同时，美国国内的资金需要还比较旺盛，美国商人海外投资额并不太大。这一切使美国的扩张与前一阶段相比有了进展，但仍然是比较克制的。

3. 第三阶段（1890—1897年）

在这个阶段，美国扩张的势头变得猛烈起来。虽然美国还没有像其他列强那样寻求用武力来获取殖民地，控制保护国，但是武力威胁已经在外交中频频使用了。

首先，以美国总统为代表的行政部门已经在和国会的权力博弈中占据上风。到19世纪90年代，美国联邦行政部门已经得到了更广泛的宪法权力，其政府职责和政府机构都有了很大的扩展。例如美国财政部人员规模从1873年的4000人增加到19世纪末的2.5万人，增长率高达625%。财政开支从1877年的2.39亿美元增加到1901年的5.05亿美元。[②] “随着总统权力的上升，国会对总统外交政策主动权的挑战日益变得很少了，由此导致了一个更加连贯和行动主义的外交政策的产生。增强的国力与更强大的国家相互协调，

---

① 【美】扎卡利亚：《从财富到权力》，第193页。

② 同上书，第150—151页。

造成了一种历史学家所说的美国外交政策的‘范式转换’。[①] “从1889年开始由于总统决定保持和增加外交机构长期工作的官员，在一届政府之初，传统上很高的人员更替率明显下降了。在19世纪90年代末，外交机构比10年前更大，更固定，也更廉洁。”[②]

在军事力量上，美国的军事力量有了显著的增强。（参看表2）美国已经醒悟过来，认识到军事力量特别是海军所能带来的经济利益，以及它在提升国家实力和发展外交关系过程中所占据的至关重要的位置。在19世纪90年代初，美国人也接受了作为一个强国必须有一个强大海军的说法。“克利夫兰指出，到1893年，为了扩展美国的利益，美国的海军船只被派往尼加拉瓜、哥斯达黎加、洪都拉斯、阿根廷、巴西和夏威夷。之后多年，这个名单变得更长。在任期结束时，克利夫兰可以骄傲地炫耀，他的政府曾经建造了3艘一级舰、2艘二级舰，批准了5艘以上的战列舰。”[③] 这样到1893年，美国海军已经名列世界第七位。

可以说，到19世纪90年代，美国公众越来越接受和欢迎美国联邦政府特别是行政部门职责的扩大。政府吸收和调控资源的能力大大加强，执行一个积极的外交政策的可能性较之以前要大得多。

其次，美国的商业需求变得急迫和强烈起来，美国越来越关注和需要海外市场。（参见表6）

表6：美国1865—1898年商品出口总额

	出口总额	出口美洲总额	出口欧洲总额	出口亚洲总额
年份	单位（百万美元）	单位（百万美元）	单位（百万美元）	单位（百万美元）
1865	281	110	158	4

① 【美】扎卡利亚：《从财富到权力》，第194页。

② 同上书，第181页。

③ 丁则民主编：《美国通史（第三卷）》，第217页。

续表

	出口总额	出口美洲总额	出口欧洲总额	出口亚洲总额
年份	单位（百万美元）	单位（百万美元）	单位（百万美元）	单位（百万美元）
1866	479	80	386	4
1867	398	77	307	5
1868	383	81	287	5
1869	382	74	291	6
1870	471	79	381	7
1871	493	89	394	4
1872	492	89	393	3
1873	594	102	479	4
1874	651	90	528	5
1875	574	100	459	5
1876	610	96	497	7
1877	645	99	525	8
1878	710	100	584	10
1879	712	91	594	12
1865	281	110	1486	141
1880	836	93	719	12
1881	902	108	766	13
1882	751	113	600	19
1883	824	129	660	17
1884	741	123	584	17
1885	742	104	599	21

续表

	出口总额	出口美洲总额	出口欧洲总额	出口亚洲总额
年份	单位（百万美元）	单位（百万美元）	单位（百万美元）	单位（百万美元）
1886	680	98	541	23
1887	716	104	575	20
1888	696	110	549	20
1889	742	125	579	19
1890	858	133	684	20
1891	884	131	705	26
1892	1，030	139	851	20
1893	848	152	662	17
1894	892	153	701	22
1895	808	143	628	18
1896	883	153	673	26
1897	1，051	159	813	39
1898	1，231	174	974	45

资料来源：The Historical Statistics of the United States，Volume V，Cambridge University Press，2006. pp. 535—536。

1865年，美国出口为2.84亿美元，到1898年，出口则增加了2倍多，达12.3亿美元。“这一增长几乎完全来自于工业产品，增长如此之快，以至于有人认为美国已经取代英国，成为世界工厂。”①

美国的海外投资规模也越来越大，为了获得更多的原料以及销售市场，美国越来越倾向于在海外投资，1897年的投资总额几乎是

① 【美】孔华润主编：《剑桥美国对外关系史（上）》，第292页。

1865年的5倍。

表7：美国1865—1898年海外投资总额

年份	国际投资额
1865	663
1866	758
1867	903
1868	976
1869	1152
1870	1252
1871	1353
1872	1595
1873	1762
1874	1844
1875	1931
1876	1933
1877	1876
1878	1714
1879	1554
1880	1584
1881	1543
1882	1653
1883	1704
1884	1809

续表

年份	国际投资额
1885	1843
1886	1980
1887	2211
1888	2498
1889	2700
1890	2894
1891	3030
1892	3071
1893	3217
1894	3151
1895	3288
1896	3328
1897	3305
1898	3026

资料来源：The Historical Statistics of the United States，Volume V，Cambridge University Press，2006，p. 466。

为了更有效地扩大海外市场，避免财产风险，美国工商业利益集团对美国外交提出了越来越明确的要求，通常直接要求政府介入企业的活动，而不是置身事外。“国内公司以及19世纪80年代开始崭露头角的多国公司，成为人们特别青睐的组织形式。它们不仅能够最有效地吸纳和运用所需的投资，还能够最大限度地获取利润和市场份额，而这又造就了未来的投资。我们没有理由认为，作为国内利益之海外体现的外交政策，在这种新型公司的铁律面前，会是一个例外。”[①]“为了满足自已的利益，即使是卡内基也不得不设法利用关税政策。美孚石油公司同样如此。在1894年和1897年的关税立法中，国会增加了一些条款，决定对那些歧视美国石油出口的国家采取报复措施。较小的企业不仅需要、而且往往主动要求政府进行全面的干涉。全国制造商协会（NAM）成立于1894—1895年间，目的是促进美国的出口，特别是对拉美的出口。它成为代表数百家小企业（它们抱成一团，目的是联手向华盛顿施压）利益的一个主要院外游说集团。不过，即使是那些企业巨头，也需要政府直接干预，美孚石油公司利用美国领事为其打探俄国石油生产信息即是一证。而且，无论小企业还是大企业，都越来越强烈地要求政府解决金融问题，修建一条巴拿马运河，提升外交级别，并且在某些情况下，还要求动用舰队或兼并边远地区的基地，以便保护它们的商业利益。当有人指责全国制造商协会过分依附于政府时，该组织的回答是，政府毕竟是‘人民的公仆’”。[②]“在商界领袖要求以‘拓展贸易、与外国人做生意’为宗旨对领事机构进行改革的强大压力之下，国务卿理查德·奥尔尼与克利夫兰密切合作，加强了对外交机构的审核。美国的外交机构终于做好了进入20世纪的准备。成立于1895年的全国制造商协会（NAM）不仅在这次变革中起到了推波助澜的作用，而且还要求政府建造一支庞大的商业船队、开凿地峡运河并与拉丁美洲市场建立牢固的联系。”[③]同时，不仅仅是工商业利益集团，其他利益集团也越来越认识到海外市场与自身利益密切相关。例如，从1870—1910年间，国家人口的倍增为生产者提供了一个不断扩大的市场。然而，农民却损失惨重。尽管有一个巨大的国内市场，仍有20%的农产品必须寻找外国市场。[④]无论是工产品还是农产品，只要产品过剩就会导致过剩经济危机，1893年美国的严重经

① 【美】孔华润主编：《剑桥美国对外关系史（上）》，第287—288页。

② 同上书，第308页。

③ 同上书，第388页。

④ 同上书，第292—293页。

济危机就是如此。这在美国人中间已经形成共识。只有通过发现新的海外市场，美国的生产者才能够继续保持自己的竞争力并维持繁荣。由于征收所得税的想法在1895年被保守的最高法院否决之后，运用联邦的权力来对收入进行再分配短期内已无法实现，这就促使美国联邦政府更积极主动地到国外去帮助美国人寻找买主，扩大美国的商业利益。

总之，到了19世纪90年代，美国政府开始变得更加自信，更加积极主动地寻求美国的政治、商业和战略利益。

为努力扩大美国商品的海外市场，提高美国在国际社会中的声望，美国开始逐步抛弃它的孤立主义传统，结束自身的韬光养晦，日益走上了海外扩张的道路。

二、美国在远东太平洋地区的扩张

1. 中国

对于中国，由于美国政府行动的能力在20世纪60—80年代相当薄弱，因而严重制约了美国对华利益的追求。美国在鸦片战争之间以及之后的对华外交事务，都一直扮演所谓“拾荒者”的角色。跟随霸权国家英国之后，向中国索取与欧洲人均等的贸易权利。商业利益是美国对华政策的基石。1885年，田贝（查尔斯·登比）出任驻华公使，美国对中国的商业和政治利益诉求开始越来越多。

田贝制订了在中国兴办银行、修筑铁路和开矿的计划，并打算占有大沽港和三沙湾，为取得芦汉、津镇、粤汉等铁路的修筑权而给予中国贷款，由于没有国家力量的支持，美国的上述计划基本上都失败了。中日甲午战争给了美国一个机会假手日本侵略中国。经过这次和议，美国获得了它在中国一直谋求但未得到的殖民权益。但美国终以对中日马关议和有“功”，在1898年4月从清政府那里初步取得粤汉铁路承造权。美国的商业利益也有所扩展。1895—1898年，美国对华商品输出由360万美元增加到近1000万美元。

与此同时，美国对中国的传教事业也产生了越来越浓厚的兴趣。作为一个由清教徒移民建立起来的国家，美国自立国起就有一种强烈的使命感，向外传播基督福音，不仅仅是教士，也是许多美国人的情怀，这在很大程度上是美国政治利益的有机组成部分，但是美国政府调控资源的能力有限，无法通过国家层面给予有力支持，只能依靠传教士的个人所为。随着美国行政部门的集权化，运用国家资源帮助传教已经成为美国对华政策的一个重要组成部分。“美国传教士全力以赴的决心，至少堪与企业界所煽动起来的这种对中国市场的热情比肩。19 世纪 80 年代至 20 世纪 20 年代这个时期，是传教事业的黄金时代，1890 年在中国举行的一次新教徒会议，宣布在未来 5 年内中国还需要 1000 名福音传教士。尽管 1894 年发生了中日战争，局势相当混乱，最后还是来了 1100 人，其中绝大多数为美国人。”①

但是一直到 1897 年，美国在华利益所得和美国所期望的利益仍然有着巨大的落差，美国对华影响远远落在其他列强之后。这种情形同美国的国家资源动员和利用能力薄弱确实密切相关。

2. 日本

美国打开日本门户在很大程度上是借助了日本不了解外部世界，鸦片战争之后日本对外部世界产生强烈畏惧，之前被认为是老大帝国的中国居然败于蛮夷之手，从而使日本在马修·佩理少将率舰而来时，采取了退让政策。内战之后美国联邦政府权力的软弱，使美国对日本没有更多的介入。到 19 世纪 70 年代之后，美国的政策有所变化，“美国官员抛开其欧洲同伴，单独向日本提供帮助，后者自 1868 年开始政治转型并取得惊人成就，它决心仿造西方的工业化模式实现本国的现代化。”这种政策有战略和商业利益考虑。“70 年代中期的美国驻日公使约翰·A. 宾厄姆意识到美日合作可以削弱英国在日本市场的强大地位。同时。1876 年日本与朝鲜直接签署了一项条约，这进一步证实了宾厄姆的判断，即日本正在崛起。这项条约

① 【美】孔华润主编：《剑桥美国对外关系史（上）》，第 377 页。

首次改变了朝鲜与中国的纳贡关系，预示着该地区的权力关系将出现显著的重新调整，而日本将在这一过程中发挥主要作用。”[1] 华盛顿的态度表明，美国在亚洲看好的是日本的未来，而不是中国或朝鲜的前途。[2]

但是，这种政策也显示出一种无奈。美国政府没有能力将自身日益上升的实力转化成向外扩张的力量，因此它只能努力寻求通过获得当地人的好感的方式来为自身谋取利益。1878 年在美国和日本签订的一项条约中，美国允许东京享有很大程度的关税自主权。

3. 朝鲜

美国曾经希望像对付日本一样，凭借几艘炮艇就打开朝鲜大门，但是一直不能成功。这说明其力量的薄弱已经无法掩饰了。进入 80 年代之后国务卿詹姆斯·G. 布莱思在 1881 年 11 月曾指示舒费尔特与朝鲜签订一项条约，因为朝鲜的港口“非常靠近日本和中国”，因此应该设法使其“对我们的贸易开放并为我们的海军舰只提供方便”。不过“较之布莱恩对拉美事务的介人程度，他对亚洲的兴趣显然处于第二位”。[3] 由于美国的力量不能满足自己的要求，美国对朝鲜的介入越来越假手于日本来进行，但是日本在 19 世纪 80 年代力量还不够强，所以美国在 19 世纪 80 年代没有在朝鲜取得多大进展，一直到甲午战争后，承认朝鲜与中国分离的日韩条约签订，才为美国的政策提供了便利。自那之后，美国的力量才进入朝鲜，但是由于日本的野心，美国在朝鲜的实际利益没有多大进展。

4. 太平洋地区

(1) 夏威夷

夏威夷群岛是太平洋上的交通枢纽。美国在内战刚结束就开始

---

① 【美】孔华润主编：《剑桥美国对外关系史（上）》，第 369 页。

② 同上书，第 370 页。

③ 同上。

染指夏威夷，以萨姆纳为首的马萨诸塞利益集团与西华德携手合作，试图通过签订一项商业互惠条约将夏威夷纳入美国的势力范围。但是，“参议院的权势人物贾斯廷·莫里利尔对此不以为然。他狂热主张实行高关税，决不希望他的关税壁垒受到任何破坏。其他议员则不无道理地担心，如果赋予总统就贸易互惠条款进行谈判的权力，国会将失去自己的部分权力。”① 最后参议院于1870年6月投票否决了它。

到1875年，当时的国务卿汉密尔顿·菲什终于使美国和夏威夷签署的互惠条约在国会得以通过，这个条约之所以能够通过，关键在于这个条约促进了夏威夷糖产量的发展，从1877—1887年的10年里，夏威夷的糖产量增加4倍，从而满足了美国对于糖原料的需求，而美国的制糖也逐步形成了一个有势力的利益集团。1875年的条约在1882年期满，1884年双方签署了新条约。但是美国参议院并没有马上批准，直到1887年才通过，美国坚持要求取得在夏威夷群岛瓦胡岛的珍珠港建立海军基地的权利，这说明美国已不再仅仅考虑商业利益，而越来越考虑战略利益。

1890年，美国通过的麦金莱关税法有力地促进了兼并夏威夷的进程。“麦金莱关税法关于免除糖税的规定，是有利于美国扩张主义者兼并夏威夷群岛的措施，它推动夏威夷岛上的美国糖业利益集团发动了旨在使夏威夷与美国合并的政变，策划了历史上所说的‘糖的阴谋’。”②

在美国驻夏威夷公使约翰·史蒂文斯的支持下，夏威夷于1893年1月16日发动政变，政变后成立的夏威夷政府要求与美国合并。

不过，虽然精英和政府在吞并问题上非常一致，吞并的努力最终还是失败了，最主要的原因是美国的经济问题。“当条约送交国会时，1893年的恐慌——是一次比1873年的那场萧条还要严重的危机——袭击了这个国家。政府收入急剧下降，美国实力下降，国内

① 【美】扎卡利亚：《从财富到权力》，第91页。
② 丁则民主编：《美国通史（第三卷）》，第352—353页。

情绪低落。在这种暗淡的环境中，鲁莽地再谈什么夏威夷、什么‘未来帝国的宝座’和向西传播文明，就显得不识时务了。”①

(2) 萨摩亚群岛

萨摩亚群岛位于南太平洋的重要海上通道，是通往西太平洋的路标。在格兰特担任总统时期的1872年，美国海军军官在萨摩亚登陆，和萨摩亚土著首领签署了一项条约，允许美国建立海军基地和加煤站。然而美国国会否决了这个条约。美国国会认为行政当局在没有征得它的同意的前提下达成这一条约是对参议院权力的冒犯。

直到1878年，美国参议院才批准了这一项条约，确认美国在萨摩亚群岛的帕果帕果港建立加煤站的权利，美国人在萨摩亚享有领事裁判权；条约还规定萨摩亚同任何其他国家发生纠纷时美国得进行调处。但是美国众议院仍然拒绝为加煤站拨款，从而使这项条约处于无效状态。

这就使本来占据先手的美国与其他列强相争时处于劣势。在美国—萨摩亚条约缔结后的第二年，英、德两国也强迫萨摩亚接受了同样的不平等条约，取得了和美国同样的殖民特权。由于这时的美国行政权力依旧弱小，因此美国无法在经济和军事上具备单独控制萨摩亚的实力。1889年4月29日，英、美、德在柏林召开会议达成妥协，决定恢复萨摩亚国王名义上的统治，而岛上的一切政治生活和经济生活均被置于英、美、德三国领事的共同控制之下，萨摩亚人民则被剥夺了一切政治权利。②

中途岛的获得则十分偶然。美国一位海军军官占领了这个群岛，由于该群岛荒无人烟，并不属于任何欧洲国家，因此，美国政府没有要求国会批准该岛的获得。由于得到该岛未花一分钱，国会也就予以默认了。

---

① 丁则民主编：《美国通史（第三卷）》，第215页。

② 同上书，第350—351页。

三、美国对非洲的扩张

19 世纪 70 年代末以前，美国政府对非洲事务一直没有多大兴趣。到了 19 世纪 80 年代之后，美国开始对非洲产生了兴趣，这种兴趣主要集中在商业方面。1884 年比利时国王利奥波德对刚果的殖民统治，引起了欧洲列强的争夺，同年德国首相奥托·冯·俾斯麦试图通过召开柏林会议来停止在刚果问题上愈演愈烈的竞争。阿瑟总统和弗里林海森国务卿一改美国过去从不参加欧洲会议的政策惯例，派卡森公使出席柏林会议。

按照卡森公使的观点，“不管愿不愿意，美国已经陷入一场争夺世界市场的严酷斗争”，因此他试图通过与罗马尼亚人和塞尔维亚人缔结条约，使巴尔干和东欧向美国商品开放市场。随后他又盯上了刚果的财富，卡森完全同意《纽约先驱报》所提出的口号：“让刚果向世界开放贸易市场。这便是我们所需要的一切。”这位公使相信，这个目的可以通过支持利奥波德国王提出的召开一次国际会议的要求来达到。国际会议有助于保证比利时在这个富饶地区的利益，但卡森也希望此举能够来保证刚果在平等的基础上向所有投资者和贸易上开放。这样美国就有可能将在“辽阔”的刚果“为我们的一些制造业目前所面临的生产过剩的威胁寻找解决办法”。[①]

美国希望通过支持利奥波德的要求，使比利时国王保证美国在刚果的商业利益，甚至在刚果海岸获得一个海军基地。但是美国与利奥波德达成的条约被参议院否决。参议院认为这是一个纠缠不清的同盟关系，而且商业利益也不大。共和党总统提名人詹姆斯·G. 布莱恩和民主党总统候选人格罗弗·克利夫兰都不支持这项条约。1885 年克利夫兰总统上台后取消了该条约。

① 【美】孔华润主编：《剑桥美国对外关系史（上）》，第 359 页。

四、美国在美洲地区的扩张

自《门罗宣言》发表以来，“门罗主义”一直是美国美洲政策的基石。美国视美洲为它的囊中之物。美国在内战结束以后最开始的扩张主要就是指向美洲地区。

1. 加勒比海地区

美国内战结束以后，国务卿西华德就将扩张的目光投向了丹麦所属西印度群岛，其位于波多黎各以东 40 英里，是一个战略要地，从战略利益出发美国决定从丹麦手中予以购买。由于参议院的反对，最后未能签署条约。

尤利塞斯·格兰特入主白宫时，希望继续执行由约翰逊政府提出的购买圣多明各的计划。然而，这一计划遭到参议院的否决。“参议院的主要动机是确保其新近获得的政府最高权力和在任何可能的时机满足自己羞辱总统和指导众议院的癖好。”[①] 就在美国总统和国会的争论期间，海地和圣多明各一度发生交火。“在没有与国会协商的情况下，格兰特命令美国海军前去保护贝兹总统。高度警觉的参议院指责总统的命令是对国会宣战权的‘篡夺’。格兰特被迫退却，国会的特权因此得到尊重，从此开了一个先例，即总统有义务向国会做出解释。”[②] 结果，美国总统的外交权力受到了更大的削弱。

古巴对美国来说一直有着重要的意义。内战之前美国就将古巴看作是北美大陆的天然附属物。[③] 1895 年，古巴再次爆发革命。共和党控制的国会在 1896 年 4 月通过一项决议，要求总统承认古巴的交战国地位。但是克利夫兰总统不顾国会的压力，继续保持对外交

---

① 【美】扎卡利亚：《从财富到权力》，第 102 页。

② 【美】孔华润主编：《剑桥美国对外关系史（上）》，第 337 页。

③ Albert Weinberg Manifest Destiny：A Study of Nationalist Expansionism in American History Chicago，Quadrangle Books，1963，p. 56.

的控制。国会的强硬行动与行政机关形成鲜明对比。“虽然在古巴问题上犹豫不决，但在克利夫兰第二任期间，他基本上是继续了自哈里森总统开始的积极的外交和军事政策。克利夫兰个人和他所在政党的孤立主义倾向，都无法抵挡要求美国在世界事务中承担更为积极角色的结构性压力。”[①] 由于美国在古巴的利益并没有得到有效保护，一年以后在古巴问题上美国开始教训西班牙。

2. 北美地区

（1）阿拉斯加

阿拉斯加是北美洲连接远东、日本路程最短的交通要道。1867年3月，俄国派官员到美国洽谈出售阿拉斯加问题。西华德以720万美元的代价同俄国在一夜之间达成了购买阿拉斯加的协议，并且急不可待地于翌日凌晨在协议书上正式签字。

让西华德感到庆幸的是这次他得到了参议院外交委员会主席查尔斯·萨姆纳的支持。萨姆纳认为，占有阿拉斯加既可以提高美国在太平洋的地位，消除俄罗斯君主制对北美的威胁，又能防止英国抢先占有这个地方以加剧它对美国的威胁，并增进美俄两国的友谊以对付共同的敌人英国。因此，在经济和战略上是有价值的。他还认为，“协议一旦签署就要遵守”，特别是与俄罗斯的协议，内战期间俄国支持联邦的立场在华盛顿享有盛誉。萨姆纳坚持条约的批准，还在于对自己承担的美俄关系首席权威的新角色沾沾自喜。[②] “与参议院一样，众议院也深受俄罗斯恩惠的影响。在内战期间俄罗斯是唯一公开支持北方的大国。以后担任国务卿的詹姆斯·布莱恩众议员表示相信，如果条约是与其他国家签署的，那么它永远不会获得通过。”[③] 但是众议院同时作出决定，可以批准购买阿拉斯加所需的

① 【美】扎卡利亚：《从财富到权力》，第229页。

② 同上书，第97—98页。

③ 同上。

拨款，但“根据国家目前的财政状况，不宜再购买任何领土”。[①]

（2）墨西哥

1865 年以后，美国对墨西哥的兴趣主要集中在商业利益方面，贸易与投资都在增加，但是贸易额不大。进入 80 年代，美国对墨西哥的商业投资大大增加了。从 1880—1883 年，美国在墨西哥获得了大量的铁路建设权。1888 年矿业投资达到 3000 万美元。美国的商品大量涌入墨西哥，1888 年，国务卿贝阿德写到：“我国人口和资金大量涌入墨西哥，必定会使这些地区充溢着崇美精神，从而控制他们的政治行为。但在他们合格之前，我们不需要他们。”[②]

3. 拉丁美洲

（1）巴拿马

从 1870 年开始，美国就渴望在巴拿马地峡拥有一条运河。格兰特总统时期美国政府曾经和哥伦比亚达成一项条约，在巴拿马省建设一条运河。但是巴拿马人强烈反对，要求修改条约。结果美国参议院否决了这项条约。参议院的否决一方面是延续与行政部门针对外交事务主导权，另一方面也是因为 1850 年美、英缔结的“克莱顿—布尔沃条约”，双方曾约定在运河建成后，共同确保运河中立，并保证运河向所有国家开放。

（2）尼加拉瓜

1884 年，美国国务卿弗里林海森转而开始同尼加拉瓜商订了一个条约，规定由美国在尼加拉瓜境内修筑一条运河，置于美、尼两国共同保护之下。但是这个条约又被参议院否决。但是到了 90 年代，美国又开始寻求建设运河。“1891 年时任美国总统哈里森甚至说巴拿马运河已是直接关涉美国商业发展与进步的最为重要的东西。”[③]

① 【美】孔华润主编：《剑桥美国对外关系史（上）》，第 284 页。

② 同上书，第 341 页。

③ 【美】孔华润主编：《剑桥美国对外关系史（上）》，第 342 页。

克利夫兰第二任期，随着美国海军和商业利益的不断扩大，以及美国行政权力的不断扩大，克利夫兰总统对外交政策变得更加自信，对美国的商业需求也变得更加敏感。但是美国发现，尼加拉瓜政府却已经不是一个亲美的政府，而且英国势力已经大举进入该地区。与此前相比，美国联邦行政部门的决策能力和行动能力都已经大大加强。美国已经敢于和英国对抗，并愿意以武力来作为外交行动的后盾。1894 年 4 月，美国驻尼加拉瓜的公使莱维斯·贝克奉命向尼加拉瓜施加压力："在你们东海岸的两艘大型战舰"象征着美国保护自己特许权的决心。不到两个月尼加拉瓜就投降了……美国还通过展示海军力量来表明，美国在其认为重要的任何事情上拥有否决权。这时的尼加拉瓜已经事实上成为美国的被保护国。[①]

（3）智利

19 世纪 80 年代以前，拉丁美洲国家间的重大纠纷基本上没有美国介入，而且美国对拉美事务也是心有余而力不足。但是进入 80 年代之后，随着美国行政部门运用国家资源能力的增强，美国认为应该由它而不是其他国家特别是英国来仲裁拉美国家之间的纠纷。美国开始插手拉美国家之间的的争端，并因此同一些国家产生了严重的冲突。

1891 年在智利瓦尔帕莱索的酒吧里，美国"巴的摩尔"号船上的水手与当地人发生冲突，有 2 名美国人被刺杀，17 人受伤。这起事件与 20 年前在古巴发生的"弗吉尼厄斯"事件相比挑衅性要小得多，但美国的反应却要剧烈得多。总统哈里森要求智利作出"全面和迅速的赔偿"。在美国的强大压力之下，圣地亚哥政府为其行为发表了公开道歉，为"巴的摩尔事件"道歉，并赔偿 7.5 万美元。"英国大使将美国的新实力与美国的外交政策这样联系在一起，他说：'对我们的教训是：当美国的舰队更加强大以后，美国将会是什么样子'。"[②]

---

① 【美】扎卡利亚：《从财富到权力》，第 220 页。

② 同上书，第 209—210 页。

(4) 巴西

美国在巴西的经济利益并不大，但一直在增长，特别是在1891年互惠条约签署之后。1894年巴西发生了威胁亲美政府的革命。起初为了美国的长远利益，美国驻巴西公使保持中立。但美国在巴西的生意，包括势力强大的标准石油公司，都对国务卿格雷沙姆表达了极大的忧虑。格雷沙姆立即通知驻巴西公使，必须允许美国船只继续它们的生意，为此他撤换了美国舰队的海军少将，并增派援兵。"到1895年2月，美国在南大西洋舰队的6艘军舰有5艘停泊在里约热内卢港口，是这一带水域中最为强大的军事存在。为了保护美国不限制贸易的政策。在美国的反对之下，起义最后失败。"①

(5) 委内瑞拉

美国在拉美的所有行动中，1895年对委内瑞拉危机的干涉引起了国际社会最大的关注。其中主要的原因是当事一方是英国，而不像在拉美其他的纠纷中，英国只是背后的影子。自1841年起，英国和委内瑞拉就开始就委内瑞拉与英属圭亚那在奥利诺科洞口的边界问题争吵不休。1882年委内瑞拉政府决定向美国指控英国在边界问题上的蛮横立场，促请美国本着"不朽的门罗精神"进行调解，给以仲裁。但美国起初表现出对其兴趣不大。

随着美国在委内瑞拉拥有重要殖民利益，克利夫兰政府决定采取强有力的行动。"1894年12月，克利夫兰将此事列入了向国会所做的年度报告中，他指出，要为恢复委内瑞拉和英国的外交关系而努力，并为边界争端进行仲裁。国务院将这一建议发往英国。委内瑞拉则竭尽所能，进一步缠住美国。它向美国富有的投资者授予了一个矿产丰富的土地的特许权。"②

1895年7月20日，奥尔尼向英国发出了一份关于委内瑞拉问题的照会，他强调指出："现在美国是本大陆的主人，它的意旨就是它干预所涉及问题的法律"，"这是因为除了所有其他原因外，美国的

① 【美】扎卡利亚：《从财富到权力》，第219页。
② 同上书，第222页。

无限资源加上它的隔离开来的地理位置使它成为环境的主宰者，实际上是任何或所有其他国家都无法击败的。”[①] 但是，英国对奥尔尼照会表示了极大的蔑视。英国海军立即在英属圭亚那做了军事部署，并以此作为对奥尔尼照会的回答。英国首相索尔兹伯里侯爵给美国的回复照会中指出：“没有任何一个国家，不管它如何强大，能够把一个从未得到承认和从未被任何国家的政府接受的新奇原则插入到国际法的章程之中。”[②]

克利夫兰和奥尔尼愤怒了。克利夫兰表示：“在调查后，我们认为属于委内瑞拉领土的任何部分被英国占领或在其上行使管辖，我认为美国的责任就在于把它当作对美国权利和利益的侵犯，给以全力的抵抗。在做出这个建议时，我完全清楚将引起的责任，也完全明白可能带来的所有后果。”[③] 克利夫兰的态度在国会得到热烈欢迎，参众两院一致通过拨款 10 万美元给边界调查委员会，这和 20 年前相比情势可以说有了翻天覆地的变化。这时美国国会成了总统外交政策的追随者。当时美国 26 个州的州长保证支持总统的立场，爱尔兰人全国联盟则保证为可能发生的战争动员 10 万志愿人员。在克利夫兰咨文提出后，美国海军进行了战争准备，把它的 2/3 的舰只集中到拉丁美洲。由于英国资本家已在美国有巨大的投资以及当时英国同法国和俄国在北非和中近东的矛盾加深，尤其同德国在南非的争夺日趋激化，都使英国政府不仅不能轻率地同美国破裂，而且必须致力于改善同美国的关系。这就促使英国在委内瑞拉和英属圭亚那边界争端中的僵硬立场发生急剧变化。“由于两国都不愿使紧张升级，冲突不久就得到了解决。”[④] 英国和委内瑞拉的代表于 1897 年 2 月在华盛顿正式签订了一项解决争议的协定，并把这一边界争端问题提交国际仲裁法庭公断。

---

① 【美】扎卡利亚：《从财富到权力》，第 223 页。

② 同上书，第 224 页。

③ 丁则民主编：《美国通史第三卷》，第 368—369 页。

④ 同上书，第 370—371 页。

根据国际法庭仲裁的结果，委内瑞拉在领土上得到了一定的满足，即得到了奥里诺科河河口及其三角洲地带，但大部分争议地区却判给了英属圭亚那，对美国来说，至关重要的不是委内瑞拉在边界划定方面的得失，而是解决这场纠纷的方式，美国达到了自己的两个重要目标：第一，英国明确承认，美国有权干涉与西半球任何国家相关的任何事务；第二，英国被迫接受美国关于仲裁和所有权的建议。这实际上等于英国承认了美国在拉丁美洲事务上的特殊地位，默认了美国在拉丁美洲推行的门罗主义。

“在为期一年半的危机中，美国从未顾及过委内瑞拉。事实上，通过同意此项有关50年的地产所有权条款，美国放弃了委内瑞拉最为珍视的一个原则。另外，当1889年的仲裁渠道将更多的争端领土给予英属圭亚那时，美国丝毫不以为然。相反，委内瑞拉则把美国在危机中的政策当做十足的背叛。三年后，在美西战争期间，委内瑞拉全力支持西班牙。”①

4. 泛美主义

19世纪后期美国越来越认为，没有哪一个市场是能够跟拉丁美洲市场相比的，或者是能够给美国带来更多利益。国务卿布莱恩简要地概括了这方面的看法。他说：“我们所需要的，是我们的南方邻国的市场。我们希望得到目前落入英国、法国、德国和其他国家手中的那笔每年4亿美元的收入。如果这些市场得到保障，我们的制造业将产生新的活力，西部农民的产品便有了销路，罢工的理由和诱因以及与之相伴相生的各种弊端将通通消失。”②

这种商业上的逐利驱动美国召开泛美会议，开展同拉丁美洲国家建立所谓“新姊妹关系”的活动，就是为了给它的商品出口创造有利的条件。

1889年10月2日，第一届泛美会议在华盛顿召开。除多米尼加

① 【美】扎卡利亚：《从财富到权力》，第226页。

② 【美】孔华润主编：《剑桥美国对外关系史（上）》，第347—348页。

外，当时 17 个拉丁美洲国家的代表都应邀出席了这次会议。

美国谋求解决的主要问题，一是实行关税同盟，二是建立国际争端仲裁机构。第一次泛美会议的召开，是美国对英国在拉丁美洲优势的“尖锐的挑战”，也是美国伸向拉丁美洲的“一条臂膀”。布莱恩在会上提出的一系列倡议，则是美国在拉丁美洲进行扩张的纲领，它受到拉丁美洲国家巧妙的抵制以及英国和其他欧洲国家的有力反对，最后遭到失败。会议的结果在美国国内也招致了批评。但是，泛美会议终于由多年的空谈变成了现实，泛美主义从此变成了在美国控制下的有组织的活动。[①]

① 丁则民主编：《美国通史第三卷》，第 363—365 页。

第二章　进步时代（1897—1917）

从19世纪末到美国正式参加第一次世界大战为止，这20年左右的时间，在美国国内掀起了一股被称之为“进步主义”的狂潮，进步主义潮流兴起的主要原因就是在各利益集团的发展变化中，工商业利益集团势力发展最为迅猛，与其他利益集团相比居于美国社会政治经济生活的主导地位，工商业利益集团利用这种主导地位不断追求过度的私利，导致社会的公正出现了严重偏差，社会的利益受到损害。这引起了其他利益集团的不满，进而影响到美国现代化的进程。因此美国社会各利益团体都开始要求加强政府在国内政治经济中的地位与作用，让政府扮演一个平衡角色。正是在各种社会力量的推动下，美国政府特别是联邦政府层面在规模、结构和功能等方面大大加强，从而在推动美国经济增长和对外扩张方面发挥了至关重要的作用。

第一节　各利益集团力量的消涨

一、垄断企业的发展与大企业家阶层的出现

1897—1907年是美国大公司快速成长的时代。“在1899年，美国的合并案件超过了1200起，这表明美国的商业活动正在以比过去

更快的速度集中。”[①] 这种情形实在是出乎人们的预料，在人们的想象中，《谢尔曼反托拉斯法》应该对美国的企业合并产生一定的影响，但在某种程度上，《谢尔曼反托拉斯法》的制定迫使企业更快地进行合并，“对于19世纪90年代后期美国的合并浪潮而言，《谢尔曼反托拉斯法》的含糊语言和最高法院对之的解释也许发挥了比其他因素都更大的作用。而过去先例的榜样也使得许多行业都相信，它们不会受到《谢尔曼法反托拉斯法》的影响。这样的先例有：洛克菲勒规避了俄亥俄州的法律，组建了标准石油公司，农业获得了高关税的保护，铁路运输的联营活动仍然盛行。这些例子都表明也许《谢尔曼反托拉斯法》也仅仅只是虚惊一场。”[②] 最高法院的判决特别是对1895年联邦政府提出控告的伊·西·奈特公司一案判决所做出的对《谢尔曼反托拉斯法》的司法解释，也是大企业合并的催化剂。合并既能保持竞争力又能避免被起诉，这样在19世纪和20世纪之交就形成了合并浪潮。这在很大程度上也符合马克思阐述的经济规律。激烈的竞争迫使资本家疯狂地追求更大的销量和更多的利润，并建立更大的生产规模，由此产生了一种令人生畏的“资本主义发动机”。

从1895—1904年的10年间，就有超过3000家公司被吞并。在1898—1902年间，企业吞并的数目更是达到了美国历史上前所未有的记录：仅1899年就有1028家公司消失。“在合并中大约1800家公司消失，并且在内奥米·拉莫雷奥记录的93起合并中，有72起导致公司控制了其所在行业产出的至少40％，有42起控制了市场的至少70％。1900年的调查显示，185家工业合并企业虽只占全国工业企业数的不足0.5％，却拥有工业资本的15％，雇佣8％的工业劳动力，生产美国工业产出的14％。据估计，1904年的318起兼并涉

---

① 【美】吉斯特：《美国垄断史》，傅浩等译，经济科学出版社2004年版，第34页。

② 同上。

及美国各地的5300家公司，且投资额大大超过70亿美元。”①

不过，19世纪末20世纪初，推动企业合并的动力并不仅仅是《谢尔曼反托拉斯法》。1893年后出现的严重经济萧条造成当时普遍的通货紧缩，使得商品价格下降，也降低了企业的利润率，在这个过程中企业大量倒闭。这也是企业希望压制价格竞争的愿望驱使而成的。资本密集型的公司有很高的固定成本，所以特别愿意降价夺取市场份额以应付商品价格下降的需求。另一个推动力是美国国会通过了很高的海关关税以保护美国的贸易，美国的关税水平对托拉斯的发展起到了难以衡量的巨大作用。高关税限制外国商品的进口，使得托拉斯减少了竞争，避免了国外价格水平的影响，关税是托拉斯之母。此外纽约证券交易所的发展和一般合并法的采用，给合并浪潮以进一步的推动。“因此，企业间也就出现了联合的浪潮，因为进行联合符合大家的最大利益。也就是说，美国联邦政府为大企业的发展创造了适宜的环境，同时又将那些充分利用了这一机会的人诉诸法律。”②

企业合并造成了两方面的后果：

第一个后果是，从经济的角度来说，“它们被认为是永久性地改变了工业结构。合并被认为是实现规模经济的关键，大企业的兴起由此而来。例如，嚼烟、用烟斗抽的烟和鼻烟生产的机械化大大节约了成本，并刺激生产仅仅集中于几个大工厂。1910年最小最佳规模的鼻烟厂生产了鼻烟总产量的9.5%，而最大的工厂能生产1000万磅，即行业产量的32%以上。”③ “1895年以后，经济学家技尔夫·勒·纳尔逊在对1895年以后企业合并的研究中发现：1895—1904年间，全部合并活动中的获胜者确实是取得了这种市场的领导地位，而且往往是支配权。几乎有一半企业被吞并了，并且7/10的

---

① 【美】杰里米·阿塔克、彼得·帕塞尔：《新美国经济史：从殖民地时期到1940年》，罗涛等译，中国社会科学出版社2000年版，第477页。

② 【美】吉斯特：《美国垄断史》，第34页。

③ 【美】杰里米·阿塔克、彼得·帕塞尔：《新美国经济史：从殖民地时期到1940年》，第477页。

合并资本都属于在市场上取得领导地位的那些合并者所占有。”[1] 合并使价格竞争变得易受控制。而且企业合并使产业内所有的企业联合成一个统一整体后，自然而然就形成了一种“主导企业”，“其价格决策将对很快出现的新竞争者的行为产生影响。合并企业拥有这种权力，因为通过制定价格，允许小企业在它们希望的价格水平上出售它们希望的产品量，并自己满足剩余的市场份额之后，它们能够有效地将竞争对手变为价格的接受者，即竞争企业如果削价将一无所获。结果，当企业相对于其竞争对手足够大从而成为主导企业时，价格竞争就成为一种可以控制的手段。它意味着无论什么时候，当市场份额的下降表明行业的规则遭到破坏时，主导企业就可以采用价格战威胁来实施类似卡特尔的行为。由于主导企业这个独立的实体可以察觉并惩罚欺骗，这就在很大程度上解决了 19 世纪最后几十年困扰卡特尔组织的信息问题。”[2]

为了确保乃至加强市场地位，合并企业采取的另一个策略是获得对技术开发的所有权控制。在主要基于科技知识来开发新产品、新工艺的行业，合并企业通常都要投入大量资金用于研究和开发。例如通用电气公司、美国电话电报公司等，它们的研发活动常常是以获取专利而不是以产品开发为目的，是要通过专利来垄断关键技术或压制可能挑战其生产线的革新以排除竞争。例如，美国电话电报公司在地区交换系统方面的 1001 个小专利使得公司控制了对所有可替代的系统交换方法至关重要的专利，从而使竞争者无从下手。这种技术进步所带来的要价能力显著提高，因而创造了更多的利润。

在美国企业合并的过程中，创新决策权的分散、实施决策权以及承担决策后果的能力的提高，对企业的发展也起到了至关重要的作用。因为经济活动的外围部分大多数活动在市场上进行，而经济活动的关键中心部分的大多数活动在企业内部发生。这部分的创新

① 【美】沙伊贝、瓦特、福克纳等：《近百年美国经济史》，第 126 页。

② 【美】斯坦利·L. 恩格尔曼、罗伯特·E. 高尔曼主编：《剑桥美国经济史（第二卷）》，第 311 页。

如经济部门的自主发展，广泛使用实验方法来验证技术选择、销售以及组织管理方面的问题等等，能够给企业带来更多的活力，并且更能适应市场的需求。“按钱德勒富有启迪性的说法，管理这只‘看得见的手’取代了市场这只‘看不见的手’。钱德勒对这种发展给予了积极的评价，认为经济活动的管理和调节对20世纪美国经济的巨大成就起到了主导作用。其他一些杰出的学者也对他的论断表示赞同。例如奥利弗·威廉姆森曾经指出，因为大企业节约了交易成本，所以在组织经济活动方面它们能够比通过市场交易来完成同样功能的小企业更有效率。理查德·纳尔逊（Richard Nelson）和悉尼·温特（Sidney winter）曾推断大企业发展了一种特殊的组织能力，而这种组织能力本身就构成了有价值的经济资源。威廉·拉佐尼克（William Lazonick）认为，经济的进步源于经济组织等级的不断提高，正如企业从小的私人企业进化到大规模企业和（当前的）产业集团一样。在20世纪早期的经济中心部分，大企业获得了持久性和控制新技术发展的能力，因此，在许多重要的经济部门，经济活动的速度和方向成为管理决策的主要内容，经济的健康发展开始依赖于少数非常大的企业的组织能力，而以前从未这样过。”①

企业合并引起了人们对垄断的恐惧和担忧。但是，合并的后果却并不是完全导致了价格的垄断，在很大程度上反而促进了经济的增长，因为它是符合经济发展规律的。因为实行合并后，价格的上涨刺激了竞争者的进入。

“许多合并提高了成本从而阻止了公司继续在行业中居支配地位，除非它们能够成功阻止其他企业进入。例如，1892年美国炼糖公司控制了全国蔗糖提炼能力的98%，但到1900年它只控制了糖产量的2/3，1910年份额下降到只有42%。”② 肖·利弗莫尔（Shaw

① 【美】斯坦利·L. 恩格尔曼、罗伯特·E. 高尔曼主编：《剑桥美国经济史（第三卷）》，第312页。

② 【美】杰里米·阿塔克、彼得·帕塞尔：《新美国经济史：从殖民地时期到1940年》，第480页。

Livermore）1935 年的一项研究表明，约一半的合并是不成功的，这是对世纪之交合并成功率的最乐观的评价。他得出的基本结论是：37%的合并失败了，7%的合并在失败后又重获生机，12%的合并处在失败的“边缘”，只有 44%的合并获得了成功。[①] 因为“只有在存在产业进入壁垒的情况下，主导企业才能维持价格的长期稳定，否则，合并企业设定的高价格将刺激新的竞争者进入，其市场份额就将逐渐受到侵蚀直至不再享有制定价格的权利。这样一来主导企业的市场份额就将下降。而且一旦某家企业获得了重要的市场份额，它就将不再可能以一个价格接受者的身份来行动。合并企业一般试图说服它们的竞争对手通过主动限制各自的产量来应对这种局面。但是这种策略往往难以奏效，最终合并企业不得不采取报复性的削价行为。例如在 1905 年经济萧条期间，国际纸业公司发现它的市场份额从 1898 年公司成立时的 80%～90%左右下降到 50%后，便大幅度削减产出价格并展开一系列挑衅性的商业竞争活动，结果很容易让人联想到 19 世纪 90 年代的价格战。”[②]

另外，从 19 世纪末开始，美国联邦政府特别是联邦司法部门对主导企业可能构筑的壁垒种类从而影响市场竞争抱有警惕之心，针对影响市场竞争的案例联邦法院多次作出违法判决。就连不是直接针对竞争对手的用于限制供给者或消费者的搭售协议在早期也属违法，例如铁路公司将优惠给予某一家企业而不给予使用相同服务的其他企业就是这样。法庭认为两家或多家企业的共谋行为形成的障碍是不合法的，这就迫使合并企业不断加强创新以应付潜在竞争的威胁。

第二个后果是从社会层面上说，到 20 世纪初，美国社会中已经明显地形成了一个可以称之为大企业家或垄断资本家的阶层。

随着垄断资本的形成、扩展和大企业的崛起而形成和发展起来的大企业家群体，已经成为美国社会中经济上最富有、政治上最有

① 【美】斯坦利·L. 恩格尔曼、罗伯特·E. 高尔曼主编：《剑桥美国经济史（第三卷）》，第 308 页。

② 同上书，第 310 页。

势力的群体和阶层。他们是美国工商业利益集团的核心力量，在美国社会上占有举足轻重的地位。“他们是美国社会中最有权势的阶层。他们通过对总统选举的资助和各种经济手段在美国政府中寻求代理人和代言人，贯彻他们的政治主张；或在幕后与政界巨头进行政治交易。有人认为当时一些百万富翁的威望甚至超过了美国总统，总统决定某些重要政策要征求他们的意见。”① “这个阶级和阶层在社会上人数少、能量大。但是他们具有极为强烈的追求财富的欲望、敢于冒任何风险的精神、为达到目的不惜采取任何手段的品格；是美国社会中最富有的一部分，是垄断资本的人格化。”“财富如无尽的江河一般，源源不绝地流入那些设立公司、修建铁路、开办电话电报和开发这个新工业帝国的天然资源的人们手中。”② 这些人还通过开办银行和金融机构敛财，他们的财富如滚雪球似地膨胀起来。1917 年，这个占全国人口 1%的最高阶层的收入竟占全国总收入的 14.2%，包括了全国红利收入的 72.4%和全国利息收入的 45%。③根据熊彼特的研究，美国在 19 世纪的经济长期增长正是来自于这些不断创新的资本主义企业家。他们不但有创新的能力、创新的动机、创新的思想，而且敢于冒险，他们用来在竞争市场上推动变革的武器就是创新——新产品、新观念、新服务、新技术、新市场、原料的新供应基地、企业的新组织。美国的经济增长是企业家创新的结果，同时因为他们人数较少，能够相互协调，采取集体行动从而能顶住那些反对创新的社会力量的干扰，以实现变革所能带来的更大利益。熊彼特认为企业家的角色是创造性的破坏，企业家们为争夺资源而竞争，失败者将面对艰难的困境，竞争中的破坏是前进中的代价。④

---

① 余志森主编主编：《美国通史（第四卷）：1998—1929》，人民出版社 2002 年版，第 188 页。

② 同上。

③ 【美】菲特、里斯：《美国经济史》，第 593 页。

④ 【美】约瑟夫·熊彼特：《资本主义、社会主义与民主》，吴良健译，商务印书馆 1999 年版；【美】约瑟夫·熊彼特：《经济发展理论》，何畏等译，商务印书馆 1997 年版。

这些人不仅在产业界，在金融界托拉斯也广泛存在，而且产业界的大型托拉斯的形成正是在金融家的帮助下形成的，通过资本市场的运作，大企业得以兼并规模较小的公司，最终形成工业巨头，统治着美国经济社会的各个主要方面。在这一过程中，银行家居于中心地位。在某种意义上货币托拉斯在19世纪末和20世纪初发挥的作用是美国经济增长中的一个重要方面。“货币托拉斯”这个词是由明尼苏达州国会议员查尔斯·A·林德伯格（Charles A. Lindbergh）首先使用的。当时整个金融系统在中央银行缺位的状态下，依靠纽约和芝加哥的一些大型货币中心银行来发挥中央银行的职能。这些大型货币中心银行掌握在少数银行家手里，他们借以控制了国家信用的命脉。货币托拉斯中最有名的就是摩根家族了。货币托拉斯帮助公司发行债券和股票筹资，对于那些牢牢掌握美国工业政策的公司董事会，他们也有广泛的控制权。如果没有这些银行家对货币领域的介入，美国工业根本就不可能在19世纪末以及20世纪初获得极大的发展。货币托拉斯对发展商业和开拓新思路可能几乎没有起到任何积极作用，但是它通过巨额贷款促成了许多工业部门的集中。

20世纪早期，银行家们在很多时候同时扮演代理人和委托人两种角色，推动着工业领域出现了大型的控股公司。控股公司是在这样一个吞并盛行的时代公司开始采取的一种新的生产组织形式，以获取更多的利润和更快的经济增长。控股公司形式也被广泛应用在证券业上，以掩盖银行家们金融权力的集中。由于不允许银行参股其他公司，多家银行就组织起来成立控股公司，再由控股公司的分支证券机构从事证券业务。这些控股公司很多都具有巨大的权力和广泛的联系。很多控股公司通过母子公司的形式吞并一些小公司，这其中就需要银行家承担筹资的功能。有时控股公司也通过发行证券融资，这时银行家们就不仅提供承销服务，而且还通常成为证券的投资者。其结果就是：“虽然各个控股公司之间没有签订什么正式的协议，然而由于它们有共同的董事和证券承销商，它们之间就不可避免地具有紧密的联系。通过牺牲工业公司的利益，货币托拉斯使得经济权力更加集中到银行家手中。”①

对待这些所谓的“强盗资本家”，普通美国人的心态十分复杂。因为强调竞争、崇尚效率和竞争是美国人的处事原则。对个人主义的信奉是美国人普遍的价值观。美国人普遍认为：个人有权取得和拥有财产，国家不得限制或干涉。个人财产完全属于自己，可以随心所欲地处理。国家的主要任务只是保护私有财产。个人积累财富的权利不容侵犯，以便每个人都能凭自己才能获得尽可能多的财富。拥有财产的权利、积累财富的规律和竞争规律，是现代美国社会的基础。不仅工商界头面人物，美国公众也都普遍认为，这些原则是经济生活中必须遵循的准则。大多数美国人相信勤俭将会致富，懒惰和无能乃是贫穷之源。正如拉尔夫·加布里埃尔所说：“这种信念和哲学成了美国生活中最迷惑人的魅力。它使各条公路上挤满了涌向城市的农村青少年；它吸引了欧洲千百万城乡居民远涉重洋而来，它也诱使知识青年相信，在工商界可以找到人生最大的幸福。”②

因此，大多数美国人愿意忽视那些残忍而且往往非法的勾当，许多人同意卡内基的评价：“社会如果消灭百万富翁，那将是极大的错误，因为他们是酿造大部分蜜糖的蜜蜂，即使他们首先把自己喂饱，他们对蜂群的贡献也最大。”③ 所以伟大企业家的形象是充满矛盾的。“一方面，他们是企业文化的舵手，被高度尊崇。经济的持续增长使得人们对自由企业充满信心。霍瑞修·爱尔杰式的普通人登上企业家顶峰的传奇更像是神话而不是现实：大部分工商业领袖都具有不俗的家庭背景。而另一方面，大企业家们往往成为民众嫉妒和辱骂的对象。正如西奥多·罗斯福评价铁路金融家爱德华·哈里曼时所说：‘他是一个非常有钱的恶棍。’之所以出现这种谬论，是因为美国人对于规模太大的东西有一种恐惧之心，自从美国第一银

---

① 【美】查里斯·吉斯特：《华尔街史》，敦哲、金鑫译，经济科学出版社2004年版，第104—105页。

② 【美】菲特、里斯：《美国经济史》，第467页。

③ 【美】沃尔特·拉菲伯、理查德·波伦堡、南希·沃格奇：《美国世纪——一个超级大国的崛起与兴盛》，黄磷译，海南出版社2008年版，第8页。

行时起，人们就对于这一问题展开过激烈的讨论。一个规模较小的地方机构是可以接受的，但一旦它越来越大，变成全国性的，它就变得邪恶起来。”①

这种矛盾心理造成了一种复杂的形势。大公司在当地的经济生活中越是拥有至高无上的地位，社会对它就越依赖。所以在美国拥有产生和容忍大企业的强大传统倾向。但与此同时，它对社会其他阶层可能造成的损害就越大。具体而言就是：“工厂老板有经营他们财产的绝对权利，并且必须保持这些权利，使之不受任何一伙匪徒和违法者的侵犯。他们对产业工人和工会抱有敌意。一个铁路大王曾经说过：‘去他妈的群众！’。”②

现实越来越多地证明了这一点。“强盗资本家”助长政治腐败，削弱法律，窒息竞争，“大公司的成长壮大往往是通过无情地对付劳工和较小的竞争者，通过公司控股的方法，并借助1897—1904年间的首轮兼并运动，从而进一步达到了财富和收益的集中，对此表示抗议的揭露性记实作品和联邦工业委员会长达11卷的报告，都抨击了这些企业的资本集中和傲慢地滥用经济权力。”③ 于是，关键的问题变成：“社会能提出什么样的控制措施来限制公司权力的膨胀呢？蜂王毕竟是十分凶残的”。④ 成熟起来的公众意识也开始注意到有害的影响——大公司处处行使着超越政府的政治权力。人们全都忿忿不平，并步步升级地形成了一种新的共识，强调大公司应具有“社会责任”——而不只是“热衷于公众事业”。⑤ 大企业的行径迫使社会其他阶层向政府施加更大的压力，要求政府对企业加以限制。虽然在很多时候政府的任何一项对企业的限制都是十分具体、特殊的，经常与危机有关。但是“长期以来大量零碎的、临时的，或特定的

① 【美】菲特、里斯：《美国经济史》，第369页。

② 【美】梅里亚姆：《美国政治思想》，第188页。

③ 【美】哈罗德·G. 瓦特：《美国大政府的兴起》，第14—15页。

④ 【美】沃尔特·拉菲伯、理查德·波伦堡、南希·沃格奇：《美国世纪——一个超级大国的崛起与兴盛》，第8页。

⑤ 【美】哈罗德·G. 瓦特：《美国大政府的兴起》，第14—15页。

政府干涉却被证明是永久性的，这些加在一起就形成了越来越大的政府”。[1]

对此大企业当然不满意，在意识形态上他们从不赞成大政府，尤其是庞大的联邦文职政府。但是一个悖论就是企业的规模越大、企业的影响力越大，社会对政府加强权力的呼声就越强烈。

二、中产阶级的形成与扩大

中产阶级不能称之为利益集团，因为它的覆盖范围非常广泛，因而他们不像其他利益集团那样，因为有着共同的利益诉求，可以实行集体行动。但是随着19世纪末20世纪初中产阶级在美国的逐渐形成，却对于19世纪末至美国参加一战这20年的美国政治经济制度的变迁产生了至关重要的作用。

早在1890年，美国人口调查局以一种新方法对公司员工的职位与收入进行了分类，它把业主、经理和办事员单独划分为一类，把熟练技师和非熟练技工划在了另一类。人口调查局对中产阶级做了一个定义。“在职业等级制度中，他们与处于一个暧昧的中间立场和气的工作者一样，他们在一个公司资本主义主宰的经济体中寻求经济上的保障。他们的工作要求受过很好的学校教育，必须有着优雅的着装、言谈和举止，他们比那些用双手劳动的人有着更高的社会地位，并为此而感到自豪。”[2]“1870年，美国有75万人分别担任经理、带薪水的专业技术人员和办公室工作人员等，至1910年，每5个人中就有1人担任这些工作。人数上升到560.9万人，几乎增加了8倍。”[3] 中产阶级的形成和扩大和大企业的崛起密切相关。在美

① 【美】纳尔逊·曼弗雷德·布莱克：《美国社会生活与思想史（下）》，许季鸿等译，商务印书馆1997年版，第16—17页。

② 【美】史蒂文·J. 迪纳：《非常时代：进步主义时期的美国人》，萧易译，上海人民出版社2008年版，第145—146页。

③ Steven J . Diner：*A Very Different Age*：*Americans of Progressive Age* ：New York：Hill and Wang ，1998，p. 56.

国企业合并过程中，发展了许多与它们吞并来的企业不同的治理结构。这种新的企业组织形式带来了所有权和控制权的急剧分离，在这些治理结构中多数决策由领取薪金但不拥有或只拥有少量企业股份的经理们做出。所有者掌握的权利由董事会执行，经理的活动由董事会控制。董事会的主要成员不像以前纯粹是家族成员组成，有一些领取薪金的经理也进入董事会。“在最初的 20 年里，所有者的利益通常由董事会中为合并企业提供资金的银行成员出面代表。尽管银行家不关心公司的日常经营活动，但他们的参与可对经理们的行为进行监督，甚至有时银行家也会替代那些追求同他们利益相违背的政策的经理们。然而到 20 世纪 20 年代，银行家对大公司董事会的影响已变得苍白无力，经理们运作公司时已变得不受钳制了。”[①]因此，到了 19 世纪末 20 世纪初，与美国大企业与生俱来的不仅是一批大企业家，而且还产生了一个以薪金维生的管理阶层，形成了一个为数众多的以白领阶层为核心的中产阶级，其中包括企业中的中低层管理人员和企业中的白领工人，也包括自由职业者，如医生、教师、律师等等。“这个时期，伴随大型工业企业的出现俱来的是一个管理官僚阶层的增长——白领工作力量集中在新的市中心的办公大楼中。”[②] 根据美国学者萨姆·沃纳的研究，1870—1900 年波士顿已经有一批居住在城郊的社会阶层。他们希望居住在收入丰厚的人群中间，他们在城郊建起掩映在绿树丛中的私人别墅。他们告诉城市工人只要他们积攒了足够的钱财，他们也同样能拥有舒适和成功的象征：私人别墅。城市工人梦想能为自己的家庭得到这样的城郊式的居住条件，但是成功者毕竟不多。而一些中产阶级成员则迁往城市边缘地区，居住在朴实的公寓或独家居住的房屋中。[③]

不能说 19 世纪末至 20 世纪初美国中产阶级的迅猛发展是美国

① 【美】斯坦利·L. 恩格尔曼、罗伯特·E. 高尔曼主编：《剑桥美国经济史（第三卷）》，第 309 页。

② 余志森主编主编：《美国通史（第四卷）：1998—1929》，第 190—191 页。

③ 【美】斯坦利·L. 恩格尔曼、罗伯特·E. 高尔曼主编：《剑桥美国经济史（第三卷）》，第 606 页。

经济增长的最重要因素，因为没有足够的证据说明这一点。但是从1898年至一战结束，除了1903年和1907年发生短暂的经济衰退之外，美国的经济一直保持增长，一直持续到1921年。这期间也是美国中产阶级发展最迅猛的时期，这说明两者之间是有一定的联系的。原因也很简单，中产阶级具有比较强烈的消费欲望，也具有一定的消费能力。“中产阶级的房屋在变大，用于把他们的客厅装饰上布鲁塞尔地毯、马毛沙发、钢琴以及各种维多利亚时代小古董的花费不是一个小数目。”[①] 他们也“希望享受新的娱乐设施和消费品的愿望，并且定期休假的惯例在中产阶级中也普及开来。中产阶级美国人利用他们的假期到海边、山中胜地和国家公园旅行。假期和在家时他们用柯达照相机、哥伦比亚自行车和其他新式闲暇产品娱乐自己”。[②] 这对美国的经济增长无疑是一个重要的推动力。

但是中产阶级的社会地位和经济状况不稳定，一部分人可能进入上流社会。“到20世纪初，越来越多的企业领导人，不是靠创办和扩大自己的企业，而是通过本人在公司当小职员逐步提升到最高职位。在公司机构中，一般重视集体领导的力量，单靠头头一个人努力的事例是罕见的。然而企业家，不管是像卡内基那样自己创办和拥有企业，还是靠自己的服务和才干晋升为公司总经理，对于美国以及世界的生产和销售都承担了巨大的责任。”[③]

到19世纪末20世纪初，美国社会中向上流动虽然还存在，但是向下流动坠入穷人的行列却开始变得更多。这对中产阶级产生了很大的压力。他们向上看着上层人士的豪华生活时充满憧憬，向下望见“另一半人”的痛苦生活时不寒而栗。诚如一位学者所言：“新城市中产阶级的成员——经济管理者、热心城市社会的改革者、国家文化的仲裁者、引人注目的商人和向上爬的钻营之徒——他们因

① 【美】斯坦利·L. 恩格尔曼、罗伯特·E. 高尔曼主编：《剑桥美国经济史（第三卷）》，第606页。

② 同上书，第613页。

③ 【美】菲特、里斯：《美国经济史》，第466—467页。

恐惧和害怕被迫注视着另一半人的生活。”[①] 此外，中产阶级虽然在经济上并未变穷，但与上流社会相比，其经济、社会地位就相形见绌了，特别是知识阶层，“没有哪个国家的知识分子这样被人看不起或者社会地位如此低下”。[②]“教授们一直处于被雇佣的地位，除了昙花一现的抗议外，从来没有足够的职业自尊心去表达自己的思想”，“他们不满他们的职业事务常常处于财阀的控制之下，因为校董事会常常就是企业家”，“讲授社会科学的教授们发现自己常常感受到压力，在思想意识领域内不能畅所欲言”。[③]

不管怎么说，他们已经逐步有了自己的生活方式和价值评判体系。由于他们向上流动的可能性比劳工和农民要大，因此他们没有强烈的集体意识，很少像劳工和农民那样形成一个利益集团。但是在19世纪末这个阶层开始在政治上和经济上都变得越来越强有力。他们一方面有些厌恶劳工利益集团，认为它们有着暴力的倾向，对于组建工会没有兴趣。“虽然他们明确表达了自己对收入和工作条件的不满，但几乎没有白领工作者会对工会显示出很大的兴趣。一位女性办事员的工会组织者抱怨说：“自命不凡的办公室文员跟微不足道的社会差别紧密结合了起来”……零售店员工会的报纸对售货员写道：“你不该把自己看成一个高人一等的人。”接下来还指责说：“你们这些职员是最难打动的人，因为你们的意见反映了你们老板的想法。”[④] 另一方面，中产阶级对于美国工业化带来的贫富差别，以及在社会福利领域的立法与执法情形的严重滞后感到相当不满，因此他们对于美国富豪阶层也有着排斥的心理。“他们自己权利的削弱和‘财阀’权利的增加都是由于他们自己的积累造成的，就如同当时的理论家路易斯·D·布兰代斯所言：‘束缚人民的脚镣是用人民

① 余志森主编：《美国通史（第四卷）：1998—1929》，第191页。

② 【美】亨利·S. 康马杰：《美国精神》，光明日报出版社1988年版，第13页。

③ 【美】理查德·霍夫斯塔特：《改革年代——美国的新掘起》，河北人民出版社1988年版，第128页。

④ 【美】史蒂文·J. 迪纳：《非常时代：进步主义时期的美国人》，萧易译，第145—146页。

自己的金子铸造的’。”[1] 总之，“他们赞成个人主义反对社会主义，赞成民主主义反对富豪统治，必要时赞成集体主义以抑制垄断或他们认为不公平的竞争，但是不赞成劳工理论和由标准化工会管理企业思想中所包含的那种集体主义，在这种主义下，所有的人不论个人能力大小都处于同样的生产和报酬水平。他们赞成实行累进所得税，但不赞成土地单一税；赞成收遗产税以防止财产过分膨胀，但不赞成资本公有。”[2]

这种情绪与心态使他们喜欢中庸，不喜欢激进。他们喜欢效率，又渴望平等。1898 年之后，“实用主义和工具主义的法律和社会概念取代了自然法和个人主义的思维模式以及维护生产者价值观的古典经济理论。根据边际效用经济学，消费者以及工程师之类的技术专家，而非生产者成了美国经济秩序的中心，索尔斯坦·维布伦（Thorstein Veblen）认为像工程师这类的技术专家是管理美国社会和行政机构的最合适的人选。”[3] 他们的价值观和治国理念开始成为社会的主流，影响着当时社会思潮的发展与国家的整体建设与发展。正是在他们的推动和影响下，美国社会开始了声势浩大的旨在反思美国经济和社会发展中所存在的种种弊病的进步主义运动。

三、农业利益集团力量的下降

从 1897—1917 年美国的农业利益集团总体呈迅速衰落之势。衰落的最明显的一个标志就是 1896 年代表农业利益集团的布赖恩败给了代表工商业利益集团的麦金莱。“1896 年总统竞选运动是 1860—1912 年期间各种政治力量的一次意义最重大的较量。它是这个时期历次大选中农业界和工业界阶级斗争的一个最突出的典型。这次大

① 【美】理查德·霍夫斯达特：《改革年代——美国的新崛起》，第 184 页。

② 【美】梅里亚姆：《美国政治思想》，第 14 页。

③ 【美】斯坦利·L. 恩格尔曼、罗伯特·E. 高尔曼主编：《剑桥美国经济史（第三卷）》，第 340 页。

选的确决定了联邦政府和国民经济日后究竟由农业界还是工业界来控制。黄金和白银只是表现工业和农业之间更加深刻得多的根本冲突的一个象征。工业界终于取得了这场斗争的胜利。1896 年大选是农民力图扭转工业界强大优势的最后一次大规模进攻。”

令人意外的是，农业利益集团的衰落却是与农业的复兴与增长联系在一起的。1897 年美国农业已经出现了显著复苏。在此后的 20 年里，农民迎来了美国农业的一个最繁荣的时期。农业出口大幅度增加。（参见表 8）

表 8：美国 1899—1917 年主要农产品出口额

	玉米	烟叶	小麦
年份	价格（百万美元）	价格（百万美元）	价格（百万美元）
1899	210	25	104
1900	242	29	73
1901	314	27	97
1902	291	27	113
1903	316	35	88
1904	371	29	36
1905	380	30	4
1906	401	29	29
1907	481	33	60
1908	438	34	IDO
1909	417	31	68
1910	450	38	48
1911	585	39	22

续表

年份	玉米	烟叶	小麦
	价格（百万美元）	价格（百万美元）	价格（百万美元）
1912	566	43	28
1913	547	49	89
1914	610	54	88
1915	376	44	334
1916	545	63	227
1917	575	46	246

资料来源：The Historical Statistics of the United States，Volume V，Cambridge University Press，2006，p. 548。

1910年，美国农业总产值高达90亿美元，比1899年几乎增加了一倍。“从1897年到第一次世界大战期间，美国农业出现了自19世纪中期以来无可比拟的繁荣。农产品的总值从1899年的30亿美元上升到1909年的55亿美元，然后又上升到1914年的60亿美元。还有仅仅从1900年到1910年，对农业贷款和主要农产品价格的补贴就是农用土地价值的两倍。[①] “是什么原因使美国农业在美西战争至第一次世界大战期间欣欣向荣呢？最重要的原因在于农产品的价格相对说来高于农民必须购买的工业品的价格。换句话说农产品与工业品的比价有利于农民，这种情况并不是常见的。若1899年农产品与工业品的比价为100，则1905年的比价提高到133，1910年进一步上升为189。再从另一个角度来看，在1899—1909年，10种主要农产品的价格上涨72%，而农民必须购买的某些工业品的价格却只提高12%。这种有利于农民的比价之所以出现，是由于工业的扩展比农业快，发展得较快的工业足以把发展得较慢的农业的产品吸

① 【美】沙伊贝、瓦特、福克纳等：《近百年美国经济史》，第85页。

收过来。”[①]

农业的繁荣与联邦政府采取了一些发展农业的措施有着密切的联系。

从行政部门来说，联邦政府中农业部的职能和权力大大增强，已在内阁里取得了应有的地位，在以后几年里，该部的活动因而迅速扩大。新的农业管理局和分支机构纷纷建立起来，从事以下各个方面的科学研究和管理工作。例如，出口肉类的检验，新植物品种的鉴定和分配，农业害虫的控制，肥料和土壤（粪便）管理技术的改进等等。1902 年联邦政府颁布新农业法令之后，由于给西部水利工程提供的资金大大地增加，所以农田灌溉总面积开始稳步上升。西部地区 16 个州为水利工程筹集的资金得到了法律支持，因而不到 5 年时间就使大约 250 万英亩的土地得到了灌溉。1913 年成立的联邦储备制度破例允许国家银行受理农产品抵押贷款。[②]

国会方面先后于 1906 年颁布了有关纯食品和药材的珀尔·福德和德拉格法令，并授权美国农业部来执行这项法令。当时农业部所指挥的技术力量已足以承担起检验几千种植物品种的复杂工作。1914 年初，国会通过了斯密·利维法令，这个法令规定“扩大联邦援助科研工作的范围”。1916 年联邦农业贷款法令还批准成立 12 个州立土地银行，给合作的农业销售组织提供贷款”。[③] 美国联邦政府向农民有步骤地推广科学方法也取得了明显的成效。1914 年美国联邦政府首次提出在农业中推广科学方法和手段。“第一，他们要求农民选用改良种子，并使良种种植率从 25%提高到 100%；第二，教育农民如何使自己的产品市场化，尽可能以相对低廉的价格出售给顾客；第三，让农民懂得进行有利的买卖；第四，要求农民们明白使不断增长的农场建立在坚实的基础上，在出卖农产品中取得更大利益，再以低价购进所需物品，使他们过上更勤奋、更欢乐、更有

① 【美】菲特、里斯：《美国经济史》，第 532 页。

② 【美】沙伊贝、瓦特、福克纳等：《近百年美国经济史》，第 86—87 页。

③ 同上。

希望的生活。”①

农业的发展加上快速实现的工业化，使农业利益集团处在一个巨大变动的时期，1900年美国参加劳动的总人数中37.5%是在农场工作，而到了1910年只有3200万农民，相当于全国人口的35%。农场主的社会角色发生了转化，他们由一般传统意义上的农民转化为农业商人或农民企业家。由于大量的农民转变了自身的角色，转化为其他阶层的成员，因此，农业利益集团的人数和影响力逐年大幅减弱，此外“长期以来，农业利益集团迫切要求更加积极的政治控制，要求国家银行和金融制度的改革，以及要求实行免费农村邮件投递和政治职能的其他改革等等，所有这一切已经对两大执政党对于这些问题的态度具有重大影响”。② 一旦政治要求得到部分满足，农民对于政治的兴趣就迅速减弱了。农业利益集团的集体行动在19世纪末和20世纪初再也没有形成1867—1897年间的那种声势和影响力。这充分说明了人数众多规模庞大对于集体行动来说反而是一个难题。农民小富即安的心态使他们非常喜欢搭便车，因而在利益基本能够得到满足的情况下，他们对美国政治经济的发展影响力变得越来越小。

四、劳工利益集团的发展

工厂企业的发展意味着需要大量的劳动力，所以在美国工业化的过程中，产业工人队伍增长的速度特别快。工业部门雇用的工人在全国雇用劳动力中的比重，1860年仅为18%，50年后增加到28%以上，据1860年普查统计，该年度工业部门雇用工人总数为130万；但到1914年已增为700万。如果再加上经理、业主、职员等，工业的从业人员总数约为820万。此外，还有好几百万交通运输业、商业等非农业部门的职工。正是因为有大量的劳动力的进入，

① 余志森主编：《美国通史（第四卷）：1998—1929》，第202—203页。

② 【美】沙伊贝、瓦特、福克纳等：《近百年美国经济史》，第87页。

工业、交通运输业、商业等部门才得以迅猛发展。

但是工人的工作和生活环境却十分糟糕。到 1909 年，大多数工业部门中的工人每周要劳动 50—60 小时，在有些工业部门劳动时间还要长得多。（见表 9）

表 9：1895—1915 年期间某些年份工人周平均劳动时间和每小时平均工资

年份	每周平均劳动时间	每小时平均工资
1895	58.1	0.21
1900	57.3	0.22
1905	55.7	0.26
1910	54.6	0.28
1915	53.5	0.32

资料来源：【美】菲特、里斯：《美国经济史》，第 133 页。

一个典型的工人阶级家庭最低的健康和生活必需开支估计是，一个 4 口之家每年收入在 800—876 美元之间，单身是 505 美元，一个劳动妇女是 466 美元。但是联邦、州和私人研究机构的调查结果表明，工人的实际收入低于上述标准。如“美国移民委员会对 1 万名工资收入者的抽样调查发现，他们的平均年收入最高为 413 美元，将近一半的人收入低于 400 美元，女工收入是男工的一半，她们中的三分之二的收入低于 300 美元一年”。[①]

对整个工人阶级而言，生活的艰苦还不是最严重的。美国的经济危机和萧条造成阶段性的失业循环是最严重的打击。“如 1908—1909 年短暂的萧条引起广泛的失业，1913—1914 年更为严重。经过 1901—1907 年相对繁荣以后，在 1908—1915 年间失业人数占国内劳

① 余志森主编：《美国通史（第四卷）：1998—1929》，第 192—193 页。

力的4.4%，其中3年高达8%。”①

所以工人联合起来的愿望是比较强烈的。因为要想改变恶劣的工作和生活条件，只能依靠强有力的集体行动才能实现。但是劳联并不愿意大规模发展成员。劳联的发展始终坚持以熟练工人为主，这与工会领袖冈珀斯的思想密切相关。自从劳联成立以后，除第一年外，他年年当选为主席。冈珀斯坚持认为只有人员保持较小规模，才能够有效行动。所以在许多年里，美国劳工联合会的发展都很缓慢，1890年时只有会员10万人，1898年有27.8万人。到了1900年会员人数增加得很迅速，增加到54.8万人，1904年时急剧增加到167.6万人，1914年时有200万人。由于劳工联合会一直重视集体行动的效果，所以从1898—1904年是劳联最成功的时期。有一个研究劳工问题的历史学家把这些年份称之为工会主义的“英勇的日子”。“在这个时期里，人们的富于理想、自我牺牲以及进取精神，使劳工组织成为美国经济生活中的一个重要因素。它也是劳工组织得到雇主们广泛承认的一个时期，另外的一个历史学家把它叫做‘劳资双方的蜜月时期’。”②

美国劳工联合会虽然主张稳健的罢工策略，满足于一切能用和平方法得到的利益，例如“工会曾企图使用经济抵制的方法，给某些与工会敌对雇主的产品盖上了不予承认的印记，例如对圣路易的巴克炉灶制造公司和康涅狄格州邓伯利地方的旦尼尔·罗威制帽厂，就曾经使用了这种方法。与间接的经济抵制起同样作用的便是要求所有工会的工人只使用盖有工会标冠的货物。工会也还有其他许多保护自己的方法。它们要求制定章程，规定工作时间，规定工厂里工会会员与非会员的关系，非工会物资的使用，助手与学徒的人数，以及其他许多似乎应该有确切了解的日常重要事项”。③

与劳联发展的同时，罢工和停工的次数并没有减少，而是同样

① 余志森主编：《美国通史（第四卷）：1998—1929》，第194页。

② 【美】沙伊贝、瓦特、福克纳等：《近百年美国经济史》，第122—123页。

③ 同上。

地有所增加，罢工的两个主要目的就是要求增加工资和对工会的承认。特别是为采取第二个目的而进行罢工的比例不断地在增加。例如1881年所进行的罢工有3/5是为了增加工资，只有1/16是为了要求承认工会；而在1905年，不到1/3的罢工是为了增加工资，有一半的罢工是为了要求承认工会。这种情形也是造成工会人数剧增的重要原因。

劳联集体行动的效果是比较明显的，当然这也与大环境有关，在进步主义思潮兴起的背景下，大企业正在遭到抨击。到1900年以后，劳联的一些观念得到越来越多的尊重。特别是劳联对其支持的候选人的高投票率，被许多候选人重视。州长和国会议员们经常接受邀请到工会代表大会上去发表演说，许多州议会通过劳联赞成的法律。“他们的做法是承认工人建立组织的权利，推行行业协议，通过调解解决争端。1902年煤矿工人举行大罢工，并有发展成为一场全国性危机的趋势，西奥多·罗斯福总统强制颇不情愿的资方接受仲裁，为联邦干预创了一个新的先例。”①

可是，工会只要求把雇用工会成员的制度形成惯例引起了雇主的不满。工商业集团必定做出反应，与劳工组织越来越对立的带头团体便是1895年成立的全国制造商协会和它的附属机构美国反经济抵制协会等组织。“这个协会的特点便是它扩大和加强了打击劳工的技术，其中包括着使用法律禁止罢工，受雇工人必须签订不加入工会的雇佣契约，以及愿用工人密探等办法。”② 全国制造商协会还拿出经费去支持邓伯利制帽公司和巴克炉灶公司的法律诉讼。与此同时，全国制造商协会还主动发起了一场全国性的只雇用非会员的运动。在全国制造商协会的帮助下，“许多雇主继续推行敌视工会的强硬政策。新组建的美国钢铁公司的工人举行罢工，但没有获得成功，其他大企业多数拒绝集体谈判。小企业主则通过当地雇主联合会、

① 【美】纳尔逊·曼弗雷德·布莱克：《美国社会生活与思想史（下）》，第108—109页。

② 【美】沙伊贝、瓦特、福克纳等：《近百年美国经济史》，第122—123页。

商会和全国厂商协会与工会对抗。雇主不断增加的反抗获得了成功。工会在1901、1902和1903年为承认工会而举行的罢工中有一半到2/3是成功的，但在1904年成功率只有37%。”[①] 所以工会成员数在1904年以后的10年，劳工利益集团的发展就不十分迅速。

因此，一部分劳工成员对冈珀斯“单纯简朴的工联主义”感到怀疑和不满，而冈珀斯坚持认为马克思和其他社会主义者的思想对大多数美国人没用。结果“工会本身的内部力量，由于互相之间的不断争执而削弱了。那就是赞成成立产业组织与赞成成立职业工会的人们之间的争执；赞成成立一个工党与赞成继续接受劳联政治方针的人们之间的争执。那些赞成采取政治行动的人们，一般是一些社会主义者，他们渴望通过运动而赢得有工会组织的劳工的支持。”[②]

这最后一点导致了世界产业工人联合会的成立。世界产联主张暴力革命，相信阶级斗争，主张采取直接行动，作为取得胜利的手段。世界产联就是全世界不断增长的社会主义革命在美国表现的一个方面。[③]

世界产联后来因为反对美国介入第一次世界大战而遭到政府的严厉镇压而逐步解体。但是在这之前世界产联已经因为“他们革命性的文字宣传和激烈的方法，终于引起了社会大众的反感，使大众对于那些为了要力图摆脱这个组织而采取违法和非法行动的居民地区给予了宽恕”。[④] 这说明暴力虽然能够有效地组织起罢工，但是在美国这样一个个人主义至上的国家里，要想获得公众更大的同情和支持实际上却是很困难的。因此世界产联的影响力总体来说十分有限。不过随着劳工利益集团的有效集体行动，它的影响力越来越大，和内战之后的30年相比已经大为不同。劳工利益开始受到政府越来越多的重视。他促使政府对社会利益的再分配采取更积极的态度。

---

① 【美】曼瑟尔·奥尔森：《集体行动的逻辑》，陈郁、郭宇峰、李崇新译，上海三联书店、上海人民出版社1995年版，第91页。

② 【美】沙伊贝、瓦特、福克纳等：《近百年美国经济史》，第122—123页。

③ 同上书，第128页。

④ 同上书，第129页。

第二节　进步主义思潮的产生与发展

19世纪末，面对工业化、城市化和垄断资本主义化带来的诸多社会难题，面对农民、劳工等利益集团越来越强烈的利益诉求，美国民众陷入了深深的迷茫与困惑之中。何以美国价值观中的理想与严酷的现实之间出现了如此强烈的反差？现代化过程产生的是社会不稳定而不是稳定。社会大变动在带来物质的、有形的变化的同时，最终也将不可避免地触及深层次的思想领域。任何社会变革都离不开思想观念的变革，美国早期个人主义和平等信仰中对政府的怀疑与防范开始动摇，经济和政治权力的惊人不平等促使人们深思政府在人类事务中应起的作用，民众开始相信改革和公共管理措施的有效。这种变化是逐渐发生的，却具有深刻含义，它对美国所谓的大政府的兴起产生了至关重要的影响。“实际上，从19世纪后期起，主张劳工立法的人、社会正义措施的拥护者、新社会学的法理学的解释者、宣讲基督教救世教义的福音派领袖、力主像从个人角度一样来从社会角度看待恶行的社会学家们，都在朝这方面努力，都试图用经济与社会事实为实现积极的政府管理打下基础。”①

在这个时期，人们更加清楚地认识到市场体系的缺陷和不足，政府对此不干涉，引起了许多利益集团的强烈不满，从而导致社会的严重不稳定。某些方面的问题大得已足以让全社会达到共识，所以政府应该被允许自由地对社会包括市场体系中的行为规则进行适度干预。甚至大企业也认为在某种意义上政府的干预是必要的。对工业化、城市化社会的整体发展进行协调与规划的进步主义思潮日渐形成。这种思潮要求通过政府干涉来改变一些明显的不公正现象，“进步主义可以理解为一种兼容并包的态度，这种态度包含了诸如实用主义、伦理主义、原教旨主义、社会主义和禁酒主义等要素。进

① 余志森主编：《美国通史（第四卷）：1998—1929》，第253页。

步主义思潮包含了对民主的信念，对道德和社会公正的关注”，并且进步主义思潮还表达出“对进步……和教育功效的强烈信念”。喜欢谈论抽象概念的进步主义改革者们得到了包括商人在内的社会大众的支持。①

在当时美国民众特别是美国中产阶级普遍感到自己处于垄断资本和劳工运动的压挤之中，缺乏安全，情绪怨愤。他们极不信任工业兼并和金融寡头这些“大的诅咒”，他们认为通过反托拉斯法只是为了向公众提供象征性的安抚来平息批评，“由于反托拉斯法的通过并没有抑制权力的集中，所以传统的美国信条对于许多美国公民来说似乎不再是正确的。改革者继续要求政策制定者回答如何处理对国家的公共哲学和经济结构的日益增长的不信任感。”②

但是他们也十分畏惧贫民的暴力倾向，他们想回到内战前美国相对平等的社会，重新享受那种熟悉的经济自由和个人自由，因而在大部分问题上，他们都采取居中的立场……他们的核心观念是“进步”，但不是进化论者的进步，而是相信人的主观要求和能力可以改善社会，推动进步。这条美国中产阶级所持的中间路线最后获得“进步主义”的名称，而在美国，只有得到中产阶级的呼应，任何改革才可能见效。③

尽管进步时代的改革是一个全方位而且是系统性的社会、经济与政治改革，但它从来都不是一个在全国范围内组织起来的整体性的改革运动。它并没有产生全国性的改革领导，没有一个所有改革者都认同的改革方案，没有一个有纪律的组织来领导全部改革，也没有计划好的行动手段。它是许多社会、经济和政治改革的总合。尽管如此，进步时代的改革者之间有着基本的改革共识。他们都致力于制度建设，希望从结构上根本改革各级政府，使得政府能够积

① 【美】加里·约翰·普雷维茨、巴巴拉·达比斯·莫里诺：《美国会计史》，杜兴强、于竹丽等译，中国人民大学出版社2006年版，第188页。

② 同上书，第188—189页。

③ 钱满素：《美国自由主义的历史变迁》，三联书店2006年版，第74—75页。

极、负责和有能力地采取行动，努力扩大解决当时存在的各种社会、经济和政治问题。“进步主义的改革者们利用流行刊物来调动公众的舆论。他们将焦点放在由财富的集中所引起的政治腐败、社会不公以及经济剥削上。”[①]“美国人以前警惕的一直是政府权力被滥用，对民主制度造成威胁。现在他们发现威胁更多地来自垄断资本，而能遏制这一巨怪的却只有政府了，所以不能不转向政府寻求解决危机的手段。自由放任到了必须遏制的地步了，必须实现权力的重新平衡。在这一背景下，改革者不分党派，逐渐聚集到进步主义的大旗下，要求改革政治，整顿经济，遏制垄断。他们从地方和州的政治做起，一直扩展到全国。”[②] 进步主义的积极分子要求进行政治的、公司的和税法的全面改革。

进步主义者不同程度地追求三个目标。先是政治目标：颠覆“政治党魁”和“政治机器”的影响，打破官商勾结，使公共官员更加对公民直接负责，激发民主制度的活力。其次是行政目标：改革政府的运作机制和方式，提高政府的效率，减少腐败的机会，建立对公民更加负责的政府。最后是经济目标：将大型企业置于公共控制之下，运用政府权威制衡私人商业利益，对市场进行管制，保护农民、工人、小业主和消费者的利益。[③]

对于美国基本的政治、经济制度以及核心的价值体系来说．进步改革运动只是一次改良运动而不是一场革命。因为进步主义思潮的运动主体是中产阶级，中产阶级从来没有怀疑过美国政治、经济制度基础的基本价值，例如民主制度的传统理念、个人自由和法治原则。只不过，面对当时出现的各种社会、经济问题，他们意识到，不受约束的市场体制下容易滋生各种极端主义，因为财富是唯一的成功评价标准。如果资本主义体系仍然继续像当时那样运作下去，

---

① 【美】加里·约翰·普雷维茨、巴巴拉·达比斯·莫里诺：《美国会计史》，第188页。

② 钱满素：《美国自由主义的历史变迁》，第74—75页。

③ 马骏、刘亚平主编：《美国进步时代的政府改革及其对中国的启示》，上海人民出版社2010年版，第47页。

将会危及美国社会中绝大部分人的利益，例如当时“不仅大企业可以为所欲为，各种中小企业也是没有约束的。企业在进行生产决策时主要考虑自己的私人成本，而不考虑因此带来的社会成本。这首先导致了严重的环境污染。由于没有任何法律要求企业处理它们导致的煤烟和灰尘，这些煤烟和灰尘对空气造成了巨大污染。在一些毗邻矿山的地方，矿物燃烧后产生的有毒气体，也直接排放进大气。同时，无论是工厂生产形成的工业污水还是家庭生活形成的生活污水，都直接排放进湖泊与河流。空气和水的污染不仅破坏了环境，而且损害了人民的健康”。[①] 由于对食品、药品的生产和销售没有任何监管，食品和药品安全构成了一大社会问题。“在当时，牛奶安全问题就成为城市女性最担心的问题。在没有监管的情况下，贪得无厌的生产商和销售商经常销售结核病奶牛生产的奶、低质量的奶，在牛奶中掺水、盐、苏打水等，在脏牛奶上覆盖一层好牛奶，用没有消毒的、敞开的容器运送牛奶，等等。”[②] 正是在这种担忧之下，进步时代的改革者开始整体性地思考各种社会、经济、政治问题的成因，寻找改革的办法。他们认为由于经济和社会结构发生了根本性的变化，必须在制度层面上加以修补，美国的核心价值和政治经济制度才能够永存。

这最终使得美国社会各个阶层改变了他们根深蒂固的关于美好社会和好政府的想法。不过，尽管进步时代的改革在19世纪90年代就已经开始，直到1912年，各个党派的政治家和社会评论家才开始将这些各式各样的改革统称为“进步主义”或“进步改革运动”。[③]

正如历史学家德善迪斯（De Santis）总结的：“在一定意义上，进步改革者是保守者，因为他们希望保存传统的美国价值，这些价值现在处于事情的新秩序的攻击之下。”历史学家弗兰根也指出：

---

① 马骏、刘亚平主编：《美国进步时代的政府改革及其对中国的启示》，上海人民出版社2010年版，第48页。

② 同上书，第29页。

③ Dinner，Steven J.，*A Very Different Age*：*Americans of the Progressive Era*，New Nork：A division of Farrar，Straus and Giroux，1998，p. 202.

“进步主义者从来没有想改变美国社会的结构。他们不是革命者，而是改革者和管制者。”或者如卡门评价的：“进步时代的改革者既想励精图治，又想维持现状。”①

舆论总是改革运动的先导。黑幕揭发运动和暴露文学的兴起，可以说是为进步主义改革起了舆论动员作用。20 世纪初，“当分散的、无组织的进步主义队伍在美国的各个角落逐渐地汇集时，一种新的新闻时尚骤然间将进步主义运动带入人们视野的中心”。②

“大约在 1902 年，美国杂志开始刊登一种专门揭露政治上和财政上的不法行为的新型文章。作者们不满足于对罪恶的一般谴责，他们作了指名道姓的详细报道。”③ 暴露文学也随之兴起，这也是中产阶级美国人理想与现实矛盾的产物，是中产阶级知识分子良知觉醒的结果。

最著名的当属厄普顿·辛克莱。他“毕生致力于对美国社会弊端的攻击，同时寻觅人道主义的和自由主义的改革。其小说《屠宰场》（1906 年）描述肉类工业，以令人作呕的细节着重描写了罐头食品厂老板毫无心肝地漠视他们雇工的福利和消费者的健康”。④ 这本书使得食品安全问题迅速成为美国人高度关注的全国性话题，最终导致罗斯福总统设立专门委员会对其进行调查，这成为促进 1906 年肉食检查法通过的一个有力推动因素。“毫无疑问，穷人不可避免地要承受环境和食品污染造成的损害。但是，富人同样无法幸免。有钱人可以搬到环境和生活质量更好的社区去居住，却不能完全与工业城市隔离开来。空气和水是不会选择贫富的，污染的空气和水决不会仅仅停留在穷人居住的社区。尽管富人有钱消费更贵因此可能更加安全的食品，但是，有毒或污染的食品也可能会跑到富人的

① 马骏、刘亚平主编：《美国进步时代的政府改革及其对中国的启示》，上海人民出版社 2010 年版，第 48 页。

② 余志森主编：《美国通史（第四卷）：1998—1929》，第 238 页。

③ 【美】纳尔逊·曼弗雷德·布莱克：《美国社会生活与思想史（下）》，第 210—211 页。

④ 同上书，第 213 页。

餐桌上去。”[①]

进步主义时期，政治小说家对美国制度的批评虽然较温和，但更加多产。亨利·刘易斯的《老板》（1903 年）是根据坦慕尼协会的“党魁”理查德·克罗克的经历写成的。埃利奥特·弗劳尔的《政党分赃制的赞助人》（1903 年）描绘了政治腐败行为。《世界杂志》刊登了戴维·格雷厄姆·菲利普斯的《参议院的叛国罪》，那是对财阀控制参议院的猛烈攻击。[②]

与此同时，社会学、经济学、政治学、哲学、法学和史学等社会科学各领域也开始从学理上为进步主义思潮提供智力支持。“他们挺起胸膛，充当了进步主义运动博学多识的智囊团。进步主义时期杰出的社会科学家，都是批判既得利益和支持改革事业的杰出人物。”[③]

在社会学领域内，以莱斯特·沃德和 E. A. 罗斯为首的社会学家对“斯宾塞—萨姆纳式”的社会达尔文主义解释进行了全面否定。

沃德在《动力社会学》（1883 年）一书中指出：人类对自然的控制，而不是自然法则，是文明向前迈进的原因所在；统一而协调的活动才是达到和睦幸福的最进步手段。沃德对放任主义进行了严厉批评：“如果自然藉着弱者的灭亡而进步，人类就应该是藉着保护弱者而得到发展。”在他看来，政府干预不是一个理论问题而是一个实际问题；“个人自由只能通过社会调节来实现”；立法也不过是一项发明，与无数发明中的任何别的发明一样，都是人用以战胜自然的手段，立法乃是“社会集体智慧科学地控制各种社会力量以造福于社会的一种机制”。[④]

在经济学领域内，理查德·伊利和约翰·康蒙斯等联合发难，

① 马骏、刘亚平主编：《美国进步时代的政府改革及其对中国的启示》，第 30 页。

② 【美】纳尔逊·曼弗雷德·布莱克：《美国社会生活与思想史（下）》，第 213 页。

③ 【美】理查德·霍夫斯达特：《改革年代——美国新崛起》，第 129 页。

④ 【美】H. S. 康马杰：《美国精神》，南木等译，光明日报出版社 1988 年版，第 312—313 页。

对古典经济学的正统主义、教条主义以及对自由放任主义的盲目信仰进行了严厉抨击。古典经济学为整个英语语系国家提供了基本的经济模型，它正处于发展的中间阶段。在一个以自动机制为指导的竞争市场上，“无形的手”能够将个人的利益转化为社会的福利。美国人长期接受了“贸易促进世界文明”的概念，并且认为通过给予个人以最大限度的自由可以同时使社会和私人企业家两者均获益。他们质疑个人主义经济理论的创建基础，这唤起了社会对继续依赖自由放任经济政策这一做法的可行性的强烈关注。①

在哲学领域内，由于哈佛大学心理学家威廉·詹姆斯和教育学家约翰·杜威建构起实用主义哲学体系，成为整个进步主义的哲学根源。“杜威提供了19世纪后期反对崇拜偶像的社会思想与20世纪进步人士和新政主张者的实验性政策之间的理性联系。无论如何，认为社会的向前发展必须不受政府干预的这种占统治地位的说法，开始向相反的学说让步，即一个民主的国家，应该通过积极的措施促进普遍的福利。”② 杜威认为“自由总是一个社会问题，而不是一个个人问题。因为任何人所实际享有的自由依赖于现存的权力或自由的分配情况，而这种分配情况就是实际上在法律上和政治上的社会安排——而且当前特别重要的是在经济上的安排”。③ 这种自由才是真实的自由。因此，几乎所有的进步改革者都相信，过度地忠实于自由放任的自由主义已经严重地损害了美国的民主。因此，为了在一个非常复杂的工业社会中保证人民的自由和维护民主制度，必须对自由主义进行调整和修正，用“积极自由”来取代“消极自由”。在以“积极自由”为基础的自由主义理念之下，“公民和政府应该接受这一点，民主需要对社会的责

① 【美】加里·约翰·普雷维茨、巴巴拉·达比斯·莫里诺：《美国会计史》，第188—189页。

② 【美】纳尔逊·曼弗雷德·布莱克：《美国社会生活与思想史（下）》，第213页。

③ 【美】杜威：《人的问题》，傅统先、邱椿译，上海人民出版社2006版，第94页。

任以及保护自由”。[1]

在政治学领域，著名学者克罗利认为当时的美国亟待做的事情，乃是“更高阶段的民主建设”[2]。这意味着要重新厘定民主本身的含义，“真正有益的和标准化的民主目的，是要让民主组织机构能够代表个人成就和社会进步的共同利益”[3]，而不仅仅是个人自由或权利平等。必须承认以大企业为基础的美国新经济已经稳定下来，政府必须扩大它的职能，以适应现代条件。“最近一个时代的经验清楚地表明，美国的经济和社会秩序不能全靠自觉，杰斐逊倡导的个人与公共利益自助和谐被证明是不现实的。”[4]

克罗利认为，自由和平等在有些方面是不相容的——那就是，允许个人的自由愈多，他们就变得愈不平等。政府应该实行一种严格的不干涉政策。他认为对大多数美国人来说，国家整体化不断增强的过程似乎只是意味着中央政府功能的增加。他谴责解散托拉斯，建议大企业在联邦政府监督下自由发展，政府会给这些巨人颁布执照，为了国家的利益控制它们，对它们额外的利润免于征收。他赞成鼓励工会发展，但是不保护限制性做法的政策。他主张在国民政府中实行中央集权负责制和实行强有力的行政领导。因为“国家的利益却总是在要求集权的同时也要求权力的分散。国家的利益和福祉是目的，集权政府的强或弱只是必要的手段。因此，我们可以毫不含糊地确认，最需要国家化的美国国家机构就是中央政府。美国政治机构中的所有成员都曾经以某种方式屈服于特定的利益，并为之服务。联邦责任的数量和范围的增加是美国工业、政治和社会生

---

① Maureen A. *Flamgan*，*America Reformed*：*Progressives and Progressivisms 1890s—1920s*，New Nork：Oxford University Press，2007，p. 102.

② 【美】赫伯特·D. 克罗利：《美国生活的希望：政府在实现国家目标中的作用》，王军英、刘杰、王辉译，江苏人民出版社 2006 版，第 126 页。

③ 同上书，第 171 页。

④ 同上书，第 128 页。

活不断集中的自然结果”。①

进步主义运动的兴起迫切需要一个国家一级的改革运动的领导人物。而这个重任先是落在西奥多·罗斯福总统身上，后来又落在威尔逊总统身上。

罗斯福的的政治哲学核心是“新国家主义”。新国家主义的核心是“国家”，国家利益高于任何党派、阶级和个人的利益，联邦政府有权干预经济，规范经济，使之服从国家和人民的整体利益。罗斯福认为人权和产权都要竭力维护，但是产权高于人权。罗斯福提出美国社会的机会平等，机会平等一是意味着每个人都有充分发展的机会，既不需要特权的帮助，也不受特权的阻碍。罗斯福承认，事情并没有简单到摧毁托拉斯便可使美国经济一劳永逸的地步。工业联合乃经济规律所致，非政治立法所能取消的。每种特殊利益都有权得到公正的对待，但是不能享受特权。为此，政府对资本加以监督是完全必要的，而且还将走得更远，更积极地干预社会和经济。政府对经济的监督、整顿、干预不仅是为了国家安全和社会公正，也是为了避免更激进的革命。②

在罗斯福的心目中，国家利益高于一切，谁都不能来损害国家利益。“国家主义既然是将国家利益置于州、地方和个人的利益之上，这样的改革必然使权力集中到联邦政府。在这点上，他可以说与汉密尔顿很相似，都想用国家权力来影响经济，只是时代变了，具体目的也就不同，汉密尔顿是要鼓励经济，罗斯福则是要控制经济。”③

威尔逊提的政治哲学观点是“新自由”。威尔逊认为，“真正的危险在于联合企业的联合……在于同是这一群人控制了银行系统、铁路系统、整个制造业、大型采矿企业，以及开放本国水利资源的

① 【美】赫伯特·D. 克罗利：《美国生活的希望：政府在实现国家目标中的作用》，第225—226页。

② 钱满素：《美国自由主义的历史变迁》，第76—79页。

③ 【美】梅里亚姆：《美国政治思想》，第41页。

大型企业，把一系列的董事会的成员串联在一起的是比美国任何可以想象的企业联合更可怕的共同利害关系。”[①] 威尔逊认为可以从另一个角度来打破垄断，那就是保护自由竞争的格局。在解决特权扼杀自由的问题上，遏制特权与维护自由可以说是殊途同归。威尔逊说：“由受托人进行管理”的哲学应予彻底摈弃，人民应被允许重新接管他们的政府。特殊利益的代表，绝对不可能懂得普遍利益。[②]

要区分“新国家主义”和“新自由”是一件困难的事，因为，首先他们都反对不公平竞争和不合法经济行为，他们恐惧的是经济特权。其次他们都很注意有限地使用政府权力来管制经济，注意保护产权。他们意在通过法律，而不是通过扩大政府的规模来管制经济。最后是他们都反对诉诸武力。

不同之处在于，罗斯福更强调国家的首要地位，尤其是总统的行政部门，政府不仅要对托拉斯加以管理，而且要给社会上的弱者比如劳工、妇女、儿童和失业者，提供直接的帮助。威尔逊更强调恢复自由竞争。威尔逊最为关注的是，经济应该保持开放、活力和公平，以便小人物能够有所发展。恪守南方民主党人传统的威尔逊，对大政府持不信任态度，他既不要大企业，畏惧大资本积累所造成的权力，也不要大政府，畏惧大政府对自由的威胁。他指责罗斯福的国家干预会引起政府膨胀，而他认为政府不仅要规范企业，还有责任维持自由竞争。[③]

从根本上看，在进步时代，美国人对于美国社会的政治理念在三方面发生了变化。

首先，进步时代的改革者重新认识了资本主义，尤其是自由放任的自由资本主义。在进步主义改革者看来，自由资本主义导致的垄断和特殊利益威胁着美国的民主和个人自由。这一直是进步改革

① 钱满素：《美国自由主义的历史变迁》，第80页。

② 余志森主编：《美国通史（第四卷）：1998—1929》，第351页。

③ 钱满素：《美国自由主义的历史变迁》，第82—83页。

时期政治辩论的基调。[①] 在进步时代，放任自由的自由主义信念逐渐被一种新的信念所取代，即“民主社会应该为所有人而运行”[②]，绝不允许任何一个团体控制其他所有人的命运。在一定意义上，进步时代的许多改革都可以被看成是对贪婪的资本主义及其对国家的自然资源的掠夺进行“刹车”。[③]

其次，进步时代的改革者重新界定了政府的角色和作用。绝大多数美国人都开始放弃小政府或有限政府的信念，转而接受这样一种观点：“帮助管制经济和为所有的人提供至少是少量的保护，是政府的工作。”[④]

最后，进步时代的改革者将社会责任引入了美国的民主政治。在这一时期，在进步主义改革的影响下，在美国社会各阶层，越来越多的美国人开始意识到，民主需要包含一个社会的维度，在坚持个人主义的同时，每个人都应该意识到大家是互相联系在一起的，每个人都应该有一点对他人的社会责任。因此，在公共对话和政策制定中，需要用社会责任意识来平衡个人主义。[⑤] 正如弗兰根指出的：“进步主义的关键问题是，在他们重构政府的过程中，必须在个人自由和社会责任之间进行平衡。”[⑥]

进步主义运动虽然被一次大战的炮火打断，但这场波澜壮阔的全国性改革运动还是取得了很大的成就。进步时代可以说是现代美国的开始，这种政府和经济的关系一直延续至今。罗斯福重申华盛顿的权力，威尔逊则进一步说：“国民政府对人民的服务必须范围更为广泛，不仅要保护人民免受垄断的危害，而且要便利人民的生

---

① Dinner，Steven J.，*A Very Different Age*：*Americans of the Progressive Era*，New Nork：A division of Farrar，Straus and Giroux，1998，p. 203.

② Maureen A. *Flamgan*，*America Reformed*：*Progressives and Progressivisms 1890s－1920s*，New Nork：Oxford University Press，2007，p. 283.

③ Ibid.，p. 284.

④ Ibid.，p. 283.

⑤ Ibid.，p. 284.

⑥ Ibid.，p. 102.

活。”“我们都在同一条船只上……我们的任务因而不是为了任何单个利益，而是为了作为整体的国家利益服务。”[①] 这些意味深长的话，预示着政府对经济和民生更为积极的干预。从进步运动开始，美国人对经济民主有了新的意识和要求，对政府的作用也有了新的认识和期待。

第三节　美国联邦权力的进一步加强

一、行政部门权力的加强

从19世纪后期至美国正式参加第一次世界大战，这20年是美国大政府体制开始缓慢形成的年代。美国政府行政权力的加强和扩张涉及到美国政府的各个层面。

1. 不同总统时期行政部门权力行使的特点及原因

从麦金莱总统到威尔逊总统的第一任期，这个时期的特点是：经济繁荣，总统权力强大，国会相对屈从。美国联邦政府行政部门的权力已经相当可观，虽然国会仍然拥有立法权，这种立法权可以推迟和改变总统的计划，国会裁决有选择地行使它的立法权。但是，国会和总统之间的冲突减少了。这部分原因是由于共和党在1896年大选后握有立法和行政权。不过美国联邦行政部门的权力行使呈起伏状，这同社会利益集团的压力程度强弱以及美国总统对权力的认知密切相关。

在1896年总统大选共和党的麦金莱战胜民主党的布赖恩当选美国总统之后，美国联邦行政部门的权力与之前相比明显开始扩大了。“大规模的社会与经济变革正在扩大美国生活的范围，增加了它的复

① 【美】理查德·霍夫施塔特：《美国政治传统及其缔造者》，第252页。

杂程度，从而导致了不和谐的经济混乱和激烈的政治冲突。面对这些变化，对一个更具扩张性联邦政府的要求和对公共政策实施更系统管理的压力骤然加大，19 世纪有限的政体容纳了分散的政党组织、政治分肥制以及一个占主导地位的国会，而现在这种政体开始让位于一种新的统治模式，它依靠的是总统一贯的和强有力的领导。19 世纪 90 年代，激烈的意识形态政治兴起，并在 1896 年民主党人威廉·杰宁斯·布赖恩（William Jennings Bryan）与共和党人威廉·麦金莱（William McKinley）之间进行的总统大选中达到高潮，加上美国自 1898 年美西战争以来开始在世界事务上的作用不断增大，这些都为总统职位进行一次具有重大意义的改革创造了条件。”①

麦金莱总统虽然对于扩大行政部门权力有疑虑，但是“作为总司令和主要外交官，总统给这个职位留下了永恒的印记”。② 伍德罗·威尔逊后来在 1900 年承认，他先前对国会控制总统职位的观点“显然已经过时”。正如威尔逊第 15 次印刷他的《国会政府》一书时在前言中写道：“许多最重要的变化是西班牙战争带来的引人注目的结果，它关系到我们联邦体制内权力的位置与使用：总统通过卷入国际政治和遥远的附庸国政府的事务，可以极大地增加他发挥建设性领导作用的权力和机会。这就是这场战争所带来的最显著和最重要的后果。”③

到了罗斯福总统时期，“罗斯福将行政权力扩展到了和平时期宪法许可范围的极致——如果不是更广的话”。④ 在他的任期内美国的行政规模扩大了一倍。罗斯福相信，“在 19 世纪的后几十年中，总统的权力受到许多限制，这已经让美国的政治体制变得软弱无力，并使它成为了特殊利益集团的囊中之物，为了国家的社会与经济利益，它需要对政府的职权进行史无前例的扩张。正如他在许多年后

---

① 【美】米尔奇·尼尔森等：《美国总统制（起源与发展 1776—2007）》，第 203 页。

② 同上书，第 207 页。

③ 同上。

④ 同上书，第 212 页。

所解释的那样：我的信念是，只要不是宪法或法律禁止的行为，总统应该做国家需要他所做的一切。这不仅是他的权利，也是他的职责。根据对行政权力的这种理解，我做了或让人做了以前总统或各部门长官没有做过的许多事情。我没有滥用权力，但我大大地扩大了行政权力的使用范围。换句话说，无论哪里需要，无论以什么方式，只要不受宪法或法律规定的限制，我做的一切都是为了公众的利益，为了我们所有人民的共同福祉。”① 罗斯福一直相信，只有强大的联邦行政部门才能正确指导美国工业社会的发展，而无论是最高法院的判决或国会内党派和地域政治的利益交易都不可能做到这一点。

罗斯福的成功还在于他善于利用舆论的力量。罗斯福认为如果要扩大以总统为首的行政部门的职权就必须对公众和国会予以开导，让它们理解自己必须承担的义务和要求。虽然进步主义思潮的宣传使公众不再那么排斥政府，但是要使他们能像进步运动领袖所期望的那样理解在政府领导下整顿和改良社会的真正意义，就必须借助舆论的力量。罗斯福时期“最重要的变革显然是提升了总统作为公众舆论领头羊的作用，从而启动了一个‘语言说服型的总统职位’——即利用大众舆论作为一个主要的策略来进行总统领导。语言说服型总统职位的崛起，标志着宪法基本理论和早期总统史的重大转变。在一些场合下，西奥多·罗斯福直接向人民发出号召，给那些不愿意支持他政策的国会议员形成压力”。② 迫使国会议员同意罗斯福的意见，这样通过媒体的帮助，罗斯福有效地扩大了行政部门的权力范围。

塔夫脱总统虽然是在罗斯福总统的大力推荐和帮助下当上美国总统的，但是塔夫脱的行政权力观与19世纪多数时间里人们所普遍理解的一样，回避对总统自由行动权力的广义理解。正如他在离职

---

① 【美】米尔奇·尼尔森等：《美国总统制（起源与发展1776—2007）》，第213页。

② 同上书，第215页。

几年后所说的："对行政功能的正确观念是……总统不得行使任何不能合理或正当找到某种特定授权来源的权力，或公正地隐含或包含在这种明确授权之中而有必要或能合适行使的权力。这样的特定授权必须来自宪法或依据宪法由国会通过的某一法案。不存在任何因为符合公共利益就可以行使某些不确定的剩余权力。"①

"塔夫脱固执地坚持将总统权力与宪法明确的语言联系在一起，这也反映了麦迪逊对行政权力扩张的担忧在美国政治生活中具有持续的重要性。然而，尽管如此，自进步主义时代以来，西奥多·罗斯福更具扩张性的总统权力一直占据着绝对优势的地位。"② 塔夫脱总统无法理解为什么自己恪守美国传统的权力观，努力限制政府的权力，却招致多数美国民众的不满，问题在于塔夫脱领导的联邦行政部门的所作所为远远不能满足社会要求联邦政府提供更多公共产品，在不同利益集团冲突时做好仲裁人的需要，这是导致塔夫脱在总统大选中失败的最重要原因。塔夫脱后来才认识到了这样一个事实，美国正在发生变化的特征已经赋予了总统比 19 世纪更多的责任。

1913 年威尔逊执政后加快加大了罗斯福扩大行政部门权力的步伐。正如美国学者裁维·劳伦斯指出的那样："伍德罗·威尔逊可能是美国唯一在进入公职生活之前花了 20 余年研究行政首脑的权力和责任的总统。"③ 早在 1901 年，伍德罗·威尔逊就认为："能够提供权力之集中，保证'公共事务之统一'，实施有效统治必需之领导人非总统莫属。"④

① 【美】米尔奇·尼尔森等：《美国总统制（起源与发展 1776—2007）》，第 232 页。

② 同上书，第 237 页。

③ 王晓德著：《梦想与现实：威尔逊"理想主义"外交研究》，中国社会科学出版社 2009 年版，第 47 页。

④ 余志森主编：《美国通史（第四卷）：1998—1929》，第 538 页。

2. 美国联邦政府规模的变化

从1897—1917年美国参加世界大战。20年间美国联邦政府行政部门的规模显著扩大了。无论是人员机构、还是政府职能都大大增加了。1916年美国行政部门的人数几乎是1901的三倍。（参见表10）这一切都使得联邦政府运用和调配资源的能力显著增强。

表10：1901—1916年联邦政府雇员人数

年份	联邦行政部门人数	联邦立法部门人数	联邦司法部门人数
1901	106205	5690	2730
1902	107990	—	—
1903	135453	—	—
1904	154093	—	—
1905	171807	—	—
1906	184178	—	—
1907	194323	—	—
1908	206637	5825	2450
1909	234940	5891	2410
1910	222278	5910	2370
1911	227657	5902	2330
1912	217392	5942	2290
1913	282597	6037	2240
1914	292460	6132	2200
1915	292291	5975	2160
1916	296926	6128	2120

资料来源：The Historical Statistics of the United States，Volume V，Cambridge University Press，2006，pp. 127－128。

(1) 行政机构的增设

1903年商务与劳工部成立，1914年将商务与劳工部变成商务部与劳工部，并相应的扩大了行政权力。1906年通过了食品与成药检验法，设立食品与成药管理局，专门负责防止食品与药物方面的假冒伪劣产品。又根据相应法案，先后成立了联邦出版委员会、联邦贸易委员会、联邦农业贷款委员会、美国海运委员会、铁路劳工委员会和预算局重要职能委员会。

这些机构的建立是为了更好地满足利益集团的要求。例如将商务与劳工部一分为二就是为了更好地满足工商业利益集团和劳工利益集团的要求，也是为了促进不同利益集团之间的利益平衡。例如联邦贸易委员会法案规定进行贸易竞争的不正当手段均为非法。并设立了由5名成员组成的联邦贸易委员会，来制止“个人、合伙组织或股份公司使用不正当手段进行贸易竞争”。按照这条法律规定，凡有用不正当手段进行竞争嫌疑的人都应受到审讯。经审讯后，如认为有罪，联邦贸易委员会可以下令禁止其非法活动。如果关系人或公司抗拒命令，继续搞不正当活动，联邦贸易委员会则可向联邦法院提出控诉。法院斟酌情况，或强迫被告服从命令，或修改原来的命令，或驳回起诉。有关企业或公司如果愿意也有权向法院起诉。联邦贸易委员会可以要求企业报送年度报告或专门报告，也有权调查企业遵守反托拉斯法的情况。

最重要的举措就是在1910年，塔夫脱通过建立全国预算制度，进一步将行政首脑变成拨款程序的重要参与者。通过成立一个总统委员会，聘请圈外的专家与联邦行政官员合作。总统的节约与效率委员会因此产生。塔夫脱选择弗雷德里克·克里夫兰来领导新的委员会。[①] 该委员会将其工作分为五个方面的调查：组织、人事、工作方法、会计与报告制度、国家预算。委员会提出，完整的预算制度将会是联邦制及权力分立的宪法原则“得以完整维护和政府得以满

① 【美】乔纳森·卡恩：《预算民主：美国的国家建设和公民权（1890—1928）》，马骏、牛美丽、叶娟丽译，格致出版社、上海人民出版社2008年版，第145页。

足人民福利要求”的有效手段；是“行政管理的节约与效率原则得以经常性地测验的手段”。[1] 这个机构正如委员会所界定的，总统是其首脑。“建立一个统一且自我觉醒的行政部门，威胁着孤立的行政单位与其保护者国会委员会之间已经建立起来的特殊的关系。”[2] 这实际上是将各部对国会的依赖转变为对总统依赖的制度。因此，必然激起了国会的敌视，当塔夫脱总统热情地将 1913 年第一个预算报告交给国会时被国会无情地否决了。

根据美国宪法规定的原则，20 世纪以前美国的立法权基本掌握在国会手中，总统主要以使用否决权的方式参与立法，牵制立法部门。但进入 20 世纪之后，总统为扩大权力对立法机关加大了影响的力度，罗斯福总统在任内曾经直接干预国会通过了许多由他建议的社会立法。向国会频繁提交国情咨文的方式，成为总统积极参与立法的一个重要而有效的途径。威尔逊总统打破了自约翰·亚当斯总统以来把国情咨文转交给国会的传统，1913 年 4 月 8 日，他在就职的第二个月就亲自到国会宣读咨文并提出改革关税的立法要求。威尔逊执政以后就提出了他的所谓“新自由”纲领，拟定了立法计划，引导议员们对此加以研究讨论，最终通过立法。“总统提交的国情咨文实际上成为一种立法纲领，国会的许多主要立法就是在总统咨文的基础上制定的。”[3]

（2）政府财政收支的增加

政府干预经济事务的任何问题，都必须考虑到国家财政收支，也必须探讨这些政府活动对于国家财富和国民收入分配的影响。在这个时期内，全国人口、国家财富和国民收入都在增加，但政府活动的重要性提高得更快。其证明就是：在 1859—1914 年期间，来自政府活动的收入占国民收入的比重从 2.3%上升为 6%。从 1901—

① 【美】乔纳森·卡恩：《预算民主：美国的国家建设和公民权（1890—1928）》，马骏、牛美丽、叶娟丽译，格致出版社、上海人民出版社 2008 年版，第 146 页。

② 同上书，第 147—148 页。

③ 余志森主编：《美国通史（第四卷）：1998—1929》，第 539 页。

1916 年，财政收入和支出增加了近一倍。（参见表 11）

表 11：1898—1916 年联邦政府财政收支情况

年份	联邦财政收入（千美元）	联邦财政支出（千美元）
1898	405321	443369
1899	515961	605072
1900	567241	520861
1901	587685	524617
1902	562478	485234
1903	561881	517006
1904	541087	583660
1905	544275	567279
1906	594984	570202
1907	665860	579129
1908	601862	659196
1909	604320	693744
1910	675512	693617
1911	701833	691202
1912	692609	689881
1913	714463	714864
1914	725117	725525
1915	683417	746093
1916	761445	712967

资料来源：The Historical Statistics of the United States，Volume V，Cambridge University Press，2006，p. 81。

（3）行政部门效率的提高与职能的增加

美国联邦行政部门在20年间无论是行政效率还是行政职能都显著增加了。前者主要表现在文官制度改革上。美国联邦行政部门“专业化”，逐步使行政机构能够承担日益增加的职责。

罗斯福时期，按照罗斯福的观点，一个有秩序的政府管理体制要求有一个职业的文官体制。为了这一目标，总统在他任职的早期就说服国会增加了文官委员会的预算，使它能够成为一个有效的监督机构。他还迅速采取行动巩固该委员会作为行政部门代理机构的地位，授予它新的管理权力以保证根据文官条例聘用雇员。

加强文官委员会的权力与扩展功绩制的范围同步进行。罗斯福推动了在聘用、升迁和任期方面实行功绩制，力度几乎达到了《彭德尔顿法案》规定的极限。到他任期结束时，尽管联邦劳动力从1901年的大约27.5万人扩大到了1909年的约36.5万人，约有60%的文官职位仍按功绩制进行了聘用。在罗斯福任期结束之时，功绩开始取代政治分肥。总统的领导以往依靠的是寻求政治分肥的州和地方政党机器，而现在必须小心关注行政管理人员，有时是为了养成节俭和高效的作风，有时则是为了增强越来越积极的联邦政府权力。① 罗斯福政府的目的是为了寻求建立一个好政府，即建立一个强大的政府行政体制。②

虽然塔夫脱总统对扩大联邦行政部门权力有疑虑，但是他认为一个有效率的联邦行政部门存在是必需的。因此他继续推动文官制度改革，继续扩大大功绩制官员范围。经过塔夫脱政府的行政改革，

---

① 【美】米尔奇·尼尔森等：《美国总统制（起源与发展1776—2007）》，第224页。

② Robert M aran, *P olitics and B ureaucracy in the M od ern Presidency: Careerists and Appointees in the R eagan Administration.* Conn ecticut: Greenwood Press, 1993. p. 19.

功绩制官员的比例又达到了占联邦政府雇员70%的程度。[①]

威尔逊政府时期，无论在扩大功绩制范围，还是在官僚的专业化和职业化方面，都有相当大的发展，并在一定程度上实现了政府的科学化管理。作为学者出身的威尔逊总统相信而且也是在实践中积极主张进行政府行政改革的倡导者。为了提高政府的工作效率，他努力限制政治性官员职位的数量和对国会议员施压通过其行政改革方案等做法。

美国联邦行政部门的职能扩大最突出的一个地方就是对铁路公司的管制。本来1887年成立州际贸易委员会在10年内一直负责决定铁路运输的价格。但是罗斯福总统认为州际贸易委员会的权力太小，因此它不能遏制垄断，因而不能促使运输成本下降，这对社会的整体利益不利，罗斯福决心要改变这种状况。他向国会建议，授予州际贸易委员会管理铁路账目、私有铁路设施和铁路价格的权力。通过向国会递交咨文，并且在全国各地反复向公众发表演讲，得到了公众的广泛支持。“最终公众舆论的压力攻破了参议院对赫伯恩法的抵制。忠诚的参议员们虽然私下里仍然反对这项提案，但他们正在准备作出让步，因为总统已经把人民发动起来，参议院不可能顶得住公众要求的压力。毕竟，选举参议院的州立法机构本身还是由人民选举产生的。”[②]

1906年美国通过《赫伯恩法》。《赫伯恩法》较为彻底地修改了1887年颁布的州际贸易法。这条新法律把州际贸易委员会的成员从5名增为7名，最重要的规定也许就是下列两条：一、州际贸易委员会有权在必要的场合下规定最高运费；二、该委员会规定的运费率，在未经联邦法院宣布无效之前始终有效。也就是说，铁路公司只能遵照州际贸易委员会规定的运费收取运费，除非法院宣布该委员会

① S tenphen Skrow eonek，*Bu ild ing A N ew Am erican S ta te*：*The Expansion of National Administrative Capacities*，*1877 — 1920* ，New York：Cam bridge University Press，1982，p. 193.

② 【美】米尔奇·尼尔森等：《美国总统制（起源与发展1776—2007）》，第217页。

规定的运费率无效或暂停实施。此外，又规定：凡是提供证据，证明各种运费率公平合理是各铁路公司的责任，州际贸易委员会概不承担。总之，“《赫伯恩法》为现代的铁路管制打下了基础。到1910国家对铁路的管制已经确立起来了，铁路业很快就成为全国被政府管制得最彻底的产业部门之一。”① “《赫伯恩法》在联邦管理私有工业的历史上是一个里程碑。历史学家约翰·莫顿勃鲁姆指出：自有定价是自由企业最古老的原则，是最受珍视的私有管理特权，赫伯恩法案即是对这种特权提出的挑战。虽然赫伯恩法案从头到尾都受到了总统所属政党领袖在参议院的反对，但它最终还是获得了通过，从过去的总统史来看，这是一个令人瞩目的事件。”② “令人惊奇的是对铁路公司的管制不仅受到社会各界的欢迎，也受到铁路公司的支持。铁路公司也许不喜欢接受政府管制，但它们反对政府管制的力量已被它们力图避免可能造成巨大损害的运费率竞争的愿望削溺了。”③

这解释了进步时代政府管制的加强为什么受到普遍支持的原因。一般来说美国工商业利益集团十分支持和欢迎自由放任政策，但是在自由放任政策不符合他们的利益时，他们也会毫不犹豫地放弃自由放任政策。所以，“进步时代的很多联邦动议都得到了商业利益集团的合作。这些商业利益集团通常强烈反对大政府的干预。当公司把它们的运营扩展到全国范围时，这些支持‘公司自由’的利益集团总是对州的地方性监管和其他措施的混乱状态感到失望。它们希望为一个已经是以工业为主的社会带来更多的秩序。因此，它们愿意和政治领导人一起工作，使全国性的问题有一个有序的统一解决方案。这种统一的解决方案与由48个独立的州立法机构来进行协商和行动所达成的不一致的并且经常互相矛盾的解决法案相比，更加

① 【美】菲特、里斯：《美国经济史》，第561页。

② 【美】米尔奇·尼尔森等：《美国总统制（起源与发展1776—2007）》，第217页。

③ 【美】菲特、里斯：《美国经济史》，第561页。

符合公司自由利益集团。”①

一直到第一次世界大战前夕，联邦政府在国民经济中所起的作用都要比半个世纪前大得多了。政府机关雇用的职工增加了，社会服务方面的开支也扩大了；政府采取了积极措施试图管理和控制工商业，并对银行业实行了监督；政府又在着手保存和保护国家的自然资源。结果使南北战争后政府的支出和税收都大大增加了。

二、国会的变革

作为最高立法机关的美国国会，与19世纪相比，在进入20世纪之后其权力显著削弱了。在三权分立政治的格局上权力重心偏向总统，出现了以总统的行政权力为重心的新格局，实际上美国国会之所以会在与总统的权力博弈过程中日益处于下风，最根本的原因是国会太受利益集团，特别是工商业利益集团的影响。而白宫的眼界显然比国会要开阔的多，因为总统选举是受全国选民的挑选，所以罗斯福关于“国家利益必须在理想和现实之间保持一种平衡的概念，比企图影响审议中的立法的那些集团所持的观点更为开阔”。②

在当时，对工商业利益集团的过度偏爱仍然是国会的立法指南。这是罗斯福在第二任期立法屡遭挫败的主要原因。“他们企图挫败他（罗斯福）的保护资源的计划。他们不理睬他一再提出的要求，宣布在劳工纠纷中滥用禁令是违法的（从1905—1908年，他曾向国会送去了6份咨文）。在修改反托拉斯法时，他们顺从全国制造商协会和摩根财团的意见。他们拒绝为哥伦比亚特区制订一个样板性的童工法，他们蔑视或者根本无视一系列次要的建议。”③ 企业和政治的紧密结合堵塞了立法机关的通道，权与钱的密切结合使规范商业的立

① 【美】斯坦利·L. 恩格尔曼、罗伯特·E. 高尔曼主编：《剑桥美国经济史（第三卷）》，第384页。

② 【美】小阿瑟·施莱辛格：《美国共和党史》，第229页。

③ 同上。

法难以通过，即使通过了也难以执行。然而在进步主义时代，用政府立法来规范商业的手段对付垄断，即利用国家干预调节经济领域中的各种关系，遏制过度的集中和兼并。促进社会公平已经逐渐成为全社会的共识，所以美国公众对国会的不满日益强烈，国会体制已经不适应美国国家的现代化发展，为了适应美国民众参政意愿，作为代表民意制订法律的最高权威机构的国会，其结构和方式必须发生变化。

1. 国会议员提名与选举方法的变化

国会议员的提名与选举实行预选会制度。到1900年约有2/3的州通过法律，实行预选会制度。1913年国会通过宪法第十七条修正案，对国会参议员选举进行了重大改革，由州议会选举改为普选，与众议员选举同期进行。“现在参议员由各州有选举权的人民选举，与其他由选举产生的官员一样。”① 很长一段时间之内，保守派之所以能控制州立法机关，其关键就在于名额的分配不当。世代居住在小城镇和乡村地区的新教徒构成了共和党在立法机关的大多数，他们当中有许多人对城市问题漠不关心，对劳工则怀有敌意。

由各州民众直接选举参议员是一种进步，既能保证民意的表达也使参议员受到“乡民”的监督，在一定程度上减弱了参议院的保守性。与此同时，国会议席也最后确立。1911年，国会根据1910年的人口普查，通过法律将众议院席位确定为435人。“1922年，国会通过一项法律规定众议院人数最多不得超过435名。1929年国会通过一项议席分配法，将众议院议席总数永久固定为435人。”②

2. 国会政党组织的健全

“在提名总统候选人的政治职能外，如何在立法领域发挥政党作

① 【美】沃塞曼：《美国政治基础》，陆震纶、何祚康、郑明哲译，中国社会科学出版社1994年版，第71页。

② 同上书，第69页。

用，政党通过什么渠道在国会中起作用，是一个十分复杂而敏感的问题。完善国会政党组织的改革在20世纪初显得十分迫切。有关改革首先是从参议院确立政党领袖体制开始的。”① 民主党和共和党先后决定由参议院党团会议主席任参议院本党领袖，又先后在参议院设立了督导员。接着就是建立政党委员会，民主党和共和党先后建立遴选委员会，1919年共和党又建立政策委员会。这样到20世纪初美国国会已经形成了较为健全的政党组织体制。

国会两院政党组织健全的原因归根到底在于如何更好地服务于利益集团的诉求。20世纪初，民主党与共和党在重大问题上并没有原则性的差别，但是他们在具体的内外政策上由于受不同利益集团或地区利益的影响，仍然有严重分歧，在国会制定立法时两党互不妥协。为了使有利于本党利益的国家法律得以通过，多数党往往利用占多数席位的有利地位施展各种手段，而少数党则采取各种手法阻挠多数党提出的立法议案，以致国会经常出现各种政治交易。1913年参议员由州议会选举改为由选民直接选举产生之后，参议员的独立性加强。他们的地方观念胜于党派观念，他们认为自己是本地区选民利益的代表而不是党派利益代言人，因为他们的再次当选还要依赖于本选区选民而不是政党领袖，所以在投票时参议员的个人立场常常与政党领袖的立场存有一定距离。为了协调本党议员的立法投票动向，使本党议员的投票立场与政党领袖的立场保持一致，需要通过党的组织机构作协调工作。② 所以，两党为了在国会的立法进程中强化党的力量和影响，所以，两党为了加强党内统一，集中力量与对方进行斗争，需要健全党的组织。

3. 国会议长与委员会权力的变化

这种变化一言以蔽之就是议长权力缩小，而委员会的权力扩大。国会议长权力的缩小是国会变化的一个显著方面。特别还是约瑟夫

① 余志森主编：《美国通史（第四卷）：1998—1929》，第576页。

② 张定河：《美国政治制度的起源和演变》，第200页。

·坎农任议长时（1903—1911）权力达到顶峰。1909 年，坎农阻挠进步立法的通过遭到进步主义议员们的严厉抨击。1910 年 3 月，众议院通过决议，废除议长担任议事规则委员会主席的规定，剥夺议长任命各委员会及其主席的权力，并将议事规则委员会由 5 人扩大到 10 人及由委员会选举该委员会主席。1911 年坎农被迫下台。舆论认为“1910 年普通议员中的进步分子造反，剥夺了议长的大部分权力，包括对什么人能在国会委员会任职的控制权。……1910 年的变革旨在缩减议长的权力，是作为进步的改革提出来的”。①

1909 年众议院民主党党团会议曾通过一部党团规则，规定由党团会议决定众议院的人事任命，包括指派各委员会主席，推举议长候选人，还规定党团会议 2/3 多数票通过的投票原则对所有本党议员有约束力，由于民主党从 1911—1919 年连续 8 年为众议院多数党，该党的规则就成为众议院的规则。此后，党团会议主席成为众议院最高的统治者，议长则屈居次席。

进入 20 世纪之后，为了应付日趋复杂而又瞬息万变的国内外形势变化，需要加强以总统为首的联邦行政部门的职权。而行政部门权力的加强相应的就是需要相对削弱国会的权力，而权力相对较弱的国会就不可能再有一个强有力的议长，因为在一个强有力的议长的领导下就会有一个可以与总统相抗衡的强有力的国会，这不利于总统及时推行或调整他提出的各项政策。

与此同时，国会中的各委员会在数量和权力上相对增长。19 世纪末 20 世纪初，国会众议院常设委员会的数量不断增加。1913 年参议院常设委员会达 74 个。常设委员会方便利益集团更好地与国会议员们做交易。委员会主席是把持一项立法议案能否进入全院大会的第一道关卡，因为每项议案须先经过委员会审议才能提交给全院大会，大约 80％到 90％的议案在委员会审议时就被筛选掉，而委员会主席则是一项议案能否通过委员会审议的关键人物。因此委员会主

① 【美】詹姆斯·麦格雷戈·伯恩斯等：《民治政府：美国政府与政治（第 20 版）》，吴爱明、李亚梅译，中国人民大学出版社 2007 年版，第 495 页。

席是利益集团重点攻关的对象。20世纪初，国会两院已注意到滥设常设委员会的弊端，要求进行裁并。1909年众议院裁撤了6个；参议院的各委员会1921年裁撤为33个。[①] 由于无法适应经济和社会发展的客观要求，无法保持社会不同利益集团的平衡，美国国会遭到民众的质疑，与行政部门相比，其职权相对削弱了。国会对民众的强烈要求，较之以往作出更灵敏的反应。例如针对民众对食品、药品安全的不满，1906年6月30日，美国国会通过了《肉类检查法》和《纯净食品法及药品管理法》。《肉类检查法》规定："凡进入州际贸易和对外出口的肉类及肉制品，必须接受联邦的检查，国会为此拨款300万美元。"[②]《纯净食品法及药品管理法》规定："任何州或哥伦比亚特区的任何人制造掺假或贴假商标的食品或药品，均为非法。任何违反本条款规定的人即犯有轻罪，每项违法行为经判定有罪，由法院决定，可处500美元以下罚金或处一年监禁或二者并处，以后再犯的每项违法行为经判定有罪，由法院决定，可处不低于1000美元罚金或处一年监禁或二者并处。"[③] 实践证明，国会为适应社会不同利益集团的需求而主动和被动进行的制度方面的建设，推动了美国国会朝着更加灵活和高效的方向发展。

三、美国最高法院的坚持与变化

进步主义时代的美国最高法院被进步主义者认为是保守主义的大本营。

在这个时期面对联邦行政与立法机构权力的扩张，联邦最高法院仍然坚持反对联邦权力扩张的保守立场。最高法院的这种观念代表美国价值体系中最深层的一部分，即政府不应干涉人们的生活，

① 【美】詹姆斯·麦格雷戈·伯恩斯等：《民治政府：美国政府与政治（第20版）》，第203页。

② Merl Fainsod Government and America Economy New York，1959，p. 220.

③ 【美】J. 艾捷尔：《美国赖以立国的文本——照亮了美利坚民族历史与性格的文献汇编》，赵一凡译，海南出版社2000年版，第543页。

个人权利和人身自由不受侵犯。因此州政府所出台旨在平衡社会中各个利益集团的利益，以保持社会稳定的立法总是受到最高法院的审视。在他们看来，美国经济和社会中一个突出的优势和特点就是尊重私权，严格保护公民的财产不受任何侵犯。通过释放私人经济力量，来促进整个社会经济的顺利发展，而现在联邦和州议会的许多立法行为正在破坏它。最高法院认为这些立法带有阶级立法的色彩，即借助政府的权力来牺牲他人的利益去维护社会中某一个或某一阶级的利益。

最高法院对政府干预经济加以限制的主要法律依据仍然是宪法第十四条修正案的实质性正当法律程序原则。

这期间最为著名、被称之为分水岭的洛克纳诉纽约州的案件中，美国最高法院就深刻体现了这一思想，即必须按照实质性正当程序和合同自由作出判决。1895 年 4 月，纽约两院同时通过立法表示："不得要求、允许或强迫任何烘烤房的雇员一星期工作超过 60 小时，或一天内工作超过 10 小时，除非是为了减少周末的工作时间。"[①] 这个法律反映当时人们对于财阀们势力兴起的担心。当特殊利益集团用金钱开路，渗入政治、钱权交易、施加影响时，他们对社会和国家的危害就更为严重。为了维护机会平等，需要有限地使用政府权力来管制经济，从而在现行规则下维护机会平等，甚至不惜改变游戏规则，以保证更实质性的机会平等和同工同酬。

当时纽约州面包商人洛克纳要求自己面包房里的工人一周工作时间超过 60 小时，因而违反了纽约州法律被定罪，洛克纳不服上诉至联邦最高法院，理由就是违反了正当程序。

大法官佩克汉姆代表最高法院作出判决：

一方面最高法院承认联邦各州的拥有治安权的权力，特别是这些权力涉及安全、健康、道德以及公众的普遍福利的时候。各州在行使管理权时可以强加这些限制，并且宪法第十四条修正案也不是

---

① Paul Kens，Judicial Power and Reform Politics：The Anatomy of Lochner V. New York，1990，p. 58.

用来干预这些限制条件的。因此，“州有权阻止个人签订某类合同，并且联邦宪法并未对签订这类合同提供任何保护。如果对于一项合同，州有权通过治安权的合法行使而予以禁止，那么第十四条修正案并不阻止对其予以禁止。合同违反联邦或州的制定法，或者一项合同是出租其财产以实现不道德的目的，或者为任何其他违法行为，则该项合同就无法归入个人自由或契约自由而获得联邦宪法的保护”。①

但是，另一方面最高法院又认为，纽约州治安权力已经超越了它应有的界限，因为几乎所有的行业都多多少少对健康有影响。这个法律必然干涉了雇主和雇员之间订立合同的权利，这项权利涉及了雇员在雇主的面包店里的工作时间。对于自己的事务签订合同的普遍权利是由联邦宪法第十四条修正案所保护的个人自由权的一部分。根据第十四条修正案，任何州非经正当法律程序都无权剥夺任何人的生命、自由和财产。购买或出卖劳动力的权利是该修正案所保护的自由权的一部分，除非存在排除该项权利的情形。法院认为，在本案中治安权的行使已经超出其权限。“根据我们的判断，并不存在任何合理的理由，让我们认为作为保护公众健康或从事面包师行业的个人健康的健康法是必要和正当的。……我们认为：毫无疑问，面包师这一行业就其本身而言，并不是一个危险性会达到如此程度的行业，以至于要授权立法机关干涉无论是雇主还是雇员的个人劳动权利和契约自由权利。”②

最高法院认为并不存在任何合理的理由，通过确定工作时间的方式来干涉个人自由或契约自由的权利。“对这种制定法性质的审查表明：它们对个人权利的干预纯属于多管闲事。契约自由如同个人自由一样受到联邦宪法的保护，并且州的立法机关无权限制在制定法中提及的他们的权利。”③ 但是最高法院的判决在内部引起了很大

① 【美】斯坦利·I. 库特勒：《宪法的精神》，第 173 页。

② 同上。

③ 同上书，第 174—175 页。

争论。具有进步主义思想的霍姆斯大法官当时就提出了异议。他认为，“本案是根据我们国家大部分人都不认同的一个经济理论进行判决的”。[①] 对于霍姆斯来说“法律的生命不在于逻辑，而在于经验”。所以法院应该认识到他们必须发挥更深层次意义上的立法功能。对共同体来说什么是有利的，感觉到的时代的需求，以及对于什么能够最好地服务于公共利益的直觉。[②]

在1908年的阿戴尔诉美利坚合众国案中，美国最高法院的判决更是激起了工会的强烈不满。这个判决推翻了《厄尔德曼法》，从而宣布“黄狗合同”有效。所谓《黄狗合同》就是雇主强迫工人同意签订这样的合同，即规定他们如果加入了工会组织，则将被解雇。这是工商业主们抵制工会联合的最为普遍和有效的商业方法。1898年，蒲尔曼铁路公司工人罢工之后，美国国会认定铁路依据此种合同解雇工人构成刑事犯罪，但是大法官哈兰（Harlan）代表最高法院宣布《厄尔德曼法》无效。因为最高法院认为：“就自己的事务订立合同的一般性权利是受联邦宪法第十四条修正案所保护的个人自由的一部分。……我们认为，需要特别指出的是，《厄尔德曼法》的第十节确实是对受修正案所保护的个人自由及财产权利的侵犯。这种自由与权利包括为购买他人劳动而订立合同的权利，同样也包括为出售自己的劳动而订立合同的权利；然而每种权利，都应服从一个基本条件，就是任何合同无论其内容是什么，如果法律依据合理的理由，认为其与公共利益不相一致或妨害了公共秩序或对公共利益有害，都不能得以维持……”最高法院因此认为，“公共利益或大众福利的需要，这些权利亦应受到合理的限制，不过这并不属于政府的职能范围——至少在当事人之间缺少合同——去强迫经营过程中的任何人违反自己的意愿接受或保留其他人的个人服务，或去强迫任何人违背自己的意愿而为另一人提供个人服务。一个人根据他

---

① 【美】伯纳德·施瓦茨：《美国最高法院史》，毕洪海、柯翀、石明磊译，中国政法大学出版社2005年版，第213页。

② 同上，第214页。

认为合理的条款出卖自己劳动的权利实质上与劳动力购买者享有决定合同条件的权利相同，后者将依据这些条件来接受愿意出卖其劳动力的劳动者的劳动。……在所有这类特殊情况中，雇主与工人享有的权利是平等的，任何妨碍这种平等的立法都是对契约自由的粗暴干扰，在一个自由的国度里，政府对此不能合法地证明它是正当的……就整个案件而言，可以得出结论，即应当认为认定被告有罪所依据的制定法的条款是与宪法第五修正案相抵触的，这一条款不属于国会管制州际商业的权力范围，但是在管制州际商业这种伪装下，以及适用在该案中的时候，它却武断地支持对被告阿戴尔个人自由和财产权利的非法侵犯。”① 阿戴尔法案的判决代表中多数法官认为这项法律对于公共卫生、安全、道德、公共福利没有任何关系，这项法律只是为劳工获得利益，但是相应地却通过剥夺雇主的部分合同自由而损害了雇主的利益。这是一种阶级立法，最高法院不能容忍阶级立法的倾向蔓延。皮特尼大法官坦率地承认在所有的合同中，签约双方一般都不具有平等的谈判实力。按照他的判决意见，“除非所有的东西都公有，有些人的财产会多于他人是不言而喻的，因此在坚持合同自由和私人产权的同时，就自然不可能不承认那些财富的不平等是合法的，它们是行使那些权利的必然结果。”② 但是这不意味着私人产权和契约自由应该得到破坏。

在1911年冈波斯苏巴克炉灶厨具公司案中，最高法院更是以9比0的判决宣布原告败诉。在雇佣者和劳动者的冲突中，法院总是站在雇佣者一方。法院不支持任何损害财产权的行为，包括言论。当1918年哈默诉达根哈特案的时候，人们的不满达到高潮。在进步主义者的推动下，美国国会不断地利用商业权力和征税与开支权力，颁布管理性立法来改善被认为是全国头等大事的社会问题。这其中人们最关心的就是童工问题，他们无力改善自身的生活和工作条件。

① 【美】克米特·L. 霍尔：《牛津美国联邦最高法院指南（第2版）》，许明月、夏登峻译，北京大学出版社2009年版，第388页。

② 余志森主编：《美国通史（第四卷：1998—1929）》，第581页。

在进步主义者的推动之下，美国国会通过《凯仃一欧文童工法》宣布童工制造的商品不能够在州与州之间进行交易。但是在这个案件中，最高法院的判决让人失望。最高法院多数法官坚持认为《童工法》是对各州的内部事务进行调整，而此种权力的形式并无宪法依据。虽然童工需要保护，但是不能因此破坏联邦主义。“最终的结果将会是所有商业自由将由此走向终结，如果这样我们的政府系统实际上也将破坏。”

最高法院的这些判决无一不在社会上激起了强烈的反响，不仅学者，而且当时美国民众也普遍认为，美国最高法院根据正当程序条款和合同自由所作出的这些判决显然限制了州政府和联邦政府干预社会经济生活尤其是劳资关系的权限，明显偏向企业和反劳工。进入 20 世纪之后，伴随着美国现代化的发展，社会不同利益集团的利益需要重新分配和调整已是势在必然。公众普遍认为适应和管理社会剧烈变化最有效的部门就是总统的职位，而不是最高法院。所以扩大行政权力积极干预国家经济发展是民心所向。“最高法院利用否决州和联邦制订规章的法律，创造了一个私人企业面临最低限制的真空地带。那些要求立法机构对减低工业主义影响的集团作出反应的人，发出了要求限制最高法院权力的巨大呼声。他们认为法官们已经将法庭转变为国会的‘第三院’，裁定法律的合理性而不是裁定立法机关制订法律的权力。这样的政策事务是立法机关而不是司法机关的事，应留给选举产生的议员们去决定。”最高法院的判决使公众对其公正无私的精神开始缺少信任，这对最高法院而言是一种损害。“司法部门在许多涉及多数人与少数人权利之争的案件中所作的判决的代表性未能满足民主的要求，而对立法的否决权虽然继续保持下去，却遭到激烈的攻击，威胁着要对它施加严格的限制，在某些情况下付诸实现了。”①

① 【美】梅里亚姆：《美国政治思想》，第 265 页。

2. 最高法院对公共目的的关注

因此，与19世纪后期的镀金时代相比，进步主义时期的美国联邦最高法院的态度不能不受到公众舆论与社会思潮的广泛影响，在此背景之下，最高法院批准了大量重要的进步主义改革立法。根据著名法律史学家沃伦的研究，在涉及宪法第十四条修正案的560个案件中，只有3个案件的判决，其中包括洛克纳案判决，推翻了有关社会正义的州立法，另有34个案件的判决否决了有关私人财产的州立法，而在涉及合同和州际贸易问题的302个案件中，只有36个案件的判决宣布有关的社会经济法规违宪。从沃伦的统计分析来看，最高法院在当时绝大多数案件的判决中支持了由州议会通过的监管立法。① 所以这时期的最高法院的判决能支持相当多的社会经济改革立法而并不是完全排斥。沃伦的研究得到了美国历史学家梅尔文·尤罗夫斯基的研究证实。尤罗夫斯基认为："大多数州法院不是反动的堡垒，而是试图适应这个国家新的社会经济条件的最好的普通法传统的支持者。"② 20世纪初美国最高法院总体来说是进步的。按照克密特·霍尔在1985年援引的数据，最高法院在1890—1937年所审理案件中，380项法律涉及宪法第十四条修正案正当程序条款中有232项法律被推翻，那么法院认可的148项州法仍然占总数的近40％。③

最明显的就是最高法院接受了立法机关关于规范铁路费用和服务的立法。在1897年，最高法院还坚持认为法院可以撤销州际贸易委员会的事实认定或者可以认定新的事实，认为其没有这样的职能。认为其设定的铁路运费低到不合理的程度，就会剥夺铁路公司所受

① 韩铁：《美国宪政民主下的司法与资本主义经济发展》，上海三联书店2009年版，第163页。

② Urofsky Melvin I., Paul Finkelman, A march of Liberty: *A Constitutional History of The United states*. New York: Oxford University Press, 2002, pp. 51－72.

③ Kermit · Hall, *The Supreme Court and Judicial Review in America Histor*, y, Washington, D. C: American Historical Association, 1985, p. 27.

正当程序的保护，但是到了 1907 年，最高法院推翻了以前的判决，在明尼苏达州费率系列案中，最高法院支持州际商务委员会对州际商业的州内价格进行管理，宣布将接受委员会认定的事实为终局性的，促使州际商务委员会成为一个有权利的机构。最高法院支持国会通过的《赫伯恩法》，拒绝对其进行司法审查。到了 1910 年州际贸易委员会诉伊利诺斯中央铁路公司一案中，最高法院认为，“从事州际贸易的公司由于其经营州际贸易而要受制于根据管制贸易法案所实施的措施，同时，为此类贸易所采取的手段也同样受到这种限制。”[①] 从而赋予州际商务委员会居于州议会和州政府制定的法律和规则之上。尽管这些法律带有治安管制的特征，传统上属于各州的司法管辖权范围。与此同时，最高法院对反托拉斯法的司法解释也放宽了。其中具有里程碑意义的是 1905 年美国政府诉北部证券公司一案。北部证券控股公司被指控垄断太平洋西北部的铁路线，这个公司是由摩根集团和哈里曼集团联合设立的，控制了芝加哥和靠近太平洋的西北地区之间的绝大部分的铁路产权。西奥多·罗斯福总统后来回忆说：“那时我刚刚就任，政府反托拉斯的能力受到了奈特案的沉重打击，一个金融家的小集团试图利用这一点完全控制美国的整个铁路运输系统。上任不久，在总检察官诺克斯先生的建议下，我下令对该公司起诉以将其分拆。”[②] 美国最高法院判决支持总统的决定将北部证券公司予以解体。约翰·哈伦大法官在判决中写道：“国会有权确立规范州际和国际商务的规则，而且通过《反托拉斯法》，国会已经就那些从事上述商务活动的经营者之间的自由竞争的准则作出了规定；根据此法案，任何联合或共谋，只要它将压制从事州际商业或贸易的竞争性铁路公司之间的竞争．而且以此限制上述商业或贸易，均属非法；要宣告一个企业联合无效，正如该国会法案所解释的那样，并不需要证明这个企业联合在事实上导致或将导致完全的贸易压制或完全的垄断，而只需证明它的运行必然倾向

① 【美】斯坦利·I. 库特勒：《宪法的精神》，第 161 页。

② 【美】吉斯特：《美国垄断史》，第 41 页。

限制州际或国际的商业或贸易，或者倾向在上述商业或贸易中形成垄断，将会剥夺公众所享有的来自自由竞争的利益……显而易见的是，如果现在摆在我们面前的这样一个案子不适用《谢尔曼反托拉斯法》的话，那么政府立法机关的明确的立法意图就会被践踏。如果国会没有用《谢尔曼反托拉斯法》中所用的语句来描述这个案子或类似的案子，我们担心，是否还能找得到语句来描述它们。……如果这一托拉斯不被摧毁的话，那些在竞争法则作用下自然归于公众的利益将会完全丧失，美国广阔北部地区的所有商业活动都将被这一家控股公司控制。"① 罗斯福总统将本案胜诉评论为"明确地建立了政府与所有大企业打交道的权力，如果没有这一胜利，美国政府将始终沉溺于奈特案带来的无能状态中"。② "这个案件之所以重要，是因为它使人清楚地看出，采用控股公司方式进行联合也不能免受《谢尔曼反托拉斯法》的约束。"③ 最高法院还批准了几乎所有关于联邦政府对自然资源的合理运用的立法。

虽然最高法院的大法官们一致认为私人的基本权利和自由必须受到法律的平等保护，政府通过的立法不得随意干预，但是也接受为了公共目的可以作出合理干预的观点。如果是为公共目的通过的对社会所有成员一视同仁的立法，即便有损某些成员的私人权利和自由，也是合理干预，只不过进行管制的权力不代表没收的权力。显然，"公共目的"的要求是对政府干预的一种限制，即如果不是为了公共目的政府不得进行干预，但这种限制并不意味着要求政府采取自由放任的态度，而是反对政府通过仅仅足为社会某些成员体利益服务结果有违公共目的基本准则的阶级立法。④ 最高法院通过运用宪法第十四条修正案的正当程序对社会经济立法进行审查，将服务于公共目的的合理犯法和服务于某些群体而损害另外一些群体的阶

① 【美】斯坦利·I. 库特勒：《宪法的精神》，第165—167页。
② 【美】吉斯特：《美国垄断史》，第41页。
③ 【美】菲特、里斯：《美国经济史》，第567页。
④ 韩铁：《美国宪政民主下的司法与资本主义经济发展》，第164页。

级立法区别开来。前一种立法不受宪法第十四条修正案的限制，后一种立法则要受到限制。

1908 年最高法院在马勒诉俄勒冈案充分体现了这一点。（俄勒冈州制定了一部有关妇女最高 10 工时的立法，马勒洗衣店老板却要求该店女工超过 10 工时，被州地方法院宣布违法，马勒不服上诉到最高法院）最高法院宣布俄勒冈州立法有效。这起案件的结果完全不同于洛克纳案的判决，原因就在于为州立法辩护的布兰代斯仅用两页纸进行通常的法律推理和援引判例，并没有试图推翻布兰代斯洛克纳案的判决，而是在提交给法庭的长达 104 页的辩护状中，为了说明妇女劳动时间长产生的经济和社会后果，竟用了 102 页，其中引用了数百种经济学、社会学和医疗方面的资料，包括工厂监督员、卫生和健康委员会、专家委员会的报告，从社会学和经济学角度详细论证了长时间工作对妇女身心健康所造成的不良影响。他以大量事实和证据深深打动了最高法院的所有法官，相信俄勒冈州 10 小时立法对于保护妇女的健康、安全和道德不可或缺。“女性的身体结构及生育功能使她们在为生存而奋斗的过程中处于不利地位，由于健康的母亲是健康后代的根本，因此女性的身体健康必须成为公共利益及公共保护的一部分。”[①] 同年最高法院又在麦克莱恩诉阿肯色州案中再次支持保护劳工的立法。威廉·戴大法官在判决书中表示，“不能说……这项法律和保护大量劳工得到公平的应付款没有合理的关系”。在他们看来，这项法律类似于那些“防止欺骗和在交易中要求诚实度量衡”的法律，而后者从来就是在治安权保护公共道德的合法权限之内。

1917 年，最高法院在邦廷诉俄勒冈州案判决中支持该州有关工业部门劳工最高工时的立法。代表俄勒冈州出庭辩护的律师费利克斯·法兰克福特向法院提供了“有关超时对工人身心健康和对国家的活力、效率及繁荣所产生影响的事实和统计数据的全面而系统的

① 【美】克米特·L. 霍尔：《牛津美国联邦最高法院指南（第 2 版）》，许明月、夏登峻译，北京大学出版社 2009 年版，第 611 页。

回顾，使最高法院支持了俄勒冈州的立法，引人注意的是代表最高法院撰写判决书的正是12年前同样在洛克纳案中否决纽约州最高工时撰写判决书的约瑟夫·麦克纳”。[①] 霍华德·吉尔曼的研究表明，美国最高法院的多数法官在判决中关注的是他们认为与公共卫生、安全、道德和福利等公共目的无关的所谓阶级立法，为古典经济学所信奉的自由放任主义已不是他们的哲学根源，他们并不去反对所有的政府干预，在上述案例的判决中已经说明了这一点。因此，社会经济立法是否服务于公共目的成为一项立法是否要受到宪法第十四条修正案限制的关键所在。

事实清楚地表明：一方面，最高法院在洛克纳案、阿戴尔案等一系列案件中以有关立法与公共目的无关从而构成对合同自由的随意干预为由挫败了那些社会经济立法；另一方面，最高法院又在马勒诉俄勒冈案、麦克莱恩诉阿肯色案等一系列案件中以有关立法服务于公共目的为由支持议会通过的这些社会经济立法。这两类判决在结果上相互矛盾。但在以公共目的为核心这一原则问题上却是始终如一的。因此不能得出结论说最高法院的大法官们完全偏向工商利益集团的利益。20世纪初研究治安权的法学权威厄恩斯特·弗罗因德早在1910年就注意到所有对安全和卫生有直接影响的劳工立法都为法院所认可，所以问题的关键在于如何对公共目的进行认定的方法问题。[②]

较之行政和立法系统，司法系统在20世纪初的变化幅度不是很大也是客观事实，没有发生一种对后世有重大影响的里程碑式的变化，没有出现司法系统在结构上和功能上的重大变异。因此最高法院的判例往往落后于时代的发展，在很多时候并没有促进社会的发展。美国许多民众为此不满，认为司法系统必须适应变化了的美国社会经济，要求改革司法系统，但总是雷声大雨点小。这也许同司法系统本身所特有的稳定性、保守性和连续性有关。

---

① 韩铁：《美国宪政民主下的司法与资本主义经济发展》，第172页。

② 同上书，第170页。

首先，美国最高法院的法官任职终身，不需要考虑政治上的妥协与交易。虽然总统任命最高法院首席法官时总是考虑政党的因素和政治回报意图。西奥多·罗斯福在给参议员洛奇的一封信中谈得较为坦白。他想任命马萨诸塞州最高法院法官奥利弗·霍姆斯为最高法院法官时说："现在我想要知道，霍姆斯法官是完全赞同我们的观点，即赞同你和我的观点。……如果我竟然任命了哪一个对我们在公共生活中主张的重大国家政策不是完全清醒可靠的人，我就认为自己对国家犯了一个无可挽回的错误。"① 但是最高法院法官在任职后与政党的联系就立即相对淡化和松弛。

其次，法院法官的职业具有很强的职业特点，这样就使他们受到地方利益和利益集团的压力要小的多。"法院的诉讼通常涉及的是具体问题，因此法官的判断是接近实际的。最后诉讼成本显然比游说国会制定或取消某个法案成本要小的多。"② 所以它对立法的审理和裁决总是在法律制订之后，而不是在其前。

进步时期的最高法院对社会立法抱有疑虑，认为带有阶级立法的色彩，它的诸多判决导致了社会成本的增大，造成了公众对最高法院的不满情绪。但是"有关公共权利的政府行动原则并没有为彼此争斗的私利之间的冲突所淹没或者完全被压倒"，③ 因为最高法院对社会中的种种变化实际上是非常敏感的，用沙伊伯教授的活来说："公共权利原则有时被用来促进经济进步，有时被用来往资本家利益之上加以负担和限制。不管这些利益是农业利益、商业利益、还是工业利益……尽管公共权利的概念可以被用来推动经济变化沿特定的途径发展，它也可以而且曾经被用来在企业利益漠视社区需要和权利的地方施加政府的权力。"④ 而且美国的司法和立法机关发生相互否定的牵制作用十分突出。如果法院对一项法律的解释不合国会

① 余志森主编：《美国通史（第四卷）：1998—1929》，第 582 页。

② Hurst，JamesWillard，Law and the Conditions Of Freedom in the Nineteenth－Century United States，Madison：The University of Wisconsin Press，1956，p. 50.

③ Ibid.

④ 韩铁：《美国宪政民主下的司法与资本主义经济发展》，第 14 页。

的意，国会往往以改写法律的方法来推翻最高法院的裁决。宪法修正案也能推翻最高法院的裁决。因此，公共权利原则对这一时期的最高法院判决的影响已经是越来越大了，最高法院对于许多案件的判决是顾及到社会的呼声的。并努力使其判决适应现代的需要。同行政和立法部门一样，美国最高法院正在经历了一个发展、完善的过程。它的保守性只是出于对个人私权、契约自由、个人自由这些美国传统价值观的强烈保护意识。它有时候会阻碍改革，阻止联邦与州的权力的拓展，但其目的是为了使政府能够更有效地处理时代问题。

第四节　美国国内经济政策的制订与实施

一、关税政策

在 1896 年总统大选中，代表工商业利益集团的威廉·麦金莱作为共和党总统候选人战胜了民主党和人民党的总统候选人威廉·詹宁斯·布赖恩，麦金莱宣誓就任总统两天之后，就要求国会召集特别会议修改关税政策。1897 年 3 月新国会成立仅两周，就迫不及待地实行了《丁格莱关税法》，重新恢复了高额保护贸易关税，其平均税率高达 57%，此次提升远远超过参众两院分别提出的法案，并保持了 12 年之久，堪称美国高关税政策的顶峰。这确确实实的说明以大公司为代表的美国工商业利益集团在 19 世纪后期的美国有着多么高的威望，其强大的集体行动能力，总是能够让美国联邦政府最大程度上为其利益着想。不过工商业利益集团并不是唯一的受益者。《丁格莱关税法》最重要的修改就是重新征收生羊毛关税，这是农业各州农场主们对不支持布莱恩的经济回报。而对于铁矿石、生铁钢轨所征收的关税，基本上未做任何的变动。“事实上，按照《麦金莱关税法》所设定的标准，许多针对铁矿与钢铁的关税清单延伸了保护范围，有效地禁止了所有来自于外国的竞争。针对粗糖征收的关税翻了一番，主要是为了提高国库收入。联邦行政机构再次被允许可以通过与其他国家的谈判来实现关税壁垒的双边减让。”①

进入20世纪之后，美国现代工商企业的崛起已经在某种程度上不再需要高关税的保护，相反由于高关税的壁垒造成了外国同样以高关税报复美国，促使美国商品出口受限。虽然美国联邦行政部门先后同法国、意大利和巴西等国签订了多项互惠协定，但都没有得到国会的批准。农业利益集团十分不满。因此，到1908年美国总统大选时，共和党在政纲中允诺要修改关税，把关税保护应遵循之原则定为所课征之关税是国内外产品之差额加上美国产业应获得之合理利润。② 塔夫脱总统于1909年3月15日召开了国会特别会议，讨论降低关税问题。众议院最初提出的议案满足了当时美国社会普遍的降低关税的要求，大幅度降低1897年《丁格利关税法》制定的税率。“该法案的免税清单以及调低后的税率，令进出口商都感到十分满意。”但这一提案遭到了以纳尔逊·奥尔德里奇为首的一部分议员的反对。这些议员代表着纺织品工业利益集团的利益。所以国会参议员们用847条修正案把众议院议案修改得面目全非。最后，参众两院进行折衷，草拟了一个统一的法案，这个版本和参议院十分相似。降低了一些成衣、牲畜、钢轨、生铁和铁矿石的进口关税。这些项目如生铁、钢锭、钢轨的税率已经不重要了，美国已经有足够的竞争能力。却增加了包括纺织品在内的600多项商品的进口税。这就是所谓的《佩恩·奥尔德里奇关税法》，平均税率高达42%。该法案使美国国内许多人感到不满、甚至愤怒。在他们看来，共和党和塔夫脱总统都许诺要降低关税，特别是塔夫脱总统“在他1908年所做的所有竞选承诺中，塔夫脱可能最认真想要做的是减少关税税

① 【美】理查德·富兰克林·本塞尔：《美国工业化的政治经济学（1877—1900年）》，第414页。

② F. W. Tausig, *The Tariff History of the United Statest* , New York: G. P. Putnam's ons, 1931, p. 363.

率，认为共和党长期的贸易保护主义情节是不幸的”。但是，塔夫脱不顾中西部进步分子的强烈呼吁签署了这个法案。“塔夫脱不但没能恢复免税清单，而且后来还对这一结果表示赞赏，从而使情况变得更加糟糕。他的谈话疏远了他同工业出口商、原材料进口商以及进步党的关税改革派之间的关系。”“尽管 1909 年关税法未对美国关税制度进行根本性变革，高税率依旧，但某种与 1890 年或 1897 年不同的精神在 1909 年已开始显露出来。”① 美国的高关税政策实际上已经越来越无法维持下去了。

在 1911 年，塔夫脱利用国会赋予的权力开始与加拿大谈判签订有关互相减少关税的互惠贸易协定，但是塔夫脱的努力遭到挫折，因为美国西部农场主提出了强烈的抗议，深怕加拿大小麦和其他农产品涌向美国市场，并终于迫使加拿大放弃谈判。

塔夫脱总统在关税政策上的失败表明共和党受到利益集团的牵制有多深。自内战以来，由于在大多数时间是代表了了工商业利益集团特别是大企业利益的共和党执政，所以始终奉行保护关税的原则。即使这个政策已经僵化，也要实行高额保护关税制，这对许多利益集团的利益造成了严重损失，因此代表这些利益集团的民主党一直希望降低关税。在进步主义思潮影响下，削减关税已经成为社会的普遍要求，共和党对这个问题认识不清，付出了惨重的政治代价，在 1910 年的国会选举和 1912 年的美国总统大选中，这个问题都是热门话题，并且造成了共和党在中期选举和总统大选中的失败。

威尔逊上台后，充分认识到关税改革的紧迫性，他认为，“联邦权力只应用于摧毁特权，扫除个人充分发展的人为障碍，保护并恢复商业竞争。”② 在就职演说中，威尔逊就明确指出指出，关税制度“违反了公正的征税原则，并使政府成为私人权益集团手中的顺从工

① F. W. Tausig, *The Tariff History of the United Statest* , New York：G. P. Putnam's ons，1931，p. 408.

② Arthur S . Link. *Woodrow Wilson and the Progressive Era*，*1900 — 1917*，New. York. ：Harper，1963，p. 20.

具”。威尔逊入主白宫后，立即将关税改革视为一项主要目标。威尔逊的举措得到了国会的大力支持，民主党控制了参众两院，不过民主党在参议院只多了3个席位。为履行诺言，威尔逊在1913年3月4日宣誓就职那天，即召集国会特别会议，讨论修订关税问题。他打破常规，于4月8日亲赴两院，向国会的一次特别会议递交了一份要求降低关税的改革咨文，并发表演说：“有意或无意地，我们已经在竞争中造成了一整套的特权和免除竞争的权利。在这些特权和豁免权后面，通过任何形式的、甚至是最原始形式的联合组织，组成垄断是极其容易的。直到最后，在我们大企业的世界内什么都变得不正常，没有什么事情能经得起效率与节约的考验。而只有协调一致的安排才能得到繁荣，只有新的行动原则才能使我们不致遭受垄断公司最后的吞噬，不致完全失去使商业迅速发展和保持企业独立的活力的影响。”① 然而，威尔逊对于关税问题有比这更全面的理解，他并非彻底否定关税制度，认为保护关税是必要的，但其作用应该是保护那些“国内没有完全发展起来的工业”。在1913年4月的关税改革咨文中，威尔逊也并未认为关税制度毫无必要，相反只是认为它落后于形势发展的需要。在他看来，关税改革应该提到“刺激美国人运用其才智与世界其他地方的商人进行竞争”的作用。②

在1916年的一次演说中，他更加明确地指出关税改革的目的是把美国商人的精力引向世界市场。这种观点成为他推动关税改革的真正动因。威尔逊一直奉行美国人的传统观点，那就是竞争是必然的，竞争符合人类进步的法则。在基本完成工业化之后的美国已经完全具备在世界市场竞争的能力，威尔逊认为美国的进一步发展必须占领世界市场，因为美国的市场已经越来越不能容纳美国强大的生产能力。

但是，威尔逊也意识到该问题的复杂性。不同的利益集团的诉

---

① Arthur S . Link. *Woodrow Wilson and the Progressive Era, 1900 — 1917*, New. York. : Harper, 1963, pp. 270—271.

② 余志森主编：《美国通史（第四卷）：1998—1929》，第354—355页。

求是完全不一致的。因此，在关税改革问题上，威尔逊总统自始至终发挥了重要的领导作用。当民主党的领袖们提出一份降低工业品进口关税但维持农产品的高额关税的草案时，威尔逊立即加以否定，并责成关税修改法案由众议院议员安德伍德重新起草，并指示将食品、蔗糖、皮革、羊毛和棉花等农产品也列入免税商品之列。一个月之后，众议院通过议案：平均税率降低11%左右；一大批消费品增列为免税物品；取消对托拉斯生产的钢铁和其他多种产品实行的保护办法；征收适量的累进所得税以弥补税收的损失。

议案在众议院未遭任何严重的反对便通过了，但提交参议院后，立即面临着严峻的考验：民主党人在参议院仅拥有3席的优势，且来自蔗糖和羊毛生产州的本党参议员对议案将这两样产品列为免税物品持有异议。许多利益集团成员开始涌入华盛顿，为本集团的利益大肆活动。议员收到许多纷至沓来的请愿书。许多利益集团的集体行动都做得很好，这对参议院产生巨大的压力。针对这种形势，威尔逊采取大胆行动，威尔逊一方面利用自己的政治影响，对来自农业州的本党参议员施压；另一方面诉诸公众舆论，于5月26日就关税院外活动家发表公开演说。他说："对这个国家有严重利害关系的事情是，人民大众并没有什么院外活动集团，在这些事务中没有发言权；而诡计多端的人组成的庞大团体力图造成一种人为的舆论，妄图使私利凌驾于公共利益之上。全国民众应充分重视并了解这件事情，因为只有公共舆论才能遏制并阻止这种现象的发生。"[①] 威尔逊对利益集团成员的谴责揭开了国会院外活动家的种种作为的真相。为响应总统对院外活动分子的指控，拉福莱特和其他一些参议员着手彻底调查游说活动。当拉福莱特建议参议员公布他们可能受到关税立法影响的私人财产时，没人敢公开抗议。议案在参议院顺利通过，民主党参议员除两人外都投了赞成票。

威尔逊政府于1913年10月公布了《安德伍德－西蒙斯关税

① Arthur S. Link. *Woodrow Wilson and the Progressive Era, 1900－1917*, New. York.: Harper, 1978, p. 473.

法》。它不是一个自由贸易法，但是，安德伍德－西蒙斯关税法的目的是减少保护，使美国工业与欧洲制造商展开真正竞争。[①] 该关税法降低了 900 多种货物的关税，将铁、钢、农业机械、服装、食品和鞋等项目列为免税商品。这是自内战以来第一次对关税作了令人满意的降低，提高了 36 种，307 种税率未变。1909 年《佩恩－奥尔德里奇关税法》规定的关税率约为 40%，而《安德伍德－西蒙斯关税法》将税率降到 29%，即把从价课税的税率降低了 11%左右。[②] 新税法提高了美国没有或者不能生产的商品的税率，而“所有能够证明美国产品在世界贸易中占有统治地位的商品的进口关税却被削减了”。托拉斯企业生产的钢、铁、农业机器等被列入免税单内，非托拉斯企业生产的原材料、某些农产品（如棉花和羊毛）、服装和食品亦位居免税之列。

新关税法创下了自内战爆发之前迄今一个漫长时期内的历史新低。关税改革赢得了社会的普遍欢迎，从而改变了联邦的税收结构。这次关税改革，不是一次反对所谓企业特权的斗争，而是一次“使美国工业与欧洲制造商展开真正竞争的尝试”[③]，美国已是高度工业化国家，其工业生产不仅在技术方面、在提高劳动生产率和降低生产成本方面都已经超过其他资本主义国家。也就是说，其工业已发展到不怕与外国竞争的地步，因而降低某些产品的关税，不但不会引起入超，反而有利于使美国商品能够顺利进入国际市场，符合工商业利益集团的的利益，尤其受到那些想打入国际市场而受到外国报复性关税所阻的商人的支持。正因为如此，华盛顿的《星期六邮报》评论说：“整个关税改革事实上并没有太多的困难，在美国，每一个了解我们国家情况的人都会理解关税改革的必要性……其主要

① Arthur S . Link. *Woodrow Wilson and the Progressive Era*，*1900－1917*，New. York. ：Harper，1963，p. 20.

② Arthur S . Link. *Woodrow Wilson and the Progressive Era*，*1900－1917*，New. York. ：Harper，1978，p. 38.

③ 余志森主编：《美国通史（第四卷）：1998—1929》，第 356 页。

的问题只不过涉及方式方法以及所愿意削减的数量而已。”① 不过，1913 年关税政策重大转向的影响远不及人们料想得那般大，部分原因在于税法本身，如税法对某些商品的保护仍属于禁止性保护。更重要的原因在于国际风云的变幻。1914 年第一次世界大战爆发，欧洲忙于战事，战争使欧洲生产下降，增加了对美国商品的需求，结果使得美国方面的关税失去了作用。这对大洋彼岸的美利坚不啻为一种天缘之机。

二、货币政策

1. 美国金本位制的确立

从 1897—1917 年，美国不同利益集团围绕货币领域的博弈激烈程度与 19 世纪后期相比要减轻许多。最主要的是 1896 年的美国总统大选解决了长期以来有争论的金本位制的问题。20 年间，美国的金本位制度是相当稳固的。

主要有两个有利因素对于美国金本位制产生了重大影响。

一是世界黄金产量急剧扩张。“南非、阿拉斯加、科罗拉多发现了金矿，同时黄金开采和提炼技术都得到了提高，导致 1890 年以后黄金产量出现了大幅增长。”② 这样“每年铸造成的金币，从 1891—1900 年的 6718 万美元，增加到 20 世纪头 10 年间的 1.01 亿美元。有了这些金币，又加上银行钞票的增加，这样，按人口平均计算的货币流通量就从 1893 年的 23.85 美元增加到 1907 年的 33.86 美元，接着又增加到 1911 年的 35.2 美元。”③

二是在“美国国内农作物丰收的同时，国外却出现了欠收。在 19 世纪美国的经济史上，这一因素有时是至关重要的，特别是刚刚

① 余志森主编：《美国通史（第四卷）：1998—1929》，第 356 页。

② 【美】米尔顿·弗里德曼、安娜·雅各布森·施瓦茨：《美国货币史》，第 95 页。

③ 【美】沙伊贝、瓦特、福克纳等：《近百年美国经济史》，第 272 页。

恢复铸币支付后的时期。1897 年欧洲小麦比 1896 年减产超过 1/5。与此同时，美国的农作物产量却远高于上一年。美国的小麦和小麦产品出口翻番”。[①] 稳定的金本位制的好处就开始充分体现出来了，买卖双方对交易都感到放心。金本位制的稳定促成了美国货币存量和价格的增长。“1897—1914 年间，美国物价水平上涨了 40%—50%，按照批发物价指数计算，上涨幅度接近 50%或者说平均每年上涨 2.5%，按照平抑国民生产净值的隐含物价指数计算，上涨了 40%，或者说平均每年上涨 2%。1914 年的价格达到了 1882 年恢复铸币支付后的顶峰水平。”[②] 商品贸易收支记录也出现了重要的转变。“在截至 1896 年 6 月 30 日的 12 个月时间里，美国出口额超过进口额 1.03 亿美元；在接下来的 12 个月时间里，净出口为 2.68 亿美元；再往后 12 个月则不少于 6.15 亿美元。”[③] 而这种情形又进一步加强了美国国内对金本位制的政治支持。以前许多人只相信通过白银最容易造成通货膨胀，特别是农业利益集团，但是实践证明，黄金也有助于造成一种通货膨胀。这大大减轻了农场主们的负债情况，更重要的是货币的稳定使他们所获得的收益能够保值。他们开始享受到一个少见的经济繁荣时期。而其他利益集团随着美国经济的繁荣也表示了对美国金本位制的支持。

2. 1907 年的恐慌和银行的改革运动

1907 年爆发的金融危机证明美国的货币金融制度存在着很大的缺陷。对于货币托拉斯来说，他们建立的的信托公司与其他商业银行相比，所需准备金更低，所受监管也较为宽松，因此注定要承担着巨大的风险，对于这种情形，美国联邦政府实际上是担心的，由于没有中央银行，因此很大程度上财政部担负着央行的监管行动。

① 【美】米尔顿·弗里德曼、安娜·雅各布森·施瓦茨：《美国货币史》，第 95 页。

② 【美】米尔顿·弗里德曼、安娜·雅各布森·施瓦茨：《美国货币史》，第 91 页。

③ 同上书，第 95 页。

"从1899年就开始对货币市场进行频繁、有规律的干预。当1899年摩根财团和哈里曼财团试图垄断北太平洋股票时，财政部进行了干预，当麦金莱总统被暗杀时，为防止股市发生危机，又一次进行了干预。而且正是财政部的干预避免了1902—1903年有可能出现的经济危机，当时美国的通货膨胀已经达到很高的程度。"① 但是财政部毕竟不是央行，因此监管的疏漏是不可避免的。

1907年的金融危机主要由于在几个大型货币金融中心出现了过度的投机活动，但是财政部无法察觉到这种活动，并有效的给予监管。当时，财政部长把2500万美元存入了纽约市的那些主要中央储备城市银行里以避免危机扩大。同时"为了阻止进一步的汇率下跌，摩根集中了主要银行和金融家缴纳的2500万美元。第二天，以类似的方式又筹集了1000万美元的资金"。② 由于美国政府和银行家们的有效行动，这次恐慌大部分局限于城市，而且它的影响没有扩大。"这一事实，使它得到了'富人的恐慌'的称号。"③

但是这次恐慌明显地揭露出国民银行制度的缺点。"1900年的货币法令允许银行在一定的条件下，把钞票发行的限额从作为它们发行准备基金公债的90%扩大到完全等于公债的票面价值。但是，在情况紧急时，这就不能提供充足的货币。""银行制度的另一个较大的弱点是它对农业地区没有提供充分的信贷便利。1900年货币法令对3000人或3000人以下的村镇组成银行的资本最低限额减少到2.5万美元，但是，即使把银行资本的最低限额降低到这种程度，也并没有推动在农村地区建立起足够的国民银行。"④ 这一点最让农业利益集团不满，"当纽约的危机得到控制时，危机已经蔓延到了乡村。尽管只是由于当地的原因出现了一些分散的挤兑事件，但是乡

---

① 【美】米尔顿·弗里德曼、安娜·雅各布森·施瓦茨：《美国货币史》，第102—103页。

② 同上书，第109页。

③ 【美】沙伊贝、瓦特、福克纳等：《近百年美国经济史》，第274页。

④ 同上书，第275页。

村银行却开始丧失信心，甚至比公众还严重。”[1]

3. 联邦储备系统的建立

1907年的金融危机对工商业利益集团，特别是货币托拉斯们是一个严重的警醒。传统的银行制度已经不能适应工商业利益集团的需要。实际上从1873年开始，30多年间美国已经发生了四次大的金融危机。不仅伤害农业、制造业、也损害商业、银行业的利益，因为大批企业和农场主破产是商业和银行业无法接受的。金融恐慌和美国没有国际地位，说明美国金融制度与监管没有起到作用。各利益集团特别是在金融利益集团达成共识、在国内市场日趋统一的情况下，联邦政府必须着手解决经济、金融问题。当私人利益的生产要求符合公共利益的生产时，国家立法就被推动。国会于1908年通过了一项紧急提案，即所谓《奥尔德里寄—弗里兰德法令》。“这个法令做出临时规定：银行发行的钞票可用经过批准的各个州政府、城市政府、村镇政府或自治市政当局的证券和商业证券作为担保；同时，这个法令还规定组成一些国民银行联盟去发行钞票。这个法令一直到1915年是有效的。”[2] 这个提案还设立了一个以参议员纳尔逊·奥尔德里奇为首的全国货币委员会。该委员会负责研究货币问题并向国会提出建议如何避免金融危机。但是从一开始货币托拉斯就对这个委员会产生重要的影响。“保罗·沃伯格（Paul Warburg）是纽约显赫的犹太银行家族的成员之一，同时也是创立联邦储备委员会的提议者之一。据他回忆，当时有一些银行家，在建立联邦储备委员会的决定通过之前，再次反对中央银行，即便是在决定通过以后仍多次提及此事。因为正是由于联邦政府从没有真正建立一家中央银行，才使得这些商业银行在国家的货币供给方面拥有过度的权力。沃伯格是华尔街上一个小型银行家团体的成员，他们曾经在

① 【美】米尔顿·弗里德曼、安娜·雅各布森·施瓦茨：《美国货币史》，第109页。

② 【美】沙伊贝、瓦特、福克纳等：《近百年美国经济史》，第275页。

1910 年的某个时候，应佐治亚州共和党参议员纳尔逊·奥尔德里奇（Nelson Aldrich）之邀，在佐治亚州可凯尔（KekylI）岛上秘密聚会。这次会议的意图在于为银行业改革拿出一个共和党的计划，同时也希望能够使该计划在民主党控制的国会获得通过。当时也是 20 年来民主党首次控制国会。这份奥尔德里奇计划为三年后建立的联邦储备系统勾画了一幅蓝图。”[①] 这就是货币委员会于 1912 年 1 月提出的众所周知的“奥尔德里奇计划”。

该提案在 1912 年未获国会通过。但是货币委员会还是取得了最终的胜利。因为它充分发挥了专业优势。其成果给人以深刻印象：“货币和银行方面最主要的学者回顾了美国以及许多其他国家的金融制度和历史，进行了大约 23 项研究，最后还提供了一卷建议。明智的历史和比较研究没有为政策提出精确的指示，而贯穿于其中的一个共同主题就是：需要一个最后借款人。例如，奥利弗·M·W·斯普拉格（Oliver M. w. Spraglae）在其现在的经典著作《国民银行体系下的危机历史》中总结道：“一个国家银行体系的某个地方应该有借款力量的储备，并且它应该建立在它的中央货币市场中。”[②] 1913 年 12 月 23 日，国会完全依照委员会所规划的路线通过了《联邦储备法》。

“联邦储备法的目的可以归结为以下几点：（1）建立一个全国性的银行票据交换所，受理各银行支票的清算；（2）建立一个有灵活性的货币制废；（3）建立一个较有灵活性的信用制度，使银行信贷能随时适应工商业的需要。”[③]

联邦储备系统由联邦储备委员会（设在首都华盛顿）、12 家区域性的联邦储备银行及其 24 家分行、以及数千家私营的会员银行组成。联邦储备委员会负责全面协调联邦储备政策，有成员七人，由

---

① 【美】查里斯·吉斯特：《华尔街史》，第 109 页。

② 【美】斯坦利·L. 恩格尔曼、罗伯特·E. 高尔曼主编：《剑桥美国经济史（第三卷）》，第 473 页。

③ 【美】菲特、里斯：《美国经济史》，第 404 页。

总统经参议院同意后任命。委员会委员任期 14 年，期满不能再任职。委员会的主席和副主席由总统任命任期 4 年，但他们的任期不一定与总统的任期一致。同一联邦储备区域不能有两个委员，“总统在任命委员会委员时必须考虑金融业、农业和工商业的合理代表性”。[①] 这些规定的目的是要使委员会对执政当局保持独立性，从而尽可能不受党派政治的影响和利益集团的影响，特别是免除人们对华尔街银行家控制联邦储备系统的担心。美国华尔街的金融巨头们曾经希望把联邦储备银行的总部放在纽约，然而正是由于华尔街是货币托拉斯的心脏，是大资本家的代表，所以其他利益集团都反对华尔街金融巨头们的建议。但是纽约联邦储备银行这个代表了华尔街货币托拉斯利益的机构，一开始就执行了相当独立的职权，从而对联邦储备体系产生了烦扰。

这同美国联邦储备体系具有很独特的色彩有关。首先，每个区域的联邦储备银行为分布在整个一个地区的各个会员银行所共同拥有。其次，各个地区的储备银行由一个有 9 名董事组成的董事会管理，其中 6 名董事由各会员银行派出，还有 3 名董事由联邦储备管理局任命。这个管理局负责指导整个银行制度，它由 8 名委员组成，其中包括财政部长、货币司司长和总统任命的委员 6 人。这个管理局有监督的权力，并且对政策方面比较重大的问题作出决定。再次，还成立了一个联邦顾问委员会，由每个联邦储备银行派代表一人组成。委员会的任务是向管理局进行咨询和协商执行与统一既定的各项政策。[②] 最后，联邦储备系统是分散的，因为有些最重要权力是在地区一级行使的。这样，有关重新贴现的业务就交给了地区银行——依照特定的汇兑率展兑各个成员银行的商业汇票，以此作为许可成员银行为扩大信贷而增加储备金的一种手段。“这种组织和管理的体制使得联邦储备系统成为第一个按地区概念所组成的国民政府的重

---

① 【美】保罗·M. 霍维慈：《美国货币政策与金融制度下》，谭秉文、戴乾定译，中国财经出版社 1980 年版，第 4 页。

② 【美】沙伊贝、瓦特、福克纳等：《近百年美国经济史》，第 219 页。

要机构，它是由各个州内的和打破州际界线的银行所组成的银行集团，因而使政府的司法和管辖单位同银行制度和经济的现实性普遍取得一致。”①

这个法案通过创造一种新形式的货币，即联邦储备券来处理银行恐慌，在遇到对现金的突然需求时这种货币会迅速发行。联邦储备券只有在联邦储备体系为银行提供贷款时才会创造出来，而这些银行又要以各种各样的资产来为其担保。“联邦储备券还可以在联邦储备体系需要黄金时被创造出来。实际上，法律要求联邦储备券的40％以黄金来支撑。这样，这一法律自然就被看做是金本位制的继续，金本位也由此达到了它威望的最高点。”②

总之，《联邦储备法》建立了一个银行的银行；禁止它向不是银行的企业或者私人贷款，这样就把它与政治徇私的机会隔离开。最为重要的是，联邦储备体系不同于美国历史上的第一银行和第二银行的短暂命运，这意味着美国政府对经济领域的调控能力显著增强了。但是联邦储备银行和联邦储备委员的职能划分导致了大量矛盾，这样有关货币政策的经济与政治斗争在美国社会中并没有消失。

三、反垄断领域的发展

反托拉斯在很长一段时间之内无法得到有效运作，无论是联邦行政部门、立法部门还是司法部门都持消极的态度。

行政部门方面。麦金莱总统上台以后，对反托拉斯法的执行很不得力。上台后共有五起案件，其中四起出现于他就任总统的头两年，最后一起发生于1899年。“然而在1899—1901年期间却成立了146家大工业联合公司，其中一家就是拥有10亿美元资本的美国钢

① 【美】沙伊贝、瓦特、福克纳等：《近百年美国经济史》，第276页。

② 【美】斯坦利·L. 恩格尔曼、罗伯特·E. 高尔曼主编：《剑桥美国经济史（第三卷）》，第473—474页。

铁公司。”[①]

国会方面。从拨款方面来看，司法部直到1903年才设立一个独立机构——反托拉斯局，而在此之前国会从来没有为《反托拉斯法》的执行直接拨款。然而，国会拨给反托拉斯局的经费，在1903—1908年每年平均约为10万美元，在1908—1920年，该局平均可以拿到20万美元。可以意料得到，反托拉斯局由于经费不足，雇不到足够多的工作人员。“该局在1903年刚成立的时候，只有5名律师和4名速记员。该局办事人员后来虽有所增加，但从来就是人少事多，完成不好任务。因此，即使认真负责的官员也感觉到在国会态度不积极的条件下，这项法律很难执行。”[②]

司法方面，前文曾指出，美国最高法院对于反垄断法的判决阻碍了政府对垄断的大规模打击。在很大程度上改变了美国反垄断法的实际效果，这反映了最高法院的保守主义立场，即最高法院坚定地认为保护契约的神圣性是最为重要的。

但是，到了20世纪初，上到总统，下至普通投资者，越来越对垄断企业的发展感到不安，到处都可以听到对于控股公司的批评，公众普遍认为控股公司一旦获得了经济权力，便不再对革新以及新产品感兴趣，而是乐于在一边坐享其成。例如美国钢铁公司就是由228家分布在十几个州的小公司联合而形成的集团；通用电气公司直接或间接控制了全国大量的自来水公司，这让人们担心美国所有的自来水公司会不会最终都落到一家手上。正如威尔逊所说：“没有哪个国家能够将它的繁荣放在一小部分人的控制中……每个国家的革新都是从那些不知名的部门进行，而不是从那些已经发展比较成熟并且受到控制的部门开始的”。“我并没有说所有的革新都因为托拉斯的成长而中止，不过我认为非常明显的是，已经有很多领域的创新受到了阻碍”。[③] 这种情形加上进步主义思潮的冲击，不能不迫

① 【美】菲特、里斯：《美国经济史》，第566页。
② 【美】菲特、里斯：《美国经济史》，第567页。
③ 【美】查里斯·吉斯特：《华尔街史》，第106页。

使美国联邦政府开始逐步改变对于托拉斯的态度。

首先联邦行政部门的态度变得积极起来。随着西奥多·罗斯福的上台，美国联邦行政部门开始认真实施《谢尔曼反托拉斯法》。因为公众的压力已经无法使美国总统在这个问题上保持沉默，再采取亲大企业的立场。西奥多·罗斯福总统很快就发动了一个反对托拉斯运动。在1902年的竞选演说中，他谴责托拉斯为“专利特权的堡垒”，并且第二年在罗斯福总统的强烈要求下，国会通过了加快处理法令给反托拉斯的起诉案件以优先审理。新设立的商务和劳工部中专门成立一个公司局，它有权调查各个工商公司的活动。“在罗斯福当政时期一共发起42起反托拉斯案件，而在他就任总统前11年内只发生了17起案件。因此，罗斯福被人叫做‘轰炸托拉斯的巨型炸弹’。”[①] 在1904年美国总统大选之后，罗斯福总统更进一步加强了对大企业垄断的关注，美国托拉斯的黄金时代就此结束。其中对美国反托拉斯法意义深远的一个胜利是，1905年美国政府诉北部证券公司一案。罗斯福这样回忆：“那时我刚刚就任，政府反托拉斯的能力受到了奈特案的沉重打击，一个金融家的小集团试图利用这一点完全控制美国的整个铁路运输系统。上任不久，在总检察官诺克斯（Knox）先生的建议下，我下令对该公司起诉以将其分拆。”[②] 美国最高法院判决将这家有着大量铁路利益的公司予以解体。北部证券控股公司被指控垄断太平洋西北部的铁路线，这个公司是由摩根集团和哈里曼集团联合设立的，控制了芝加哥和靠近太平洋的西北地区之间的绝大部分的铁路产权。约翰·哈伦（John Harlan）法官在判决书中写道：“国会有权确立规范州际和国际商务的规则，而且通过《反托拉斯法》，国会已经就那些从事上述商务活动的经营者之间的自由竞争的准则作出了规定；根据此法案，任何联合或共谋，只要它将压制从事州际商业或贸易的竞争性铁路公司之间的竞争，而且以此限制上述商业或贸易，均属非法；要宣告一个企业联合无效，

① 【美】沙伊贝、瓦特、福克纳等：《近百年美国经济史》，第284页。

② 【美】吉斯特：《美国垄断史》，第41页。

正如该国会法案所解释的那样，并不需要证明这个企业联合在事实上导致或将导致完全的贸易压制或完全的垄断，而只需证明它的运行必然倾向限制州际或国际的商业或贸易，或者倾向在上述商业或贸易中形成垄断，将会剥夺公众所享有的来自自由竞争的利益……”

“显而易见的是，如果现在摆在我们面前的这样一个案子不适用《反托拉斯法》的话，那么政府立法机关明确的立法意图就会被践踏。如果国会没有用《反托拉斯法》中所用的语句来描述这个案子或类似的案子，我们担心是否还能找得到语句来描述它们。……如果这一托拉斯不被摧毁的话，那些在竞争法则作用下自然归于公众的利益将会完全丧失，美国广阔北部地区的所有商业活动都将被这一家控股公司控制。”① 罗斯福将本案胜诉评论为“明确地建立了政府与所有大企业打交道的权力，如果没有这一胜利，美国政府将始终沉溺于奈特案带来的无能状态中”。②“这个案件之所以重要，是因为它使人清楚地看出，采用控股公司方式进行联合也不能免受谢尔曼法的约束。”③

后来，罗斯福写道：“尽管采取的方式十分麻烦，但垄断者仍可以通过法律诉讼被肢解的。可是，庞大的企业联合仅仅通过法律诉讼是不可能从有害转变为有益的工业机构。……我立即呼吁国会，有必要制定可以补充反托拉斯法律的法律……，我强烈要求着手制定完善和严厉的政府法律体系，来规范和控制从事跨州行业的所有大企业联合。”④

罗斯福的政策在共和党内形成了混乱，一部分人特别赞成佐治亚州马克·汉纳和纳尔逊·奥尔德里奇两位议员的“保守”政策。他们认为大的公司和企业联合为增加国家财富做出了巨大的贡献，实际上美国的经济增长在很大程度上是由大企业推动的，因此这些

① 【美】斯坦利·I. 库特勒：《宪法的精神》，第165—167页。

② 【美】吉斯特：《美国垄断史》，第41页。

③ 【美】菲特、里斯：《美国经济史》，第567页。

④ 同上。

人希望维持现状而不是激进的改革。结果，第二届罗斯福政府在打击托拉斯问题上采取了不同方针。其实罗斯福的观点是承认联合公司和巨型公司的必要性："这个时代是一个联合的时代，任何阻止联合的努力不仅将是无用的，而且最终一定走上邪路"，因为它将破坏效率引起无效的政府干预。他反对任何"彻底禁止一切（无论好坏）可以倾向限制竞争的机构"，他的观点是一种类似最高法院对好的或坏的托拉斯加以区别的观点，但是又不像最高法院所做的那样。罗斯福认为："总统作为全体人民选出来的代表，应该确定哪一些大型联合企业是好的，而哪一些企业是不好的。"① 实际上罗斯福对工商业利益集团特别是托拉斯非常友好。他一直拒绝建立中央银行，虽然他承认"在我们的金融体系中存在弹性因素是必要的"，但是他不支持大幅度地改进金融系统，而是要把那种权力继续留在银行家的手中。他曾在第一任期内说过："在这种时候（指 1902 年），要重建我们的金融系统是不明智和不必要的。"② 国务卿伊莱休·鲁特告诉工商业利益集团联合同盟俱乐部，罗斯福总统是"财产保护的最大保守力量"。这种判断终于为绝大部分人所接受。③

塔夫脱总统对大企业是非常友好的，然而对托拉斯采取更强有力行动的也是他，在他四年任期内一共发起了 52 起反托拉斯案件，不过塔夫脱对反托拉斯的态度有一点被迫的意味，因为其中有一半（26 起）反托拉斯案件是发生于总统大选的 1912 年。而这一年反托拉斯是总统大选中的热门话题。

在塔夫服总统任职期间，最高法院作出了 2 起著名的反托拉斯判决，这 2 起判决说明无论是美国联邦行政部门还是美国最高法院，都强烈地意识到限制托拉斯的发展对于整个社会的共容利益极为重要，因此必须对含糊不清的谢尔曼法令作出清晰的解释。首当其冲

① 【美】吉斯特：《美国垄断史》，第 43 页。

② 同上书，第 45 页。

③ 【美】本·巴鲁克·塞利格曼：《美国企业史》，复旦大学资本主义国家研究所译，上海人民出版社 1975 年版，第 327 页。

的是对美孚石油公司的判决。“当《谢尔曼法案》通过时，让国会议员们印象最为深刻的是标准石油公司的利润几乎每年都会创下新的纪录。俄亥俄州的沃森诉讼案判决标准石油公司必须解散，在经过漫长的拖延后，它的股份被转让给洛克菲勒控制的另一家公司。俄亥俄州于是控告该公司藐视法庭，拒绝执行法庭的判决，但此时该公司的资本已经完全转移到新泽西州了。这之后，标准石油公司继续支付创纪录的红利，这更加重了人们认为它蔑视法律的印象。1906 年，根据罗斯福总统的命令，美国司法部对标准石油公司提起了诉讼，指控它以垄断行为试图控制石油及其副产品的贸易和商业。美国政府和大企业第一次史诗般的战斗开幕了。”①

这年，标准石油公司控制了全国 90％的石油市场，“美孚石油公司的律师辩护说，这家公司没有阴谋或垄断的意图；相反，它是通过‘自然’增长而高速度顺利发展起来的一家工商企业。”② 但是美国政府不能不感觉到忧虑。因为美孚石油公司对市场的占有程度已经严重威胁到其他企业的生存了，对于美国人来说竞争是一种重要的价值观，利用垄断的地位来获取高额利润是绝对不能允许的事情。

1909 年，密苏里巡回法院判决标准石油公司败诉。洛克菲勒本人精心安排了自己的辩词，但没有起作用，法院判决这一石油托拉斯必须解散。标准石油公司马上向美国最高法院提出上诉，但两年后以 8 比 1 的悬殊票数再度败诉。法官怀特（White）代表多数陪审团成员指出，在按照《谢尔曼法案》的条款评定标准石油公司的记录时，将合理性原则应用于普通法并在美国处理这一法律所赋予主体的问题是不容置疑的，其目的是要制止任何类型和性质的不当限制。《谢尔曼法案》的根本目标之一是保护而不是破坏所有权。“美孚石油公司是一家限制贸易的联合公司，从而违反了法律。以此作为进行判决的前提。判决书指出国会并没有限制签订契约权利的意图；按照推理，这条法律的目的在于保护公众免受不合理地限制贸

① 【美】吉斯特：《美国垄断史》，第 42 页。

② 【美】沙伊贝、瓦特、福克纳等：《近百年美国经济史》，第 284 页。

易的损害。该公司被勒令解体，变卖所有的股票并将资金还给股东，并且使组成这家公司的各家股东各自分散进行独立经营。公司不再存在的情况下，其下属独立公司也分道扬镳，相互间放手竞争起来。联邦政府成功地肢解了历史上最大的、也是最赚钱的经营企业。”①

威尔逊总统始终坚信只有让社会充满竞争，才能保持经济的活力，促进经济持续增长。威尔逊认为对于垄断，政府要有坚定的决心，这样才会有竞争制度的存在可能。他说：“美国的企业现在并不自由，只有少量资本的人感到更难于进入竞争阵地，并且越来越不可能同大的企业进行竞争。这是为什么？是因为美国的法律并不制止强者压倒弱者。”威尔逊对合并公司权力持否定观点，威尔逊就任总统之后加强了对托拉斯的打击。他第一年就出现了案件 27 起，在他整个任期内共发生了 95 起案件。

与行政与司法部门相比，国会因为是立法部门所以态度要迟缓一些。虽然在 20 世纪初社会许多利益集团已经呼吁修改反托拉斯法，但是国会一直没有明确回应，一方面是垄断企业的有效集体行动，使许多要求修改反托拉斯的法案都在国会中搁浅了。另一方面国会对联邦行政部门日益上升的权力感到不满，因此对于反托拉斯法的修改缺乏热情。

但是在进步主义时代，美国公众对利益集团控制国家经济命脉，进而掌握国家政权所表现出厌恶与反感情绪，国会必须对此作出回应。为此国会在 1912 年组织了以路易斯安那州民主党议员阿瑞斯恩·普尤（Atsene Pujo）的名字命名的普尤听证会。在听证会上 J. P. 摩根等被召来为货币托拉斯的事情作证的。这个听证会揭露了银行家金融权力集中的内幕。“大家惊愕地发现，摩根等人总共拥有 112 家公司的 341 个股东席位，控股总资本达 220 亿美元。……调查报告的附注还显示，货币托拉斯在信贷过程中实行两种控制——控制货币供给以及货币的分配方式。”② 普尤听证会给了美国公众以强

① 【美】沙伊贝、瓦特、福克纳等：《近百年美国经济史》，第 284 页。

② 【美】查里斯·吉斯特：《华尔街史》，第 107 页。

烈的震撼，是促使1913年联邦储备法案通过的重要因素之一。同时让社会普遍认识到《谢尔曼反托拉斯法》条文实在含糊不清，歧义太多，完全不能阻止托拉斯的发展，因而在威尔逊的强烈要求下，国会开始讨论决定修改《谢尔曼反托拉斯法》。人们为此进行了激烈争论，南部和西部的代表农业利益集团的议员要求对任何一家企业可以控制市场的范围严格加以限制，而同工商利益集团友好的议员则寻求推行罗斯福类型的改革，即要求把更大的决定处理权交给总统。经过反复博弈，在国会多数议员的支持下，1914年先后颁布了2项新法律：《联邦贸易委员会法》和《克莱顿反托拉斯法》。《联邦贸易委员会法》宣布成立联邦贸易委员会，该委员会有权发布命令，要求工商企业停止违法活动，并且当工商企业违反联邦贸易委员会的命令时，则有权把这样的违法企业提交给法院审理。

而最为重要的是《克莱顿反托拉斯法》。“这项新法案是政府投向反托拉斯战场的新式武器。”[①] 它是一个对谢尔曼法令做了全面修改的法令。克莱顿反托拉斯法主要条款有：凡能导致削弱竞争的价格上的差别对待均属非法；禁止“搭配销售”和“约束买主”的协定，即禁止制造商把他的商品在卖给批发商时要求批发商必须购买他的其他产品或不准这家批发商经营他的竞争对手的产品；《谢尔曼反托拉斯法》中的任何条款都不得解释为禁止成立工人组织和农民组织；禁止从事商业活动的公司都不能直接或间接地购买另一家从事商业活动的公司的所有或部分股票或部分资本份额，因为这种认购的结果会在很大程度上削弱被认购公司与认购公司之间的竞争，同时兼任若干家大银行董事为非法。[②]

克莱顿法令比谢尔曼法案严密许多，但是其中的漏洞仍然很多。例如它没有提到购买资产问题，想购买另一家公司资产的公司可以这样做，因为该法案没有特别限制这种购买方式。

因此“时间证明它是光听枪声，不见人亡，对托拉斯没有实质

---

① 【美】吉斯特：《美国垄断史》，第60页。

② 【美】沙伊贝、瓦特、福克纳等：《近百年美国经济史》，第284页。

性打击。该法案的内容埋藏着自我限制的祸根，这对反托拉斯倡导者来说是不幸的”。[①] 反托拉斯起诉继续进行（在威尔逊总统的第一任期间就有 34 起反托拉斯诉讼案），但是，美国工商业竞争的结构并没有发生根本变化。

在进步主义时代，美国的反托拉斯的力度较之 19 世纪明显增强，但是实际效果仍然是有疑问的。因为托拉斯虽然数量较少，其集体行动的能力是很强的。另一方面，由于托拉斯企业在管理和技术等领域的不断创新，因而对于美国的经济增长有着巨大的作用，社会对于托拉斯的态度仍然是矛盾的，人们并不能对于托拉斯的利弊作出明确的回答。而在当时托拉斯采取各种方式规避法院作出的不利判决。例如在恢复有效竞争的基本目标方面，对美孚石油公司的解散命令显然失败了。解散后所有新公司的股票都按公平的比例平均分配给被解散公司的所有股东，其结果还是一个利益相连结的共同体，而且这些新公司仍然像在统一管理下那样协调地运转。所以反托拉斯法是否削弱了洛克菲勒集团人们并不清楚。此外，法院通过这些判决修改了谢尔曼法令的基本意思，而把所谓“理性法规”引用到判决之中。在 1897 年密苏里河货运公司案件判决之前的各年中，法院拒绝承认限制贸易的“合理”合并和“不合理”合并之间有任何差别。但是，在 1911 年的两项判决中，法院则断定两者之间是有根本区别的。“然而，由于法院宣布，只有致力于建立彻底的垄断才是“不合理的”，这就给予法官们在判决后来的各种反托拉斯案件中有很大的自由处理的权限。”[②] 即使坚定主张为恢复竞争而坚持制订一视同仁的法律的威尔逊总统，同样没有对工业和银行界的利益集团在美国人的经济生活中间的支配地位提出挑战。

---

① 【美】沙伊贝、瓦特、福克纳等：《近百年美国经济史》，第 284 页。
② 同上。

第五节 1897—1917年美国的对外扩张

一、美国对外扩张的根源与美国总统的权力认知

1. 美国对外扩张的根源

从镀金时代进入进步时代，美国上升的不仅是国力，也把美国同外部世界更紧密的联系在一起。在这一时期，“世界的大部分地区爆发了大规模的起义——中国、墨西哥、古巴、尼加拉瓜、菲律宾、巴拿马、萨尔瓦多、夏威夷以及其他地区。美国崛起为世界大国与引发这些国家的革命并非没有联系，在所有这些革命中，美国的政策都起到了某种作用，在大部分情况下还是决定性的作用。①从1897—1917年美国参加世界大战之前这个阶段，是美国开始进入世界舞台的阶段，美国崛起的势头非常猛烈，在这个阶段美国的扩张多数是成功的，其中主要的原因是：

首先，以美国总统为代表的行政部门已经在和国会的权力博弈中完全占据上风。到20世纪初，美国联邦行政部门已经得到了更广泛的宪法权力，尤其是在决策权上总统已经完全占据主动，国会已经默认了这种权力归属总统。“1898年战争结束以后，英国的《旁观者》杂志（正如麦金莱的私人秘书乔治·科特柳及时注意到的那样）认为，内战和1898年战争已经表明，总统已经成为名副其实的当选君主了，只不过有任期上的限制和财政上的制约，但反正已经接近无拘无束了……变化无常的人民一旦沸腾起来，总是迫切地需要一位领袖，于是他们便得到了自己的领袖。”②

① 【美】孔华润主编：《剑桥美国对外关系史（上）》，第522页。

② 同上，第458页。

其次，政府的资源越来越多，而政府也充分认识到这一点，这样伴随着政府越来越强大，其利用国家实力实现自己目标的能力也就越大。从19世纪末开始，美国联邦政府的自信心越来越强，调控资源的能力有了明显增加。“1901年2月，国会同意将正规军的25个步兵团扩充到30个。新批准的正规陆军兵力，包括3个工兵营在内，共计有3820名军官和84799名士兵。”是1898年时美军陆军总兵力的三倍。而且“只要国会不提出异议，总统就准备以最高限额来扩充兵力，而且可能突破限额，直至兵力足以保证向菲律宾群岛进行充分增援为止”。[①]（参见表12）

表12：1898—1916年美军兵力人数

年份	总兵力人数	军官人数
1898	235785	10516
1899	100166	3581
1900	125923	4227
1901	112322	3468
1902	111145	4049
1903	106043	3927
1904	110129	3971
1905	108301	4034
1906	112216	3989
1907	108375	3896
1908	128500	4047
1909	142200	4299
1910	139344	4535

① 【美】拉塞尔·韦格利：《美国陆军史》，第328页。

续表

年份	总兵力人数	军官人数
1911	144846	4585
1912	153174	4775
1913	154914	4970
1914	165919	5033
1915	174112	4948
1916	179376	5175

资料来源：The Historical Statistics of the United States，Volume V，Cambridge University Press，2006. pp. 354－355。

从 1898—1916 年，美国的财政状况也大为好转，有更多的金钱可以投向国防领域。这时，美国也不再为内战时的债务而犯愁了。与以往相比，到 1913 年联邦政府的收入和花销一直很大，都达到了 7 亿美元左右，是 10 年前的 2 倍。（参见表 13）

表 13：联邦政府财政支出 1933—1940

年份	联邦财政支出（百万美元）	国家安全支出（百万美元）
1900	521	191
1901	525	206
1902	485	180
1903	517	202
1904	584	268
1905	567	244

续表

年份	联邦财政支出（百万美元）	国家安全支出（百万美元）
1906	570	247
1907	579	247
1908	659	294
1909	694	308
1910	694	284
1911	691	283
1912	690	284
1913	715	293
1914	725	298
1915	746	297
1916	713	305

资料来源：The Historical Statistics of the United States，Volume V，Cambridge University Press，2006. p. 95。

最后，当政府力量扩大时，与此相伴的是美国联邦政府对美国利益集团的利益诉求也更加敏感和积极，而且美国联邦政府也更加感受到它们的压力。

第一是美国工商业利益集团的利益需求。由于大规模的兼并对于海外市场的需求更加急迫了（参见表 13），“正如那些获得巨大成功的企业，它们的经验已经证明，市场必须是国际性的。”[①] 这种对于市场和原材料的迫切需要反映了美国工业化过程中生产能力的巨大飞升。安德鲁·卡内基、约翰·D·洛克菲勒以及其他许多人是美

① 【美】孔华润主编：《剑桥美国对外关系史（上）》，第 470 页。

国式联合体企业领导人的典范，他们在创新和制度化建设方面远远领先于其海外竞争对手。他们与政府的关系以及向政府官员提出的外交政策要求也与这些对手有显著区别，在后一方面卡内基尤为显著。[①]“霍布森在1902年写道：对国外市场的突然需求显然是共和党将帝国主义作为政治政策和行动的罪魁祸首，因为大的工业和金融巨头都属于共和党，而共和党属于他们。”[②] 第二是农业利益集团的需求。美国高关税最大的受害者就是美国农民，因为高关税壁垒所导致的外国相应的报复使美国的农业出口严重受阻，而美国的市场已经远远不能满足美国的农业生产能力了。19世纪末美国出口的农产品大约占18%，“但这些数字容易使人误解，构成经济主要成分的产品严重依赖国外市场：棉花产量的70%必须出口，其他必须出口的货物有小麦的40%。”[③] 第三是美国劳工团体的利益需求。劳工团体虽然不赞同帝国主义，但是对于海外市场也非常关注。“尤其是城市劳工都是以黄金为基础的货币支付工资，他们不愿让每周的薪酬因为廉价银币而缩水。”[④] 而且经济危机所导致的企业破产或者擅长能力的大幅下降对于工人来说都是致命的。因此寻找海外市场的需要，在1893—1897年经济危机的年代中变得十分迫切。（参见表14）

表14：美国1898—1914年产品出口总额

	出口总额	出口美洲总额	出口欧洲总额	出口亚洲总额
年份	单位（百万美元）	单位（百万美元）	单位（百万美元）	单位（百万美元）
1899	1227	194	937	49
1900	1394	227	1040	68

① 【美】孔华润主编：《剑桥美国对外关系史（上）》，第525页。

② 【美】吉斯特：《美国垄断史》，第47页。

③ 【美】孔华润主编：《剑桥美国对外关系史（上）》，第463页。

④ 同上书，第463页。

续表

	出口总额	出口美洲总额	出口欧洲总额	出口亚洲总额
年份	单位（百万美元）	单位（百万美元）	单位（百万美元）	单位（百万美元）
1901	1488	241	1137	53
1902	1382	242	1008	69
1903	1420	256	1029	62
1904	1461	286	1058	65
1905	1519	318	1021	135
1906	1744	383	1200	111
190?	1881	432	1298	101
1908	1861	409	1284	113
1909	1663	387	1147	83
1910	1745	479	1136	78
1911	2049	566	1308	108
1912	2204	648	1342	141
1913	2466	763	1479	140
1914	2365	654	1486	141

资料来源：The Historical Statistics of the United States，Volume V，Cambridge University Press，2006. p. 536。

对美国政府来说，增加整个社会的共同利益最有效的方式就是扩大海外市场。“当然也存在其他解决办法，例如，美国人可以修订他们的体制，使财富分配更加平等，但这样的解决办法从未被实业界和政界领导者们认真考虑过，他们反而倾向于增加生产和扩大市场。然而美国人所需要的国际市场都在咄咄逼人的欧洲人控制之下，美国人想寻找海外买主，就需要国务院甚至陆军和海军的帮助。正如一位著名共和党人在1897年所说：外交权谋是国际贸易的经营手段。”①

2. 美国总统外交权力自我认知的加强

在1897年威廉·麦金莱当选之后一直到1917年，美国总统的外交权力完全不同于此前。“麦金莱的前任们在实行扩张主义的外交政策时所受到的结构性压力已经减轻，麦金莱可以轻易地对国际系统性压力作出反应，进一步缩小了美国的实力与其海外利益之间的差距。”② 但是最主要的还是行政部门由于拥有信息的优势，以及可以调控和支配资源的大量增加，因此可以更好地扩张海外利益，并服务于社会的各个利益集团，因而在权力博弈中占据了上风。不过由于麦金莱总统、罗斯福总统、塔夫脱总统和威尔逊总统对权力的认知存在着明显的差异，在权力的手段运用上存在着明显的区别，因而美国的外交政策呈现出波浪起伏的特点。

麦金莱总统对外交权力的认知。

在1896年的美国大选中，无论是麦金莱还是布赖恩都没有让外交成为他们关心的话题，虽然欧洲列强对世界的瓜分正如火如荼。但是到了1900年的美国大选，外交开始成为美国人关心的事情，外交问题成为竞选双方关注的一个焦点。因为对于美国各个利益集团来说，广阔的海外市场已经和美国人的利益紧密相连。因此，无论是共和党还是民主党都支持帝国主义政策。麦金莱总统比较敏锐地认识到这一点，他开始把帝国主义说成是一种值得尊敬的美国传统，在麦金莱总统之前，无人做过这种表达。大致上从麦金莱总统开始，美国总统在外交事务上就处于绝对的领导地位。

麦金莱总统对外交权力手段的运用。

麦金莱总统本性谨慎、保守，但是向海外扩张市场的动力使其

① 【美】沃尔特·拉菲伯、理查德·波伦堡、南希·沃格奇：《美国世纪——一个超级大国的崛起与兴盛》，第25页。

② 【美】扎卡利亚：《从财富到权力》，第230页。

一直坚定地寻求扩展美国在世界的影响。麦金莱总统是美国内战之后，第一位主动使用武力与其他国家争夺殖民地向外扩张的总统，但是并不能说麦金莱总统对武力的运用有兴趣，实际上，麦金莱更偏好使用外交手段解决问题。因为美国向外扩张的主要动机是经济利益，如果能用外交和经济手段解决问题是最为理想的。例如在古巴问题上，“他希望能够通过逼迫西班牙让步而和平地达到这个目的。自1895年开始，国会和‘黄色报刊’一直在呼吁战争，他本可以像克利夫兰那样对付这些装模作样的家伙。”但是，随着事态的发展，麦金莱对战争的代价和利益的分析发生了变化。商业界改变了他的观点，缓和了麦金莱对战争可能对贸易产生的影响的关注；商业界希望尽快解决危机，而不是一场长期拖沓的内战。关于美国生命代价的计算，也由于赞同战争而改变了：通过新的拨款，大多数人估计，美国是比西班牙大得多的强国。丘吉尔的一个著名短语可以借来形容麦金莱关于古巴的政策：“麦金莱需要的不是战争，而是战争的果实——美国实力和影响的扩张。”[1] 但是麦金莱总统与之前的总统不同的是，联邦行政部门调控和支配资源的能力已经大大增强，因此美国在使用武力的时候已经不再像以前那样犹豫。

罗斯福总统对外交权力的认知。

与麦金莱总统相比，罗斯福总统对权力的认识更加深刻，从这种意义上说，罗斯福总统是第一位具有现代意义的美国总统。罗斯福清楚地认识到，如果要缩小贫富差距，缓和国内矛盾，进行循序渐进的改革，以确保政治和平，弥合不同利益集团之间的利益冲突，就必须把这些目标与对外政策结合起来。“汉娜·阿伦特著名的格言是：‘所有以一贯之的帝国主义政策在其源头都能看到资本与暴民的结合。’这话过分夸大其词，并不怎么适合于罗斯福的政策。但是，作为这个国家统治阶级的一员，他知道外交政策能够提供维持政治稳定所必需的面包和竞技舞台。”[2] 罗斯福的帝国主义思想主要是来

① 【美】扎卡利亚：《从财富到权力》，第236页。

② 【美】孔华润主编：《剑桥美国对外关系史（上）》，第471页。

源于他对美国历史的理解，但是也受到一些学者的影响，特别是历史学家特纳。“与特纳一样，罗斯福也阅读了白人在美洲大陆的殖民历史，特纳关于所谓西部边疆的著作也曾激励过西奥多·罗斯福，而且罗斯福还同他建立了书信联系。”其次是克罗利，“在外交领域，克罗利的计划看起来甚至更加前后一致，更有吸引力。外交领域的事务将由民族国家控制，其中最有效能的国家将主宰世界事务，并向全世界传播民主的福音（如果认为美国——正如它实际上表现的那样——是最有效能的国家的话）。”克罗利无非是为美国人提出了一个 20 世纪的新使命。与约翰·温斯罗普 1963 年提出的“山巅之城”不同，克罗利的国家是在帝国主义竞技场上的国家。他主张停止高关税政策，通过降低关税来提高效率；主张有权动用军事力量，认为海洋并不能提供安全，而是“使可能的联系渠道成倍增加”。总之，他赞成国际主义政策，必须愿为民族主义和民主而战。[①]

罗斯福身边的朋友对他的思想也产生了很大影响。他的好友布鲁克斯·亚当斯在 1901 年提出只有美国建立强大的军事力量，在商业战不可避免的亚洲和拉丁美洲市场上能够捍卫美国的利益以后，美国才能够坚持高关税政策。所以，罗斯福较之麦金莱在扩张政策的实施上更具有明确的观念，那就是一定要在美国维持阶级和平与经济增长。美国国内的和平与海外的商业扩张是相互关联的，“而商业扩张与向工业化程度较低的地区（尤其是亚洲和拉丁美洲）——这些地区正日益成为商业和战略上的目标——发动战争的必要性同样是相互关联的。”[②] 美国既然拥有财富与力量，就应该在国际上发挥相应的作用和影响。这就是说，“美国必须奉行扩张政策，与远东的贸易必须增加，对中国必须坚持门户开放政策。为美利坚新帝国沟通两洋之间的交通运输着想，必须在中美洲开凿一条运河。而作为上述一切的基石，必然是要求拥有一支能在上述辽阔水域发挥影

① 【美】孔华润主编：《剑桥美国对外关系史（上）》，第 497 页。

② 同上书，第 472 页。

响的强大的海军。”[①]

罗斯福的帝国主义思想有一个核心的地方就是美洲，罗斯福为此提出一个“罗斯福推论”，声称“西半球国家的恶行，可能要求某个文明国家出面干涉”，在西半球，美国出于门罗主义的需要，不得不“行使国际督察权利”。罗斯福推论的含义是欧洲无权干涉美洲的事务，但是美国可以依照自己的逻辑任意干涉美洲各国事务，所谓“美国的话就是美洲法律”，而在具体的外交手段实施上，罗斯福推崇“胡萝卜加大棒”的政策。罗斯福的至理名言是：“话说得客气些，手里再提着大棒，事情一定好办得多”。在美洲地区，罗斯福认为门罗主义要有影响就必须为它安装上“军事利爪”，建立并维持一支训练有素且效能完备的海军。在西奥多，罗斯福在任副总统和总统期间，他一直是建立强大海军的倡导者之一。1907 年，罗斯福派遣舰队在世界范围内进行公关巡航，目的是为了向外国政府炫耀美国的军事实力。1908 年，他评论说：“如果我们没有外国领地，如果我们放弃了门罗主义……，我们仍然需要一支海军，一支作战能力强的海军。”罗斯福坚持认为，建立一支强大的海军力量是美国的最佳防御。[②]

塔夫脱总统对外交权力的认知。

塔夫脱总统对总统的权力一直抱有谨慎的心态，他承认自己“没有足够的能力应付自己的工作，他内心对自己充满了怀疑”[③]。

在权力的运用上，塔夫脱始终认为，对外贸易对美国的繁荣正在变得日益关键，而且贸易和投资正在迅速地向北方发展。因此他的注意力集中在美国的商业利益上，“金元外交”是塔夫脱时期外交最生动贴切的写照。

虽然塔夫脱总统对于使用武力非常谨慎。然而与 19 世纪的美国

① 【美】内森·米勒：《美国海军史》，卢如春译，海洋出版社 1985 年版，第 193 页。

② 【美】吉斯特：《美国垄断史》，第 50 页。

③ 【美】孔华润主编：《剑桥美国对外关系史（上）》，第 497 页。

总统相比，美国已经成为世界大国和美国联邦行政部门日益强大的权力的现实，使他更有意愿在美元无效的时候使用武力。“无论作为罗斯福驻古巴和菲律宾的代表，还是作为下令出兵尼加拉瓜的总统，在使用武力时他都是毫无惧色。他驻亚洲的一位重要代表戴德（威拉德·斯特雷特）把金元外交恰当地定义为海约翰的‘门户开放’政策在金融方面的一种体现。当美元的功效不足时，从西华德到海约翰，美国所有的官员都会毫不犹豫地使用武力。”①

二、美国在世界各地区的扩张

1. 美国在拉美地区的扩张

(1) 美西战争

美西战争是美国向外崛起与扩张的一个里程碑事件，被认为是美国崛起的一个开端。战争的导火索是古巴人起义反对腐败无能的西班牙统治者的控制。对美国来说，古巴涉及到美国的战略、政治和商业多重利益，正是这多重利益导致美西战争的爆发。

首先是美国的商业利益。美国在古巴有着巨大的经济利益，在该岛有价值约 5000 万美元的投资，美国一直担心古巴的持续对抗会危及美国的投资安全。在美西战争开始前一周，参议员本杰明·蒂尔曼向参议院解释说：“他所持有的与大多数美国人相同的扩张主义观点拯救了一个重要的阶级，数千名生活在贸易委员会、商会和银行的范围或印象中的人。”②

其次是美国的战略利益。“像克利夫兰一样，麦金莱所持有的美国利益的概念更多是来自战略的考虑，而不是源于商业的考虑。……麦金莱原先的国务卿约翰·舍曼在给美国驻西班牙公使斯图尔德·伍德福德的信中清楚地说明，美国在古巴及其周围地区的利益至关

① 【美】孔华润主编：《剑桥美国对外关系史（上）》，第 497 页。

② 【美】扎卡利亚：《从财富到权力》，第 231 页。

重要，如果西班牙不为该岛带来和平，美国不会坐视不理。”[①]

再次是美国的政治利益。西班牙对起义的残酷镇压在美国引发了同情的浪潮，因为美国也是从英国殖民统治中独立出来的国家，因此反抗殖民统治总是能够在美国国内获得同情，加之古巴是美国的近邻，因而在美国国内更能引起巨大的共鸣。“声誉颇高的佛蒙特州参议员雷德菲尔德·普·罗克特曾反对同西班牙作战，但一次古巴之行完全改变了他的态度：‘在我去古巴的时候，我还坚信事实被夸大了，……我简直不能相信，在只有160万人口的地方，竟然有20万人死在了西班牙的堡垒（集中营）之中。……在这个问题上没有夸大其辞。’因此，美国领导人在这个问题上没有给予有效的回应的话将会产生政治后果。如果麦金莱听任古巴的冲突和混乱继续下去，布赖恩就可能在1900年以‘解放古巴，解放银币’的口号取代共和党人。”[②]

1898年1月后期，麦金莱派遣“缅因”号军舰前往哈瓦那保护美国财产。两星期后，“缅因”号发生爆炸，250多名美国人被炸死。爆炸原因始终未查明，但美国国民（尽管不是总统）愤怒地将此事归罪于西班牙，战争情绪高涨。3月25日，纽约市的一位亲密政治顾问致电麦金莱说：“此地各大公司现在认为需要开战，请相信我们全体将像从忧虑中解脱一样欢迎它。”[③]

这时候美国的萧条已经结束，财政收入正在增加。参众两院均由共和党占据绝对多数，国会比起以往相当长的时期来说，对总统更加顺从。国会通过了一个5000万美元的紧急军事基金。1898年4月20日，总统签署了国会两院联合决议，该决议要求总统使用武力，以保证西班牙撤出古巴。4月25日，国会对西班牙宣战。从“能够拨出5000万美元而不用借一分钱，这证明了美国的财富和实

① 【美】沃尔特·拉菲伯、理查德·波伦堡、南希·沃格奇：《美国世纪——一个超级大国的崛起与兴盛》，第25页。

② 【美】扎卡利亚：《从财富到权力》，第223页。

③ 【美】孔华润主编：《剑桥美国对外关系史（上）》，第427页。

力。西班牙也能看到这一点”。[1] 19世纪90年代，美国的国家力量已经增长，政府力量也在增长，美国在海外进行大规模扩张的时机已经成熟。

麦金莱后来称美西战争是一场“辉煌的”小战争，这场战争给美国带来的伤亡是不到400人，是美国历史上最小的战争代价。但是，这场战争的影响却是深远的。美国已经不同于之前，它的政府机构更加敢于利用它手中的国家资源，特别是军事资源。战争是检验实力的惟一客观标准，“美国在这次检验中胜利了，美国和世界都知道了这一点。……《芝加哥时代先驱报》表达了一种普遍的情感，发现许多事突然改变了，我们现在发现，我们需要菲律宾；……我们还需要波多黎各；……现在，我们需要夏威夷；……我们还需要加罗林群岛、拉德罗内斯群岛、帛琉群岛和马里亚那群岛。”[2]

1898年10月美国和西班牙签订的《巴黎协定》，西班牙割让了古巴、波多黎各、菲律宾、关岛和西属西印度的所有其他岛屿的“所有主权和权益要求”。这是美国第一次通过一个条约获得领土。“1899年2月，参议院以57票赞成、27票反对勉强通过了这个条约，比要求的2/3多数仅仅多了一票。”[3]

美西战争之后，美国国内反对联邦政府对外扩张的声浪迅速平息，联邦政府运用军事力量解决问题被认为是有效的。这对于美国国内公众是一大刺激。在这种气氛中，美国联邦行政部门之前由于国会的阻挠和公众质疑而被迫停止的若干扩张行为现在又重新开始启动。美国再次对夏威夷、古巴、波多黎各、关岛、威克岛、菲律宾和萨摩亚群岛产生浓厚兴趣。1897年6月，麦金莱总统就向国会提出了一个关于吞并的条约，但由于经济危机的影响，美国国会不愿意赞成这个想法，这样，麦金莱没有得到他所需要的支持。美国在马尼拉的胜利传到华盛顿两天后，麦金莱又将这个条约送到了国

① 【美】扎卡利亚：《从财富到权力》，第235页。

② 同上书，第238页。

③ 同上书，第240页。

会。他说："我们需要夏威夷，它就像加利福尼亚一样，甚至还要重要"。"在 1898 年，这个提案很容易就通过了——事实上在参议院是以 2/3 的多数通过的——那年的 8 月 12 日，夏威夷成为美国领土"。①

1900 年总统甚至没有向国会提交一个吞并条约，就代表美国接受了萨摩亚群岛。

（2）对多米尼加地区的扩张

美西战争之后，美国国力的上升使美国公众民族主义情绪高涨，门罗主义在美国被公众认为是一条基本的外交原则。所以，欧洲投资商在德法两国同行的带领下试图阻止美国资本向多米尼加渗透时，罗斯福派出舰队前去保护刚与美国达成交易的多米尼加政府，镇压该国愤怒的民众。1905 年 1 月，罗斯福又炮制了一个保证该国领土完整的条约，条件是美国获得征收该国全部关税的权力。关税收入的 55％用于支付外债，其余 45％则由多米尼加人支配。"令西奥多·罗斯福大为懊恼的是，美国参议院拒绝批准该项条约，反对派讨厌这种领土保证。另外，他们也开始怀疑，真正的受益者，可能既不是美国，也不是多米尼加的利益集团，而是外国的债券持有人。罗斯福公然违背参议院的决议以及宪法的规定，通过与多米尼加政府签订行政协定的方式使条约生效。但是，接管海关并不足以确保秩序的稳定。于是，总统不得不指示美国海军制止一切暴动。因为由美国的代理人管理海关，所以纽约的两大金融集团——J. P. 摩根和库恩—洛布公司在 1907 年收购了多米尼加的全部债务，使它完全落入了美国的控制之下。由于大势已定，外国人被有效排斥，已无必要的领土保证条款也已被删除，所以 1907 年参议院最终批准了西奥多·罗斯福的条约。"②

（3）在尼加拉瓜地区的扩张

尼加拉瓜国政府原先是亲美政府，但是该国的独裁者塞拉亚因

---

① 【美】扎卡利亚：《从财富到权力》，第 240 页。

② 【美】孔华润主编：《剑桥美国对外关系史（上）》，第 483—484 页。

为美国不在尼加拉瓜而是在巴拿马修建运河，十分恼火。因此他把越来越多的特许权交给欧洲和日本的财团，从而严重影响了美国的商业利益。为此美国派出军队逼迫塞拉亚退位，并且组建一个新的迪亚斯亲美政府。在这个傀儡政权为了得到大笔贷款而把该国的铁路和国家银行的大部分利润都交给纽约的出资人以后，尼加拉瓜人民爆发了反美暴动。1912 年，塔夫脱派遣了一支 2600 人的部队前去镇压叛乱并保护迪亚斯政权。海军陆战队在尼加拉瓜一直驻留到 1925 年才最后撤退。“在某些情况下，塔夫脱和诺克斯与罗斯福很相似，他们甚至更倾向于革命而不是秩序。他们只须设法区分哪些动乱是美国出资人应该支持的，哪些不是。”①

(4) 在洪都拉斯的扩张

洪都拉斯的情况大致和多米尼加相似。它的香蕉种植业很发达，美洲和欧洲水果市场的开辟刺激了香蕉种植园的急剧发展。到 1910 年，美国的公司控制了洪都拉斯 80％的香蕉种植园。这些公司不仅霸占了这个国家最好的土地和道路交通，而且还煽动战争以便控制政府。1911 年初，在美国“香蕉大王”萨姆·齐默雷的带领下，美国投资商和冒险家从新奥尔良动身前去夺取政权。“当暴动能为美国公民和企业带来权力的时候，美国就特别青睐这种暴动而不是稳定——尤其是某些当地政府所建立的稳定，因为这类政府在华盛顿看来是脆弱的，而且它们是否真心支持门罗主义和最近的罗斯福推论也值得怀疑。”②

(5) 对巴拿马地区的扩张

美国对巴拿马的政策是非常简单的，就是要修建巴拿马运河。但是这个计划在很长时间之内并没有得到美国政府持续支持的一个重要原因，是英国和美国曾经达成“克莱顿一布尔沃协议”，“这项协议许诺在任何一条运河上，英国都将是美国的一个全面合作伙

---

① 【美】孔华润主编：《剑桥美国对外关系史（上）》，第 505 页。

② 同上书，第 506 页。

件”。[①] 所以美国一直感到犹豫，担心单独修建巴拿马运河会损害同英国的关系，但是1898年之后情况发生了变化。一方面美国在美西战争中获胜，使美国联邦政府的信心大增。另一方面随着1899年后期英国人在南非连遭败绩，这促使不论英国还是美国都开始考虑他们关系的未来。“当英国官员重新考虑两国关系时，两个事件对他们的触动很大：美西战争和布尔战争。美西战争生动地展示了美国的实力，而布尔战争却表明了英国军事力量的有限。这样，美国感到时机已经成熟，麦金莱总统派国务卿海约翰和英国谈判，迫使英国人于1900年2月签订了《海约翰—庞斯福特条约》。“该条约终于废除了1850年的《克莱顿—布尔沃条约》，并授权美国独家开凿和管理——但不得设防——一条连接大西洋和太平洋的运河。令海约翰大为吃惊的是，参议院拒绝批准该条约，理由是美国必须对运河拥有防护权。遭受沉痛打击的国务卿于是提出了辞呈，但麦金莱不仅拒绝接受，反而命令海约翰进一步争取运河的防卫权。第二个《海约翰—庞斯福特条约》包含了这种权利，因而于1901年11月在参议院顺利获得通过。”[②]

罗斯福接任美国总统之后，美国日益上升的国力，尤其是美国行政部门日益扩大的权力，使其变的更加自信，特别是更敢于修正以前的外交政策，并且同时更少关注国会的反应，罗斯福总统已成为国会中本党议员无可争议的领袖，而反对党的议员在外交政策上也经常和总统保持一致。上任伊始，罗斯福就开始着手完成美国最为重要的就是修建一条运河的目标。国务卿海约翰通过谈判与哥伦比亚签订了《海约翰—埃尔兰条约》，由美国向哥伦比亚支付1000万美元，在巴拿马修建运河，同时还要为6英里宽的运河区支付25万美元。

但是，哥伦比亚政府对这个条约感到不满意，因为价格实在过低，所以又反悔了。罗斯福感到十分恼火。但是美国联邦行政部门

① 【美】扎卡利亚：《从财富到权力》，第247页。

② 【美】孔华润主编：《剑桥美国对外关系史（上）》，第477页。

无法从国会获得更多的财政拨款，因为摩根财团在修筑尼加拉瓜通道工程上拥有巨大的私人利益，不愿意在巴拿马修建运河以防止和拟修建的尼加拉瓜运河产生冲突。在摩根家族的运作下，罗斯福只能放弃参议院要求追加拨款，于是美国联邦行政部门干脆于1903年11月在巴拿马策划了反对哥伦比亚政府的起义。尽管罗斯福充分利用报界的朋友使美国人做好了占领运河区的心理准备，美国国会最初也感到十分恼火，因为事先美国行政部门并没有告知国会就使用武力进入巴拿马地区。因而参议院民主党人试图阻挠美国同刚刚独立的巴拿马政府签署的修建运河的条约获得批准，但是恰逢1904年的大选刚刚拉开序幕，罗斯福发起了猛烈的反攻。从商业的角度来说，巴拿马运河的修建给美国带来的好处是显而易见的，纽约到旧金山的航运距离将从1.36万英里缩短到了5600英里，运河的价值是无可估量的。“罗斯福了解私人市场的局限性，也知道在这种情况下私人商贸机会的扩大需要20世纪重商主义政府的干预。”[①] 因此罗斯福得到了美国工商业利益集团的普遍支持。因而，罗斯福最终赢了——1904年初美国参议院批准了这个条约。但是“这次事件进一步强化了罗斯福对参议院的沮丧看法，他在1905年中期写道：很明显，作为条约缔结权的组成部分，参议院是一个卑劣的机构”。不过参议院在同总统的斗争中显得日益处于下风。

总而言之，美西战争之后，美国对外部世界的反应更加敏感了，美国越来越多地愿意使用各种资源包括武力资源来为美国的利益保驾护航，这引发了外部世界的不满和挑战，也在美国内部受到许多人的质疑，国会也对行政部门权力的迅速上升感到警惕。但是所有这些反应的结果却是帮助创造了20世纪的帝王总统。事实证明美国国内市场已经不再能满足各利益集团的利益需求，他们需要政府发挥更加强大的作用来拓展海外市场，为美国经济的长期增长提供强有力的保障。“鲁特或许最好地解释了其中的缘由。1906年，这位国务卿宣称，由于北美人第一次积累了“超过其内部开发所需的过

① 【美】孔华润主编：《剑桥美国对外关系史（上）》，第479—480页。

剩资本”，而且“过剩资本仍在以不同寻常的速度增加”，所以“为商业和工业向南美和平扩张开辟了大量的机会”。鲁特早已把罗斯福称作是“华盛顿城内维护我们财产和制度的最伟大的保守势力”。

（6）美国对墨西哥的扩张

对于美国来说，墨西哥无论是在商业还是在政治和战略层面上都对美国有着极其重要的意义。“1902 年的一份报告显示，北美人的投资已经达到 5 亿美元，其中的半数是在过去 6 年内投入的。这些资金流向了油田租让、银矿和其他矿产经营以及大型种植园，包括为橡胶种植和农产品出口而开发的那些种植园。但是，这还仅仅是一个序幕。在 1903—1910 年间，各种投资急剧飚升，达到了 1876—1900 年间投资的 3 倍。到 1910 年，近 20 亿美元的美国资本控制了墨西哥 43％的财富；1500 万墨西哥人仅拥有 33％的财富，其余 24％的财富由其他外国投资者控制。在一些部门，美国占有压倒性的优势。比如，美国人控制了 2/3 的橡胶生意，而随着汽车工业的发展，全球范围内的橡胶需求量才刚刚开始大量增加。”①

但实际上，大量的外国投资给墨西哥带来的并不仅仅是经济增长。1910 年墨西哥种植的用于国内消费的玉米和大豆还不及 1867 年，需要大量进口粮食。进口的粮食主要来源于成本更高的美国，而富有的城乡精英阶层又有能力购买这些商品，因而粮食价格上扬。由于 20 世纪初期美国农产品的出口增加，所以美国掠夺墨西哥农民土地的动力进一步加强了。

由于经济上墨西哥完全依附美国，因而当美国爆发经济危机的时候，不可避免地对墨西哥的经济产生了巨大冲击，当美国的资金大量抽回国内，或者资金枯竭时，墨西哥的经济立即陷入停滞甚至倒退状态。墨西哥出口下滑，而经济的衰退导致墨西哥政局的不稳定。墨西哥总统迪亚斯对于依附于美国的危险感到不安，开始采取措施摆脱美国的经济控制。“他对美国（而不是英国）控制的许多铁路实行了国有化；通过征税提高流向北部边境的原材料价格；在

① 【美】孔华润主编：《剑桥美国对外关系史（上）》，第 507—508 页。

1907—1908 年间吸引欧洲资本填补纽约经济恐慌留下的资本空缺；对美孚石油进行了专门打击，不准它开采富油田，而且在 1904—1910 年间，把它在墨西哥照明和机油市场 99%的份额削减到 44%。同时，迪亚斯还把越来越多的优惠给了英国石油公司，特别是考德雷勋爵——其实力强大的企业抑制着美孚石油的扩张，到 1910 年控制了墨西哥石油生产的 58%。”①

但是墨西哥的举动又激怒了美国工商业者。在纽约花旗银行总裁詹姆斯·斯蒂尔曼的操纵下弗朗西斯科·马德罗推翻了迪亚斯的独裁统治。然而新上任的马德罗政权并没有满足美国大企业的愿望，其工会和罢工立法违背了美国公司的利益，而且最让美国公司不满意的是马德罗仍然希望引进欧洲财团，并且不愿意给美孚石油公司和美国铁路公司特许权，这是美国推翻迪亚斯的重要原因。因此美国大使威尔逊公开向马德罗政府发出威胁，塔夫脱总统甚至陈兵 2 万于边境。但是塔夫脱政府没有派出军队，而是支持墨西哥将军韦尔塔发动政变处死了马德罗。这引起了墨西哥人民更大的愤怒，爆发了卡兰萨领导的起义。威尔逊上台以后，由于韦尔塔无力维护美国公司的利益，1914 年美国终于出兵促使韦尔塔被赶下台。威尔逊坚持了“美国一贯的政策，即通过革命以驯服的政权取代敌对的政权，而且不负任何正式责任”。② 尽管美国的目的最终得以实现，但美国的入侵行径却遭到了大多数墨西哥人的强烈谴责。

该事件典型地反映了日益显现的美国全球角色的复杂性：一方面是美国促进当地国政府进行改革的政策，另一方面是当地日益兴起的民族主义力量，而这两者之间总是相互冲突。因此美墨关系在 1916 年又发生了矛盾，美国军队再次入侵墨西哥。墨西哥对美国的行动进行了公开抗议，甚至出现了两国将要开战的言论，但双方最终还是采取了克制的态度：威尔逊在美国日益卷入欧洲战争的情况下自然不愿意发展到如此境地，而卡兰萨也愿意结束危机以得到美

① 【美】孔华润主编：《剑桥美国对外关系史（上）》，第 509 页。

② 同上书，第 514 页。

国的外交承认。

然而，美墨危机并未就此完全终结。1916年，墨西哥颁布了一部新的宪法，其中包括全民普选、土地改革，以及限制外国对土地以及地下资源、特别是石油的拥有权，最后这一点对美国最为重要，它被写进宪法第27款，对已经拥有采油权的美国及其他（主要是英国）投资商极为不利。墨西哥民族主义与美国坚持商业合同神圣性之间的冲突使得未来数年内的两国关系更为复杂。

总体来说，美国对拉美地区的干涉始终包含着商业、政治和战略的多重考虑。在1898—1920年间，美国海军陆战队进入加勒比海的次数不止20次，新运河的安全仅仅是导致干预的原因之一。1903年年中，罗斯福在给朋友的信中写道，门罗主义的正确范围是墨西哥、加勒比以及运河的两个入口地区。随着美国的海外投资从1897年不足100万美元急剧增加到1914年的34亿美元，有近一半的投资流向了拉丁美洲，特别是墨西哥和罗斯福的门罗主义保护范围内的其他地区。这说明随着美国的国力日益上升，美国联邦政府越来越不仅仅满足于商业利益的拓展，它对政治利益的拓展兴趣越来越浓厚，而对于美国来说，最大的政治利益就是将对象国变成一个制度上和价值观上完全类似于美国的国家。

2. 美国对中国的扩张

1897年之后，美国对中国的兴趣更加扩大了，首先是商业利益的需求。“尽管对华贸易仅占美国商贸总额的1%，但是美国对华出口从1896年的700万美元上升到1897年的1200万美元，再升至1899年的1400万美元，这种趋势预示着未来的巨大利润。”①

美国对中国的政治利益和战略利益也显著扩大了。美西战争后，美国获得菲律宾、关岛和萨摩亚群岛，美国的兴趣从加勒比海和美洲转移到太平洋。美国国务卿海约翰把中国当做“在以后的5个世纪里通向世界政治的钥匙。对于传教士来说，中国的吸引力在于其

① 【美】孔华润主编：《剑桥美国对外关系史（上）》，第456页。

巨大的人口，将数千万中国人基督化的思想使其他传教工作显得微不足道。19 世纪 90 年代，这些冲动极大地增加了。”[①]

与此同时，1898 年前后，列强在中国的竞争开始升温，并且开始划分“势力范围”，这引起了美国极大的不满，美国已经不能再容忍其他列强将美国排挤在对华利益圈之外了。

考虑到美国在华的商业、政治和战略利益，1899 年和 1900 年，美国政府两次发表门户开放照会。第一次门户开放照会是为了商业利益，而第二次门户开放照会是为了政治和战略利益。门户开放政策反映了美国工商利益集团要继续进入中国市场和美国希望自己成为一支世界力量的愿望，并据此美国要保卫它的全球利益。

但是，海约翰的倡议没有受到任何国家的欢迎，正如马汉所言：“美国的重大利益最好由实力决定，不应把它们交到外籍法官的手中，由他们任意摆布。”[②] 这时候美国关注的焦点是沙皇俄国。沙皇俄国在 1900 年趁火打劫，意图将整个中国东北都变成俄国的一部分。美国的门户宣言主要就是针对沙皇俄国的。抱着这个目的，美国开始扶持日本与沙俄作斗争，1904—1905 年两国爆发了战争。在双方打得筋疲力尽之后，罗斯福主动表示愿意出面调停。“罗斯福因这次调停获得诺贝尔和平奖，但他没有获得日本遵守门户开放原则的保证，也没有在亚洲建立一个能够保护美国利益的均势格局。他不得不承认，日本不仅已经崛起为东北亚最强大的国家，而且它还拒绝继续保护美国的市场。”[③]

“罗斯福短视的民族主义，对中国人冷嘲热讽的种族偏见，对日本的误解，对俄国虚弱性的低估，对美国军事力量的夸大以及无力操纵亚洲的均势使之符合美国的利益，等等，无不损害了他在 1898—1905 年间以在亚洲获取商业和战略机会为目标的美国外交

① 【美】扎卡利亚：《从财富到权力》，第 241 页。

② 【美】孔华润主编：《剑桥美国对外关系史（上）》，第 455 页。

③ 同上书，第 490 页。

政策。”[1]

与罗斯福总统相比，塔夫脱总统对于中国的兴趣更小，完全集中在商业利益上。塔夫脱上台不久就决心通过湖广铁路借款打开中国市场。1909年5月，在美国国务院的协助下，组成了以摩根公司、第一国民银行和花旗银行为代表的美国财团，远东司司长司戴德为此辞去国务院的职务，担任财团驻华代表。美国政府的态度使工商业利益集团感到高兴，美丰银行华盛顿分行总经理泰特说：“今天在我国没有比政府鼓励他的资本家到能够发展商业的国度去投资更为必要的了。”[2] 美国通过向中国清政府施加压力，使中国同意向美国借款，但是美国的意愿受到日本和俄国的极力反对，而最终失败。

威尔逊总统上台以后，对金融托拉斯的影响心有顾虑，而对工商业的发展更加关注，他宣称：“现政府将鼓励并支持为给予美国商人、制造商、承包人及工程师以银行的及其他金融方面的便利所必需的合法措施，他们现在是缺乏这种便利的，而如果没有这种便利，则他们与他们的工商业方面的对手们比较起来，将处于一种极端不利的地位。这是现政府的责任，这是它的公民在开发中国方面的主要的物质利益。”[3] 威尔逊还认为美国不应该仅仅关注经济利益，还应该关注政治和战略利益。“实际上，早在1911年之前，他就对传教士活动表现出了极大的兴趣，成为总统以后他更急于在基督教以及世俗方面促进美国在中国的利益。”[4]“威尔逊相信，如果美国不和其他列强合作，而是站在中国一边，揭露其他列强在中国的图谋，那么美国在华地位会更加牢固。”[5] 美国也是列强中第一个承认中华民国政府的国家。到了1917年，随着威尔逊成功连任，其国内权势和地位的进一步巩固，美国采取进一步行动来支持中国，这就是鼓励中国参加世界大战，以获取更多的权益，这引起日本的反对，一

① 【美】孔华润主编：《剑桥美国对外关系史（上）》，第494页。
② 吴心伯：《金元外交与列强在中国》，复旦大学出版社1997年版，第35页。
③ 同上书，第134页。
④ 【美】孔华润主编：《剑桥美国对外关系史（下）》，第27页。
⑤ 吴心伯：《金元外交与列强在中国》，第134页。

直到亲日的段祺瑞执掌政权之后，日本才不反对中国参战。[①]

总而言之，美国从1898年对华提出门户开放之后，20年间无论是商业还是政治和战略利益的拓展都谈不上太大的成功。这虽然主要是由于日本、俄国以及其他列强的强烈阻挠，虽然已经是世界头号经济大国，但是美国政府可以支配的资源还是有限的，无论是金融力量还是军事力量都非常有限。美国联邦行政部门可以利用的资源特别是武力资源并不太多，1914年美国海外投资只有35亿美元，而同时英国海外投资额为180亿美元，法国为90亿美元，德国为87亿美元。[②] 军事力量方面，即使美国的海军力量有了明显上升，也无法同其他海军强国相比较，美国在西太平洋地区没有海军基地。海军舰只数量仅次于英国，但是指挥人员数量严重缺乏，仅为英国的1/3，不到法国和德国的一半。因此面对日本人的强势，美国并没有什么有效的解决方式，没有实力压迫日本让步，这就决定了美国在华政策无法实现自己的利益诉求。

3. 美国对加拿大的政策

美国对加拿大的政策在19世纪90年代之后一直很稳定。美国把加拿大作为自己的重要商品市场和原料产地，美国和加拿大在政治、经济和战略方面的利益结合得越来越紧密。1909年，美国向加拿大输出了价值2.07亿美元的商品，也即向美国的第二大客户英国输出的商品的2倍。美国的目的是将其和加拿大的关系发展得比英加关系更密切。“正如贸易关系局的查理·佩珀在致诺克斯的题为《加拿大的开放》的备忘录中所言，使加拿大脱离英国的贸易圈，可以削弱大英帝国整个的特惠关税体系，可以把‘从西向东和从东向西’的贸易路线改变为‘从北向南和从南向北’。塔夫脱完全支持这种路线的改变，他私下里对罗斯福说，如果可以通过谈判与加拿大签订一个互惠协定，就会使‘它成为美国的一个附庸’。塔夫脱推动

① 【美】孔华润主编：《剑桥美国对外关系史（下）》，第27页。

② 吴心伯：《金元外交与列强在中国》，第141页。

国会通过了他的议案，目的是尽快使北美大陆市场变成现实。但在渥太华，由于英国利益集团的有力支持，加上华盛顿政客关于美国未来可能兼并加拿大这种不合时宜的言论的刺激，保守派挫败了这次立法。”[①] 但是，美国对加拿大的影响力还是与日俱增，因为这时美国的国力已经超过英国，加上地缘政治的因素，美国对于加拿大的重要性远非英国所比，加拿大在商业和外交方面对美国的依赖性甚于英国。

4. 美国对非洲地区的扩张

自 1884 年美国首次参加欧洲列强瓜分非洲的柏林会议之后，20 年间，美国一直游离于非洲事务之外，这主要与美国的日益关注不在该地区有关，同时也是因为美国政府调动资源的力量受到局限，因此有意不介入非洲事务来规避同欧洲主要列强之间的矛盾。但是到了 1906 年，罗斯福总统决心调停法德摩洛哥危机，帮助维持法—英同盟关系并遏制德国，罗斯福最终达到了一箭双雕的目的，但是这次调停对于扩大美国的利益没有多大意义。出于对北非感兴趣的美国制造商的利益考虑，他曾试图让各方做出门户开放的保证，但成效不大。[②]

① 吴心伯：《金元外交与列强在中国》，第 500 页。
② 同上书，第 492 页。

第三章 一战时代（1917—1920）

对于全世界的政治、经济前景影响甚大的第一次世界大战爆发于1914年8月，并于1918年11月11日随停战协定的签订而结束。第一次世界大战对于美国来说，是进入20世纪的第一次战略机遇。“这场战争还是为美国的国内经济、政府角色以及美国在世界经济中的地位带来了根本性的转变。”[①] 在第一次世界大战期间，美国的经济得到了迅猛的发展，这和政府组织分配和调控国家资源的能力显著加强密切相关，第一次世界大战促使美国的国力显著跃升。虽然在战争期间，美国政府为了打赢战争所建立的机构和所颁布的许多政策和措施在战后大部分都撤销了，但是战后美国联邦政府的权力与战前相比仍然保持着上升的态势。

第一节 美国介入一战的根源

一、美国的中立政策和经济的增长

第一次世界大战为什么会爆发，美国联邦政府和公众有着高度的共识，这是由欧洲主要列强长期的争端和冲突造成的。所以“美

① 【美】杰里米·阿塔克、彼得·帕塞尔：《新美国经济史：从殖民地时期到1940年》，第543页。

国与涉及战争的各种问题毫无关系，而且也毫无私利可图，因此应随时准备作出贡献，进行公正的调停，使战争尽早结束，帮助治愈战争创伤并为实现持久和平而努力”。[①] 美国丝毫没有参加一战的意愿，一直到1916年威尔逊总统还在一次演讲中说：“美国最初没有充分认识到这场战争的意义，它看来像是欧洲复杂的政治斗争中长期被抑制着的力量”。[②] 因此这场战争“在大西洋彼岸的美国人看来整个欧洲似乎变成了一个疯人院：尽管美国自1865年以来一直处于和平环境，只是同印第安人打了几场小仗，向西班牙进行了一场历时不长的战争，而这几次战争对美国经济的影响都不大。美国正是在这个和平环境中发展壮大起来，成为世界上最大的工业国和农业国”。[③]

因此，当第一次世界大战爆发时，威尔逊总统立即宣布了美国中立。当时美国正处于进步主义时代的高峰期，美国政府正着力于解决国内种种日益突出的矛盾。

尽管美国宣称中立并且对交战双方都不存好感，但是很快美国人就感觉到了战争对经济的影响，这种影响反映出美国在国际政治经济秩序中的作用与地位越来越重要，也说明美国要想独善其身是不容易的事情。

首先，这场战争让美国遭遇到了一场轻微的萧条。“这个萧条由于欧战最初几个月里的经济紊乱而加深了。”[④]“战争爆发使美国的出口突然大幅度下降，美国棉花和粮食的出口由于欧洲的主要顾客（英国、法国和德国）卷入战争而中断，过剩的粮食和棉花堆积在美国，农产品价格暴跌。德国的潜水艇袭击了英国和其他盟国的船只，同时英国又封锁德国，从而进一步破坏了美国的对外贸易。1914年钢的出口从前一年的水平降低了将近50%，很多其他制造业部门差

① 【美】理查德·霍夫施塔特：《美国政治传统及其缔造者》，第311页。

② 【美】乔治·凯南：《美国外交（增订本）》，葵阳、南木、李活译，世界知识出版社1989年版，第51页。

③ 【美】菲特、里斯：《美国经济史》，第612页。

④ 【美】沙伊贝、瓦特、福克纳等：《近百年美国经济史》，第292页。

不多都受到沉重打击。很多工业品的价格跌落到 10 年中的最低水平。”[①] 由于欧洲列强都卷入战争，因此欧洲对美国的需求急剧减少。同时欧洲列强们为了筹措军费，从各种渠道抽回资金“战争对美国经济的影响首先表现为一次相当严重的金融危机。欧洲各国的投资者纷纷抛售美国证券，其数量之巨远非市场所能容纳：1914 年 8 月，纽约证券交易所终于被迫停业，直到 1915 年 4 月才完全复业。同时，这次危机又因国际金融市场上黄金暂时短缺而变本加厉。美元因不能兑换黄金，造成美元外汇牌价暴跌。幸而这次危机历时较短，而且基本上限于金融市场的范围。就整个美国国民经济来看，1914 年经济活动的水平略低于 1913 年”。[②]

美国联邦政府立即作出有效反应。“欧洲投资者抽回资本对美国黄金储备所产生的压力，促使新成立的联邦储备局建立一项特别黄金基金。同时，为了使南方的棉花行业渡过危机，政府还建立了一项棉花贷款基金，因为棉花价格在 1914 年的 7—12 月已下跌一半。政府运用这些特别措施，帮助美国银行和其他财政机构不致收缩基本信贷。因此，正当欧洲各国冻结偿付国际债务款项的时候，而美国却用积存的黄金储备去继续支持其银行系统并如期偿付债务。这种良好的稳定局面，为美国的投资银行家和国际金融公司在战争期间对英国发起一次有把握地争夺国际贸易理财业务的挑战铺平了道路。”[③] 美国的做法在国际资本市场上获得了良好的信誉，同时也是出于安全的考虑，大量黄金从欧洲市场流入美国。“到 1916 年，黄金本位制的银行系统占用了 20 亿美元，这是单一国家曾经拥有的最大一笔数量的黄金。”[④]

美国不久就认识到第一次世界大战对美国来说是一个天赐良机。这场战争正在将美国变成世界上最为强大的经济实体，这一点对美

---

① 【美】沙伊贝、瓦特、福克纳等：《近百年美国经济史》，第 292 页。

② 【美】菲特、里斯：《美国经济史》，第 614 页。

③ 【美】沙伊贝、瓦特、福克纳等：《近百年美国经济史》，第 293 页。

④ 【美】乔纳森·休斯、路易斯·P. 凯恩：《美国经济史》，邢露等译，北京大学出版社 2011 年版，第 456 页。

国以及其他国家的未来发展都将产生巨大影响，因为美国贸易和船运的扩张并不仅局限于欧洲，当欧洲的商船从亚洲、中东和拉美等地消失后，满载本国和外国货物的美国商船很快取而代之并遍布全世界。“与之相伴随的是，美国在海外的投资和借贷迅猛增长，当欧洲各国将自身在美资产都用来购买美国商品并开始从美国寻求借贷时，美国一夜之间就从一个纯粹的资本输入国变成了债权国。同时，越来越多的美国资金也流向欧洲以外的地区并投资于当地的银行、铁路和工厂（为弥补失去欧洲进口后的各种新兴工业化运动在亚洲和拉美相继出现）。”① 这为美国的经济增长带来了充裕的资金。“当然，如果没有欧洲的战争，美国也会崛起为世界经济强国，而现在的战争显然将之加速变为现实。美国政府和人民对此举双手欢迎，他们对任何危及其中立权的持续抗议表明：如果美国的所得是建立在欧洲的苦难之上，他们对此也没有任何道歉之意。实际上，通过这些商业行为，可以说美国确保了战时全球的经济交往活动最大可能地避免遭受战争的干扰。因此，对于那些坚持只有经济才能确保国际秩序稳定的人们，他们更加确信通过令人瞩目的美国的经济行为，世界和平事业的机会比以往任何时候都更为显著。”②

从1915年开始，美国迅速进入了一个为期五年的经济繁荣期。1914年和1915年美国的联邦财政还是赤字，到了1916年，美国的财政就转为盈余。

“这首先是起因于欧洲需求的增加，后来又因美国的参战而加剧。当欧洲人放下了和平时期的事业以后，这个缺口还得要别的国家来填补，而美国正如在一个世纪以前那样，已经成为了一个原料与粮食供应的策源地。由于工业的发达，美国当时所起的重要作用就与拿破仑战争时所起的作用完全不同，成为了一个矿产品、半制成品与军火的出口国家。”③ 由于交战各方很快就进入阵地战，不久

① 【美】孔华润主编：《剑桥美国对外关系史（下）》，第24—25页。

② 同上。

③ 【美】沙伊贝、瓦特、福克纳等：《近百年美国经济史》，第292页。

发展成为一场旷日持久的消耗战。战争的巨大规模决定了需要军用物资的大量供应，这样欧洲列强对美国商品需求的增长越来越明显。“1914 年 10 月，全国一半以上的炼钢炉闲置停产，而到第二年年底，炼钢工业却以全部实际生产能力进行生产，这是盟国军事订货的直接结果。”① 欧洲各国购买的美国货物激增，使美国的经济迅速结束了衰退，并在短短几个月内转为经济繁荣。在 1915—1916 年期间，美国对欧洲出口总额从 19 亿美元增为 38 亿美元。在同一时期内，欧洲各国对美国的输入额减少了。战争期间因欧洲各国输出减少而出现的世界市场的真空，逐渐为美国商品所填补。美国出口总额，1915 年约为 27 亿美元，1917 激增为 62 亿美元。（参见表 15）

表 15：美国 1915—1920 年产品出口总额

	出口总额	出口美洲总额	出口欧洲总额	出口亚洲总额
年份	单位（百万美元）	单位（百万美元）	单位（百万美元）	单位（百万美元）
1915	2769	576	1971	139
1916	5483	1145	3813	388
1917	6234	1573	4062	469
1918	6149	1628	3859	498
1919	7920	1738	5188	772
1920	8228	2553	4466	872

资料来源：The Historical Statistics of the United States，Volume V，Cambridge University Press，2006，p. 536。

农业生产继续保持繁荣状态。主要农产品出口一直保持稳定的增长，其中增长幅度最大的是玉米，从 1915 年 3.76 亿美元增长到 11 亿多美元。

---

① 【美】沙伊贝、瓦特、福克纳等：《近百年美国经济史》，第 293 页。

表 16：1915—1920 年间美国主要农产品出口额

年份	玉米 价格（百万美元）	烟叶 价格（百万美元）	小麦 价格（百万美元）
1915	376	44	334
1916	545	63	227
1917	575	46	246
1918	674	404	111
1919	1137	766	148
1920	1136	468	218

资料来源：The Historical Statistics of the United States，Volume V，Cambridge University Press，2006，p. 548。

工业生产的发展增加了就业人数。在 1913—1916 年，工人总数从 3850 万左右增至 4000 万左右。“失业人数由 1914 年的 220 万减少到 1916 年的 22 万，这仍然意味着就业机会的扩大。”① “在同一时期内，工业工人每小时工资率从 29 美分左右增为 32 美分，工业工人年平均工资额从 578 美元增为 651 美元左右。”②

由于交战国都缺乏资金，因而商业贷款已经成为必须的了。最开始美国实行的中立政策禁止向交战国贷款。“美国政府根据布赖恩的理论，即货币是最坏的禁运品，因为它可控制其他一切，不鼓励银行家们借出贷款，于是银行家们决定没有政府的批准就不采取行动。”③ 所以在 1915 年春季之前，仅有几笔数额不大的短期商业信贷由花旗银行提供给交战国。但是工商业利益集团特别是金融

① 【美】沙伊贝、瓦特、福克纳等：《近百年美国经济史》，第 295 页。
② 【美】菲特、里斯：《美国经济史》，第 617 页。
③ 【美】理查德·霍夫施塔特：《美国政治传统及其缔造者》，第 314 页。

界要求给予交战国贷款。1915 年 3 月摩根公司与法国政府开始进行 5000 万美元的商业信贷谈判，要求获得官方正式批准。3 月 31 日，国务卿布赖恩宣布，尽管国务院过去不批准“贷款”，但它将不反对这种信贷约定。此后工商业利益集团的压力越来越明显。同年 8 月 21 日，财政部长威廉·G. 麦卡杜在致威尔逊的一封机密信中谈到向交战国贷款对美国外贸的重要性，他声称美国的经济繁荣正在到来，如果美国能向顾主扩大合理信贷，这种繁荣不仅得以维持，而且经济将获得惊人发展。他说：“美国十分繁荣的时期就要到来了，如果我们能向我们的主顾们以合理的方式提供贷款，将会非常有利于经济繁荣的发展。……为了维持繁荣我们必须为之提供资金，否则繁荣就会中止，从而带来灾难性后果。”两星期之后，国务院顾问兰辛又补充说：“如果欧洲国家想不出办法支付的话……他们将停止购买，我们目前的出口贸易将会相应萎缩，结果就会使产量受限制，工业萧条，资本闲置，劳动力过剩，出现种种衰退现象，金融混乱，社会普遍不稳定，劳动阶层生活困苦。……我们国家的利益似乎要受到严重威胁，我们能够让宣布诸如坚持真正中立精神之类的思想使国家的利益受到损害吗?”[①] 之后，“威尔逊把兰辛和麦卡杜召进白宫，面商贷款事宜，经过斟酌考虑之后，作出了允许交战国公开在美国筹措贷款的决定。此后，美国银行的款项源源不断地涌向交战国”。[②]

二、美国中立期间的外交调停

虽然美国宣称中立，但是仍然十分关注一战的发展，美国清醒地认识到必须保持战争各方力量平衡，因此对于美国来说，恢复战前状态是最为有利的。早在 1915 年初，威尔逊已经派遣爱德华·豪

① 【美】理查德·霍夫施塔特：《美国政治传统及其缔造者》，第 315 页。

② 王晓德著：《梦想与现实：威尔逊“理想主义”外交研究》，中国社会科学出版社 2009 年版，第 160 页。

斯和平出使英国、法国和德国，以确保调解结束战争后的各方利益。美国希望运用其强大的经济实力在交战国之间进行斡旋调解，以帮助欧洲终止战争。“避免作为交战国介入战争而通过一些建设性的调停措施，美国可以对世界事务作出有价值的贡献，这才是美国运用其资源与影响的最满意方式。”① 但是，豪斯的使命没有取得任何成果，欧洲列强当然不会仅仅因为美国的调停就放弃各自的利益诉求。伦敦告诉他英国不可能接受一个不彻底粉碎德国军国主义的和平。而德国的要求恰恰相反，只有英国屈膝投降才能接受和平。但威尔逊并不气馁，他在1916年再次派遣豪斯出使欧洲各国。但是，目的不是纯粹提议美国的斡旋和听取各交战国的想法，而是召集欧洲各国召开一个和平会议。美国将邀请交战双方参加会议，然后拿出具体的和平方案。颇有意思的是，美国已经不再恪守先前的想法，1916年的豪斯使命实际上是偏向协约国的，美国公开表示将阿尔萨斯和洛林割让法国，把君士坦丁堡交给俄国等，这些条件显然都有利于协约国。更重要的是美国提出了一个确保战后世界秩序的国际机构的建议案。英法的冷落以及德国的无限制潜艇战使得美国的提议无疾而终。

美国调停的不成功主要反映了美国力量的不足，无强大的军事力量作为后盾，任何调停都会被交战国敷衍搪塞，甚至不屑一顾，对此豪斯深有体会，他在1925年4月致查尔斯·西摩的信中不无感触地说：“如果我们从战争一开始就秣马厉兵，等待时机干预，美国也许改变了历史进程……因为协约国和德国将重视干涉的任何威胁，我们可以按照自己的条件视情况进行干预。”②

美国对调停欧洲列强之间矛盾的兴趣是显而易见的，这实际上超出了美国以前对欧洲事务一直实施的孤立主义政策。这反映了欧洲已经无力处理自家乃至全世界事务，也表明美国的力量已经上升到可以介入和干预欧洲事务的程度。尽管美国的调停没有成功，但

① 【美】孔华润主编：《剑桥美国对外关系史（下）》，第24—25页。

② 王晓德：《梦想与现实：威尔逊“理想主义”外交研究》，第170页。

是美国出面扮演的角色，已经说明没有美国的领导很难出现一个稳定的国际秩序。在当时，这一角色以及美国所追求的国际秩序的基本性质仍然是相当模糊，因为美国的实力还达不到让这一切清晰化的程度，但是美国已经认识到国际秩序、全球经济的发展和相互依存以及国内稳定是一些相互联系的问题，美国开始考虑自己对一战的政策。

三、美国介入一战的原因

表面上看，美国卷入世界大战是很突然的。因为在1916年威尔逊总统跟查尔斯·埃文斯·休斯竞选总统期间，威尔逊最著名的一个竞选口号是“他不让我们卷入战争”。因此当威尔逊政府政府突然宣布改变中立立场时，许多人感到十分意外，致使美国在宣战时，还基本上还没有做好战争准备，“1916年美国陆军军事支出只有1.83亿美元，海军1.54亿美元。一直到正式参战的1917年，美国的陆军军事支出也只有3.78亿美元、海军2.4亿美元”。① “虽然1916年6月曾通过了一个国防法，授权总统少量增加陆军名额，同年8月成立了国防委员会，但直到参战前夕，美国做好战争准备的军队，包括调去解决墨西哥边境纠纷的国民警卫队在内，也许还不到20万人；美国没有做好作战准备的另一个标志是：1916年国家预算对陆军部的年度拨款实际上还少于1912年。国会又通过了一个海军建设计划，预定三年完成；然而，直到第一次世界大战结束都一条战舰也没有建成。在战争期间，美国船队部是靠原有的军舰和参战前已批准建造的军舰作战的。”②

尽管导致美国向德国宣战的步骤似乎很清楚，1917年1月德国宣布恢复无限制的潜艇战，美国宣布德国损害了美国利益，因此同其断绝了外交关系。著名的齐默曼电报表明德国有插手西半球的意

---

① 【美】乔纳森·休斯、路易斯·P. 凯恩：《美国经济史》，第456页。

② 【美】菲特、里斯：《美国经济史》，第618页。

图。但是实际上这个借口并不充分，因为在当时，交战双方都急于阻止美国的产品不为对方所得。为了达到这个目的，英国和德国都侵犯了中立国的权利，因为它们只权衡本身的需要，而置美国的不满和可能采取的行动于不顾。“英国控制海洋，封锁了德国港口，而且专横地扩大了禁运货单，把一直不在没收之列的棉花、羊毛、皮革、橡胶、铜和化学制品，也纳入禁运货单之内，后来又加上了粮食。英国还强调什么最终到货地的理论，没收运往欧洲中立国的货物，说是这些货物终于会被运往德、匈、奥三国。”① 在某种意义上说，英国比德国给美国带来的损失更大，因为英国拥有更强的海上力量，可以“极其随意地使用在公海上登轮和搜查的权力，使美国货主遭受巨大损失，不仅抢走美国与其他中立国的贸易，还没收宝贵的美国商业情报资料，并把英国所指控的和德国通商的美国公司列入黑名单”。②

而美国的反应却大不相同。美国对英国海军的封锁尽管提出了正式抗议，但总是百般容忍；而德国潜艇搞的反封锁却使德美关系紧张起来。美国认为德国不加警告就向别国船只开火是不能接受的，可是潜艇的效用就是靠突然袭击，德国潜艇不预先提出警告而击沉英、法船舶，不可避免地要损害在这些船舶上的美国人的生命和财货，这引起了美国的愤怒。但是历史学家罗斯·格雷戈里写道：“要是美国不帮助协约国的话，德国就没有理由奉行损害美国利益的政策。”③ 即使如此，“德国人当时有一项仍旧愿意实行的建议，即如果英国解除粮食封锁，德国就将放松利用潜艇进行作战，美国政府和公众都不为这一建议所动。面对这种形势，威尔逊继续允许协约国的武装商船队出美国港。尽管国会强烈反对，他还坚持美国人乘交战国商船在作战区域内旅行的权利。……在和协约国打交道时，他

① 【美】沙伊贝、瓦特、福克纳等：《近百年美国经济史》，第 297 页。

② 【美】理查德·霍夫施塔特：《美国政治传统及其缔造者》，第 312 页。

③ 【美】托马斯·G. 帕特森：《美国外交政策》，李庆余译，中国社会科学出版社 1989 年版，第 381 页。

的压倒一切的考虑是如何给予方便；而在和德国人打交道中，则极其专横地为法律上的权利辩护。对于这种歧视性做法，他和兰辛提出的理由是，英国失当的行为只涉及财产权利，德国的行动则涉及人权并危及人的生命”。[①]

所以，是德国的潜艇战最终导致美国与德国刀兵相见。然而美国毅然决定参战的原因显然不是因为德国的潜艇战给美国造成了损失那么简单，这里面的原因既有经济利益的驱动也有政治和战略利益方面的考虑。

从经济利益来说，美国与协约国的经济利益十分密切。“1914年，美国对英法的出口相当于7.54亿美元；1915年，猛增到12.8亿美元；1916年又翻了一番多，达27.5亿万美元，对德贸易的可比数字说明，柏林为什么认为美国正在偏袒一方。1914年，美国对德国的出口总数为3.45亿美元，1915年锐减到2900万美元；1916年跌到微不足道的200万美元。”[②] 因为英国海军的封锁，同时也由于美国不愿行使国际法公认的海洋自由贸易权，因而同盟国方面从美国的进口量要比协约国小得多，特别是军火贸易。英、法、俄三个协约国从美国取得的补给弥补物资大大超过德、奥同盟国从美国获取的物资，1915年4月，英因从美国机车公司订购了价值6370万美元的炮弹，同年，伯利恒钢铁公司签订约1.5亿美元弹药的合同。美国的钢、铁、棉花、小麦、石油和军火构成这些大宗生意的一部分，成为协约国战略储备的重要部分。这就意味着协约国方面同美国有着更紧密的利益关系，这对于日后选择作为参战方有着重要的影响。

在这过程中，美国的工商业利益集团和协约国建立起广泛和密切的商业联系，这给了美国政府相当的压力。在战争开始时，英国和法国都寻求从美国购买大量物资，它们的代理人就是J.P摩根公司。“1915年，摩根为协约国主持发行了一次数目庞大的债券，史

---

① 【美】理查德·霍夫施塔特：《美国政治传统及其缔造者》，第316—317页。

② 【美】托马斯·G. 帕特森：《美国外交政策》，第380页。

称英法公债，这是历史上发行的唯一最大数目的债券，摩根也相应地得到了丰厚的佣金。该公司向协约国供应所需，在一年多时间内，为协约国购买了价值30亿美元的物资。摩根为此得到了3000万美元的佣金，是价值总额的1%。”[①] 这些合同的安排充分说明摩根银行公司在美国国民经济中居于举足轻重的地位和权力，连英国也承认这种权力。虽然“激进的劳工团体（特别是社会党和世界产业工人工会联合会）、200万德裔美国人中的许多人，以及和平主义者的上层人物集团，强烈反对美国卷入战争。但是当这些因素在决定美国外交政策的方向中都很重要的时候，也可以说唯一可取的选择就是介入盟国。因为这一选择已经主要由经济利益来决定它的性质，从而排除了其他选择。经济因素，至少已在此程度上是决定性的了”。[②]

可见，美国在1917年以前已经成了协约国作战不可缺少的部分了。尽管美国在表面上采取了中立政策，但美国的经济利益同协约国的命运息息相关，相关美国的市场、就业以及金融体制的稳定等问题，这些都要靠协约国的继续订货，靠英、法两国的继续存在才能解决。因此协约国在战场的败像越来越让美国政府和公众感到忧心忡忡。毫无疑问协约国的失败不仅使美国面临经济危机，而且还将引起政治上的严重危险，因为德国的胜利很可能造成美国经济萧条，这对威尔逊政府来说是无法接受的。所以防止德国万一取胜美国可能遭到的金融上的损失，对于美国来说是十分重要的。

因此，美国参加第一次世界大战很大程度上是由于美国工商业利益集团为了谋取经济上的利益，而在20世纪30年代美国参议员奈领导的调查委员会的报告也说明了这一点。但是美国卷入世界大战的原因也不仅仅是为了经济利益。经济因素固然是美国参战的原因之一，但是政治和战略利益的考虑也是极为重要的原因。

从政治利益来说，美国和英国有着种族、制度和文化的血缘关

---

① 【美】吉斯特：《美国垄断史》，第49页。

② 【美】沙伊贝、瓦特、福克纳等：《近百年美国经济史》，第298页。

系。“美国文化与其说是接近德国文化不如说是近似英国文化。”[①] 威尔逊总统就是一个最好的代表例证。“威尔逊对协约国的同情就像他对和平的热爱同样重要。他是个彻头彻尾的亲英派。……他周围的顾问们都是心向协约国的，特别是国务院顾问和后来当上国务卿的罗伯特·兰辛，以及豪斯上校。”[②] 因此，“美国人大多从一开始就对协约国寄予同情，正是这种感情的力量使得美国政府设法使战争的结果有利于协约国，为此不惜采取某种干预措施”。[③] 俄国二月革命对美国的参战也有着直接的影响，威尔逊认为新生的民主国家需要美国强有力的支持，否则就会被德国这种专制力量摧毁，所以威尔逊将参战冠以强烈的的意识形态动机。

从战略利益的角度说，美国在 1914—1917 年间保持中立的主要目的就是认为美国要想成为世界大国，就必须维护欧洲的实力均衡，倡导“没有胜利者的和平”。虽然美国偏向协约国，但是并不希望协约国彻底获胜，因为欧洲的实力均衡如果彻底坍塌，将会给美国的安全带来一种显而易见的威胁，美国不可能再享受由于欧洲列强间相互仇恨而对美国采取的忍让姿态。一战之前，所有的欧洲列强都在拉美地区对美国的扩张作出让步，以避免得罪美国。但是到了 1917 年的春天，战略平衡即将被打破，协约国已经到了崩溃的边缘。“情况看来是，要是德国战胜，美国会受到战胜国和战败国两方的仇恨，美国对欧洲的前途和世界和平的影响将降到最低的程度，而近年来所获得的一切成就都会因军备竞赛而丧失。”[④] 因此美国绝不能容忍协约国战败，“德国的军事专家们”必须被打倒。

可见是政治上、经济上与战略上的多重考虑让美国卷入到第一次世界大战中去。

---

① 【美】菲特、里斯：《美国经济史》，第 618 页。

② 【美】理查德·霍夫施塔特：《美国政治传统及其缔造者》，第 312 页。

③ 【美】菲特、里斯：《美国经济史》，第 618 页。

④ 【美】理查德·霍夫施塔特：《美国政治传统及其缔造者》，第 321 页。

第二节　联邦政府对战时经济和政治的计划和统制

“虽然美国积极参战的时间是短暂的，但它对美国生活的影响却是深刻的。将近500万人应征入伍；其中200万人在国外服役。全国的经济生活比以往任何时候都更多地受到国家的控制。”[①] 为了实现威尔逊所说的“使民主在世界上安全存在”，就必须有效地将人力和物力从正常的民用生产转移到战时生产，充分利用美国的经济潜力，美国在历史上第一次动员全国经济力量来为战争做准备。“在战争期间，差不多有20%到35%的生产是为适应战争需要服务的。政府为了合理地改革、协调并使经济与人力应付战争危机所作的努力，在美国历史上也是空前的。”[②] 因此对威尔逊总统的战争权力也提出了新的要求。要发动一场“全面战争”，就必须进行各种精密武器的大规模生产，同时也要求进行战争动员，并大规模地在远离美国的地区进行军事部署。总统要负责组织和控制工业经济，并协调运输和通讯工业以满足军事行动的需要。作为武装力量总司令，所有这些都是总统的传统职责中所没有的。[③]

战争期间对美国社会进行经济和政治的管制是必要的，其管制程度自内战以来是空前的。但这也是一个空前的机遇，威尔逊希望通过国内战争动员进一步推动进步主义的改革。实际上，威尔逊的战争努力一直与其国内改革密不可分。“他和他的支持者，诸如沃尔特·李普曼、赫伯特·克罗利、伯纳德·巴鲁克等都认为战争是完成这一任务的难得机会，因为战争需要全国的团结和动员，而这正

① 【美】纳尔逊·曼弗雷德·布莱克：《美国社会生活与思想史（下）》，许季鸿等译，商务印书馆1997年版，第16—17页。

② 【美】沙伊贝、瓦特、福克纳等：《近百年美国经济史》，第308页。

③ 【美】米尔奇·尼尔森等：《美国总统制（起源与发展1776—2007）》，第255页。

是重组国内事务的最佳条件。他们大力宣扬经济规划、公共服务以及国际事务的公众教育等，我们当今称之为‘公共外交’的最后这一点是一大创新，其出发点是威尔逊通报美国战时外交的想法，以及让美国民众了解战争的重要性。为了完成这一任务，他们还专门设立了一个新的机构：信息委员会。”①

威尔逊也意识到这其中存在一些障碍。最重要的障碍可能来自于国会。内战后美国国会对以总统为首的行政部门权力的扩大一直持警惕的态度，所以只要有可能，威尔逊都尽力争取获得国会的明确授权。例如，“当国会不同意授权他武装商船的时候，他依然采取行动武装了商船，因为他认识到他现在已经拥有了这样的宪法权力。但威尔逊在担任总统伊始就相信，总统权威的充分展现离不开立法机构的支持，即便在战时也是如此，行政权力的扩张特性是由宪法原则和历史先例确定的。第一次世界大战期间，威尔逊集聚的紧急权力是非凡的，如政治学家爱德华·S. 科温所指出的，威尔逊和林肯的战争‘独裁’，‘受传统宪法的约束都很轻微’，差别只在‘方法’上。然而，一旦从国会获得了特别权力，威尔逊便立即任命管理人员来处理政府的具体事务，其中包括伯纳德·巴鲁克（Bernard Baruch）为粮食食品的执行官，财政部长威廉·吉布斯·麦卡杜（William Gibbs McAdoo）负责管理铁路；同样，威尔逊还将军事事务的管理交由他的欧洲指挥官潘兴将军，只有涉及到重要的政治和外交问题时总统才会出面介入”。② 当时国会的进步派议员们在北卡罗来纳州国会议员兼众议院筹款委员会主席克劳德·基钦（C1aLJde Kitchin）的领导下，也希望利用加强军备以及参战的机会打击财富的集中、特权和公共腐败。在他们的配合下，在战时美国国会总体给予了总统足够的权力以总统所认同的方式来筹资和作战。

威尔逊在战时的领导风格是他主要制定战争的整个方向，确定

① 【美】孔华润主编：《剑桥美国对外关系史（下）》，第44—45页。

② 【美】米尔奇·尼尔森等：《美国总统制（起源与发展1776—2007）》，第256页。

战争所要达到的目标是什么，而将具体的任务授权给受到信任的政府官员，这种风格与他的政府管理模式是一致的，也是十分明智的。因为，它可以使总统领导适应现代战争的紧急状态。“到 20 世纪，就像波尔克和林肯在 19 世纪中期所经历过的一样，战争已经成为一种大规模的复杂行动，需要总统的密切领导。威尔逊提供道德领导来唤起民众，并发出各种行政任命以维持全面战争的进程。通过这些方法，作为总司令，他为扩大总统的这一角色作出了贡献。”①

一、战时动员机构

一战期间，为了有效地保持美国的战时军事供应和民众的正常生活，美国联邦行政部门主要成立了一些临时性的行政机构来负责这一切，因而导致行政人员规模大幅度上升，从 1917 年的 32 万人上升到 1918 年的 64 万人。尽管这些机构在一战结束以后基本都予以撤销，因而行政人员规模很快就有了下降，但是其人数在 1920 年仍然有近 50 万人的规模。（参见表 17）这些临时性的行政机构虽然存在时间很短，但是对于美国联邦政府的职能转变和民众对于联邦政府职能的认识影响却很大。

表 17：联邦政府雇员人数 1917—1920 年

年份	联邦行政部门人数	联邦立法部门人数	联邦司法部门人数
1917	326899	6693	2080
1918	642432	7980	2040
1919	592961	8091	2000
1920	497603	7897	1960

资料来源：The Historical Statistics of the United States，Volume V，Cambridge University Press，2006，p. 128。

① 【美】米尔奇·尼尔森等：《美国总统制（起源与发展 1776—2007）》，第 256 页。

1. 国防委员会

联邦政府和国会第一次建立了一套全面计划和统制国民经济的制度，有意识地、审慎地致力于利用各种生产资源。“1916 年 10 月设立了国防委员会，可以说是战时经济动员的开端。由陆军部长、海军部长、内政部长、农业部长、商业部长和劳工部长组成，其职责就是充当总统的顾问。国防委员会附设一个顾问委员会，其 7 名成员都由总统任命，各成员分别充当运输、军火、劳工等具体部门的顾问。劳联领袖塞缪尔·冈珀斯也参加了顾问委员会，这表明工会的作用日益重要，并为第二次世界大战时期照此办理开了先例。国防委员会的职责在于研究战争时期的各种问题，建立国防需要的各种机构。”① “该委员会的第一任主管即美国电报和电话公司的首席统计员沃尔特·吉福德。其成员还包括希尔斯公司总裁、锐步公司总裁以及 BO 铁路公司总裁。委员会的讨论议题包括征兵、物价管制、政府接管私人工业企业，以及组建宣战后产生的指挥命令机构的核心机构。”②

国防委员会第一项紧迫的任务就是研究制订美国准备参战的动员计划。1917 年 5 月的《选征兵役法》创立了美国人的军队服役制度，一年之内，美国就向欧洲派遣了 200 万名官兵。同一时期的海军也得到了迅猛发展，1918 年的海军建设计划旨在创建世界一流的美国海军力量，整个军队的火力和装备都由国内生产。到战争结束时，美国一共拥有近 300 万军人。（参见表 18）

表 18：1917—1919 年美军兵力人数

年份	总兵力人数	军官人数
1917	643833	34224

① 【美】菲特、里斯：《美国经济史》，第 624—625 页。

② 【美】杰里米·阿塔克、彼得·帕塞尔：《新美国经济史：从殖民地时期到 1940 年》，第 544 页。

续表

年份	总兵力人数	军官人数
1918	2897167	130485
1919	1172602	91975

资料来源：The Historical Statistics of the United States，Volume V，Cambridge University Press，2006，p. 355。

经国防委员会研究成立的第一个机构则是军需品标准局。这个局成立于1917年2月，其任务在于规定军需品采购的标准。但是军需品标准局的主要人员同陆海军的行政人员之间，在究竟是私营商业界还是政府官员应该在动员工作中当主角的问题上有冲突。美国海陆军以及协约国往往越过军需品总局而各自安排军事订货，结果造成了一片混乱。由于军需品总局不能完成规定的任务，1917年7月成立了战时工业局，来替代以前设立的两个局。同年8月又成立协约国采购委员会，负责协调协约国和美国海陆军的军需品采购。

2. 战时工业局

由于美国联邦政府没有经验，因此唯一的办法就是摸索。1917年7月成立的战时工业局并不能有效完成战时工业生产，这让威尔逊总统感到很不满意，在1918年3月对该局进行了改组。战时工业局改组后，由伯纳德·巴鲁克任局长，直接对总统负责，不受国防委员会控制。它是战争时期工作的主要指导机构。“其实巴鲁克所起的作用与其说像一个独裁者，倒不如说像一个经纪人，他常常试图使战争的需要与工商团体中私人力量之间达到势均力敌。巴鲁克在战时工业局中建立了一些职能部门，负责调节、资源保护、优先调拨、物价、原料需求、劳工以及与盟国采购的协作。”[1] 战时工业局

① 【美】杰里米·阿塔克、彼得·帕塞尔：《新美国经济史：从殖民地时期到1940年》，第544页。

纯粹是行政当局设立的一个机构，它不是根据国会立法成立的，这表明美国联邦行政部门的权力在悄然增长。

由于当时工农业生产大致稳定，战时工业局的职责就在于尽量满足海陆军日益增长的需要而又不严重损害民用经济或协约国的作战力量。换句话说，问题在于把数量较少的资源分配给为数众多的各个互相竞争的需求单位。战时工业局的许多领导人以及其他起重要作用的人物都是志愿工作者，他们的意见对于该局所取得的成就以及美国提供的全部作战力量，无疑地作出了许多贡献。从另一方面来说，战时工业局把不拿政府薪俸的工业界代表人物安排在重要岗位上，这必然促使该局有关人员与其相关的公司签订合同。

战时工业局拥有优先分配物资的权力，企业如违反战时工业局的指示，就可能得不到优先配给物资的权利。由于大多数重要工业原料非经优先配给就不可能取得，“就可以行使一种惩治那些内心不服管理的企业的权利”。“尽管政府的这些严厉措施最初是以备用的形式设置的而更多的是依靠协议解决的，但当企业知道这种权力能付诸实施时，就变得更容易合作了。通常只要显示将要使用惩罚措施的企图就足够了。”①

战时工业局附设一个物价管理委员会，这个委员会试图用同各家生产主要商品的大厂商协商的办法来稳定物价。价格协议的有效期通常为三个月，期满后需要延期或修订如所预料，价格的修订多半表现为提价。协议的价格是政府订货的最高价格。②

战时工业局在一战时的实践经验，使很多实业界的领导人相信“政府控制”未必意味着可能是敌意的或有损于私人利益的控制。“实际上很多在10年以前就站在合并运动第一线的实业界发言人，以及那些严格要求通过私人调解以减少竞争的战士们，这时都意识到他们能够由于政府给予这些调解以合法地位而得到很大好处。乔

① 【美】克莱姆：《经济动员准备》，库桂生、张炳顺译，北京理工大学出版社2007年版，第35页。

② 【美】菲特、里斯：《美国经济史》，第625—626页。

治·克原来是农业设备工业公司的经理，后来又是20世纪30年代新政时期农业计划中的主要人物。他在1918年和1919年就说过，国家主要“在政府与工业和劳工之间真诚合作，以便消灭竞争的破坏力量”。他说：“为了使我们在‘战争’中所吸取的教训能为实业界和公众在和平时期所利用，我们应该制定允许合作的适当法规……，诸如保护原料、劳力和资本，以防止滥用，产品与加工过程的标准化；以及在某些条件下的定价问题，都应该同政府继续合作。”①

3. 全国粮食管理局

全国粮食管理局的设置来自于《利弗粮食与燃料管制法》。当时各参战国都出现粮食和燃料储备减少的情况，1917年4月20日，赫伯特·胡佛曾打电报报告美国政府说：协约国的粮食情况“非常严重”；意大利、法国和英国都只有一个月左右的存粮了。② 针对这一形势，国会在1917年8月通过了《利弗粮食与燃料管制法》，给了威尔逊总统广泛的管制权力。“法令禁止囤积居奇、故意销毁和销售与分配上的歧视或不公平的作法，并且授权总统在某些情况下去购买、储存和销售小麦和其他商品。”③ 实际上就是对整个国民经济进行管制。“由于这种扩大的授权是史无前例的，《利弗法》也被许多议员指责为独裁的先兆。为了缓和这些担忧，参议院给该法案增加了一项条款，决定建立一个超党派的机构去监督。威尔逊对参议院的修正案发起了激烈的攻击，“由于态度坚定，同时也说服了像利弗这样的国会领导人采取同样的坚定立场，威尔逊成功地删除了这一修正条款。1917年8月10日，总统签署了《利弗法案》，从而再一次确立了他对立法机构的领导”。④

---

① 【美】沙伊贝、瓦特、福克纳等：《近百年美国经济史》，第309页。

② 【美】菲特、里斯：《美国经济史》，第624—625页。

③ 【美】沙伊贝、瓦特、福克纳等：《近百年美国经济史》，第301页。

④ 【美】米尔奇·尼尔森等：《美国总统制（起源与发展1776—2007)》，第255—256页。

为了更有效地贯彻《利弗粮食与燃料管制法》中的粮食条款，成立了全国粮食管理局，胡佛受命担任局长。虽然胡佛本人比较喜欢采用自愿合作的方式，“但是，由于战争在继续进行，所以有必要实行管制和行使国会所授予的权力。通过对粮食产品的创造、储藏和分配发许可证的办法，对食糖、小麦、肉类、黄油和其他食品实行有效的管制”。[①] 其实最开始农民们对这种政策很不满意，曾猛烈批评这种政策，“因为在政府规定小麦价格时，小麦市价已远高于2美元20美分，最低价格实际上变成了最高价格。然而，政府规定物价的政策一方面防止了不正当的投机利润，同时保证了农民的产品有一个比较合理的价格”。[②] 所以农民们很快就认识到这其中的好处，给予了支持。正是由于全国粮食管理局的存在，美国的农业在一战期间一直保持稳定增长。

4. 战时铁路局

“自从1887年以来，铁路由政府管制已经是公认的政策。但是，直到战争时期才由政府试行营运。这是由于不能满足战时紧急需要而采取的一个步骤。”[③]

美国参战以后，各条铁路的运输量因要从内地运输大批军队和物资到大西洋港口而空前增加，然而铁路公司不能满足战争的迫切需要。为了有效解决这个问题，战时工业局1917年4月成立了一个五人委员会——“战时铁路局”，其任务是在分配设备和其他协调活动（排除各铁路公司之间的竞争）方面取得合作，以支援为战争所作的努力。其领导人员都是各铁路公司的经理或董事。联邦政府本来希望这些内行人能使铁路运输问题顺利得到解决，“但是，事实很快就证明这项自愿合作计划有不足之处。私人线路不按协定办事，而且当铁路运价大幅度上涨时，也引起了托运人的不满。工会要求

① 【美】沙伊贝、瓦特、福克纳等：《近百年美国经济史》，第301页。

② 【美】菲特、里斯：《美国经济史》，第628页。

③ 【美】沙伊贝、瓦特、福克纳等：《近百年美国经济史》，第303页。

提高工资的压力越来越大”。[1] 这说明通过公私自愿合作的方式并不能有效解决问题。在这种情况下，威尔逊总统在 1917 年 12 月下令全部铁路由政府接管。政府从 1918 年 1 月开始接管铁路，到 1920 年 3 月 1 日才把铁路交还原主。

5. 美国航运局

“从许多方面来看，缺乏船舶甚至比铁路运输设备不足的情况更为严重。早在 1916 年，政府就采取措施试图解决船只不足及由于德国潜艇击沉美国商船而造成的船只加倍紧张的问题，为此成立了美国航运局。美国对德宣战后不久，航运业实行了一项包括建设造船厂在内的大规模造船计划，由航运业附设的应急船队航运公司负责监督造船计划的执行并经营政府船只的航运业务。”[2]

由于美国宣战时德国炸沉轮船的速度超过了美国造船的速度，为了扭转这一局面，使美国的供应品能运输到盟国手中，“国会授权总统将 60 万吨德国商船扣在美国港口。同年 8 月，政府征用了正在建造中的所有钢铁船只，从而增加了净重 30 万吨的吨位。最后，政府还接收了所有 2500 吨以上适合于使用的美国船只，但是，允许船主自行管理行驶。这就把停泊在美国各港口的敌国船舶全部扣留，编入政府商船队，已经造成或正在建造的美国船只也都由航运局接收”。[3]

6. 战时劳工局

由于处于战争状态，政府采取了诸多措施来防止社会不同利益集团之间的矛盾恶化，给了弱势的利益集团更多关照。在第一次世界大战期间，劳工第一次受到政府像对待企业家那样的重视。劳联领导人冈珀斯是国防委员会所属顾问委员会的一名顾问，负责向政

① 【美】沙伊贝、瓦特、福克纳等：《近百年美国经济史》，第 304 页。
② 【美】菲特、里斯：《美国经济史》，第 630 页。
③ 【美】沙伊贝、瓦特、福克纳等：《近百年美国经济史》，第 303 页。

府建议制定有关劳工政策的方案。此外，在燃料管理局、食物管理局以及战时工业局等权力量大的管制机关中，也都有工人代表。

“美国在第一次世界大战时的动员，大大提高了工会会员的力量和威望。对于不间断地生产的需要是如此迫切，政府愈来愈积极地进行干预，以阻止罢工。……当资方拒绝服从时，国会通过‘亚森法令’，确立8小时为所有铁路受雇者的标准工作日。大罢工防止了，但是保守分子对这样向工人的威胁‘投降’感到震惊。”①

为了有效避免罢工，需要一个机构来和平地调解劳资冲突。1918年4月，联邦政府成立了战时劳工局。该局的主要成员包括5名企业主代表、5名工会负责人和2名公众代表。在有些场合下，各管制机关仍保留调解劳资纠纷的权利，而战时劳工局只是一个受理上诉的机构。“在战时它审断了大约1500起案件。在另一些情况下，战时劳工局则拥有原先规定的权限。战时劳工局在法律上没有执行自己决定的权限，但它可以依靠社会舆论的力量。在紧急情况下，该局也可行使政府的优先调拨权或接管、经营某个工业部门的权力。”②

与此同时，选征兵役局当时提出一个“要么去干活，要么去打仗”的计划。来根除和破坏激进工会，特别是世界产业工人工会联合会的运动，因为世界产业工人工会联合会是反对美国的战争政策的。

7. 战时贸易局

战时贸易局控制了美国的全部对外贸易。另一个是战争保险局，它为各私营企业办理战争时期风险性大的海运保险业务。最后一个是战时金融公司，其成立的目的在于“贷款给那些为进行战争所必需的或对战争起重要作用的工业部门和企业”。该公司之所以有重要

① 【美】纳尔逊·曼弗雷德·布莱克：《美国社会生活与思想史（下）》，第321—322页。

② 【美】菲特、里斯：《美国经济史》，第630页。

意义，是因为它为1932年大萧条时期成立复兴金融公司树立了一个范例。

总的来说，第一次世界大战期间经济上的动员，将政府引入商业，并达到前所未有的程度。到1918年夏，联邦政府几乎对美国所有的重要经济部门都建立了管制机关或统制机关。“政府利用这种管制或统制，才有可能把全国很大一部分自然资源及劳动力分配给各经济部门去生产军火和其它军需品。几千家工厂接受了军需合同，军事机构通过优先权和固定价格控制了各种原料的流量。他们监督食物和燃料贸易，以防止囤积，保证足够的供应。联邦政府成为船务局所建造和购买的2000多艘船只的所有者，并接管了全国的铁路、电报、电话、海底电线和无线电系统。”[①]

通常来讲，政府所成立的这些确保资源调配的专门机构，不但要耗费一国大量的资金和时间，更会加剧内部社会秩序的紧张，但是，这些专门机构的运作却十分平稳，这说明美国从和平向战争的过渡却十分顺利和平稳。“美国军队从20万人猛增到400万人的速度，1918年夏以每月22.5万人的速度成功地开赴欧洲战场这种奇迹不仅使我们的敌人而且使我们的盟国也感到惊讶。”[②]

二、战争时期的财政政策

尽管第一次世界大战中美国只积极参战19个月，但战费总支出却几乎相当于持续4年之久的南北战争支出的10倍。“因为美国参加了第一次世界大战以后，在财政上不仅要维持自己参战，而且还要为盟国的费用负责。1917年4月通过的“第一自由贷款法令”授权财政部长经过总统的批准，可以在100亿美元的范围内给各盟国

① 【美】纳尔逊·曼弗雷德·布莱克：《美国社会生活与思想史（下）》，第307页。

② 【美】克莱姆：《经济动员准备》，库桂生、张炳顺译，北京理工大学出版社2007年版，第38页。

政府提供贷款。”[①] 据官方估计，从1917年4月6日至1919年10月31日，联邦总支出约为350亿美元。战争本身的支出约达328亿美元，其中包括了协约国借款95亿美元。（参见表19）

表19：1917—1920年联邦政府财政收支情况

年份	联邦财政收入（百万美元）	联邦财政支出（百万美元）
1917	1100500	1953857
1918	3645240	12677359
1919	5130042	18492665
1920	6648898	6357677

资料来源：The Historical Statistics of the United States，Volume V，Cambridge University Press，2006，p. 81。

美国军费开支，1917年只有6亿美元，到1918年迅猛增加为70亿美元，到1919年达到了空前的135亿美元的高水平。

表20：战期间美国防务开支

年份	国家安全支出（百万美元）	国际事务与金融（百万美元）
1917	602	891
1918	7110	4748
1919	13548	3500
1920	3997	435

资料来源：The Historical Statistics of the United States，Volume V，Cambridge University Press，2006，p. 95。

① 【美】沙伊贝、瓦特、福克纳等：《近百年美国经济史》，第309页。

如何筹措这样庞大的战费，成了美国的一个非常严重的问题。由于威尔逊是靠提出一个改革纲领当选总统的，因而他总想避免通货膨胀。因此“第一次世界大战的资金需求导致了另一种税收体制的产生，这一新的税收体系是政府在战争中采取的一个最重要的措施。这个过程始于1916年，威尔逊总统和财政部长威廉·G. 麦卡杜（William·G. McAdoo）做出了战争筹资史上最重要的一个决定——也许也是20世纪筹资史上最重要的一个决定。他们选择了与民主党内的一群反对派合作来安排战时筹资。这些民主党人不仅坚决反对加强军备，也都怀有支持高累进税税制的社会公正理想”。①

因此，解决战时关于税收的方法对于威尔逊总统和进步主义者来说，已经有了一个答案，那就是敲富人的竹杠，这其实是现代美国最基本、最敏感的经济问题。“公司利润应该在社会中占有一个什么样的地位？更特殊地说，这个问题就变成：如果现代公司是生产力的核心动力的话，应该采取什么样的鼓励税收政策？如果它是经济掠夺者的话，又应该和能够采取什么样的税收政策以打击它？”②威尔逊的税收计划实际上是比较明确的，就是要将所得税转变为主要的联邦税收工具；因此要对公司利润和个人收入课以重税，包括引进联邦遗产税；但是并不准备对工薪阶层征税，以此缓解社会的贫富差距。同时，这个计划采纳了对公司“超额利润”征税的观念，“而且在所有的参战国中，美国是唯一把超额利润税作为战时筹资核心手段的国家”。③

1916年9月国会通过的增税法，是这个计划所采取的第一个步骤。按照1916年税法规定，个人所得税最高税率从7%提高到15%；公司所得税从1%提高到2%，并对军火制造商的纯利润征收12.5%的特种税。开征从1%到10%的累进地产税，对价值5万美

① 【美】斯坦利·L. 恩格尔曼、罗伯特·E. 高尔曼主编：《剑桥美国经济史（第三卷）》，第744页。

② 同上。

③ 同上。

元的地产，按最低税率征况对价值超过500万美元的地产，按最高税率征税。6个月以后，在1917年3月初，也就是在美国参战之前，另一个紧急税收法案提高了不动产税，对所有企业收入征课8%的超额利润税。

“总统和国会显然是想把对富人和公司的税收当做国家日益迫近的战争开支的主要源泉。有明显的证据表明，总统和财政部长威廉·麦卡杜是把对富人和公司征收的新税收视为永久的、恰当的收入源泉和公共政策。当然，有些国会议员也是这样认为的，但是还是有很多人把所得税、公司税和地产税当做战争时期筹资的暂时财源。”[①] 1916年的增税法对美国工商业利益集团是一个很大的冲击，使他们非常不满。“再分配性质的税收与战时得到加强的财政部（包括美国国税局的前身国内税收局）对美国的公司构成了战略性的、长期的威胁。大型公司的上层人员受到的威胁最为严重，他们认为他们的金融自主性受到了威胁。此外，强有力的新税收体系也对联邦政府构成了前所未有的严重威胁——联邦政府现在显然是处于平等主义势力的控制之下。事实上，战时筹资问题是激化公司对威尔逊政府的敌对情绪的最主要因素。这一税收计划导致了民主—中央集权制的倡导者、‘敲富人竹杠’的税收体系的支持者与公司领导人在此后的20多年中一直处于尖锐的冲突之中。”[②]

财政部长麦卡杜起初认为，通过税收可以筹集战争所需的一半费用，后来他接受各财政专家的意见，把原定计划目标削减为33.3%。但实际上来自个人和公司的所得税仅仅满足了310亿美元战争开销的1/4。

因此，美国宣战后不久，财政部长麦卡杜又提出了增税建议，但这个建议由于工商业利益集团的反对，在国会里被搁置起来，直到1917年10月3日，即美国参战5个多月之后，才通过了一个大

---

① 【美】斯坦利·L. 恩格尔曼、罗伯特·E. 高尔曼主编：《剑桥美国经济史（第三卷）》，第252页。

② 同上书，第744页。

大增加联邦收入的增税法案。提高了个人和公司的所得税率，并新开征了消费税、奢侈品税和超额利润税。“按照所得税法的规定，个人所得税从15%提高到67%，而且，超额累进所得税的起征点从2万美元降低到5000美元，独身者所得税免征额降低到1000美元，已婚者免税额减为2000美元，每有一名受赡养的家属，从应课税的收入中减去200美元，公司所得税从2%提高到6%；地产税率提高为2%—25%，超额利润税提高为20%—60%，但军火制造商利润税率反而从12.5%成为10%，又提高了酒税、烟税、车辆牌照税、娱乐税等的税率。[①]

但是，战争的费用远远超过政府的设想。按照1917年10月的税法征收的税款到了1918年年初又不够用了，税收收入低于麦卡杜要以税收来筹集战争所需的1/3费用这一目标。“到了5月，威尔逊总统发现他不得不向国会提出特别请求，要求更多地依赖税收减轻对贷款的依赖。”但是，问题在于1918年是美国国会中期选举年，工商业利益集团对于威尔逊的征税方案已经忍无可忍。“1918年，当威尔逊总统准备制定一个税收倍增计划的时候，公司领导和共和党人找到了一个突破口，在一场强烈的反税收、反政府的运动中，共和党人赢得了对国会的控制。”[②] 所以国会故意放缓行动尽量拖延时间，一直到9月份，众议院才提出了一个议案。然而在议案变成正式法律之时，交战双方已经签订了停战协定。“于是，拟议中的税率被降低了，经修订后的议案终于在1919年2月24日成了正式法律，这条法律尽管是在1919年通过的，但一般仍叫做1918年税收法。简单说来，它对1918年收入规定的正常个人所得税率为6%—12%，对1919年收入规定的正常个人所得税率为4%—8%；超额累进所得税的最高税率提高到65%，这样就使正常税率和附加税率加在一起有可能对富人征收高达77%的个人所得税，公司税提高到

① 【美】菲特、里斯：《美国经济史》，第623页。

② 【美】斯坦利·L. 恩格尔曼、罗伯特·E. 高尔曼主编：《剑桥美国经济史（第三卷）》，第746页。

12%，超额利润税提高为30%—65%。然而必须指出：这条法律明确表明，增税是暂时的，税率以后要逐步降低。”[①] 这就意味着国会对新的直接所得税的运用受到了限制；免税标准维持在很高的水平，而且对那些需要纳税的美国富人制定的法定边际税率的级差非常大。”[②]

这样，因为战争而导致的税收收入的增加是来源于所得税和利润税这些直接税；在1918年联邦税收增加的41.8亿美元中，有28.5亿美元来自这一财源。此外，所得税多是累进税，免税标准都高于典型的工人阶级家庭收入水平。这就意味着在1918年，只有420万美国人需要缴纳个人所得税。同年，美国的男女劳动力是4200万；家庭数量是2400万。“此外，中产阶级的税率都非常低；2万美元这一应税收入标准使有效税率仅仅达到10%，2万美元是雇员平均年收入的20倍。[③]

由于国会并没有在战争一爆发的时候就通过征税法案，这样美国政府只能通过发行公债来筹措战争费用。这样“第一次世界大战310亿美元的开支中，有190亿美元是通过向非银行公众销售债券而筹集的”。[④] 实际上国会之所以迟迟未能通过征税法案是由于政治上的原因，大多数美国人还是明显地更偏向于通过债务而不是税收为战争筹资。

国会在1917年4月24日通过了第一个自由公债法，授权财政部发行总额不超过50亿美元的3厘半长期公债，也准许财政部在急需现款时出售20亿美元短期债券。由于发行长期公债需要较长的准备时间，财政部马上开始出售短期债券，筹措日常战费。这种应急措施直到战争结束一直为政府采用。

威尔逊政府之所以以低于相对无风险投资收益率的利率发行长

---

① 【美】菲特、里斯：《美国经济史》，第623页。

② 【美】斯坦利·L. 恩格尔曼、罗伯特·E. 高尔曼主编：《剑桥美国经济史（第三卷）》，第252页。

③ 同上。

④ 同上书，第253页。

期债券，这些债券的利率甚至将联邦债券持有人的税收利益考虑在内，是充分考虑到必须避免工商业利益集团趁机要挟政府。工商业利益集团欢迎更大规模的战时借款，因为可以从中获得高额利润，他们几乎一致地建议以相当高的利率发行债券，并要求由他们管理公债，由于有税收政策作为后盾，威尔逊政府拒绝了他们的要求，“没有采纳这种不顾及未来，尤其是不顾及战后联邦政府利息负担的建议。威尔逊和麦卡杜设计的低利率和有限借款的政策避免了富人购买大多数债券并以此挟制联邦政府的情况，这种情况在美国内战后就曾发生过。麦卡杜部长宣称：“在一个民主国家，不允许任何单个阶级挽救或者把持国家。”[①] 因此威尔逊政府的主要销售对象是美国民众，特别是美国的中产阶级。“这是以保持低利率的愿望、减少政府对富人的依赖以及为有问题的产业增加可利用资本等方面的相互关联为基础的。对于纳税的美国中产阶级，威尔逊政府试图说服他们改变他们的经济行为：减少消费，增加储蓄，成为国家的债权人。他希望在战争结束后，债券持有人——也就是广大中产阶级公民——从对公司和富有的美国人那里征缴的税收中得到本息偿付。”[②] 1917 年 5 月 14 日，财政部公开发行了第一批总额为 20 亿美元的 3 厘半长期公债。这批公债被公众立刻认购一空，出现了 50%的超额认购。这正是麦卡杜和财政部所希望的，虽然“资本化的爱国主义”——麦卡杜为他的计划所起的名称——在推动债券销售活动中传达了他的意图，但麦卡杜还是在倡导自利而非爱国主义。麦卡杜认为他自己从事的首先是一个经济教育计划，他主张的个人储蓄和克己是一种在长期内能最好地实现经济自利的行为。[③] 财政部截至 1918 年 11 月 11 日为止，总共发行了 4 批自由公债，战争结束后又发行了一批胜利公债，这几批公债利率大多为 3 厘半至 4 厘半。[④]

① 【美】斯坦利·L. 恩格尔曼、罗伯特·E. 高尔曼主编：《剑桥美国经济史（第三卷）》，第 745 页。

② 同上。

③ 同上。

④ 【美】菲特、里斯：《美国经济史》，第 621 页。

“在4次自由公债贷款过程中，麦卡杜部长和财政部加深了联邦政府和国家对于资本市场的社会基础的认识。以系统性的调查为基础，借助现代通讯技术，财政部将它的贷款渗透到了中产阶级中——比美国内战时期或者第一次世界大战时期的欧洲政府更加深入。”[①]

货币创造也是第一次世界大战的筹资方式，“以其最小数额计算，占战争成本的14.1%。之所以必须以最小值来计算，是因为财政部鼓励银行向希望购买债券的个人提供贷款（以债券为担保）。在银行账簿上，这一项目虽然已经用于购买债券，但还是被记为个人贷款。斯塔登斯基和克鲁斯认为可能有10亿美元个人银行贷款属于这种‘借款和购买债券’的类型。这并不是国家新的中央银行系统鼓励信用扩张的唯一方法”。[②]

此外，“当黄金在1917夏天开始流出美国时，国会通过了一个法令，允许总统从9月份开始禁止黄金输出，这一措施维持了金本位制度，确保了国家信用扩张的货币基础。尽管有被滥用的可能，但货币创造仍然是战争筹资的第二位源泉。直接税以及最重要的向非银行公众销售的债券负担了第一次世界大战主要的资金需求”。[③]

总之，美国政府在第一次世界大战期间的财政政策基本上是成功的，在没有严重影响到民众生活的前提下，成功地筹集了巨额的战费。美国关税税率没有提高，税收的主要部分是靠提高个人所得税和公司所得税的税率。换句话说，战费在很大程度上是靠征课累进直接税来落实的。这同美国联邦行政部门的高效率是密不可分的，在财政部长麦卡杜的领导下，财政部作为一个团队在工作中表现优异，“它们运用‘商业式的’方法，体现出知识的灵活性、企业家精神、雄心壮志以及制度的多样性。麦卡杜在财政部构造的模式被一位政治学家称为‘非正式的专家政治’，或者是一个‘松散的、融入

① 【美】斯坦利·L. 恩格尔曼、罗伯特·E. 高尔曼主编：《剑桥美国经济史（第三卷）》，第746页。

② 同上书，第254页。

③ 同上。

了复杂的混合体中的政策、政治和行政人员组成的团体’。这是后来成为典型代表的美国‘高级公务员体系’这一独特形式的一个早期例子”。[①] 在这个团体中作为纽约的克拉维斯和亨德森律师事务所（Cravath&tender－son）的前合伙人和债券专家的部长助理莱芬韦尔负责与工商业利益集团打交道，聆听他们的声音，尽可能地化解他们的不满情绪。莱芬韦尔还负责与国会进行协商，尽可能地促使国会接受财政部所提出来的筹资建议，并负责财政部的日常管理。货币监理署署长约翰·斯凯尔顿·威廉斯（John Skelton Williams）则负责帮助麦卡杜与更为激进的、反对商业界的支持者保持着联系，这样使麦卡杜在与社会不同利益集团的交往中显得比较从容，行为也更易于为各方所理解。国内税收局的委员丹尼尔·C. 罗珀（Daniel C. Roper）作为一个老练的联邦官员，负责和联邦行政部门中的许多机构打交道，因为他在这些机构中人脉深厚，在民主党中也颇有影响。财政部还邀请耶鲁大学的经济学家托马斯·S. 亚当斯（Thomas S. Adams）作首席税收顾问，他负责起草将原来法律中的行政过程与新法律中的形式结合起来的法律草案。

财政部团队“在威尔逊政府中成为了学习财政政策及其社会含义、解说财政问题和行政计划并鼓动支持这些计划的首要工具。麦卡杜利用财政部团体这一必要工具，建立并控制两大网络，它们分别将在联邦政府内部竞争的各个权力中心联系起来，也将政府和平民社会联系起来”。[②]

三、战争时期的思想动员

不仅仅是联邦政府的组织机构和财政政策得到了大力加强，在思想领域美国也同样进行了彻底动员。当时官方机构源源不绝地进

① 【美】斯坦利·L·恩格尔曼、罗伯特·E·高尔曼主编：《剑桥美国经济史（第三卷）》，第 746 页。

② 同上书，第 747 页。

行大量宣传，关于威尔逊的战争目标的报道不仅充斥美国，也大量传到欧洲和亚洲。来自美国的宣传无疑削弱了德国人的抵抗意志，有助于引起一场反对德国君主的革命。为此美国人所极为珍视的言论自由和集会结社自由方面也受到了极大的限制。“不同意见几乎得不到容忍，德布兹和其他反对战争的社会主义者遭到长期监禁，世界产业工人联盟由于领导人被监禁而丧失了活动能力，在讲话或文章中威胁要干预战争努力的人遭到严厉惩罚。令人啼笑皆非的是，这场为了民主而使世界稳定的战争，看来已削弱了对民主进程的信心。”[①] 威尔逊不能容忍反对派的态度发展到国会大厦之外，总统签署的《1917 年间谍法》规定，对犯有帮助敌人或阻止征兵的人处以高达 1 万美元的罚款，并判处长达 20 年的监禁。他还授权邮政总局局长查禁那些可能有叛国或煽动叛乱言论的邮件。1918 年 5 月，在威尔逊的敦促下，国会通过了《煽动叛乱法》，规定反对购买战争债券的“任何言行均为犯罪行为。该法案还宣布，任何针对政府、宪法或军人和水手着装的口头表达、印刷或发表任何不忠、亵渎、下流或辱骂性的语言为非法”。[②]

镇压的习惯一旦形成，便很难轻易打破。尽管在斯耐克诉合众国案件中，最高法院法官霍姆斯和布兰代斯试图协调政府防止颠覆活动的必要性与第一修正案的要求两者之间的矛盾。这一案件的结果就是确立了著名的“明显而现实危险”标准。在该案中，大法官霍姆斯宣布法院判决如下：……在每一案件中，问题都是：使用的言词是否处于某一特定的环境中并具有足以引发“明显而现实的危险”的性质，从而将导致国会有权防范的重大罪行。这是一个关于紧迫性与程度的问题。当一个国家处于战争状态时，许多可以在和平时期宣讲的东西会对国家的行动产生巨大的阻碍作用。只要战争

① 【美】纳尔逊·曼弗雷德·布莱克：《美国社会生活与思想史（下）》，第 293 页。

② 【美】米尔奇·尼尔森等：《美国总统制（起源与发展 1776—2007）》，第 259 页。

在继续，这种宣讲行为就无法被容忍，任何法院都不会认定该行为受到宪法的保护。……[①]“而在阿伯拉姆斯诉美国一案中，大法官克拉克代表多数法官将明显与现实危险要求扩张为不良倾向标准。他写道：如果某人从事的行为可能产生某种后果，那么他必须被判定具有产生该后果的故意并对其承担责任。”[②] 但是人们还是不仅因为阻碍战争，而且因为发表对现存政治和社会秩序的批评意见而受到惩罚，从而削弱了国内的进步主义运动。

“在战争的影响下，还导致了紧急禁酒法，因为酿酒商大多数是忠诚可靠的德裔美国人，该法在1919年成为宪法的第十八条修正案。战争也加速了妇女争取选举权的胜利，因为在各方面都看得出，妇女是有能力的，是有爱国主义思想的。1920年批准了对宪法的第十九条修正案。”[③]

总体来说，美国从个人主义自由竞争迅速转向有计划和有指导的全国动员路程令人惊讶。政府的工业动员、政府对工业界的管理、房屋供应的优先次序和分配制度、财税政策、思想动员等等一切措施，其创立和实行的过程，都是在摸索中完成的。“整个国家在经济和政治上都支付得起这场战争，国家有充裕的财政预算，工厂在增加军工设备产出的同时并没有减少消费品的生产，关于国家和社会相互协作的进步主义思想（为了实施必要的改革，政府和民众必须密切合作）在当时是社会的广泛共识。这种体制被称作为民主—中央集权的体现——它表明了代表整个工业化世界的民主现代国家的一次集体动员。”[④]

---

① 【美】斯坦利·I. 库特勒：《宪法的精神》，中国方正出版社2003年版，第197页。

② 同上。

③ 【美】纳尔逊·曼弗雷德·布莱克：《美国社会生活与思想史（下）》，第293页。

④ 【美】斯坦利·L. 恩格尔曼、罗伯特·E. 高尔曼主编：《剑桥美国经济史（第三卷）》，第742页。

第三节　美国的梦想与失败

一、威尔逊的世界蓝图

由于美国在加入战争时所拥有的决定性作用，无论是参战前的居中调停，还是参战后威尔逊的各种演讲和宣言，都表明美国对自己的力量充满信心，“在第一次世界大战期间和结束之后，威尔逊在外交事务上受到了最严峻的考验，总统必须在全球冲突中行使他的行政权力，这在历史上还是第一次。在许多方面，威尔逊在战争中的表现是值得推崇的，他对总统担当战争领袖这一角色的变化无疑做出了重要贡献”。①

当胜利已经在眼前的时候。美国对自身的利益诉求十分明确，就是利用美国强大军事和经济资源的发挥将美国的战后意图充分实现。实际上，就在威尔逊总统把战争提案送交国会的同时，他就开始采取了确保由于美国参战而改变整个战争性质的措施，这场战争不再是野心勃勃的列强相互争夺权势的传统争霸战，而应当被定义成一场“十字军的东征”、一场“确保民主在全世界通行无阻”的战争。美国不再对帮助欧洲恢复战前现状感兴趣，美国的目标在于重塑未来世界，并且在新的国际秩序中占据中心位置。美国的制度和价值观应该成为新的国际秩序中最重要的指导原则，它代表着一种全新的国际秩序。在威尔逊的政策中，美国传统的信念是很明显的，这就是其他人必须遵从实际上是美国自己所宣扬的办法，美国的理想就是人类的指路明灯。总统有一次宣称：“我们创造这个国家，不

① 【美】米尔奇·尼尔森等：《美国总统制（起源与发展 1776—2007）》，第 254 页。

是为我们自己，而是为人类服务。”[①] 为此威尔逊提出了十四点计划。这十四点计划真实地反映了美国参加第一次世界大战所要获得的商业、战略和政治利益。

首先是商业利益的要求，自由贸易是商业利益的集中体现。美国在第一次世界大战中已经完全确信，它同其他国家相比，在经济上已经处于完全的优势地位，在与同类产品的竞争中，美国无论是质量还是价格都处于优势，这主要是美国的劳动生产率要远高于欧洲国家，在可预计的德国战败、英法削弱之后，这种优势更加明显，美国所忧虑的是是否能够有其他因素加入，从而损害美国的商业优势。因此，美国极力主张公海航行自由，尽最大可能消除所有同意接受和平及协同维持和平国家之间的经济障碍，并建立平等的贸易条件，以保证美国的经济利益得以实现。“这一点是美国在 19 世纪末提出的门户开放照会中所强调的原则，只不过威尔逊首次将其运用于建构国际关系和世界秩序，从而把自由贸易原则上升到国际公法的地位。”[②]

其次是政治利益的要求，民族自决是政治利益的核心字眼。这些条款来自于威尔逊的民主理念，意味着一个国家的人民有决定自身命运包括创建国家的自由。这种每个“民族”都应当拥有自己国家（或许可以称为“民族国家主义”）的观念从 19 世纪以来就有所发展，历史还将证明它依然是持续贯穿整个 20 世纪的一支巨大力量，威尔逊对之充满信心并以之反对诸如由奥斯曼帝国和奥匈帝国所代表的多种族的国家组成观念。这样，“十四点就提议组成奥匈帝国的不同民族的‘自治发展’、波兰独立（拥有出海口）、削减土耳其境内被土耳其民族所占领的土地以及根据‘清晰可认的民族国家分界线’对意大利边境进行局部调整”。[③] 但是这些条款真实的含义是在战后重新调整欧洲的领土与势力范围。这是美国有史以来第一

① 【美】托马斯·G. 帕特森：《美国外交政策》，第 392 页。

② 王玮、戴超武：《美国外交思想史》，人民出版社 2007 年版，第 266 页。

③ 【美】孔华润主编：《剑桥美国对外关系史（下）》，第 42—43 页。

次深深地卷入到欧洲的事务之中，这最充分地反映了美国的自信，即欧洲国家已经无法完全掌握自身的命运，只有依靠美国才能重新在欧洲恢复均势与和平。而对于那些在美国帮助下获得独立的国家，美国实际上也对它们提出了要求，那就是它们在独立之后应该实行美国的制度与价值观。

最后是美国战略利益的要求。最主要的利益诉求就是建立国际联盟，这是美国参加第一次世界大战的终极目标。建立一个美国主导的国际和平机制，在这个和平机制中美国具有最大话语权，美国希望通过这样一个制度性安排能够实现美国主导下的世界和平，并且逐步把美国的制度和价值观推行到整个世界。“威尔逊主义”在欧洲霸权趋于结束的时刻为美国界定其对外关系提出了一个框架，它将美国的军事力量、经济资源和文化创新结合在一起，旨在超越那种主权国家为了一己私利而全然不顾全世界利益的传统方式的世界事务：战争和备战被当成是行为的规范，军事成为外交的主导。伍德罗·威尔逊向这些惯例和设想发出挑战，他希望每一个国家不但服务于自己的利益，也要服务于全世界整体利益。他说，美国应当释放自己的能量，“以服务整个世界，其他国家也应遵么做。最终的结果便是国家主义和国际主义的融合，而主权国家也只有在与整体的关系中才有意义”。①

不管交战双方心里多么不愿意，由于美国的实力，因而“威尔逊的战时声明最后成为交战双方同意停火的基本话语背景，到 9 月底，德国政府面临失败的局面首先表示可以接受以‘十四点’为基础的和平，紧接着协约国也接受了威尔逊的动议”，“实际上也是承认了美国在世界事务中的领导地位，它们已经无力继续战争。美国的介入是必需的，但其介入的意义已经远远超越了军事和战略领域，更重要的体现在经济和意识形态方面。欧洲的战争成为美国为和平

---

① 【美】米尔奇·尼尔森等：《美国总统制（起源与发展 1776—2007）》，第 256 页。

而进行的一场十字军东征”。[①]

二、威尔逊意图的失败

到了巴黎和会开幕的时候，威尔逊发现理想与现实之间的差距实在太大，几乎在每个问题上，威尔逊都受到了挫折，最终导致他的意图没能实现。“正如大多数史学家所指出的，威尔逊之所以招致不幸，是因为在欧洲作出的妥协太多，在国内作出的妥协太少，缔造和平的活动固然是一出个人悲剧。”[②] 从国内政治层面来说，威尔逊同国会的关系处理得非常糟糕。虽然美国国会在19世纪末之后，权力就呈下降之势，在外交事务上更是放弃了主动权。但是这并不意味着国会在美国外交政策上保持沉默，因为涉及对外事务也涉及到利益的分配与调整，代表着不同利益集团的议员们一定会表明自己的意见。而这是威尔逊并没有想到的，也是他的一个重要失误。因此在威尔逊总统去巴黎的时候就已经犯了一个错误，他没有任命一个重要的共和党人或者一个参议员参加美国和平代表团。威尔逊、豪斯、蓝辛是代表团成员，他们代表的是行政部门，此外有布利斯将军代表总统，只有一名共和党人亨利·怀特位列代表团中，但他是因为外交经验丰富而被选中的，不是因为他的共和党人身份。威尔逊总统也没有征求参议院外交委员会的意见，“如果他对政治上的反对派和对参议院在外交方面的权力作某些让步，也许会为他以后和平条约铺下道路”。[③] 这个错误说明威尔逊总统对总统职位的影响力过于自信，而忽视了美国国会的作用。威尔逊认为美国总统在外交上已经拥有完全的决策权和执行权，因而，他在争取“十四点计划”和“国联”得到国内支持的战斗中不屑于采取和国会紧密合作，从而使“新自由”计划成功获得通过的办法。本来在国内事务上威

① 【美】孔华润主编：《剑桥美国对外关系史（下）》，第44—45页。

② 【美】托马斯·G·帕特森：《美国外交政策》，第401页。

③ 同上书，第402页。

尔逊总统一直与众议院和参议院的民主党领导人密切合作，小心谨慎地注意获取国会的支持，但是“在外交上他认为他有权采取单独行动”。无论总统必须履行什么正式的宪法职责，还是作为政党领袖必须承担什么样的非正式责任，威尔逊认为外交政策的主动权“不受任何限制”地属于行政机构。和罗斯福一样，威尔逊在外交政策制定上的观念类似于亚历山大·汉密尔顿在“帕斯菲克思”信件中所表达的那些观点。与汉密尔顿一样，威尔逊认为在外交事务上，行政机构具有职能上的优势地位，要求“对这些事务进行几乎是绝对控制的权力”。[①] 但是在1918年中期选举之前，共和党议员们在“十四点方案”公布和战后和平谈判刚刚开始时，就对他的独立路线已经深感厌倦并开始挑战他在外交事务上的主导权。“1918年10月24日，西奥多·罗斯福发了一封电报，鼓励共和党领导人要用武器来控制和平，而不是在打字机的滴答声中空谈和平。”[②] 这使威尔逊感到愤怒。就在罗斯福的电报发布后的那一天，威尔逊呼吁美国人让民主党人占据国会多数。总统向选民发出了一次不同寻常的呼吁，他说：“如果你们认同我的领导，并希望我做你们在国内外事务上合适的代言人，我诚挚地恳请你们还民主党在参议院和众议院的多数党地位。”[③] 共和党人自然对威尔逊试图把他自己和民主党与国家的幸福等同起来的做法十分恼火。因为“威尔逊将党派忠诚与爱国主义合并起来，这是一种严重的政治错误，是在暗示忠诚只是民主党人的专利，他因此受到了强烈的批评。在1918年选举正在激烈进行的过程中，一位总统发出政党忠诚的号召似乎是一件不合时宜的事情”。[④] 威尔逊的呼吁导致民主党在1918年的中期选举遭到惨败。共和党成为参议院多数，威尔逊总统的政敌、马萨诸塞州的共和党人

① 【美】米尔奇·尼尔森等：《美国总统制（起源与发展1776—2007）》，第257页。

② 同上。

③ 【美】米尔奇·尼尔森等：《美国总统制（起源与发展1776—2007）》，第258页。

④ 同上书，第259页。

亨利·卡伯特·洛奇成为至关重要的对外关系委员会主席。威尔逊总统的言行不仅在国内贬低了自己的声望，而且削弱了他在凡尔赛会议上的地位。“欧洲的领导人们（其中有些刚刚在政治上取得胜利）可能会同意挖苦威尔逊的西奥多·罗斯福所说的话：“威尔逊先生现在已没有任何权威来代表美国人民说话，他的领导权刚刚被美国人民所断然抛弃。”①

从国际层面而言，威尔逊带到巴黎去的方案，是设想在民族自决、自由贸易以及由国际联盟维护和平的基础之上建立起世界秩序。威尔逊说：“我们所寻求的，是在被统治者同意和人类有组织的舆论支持的基础上实行法治的局面。民族自决，这是国内政治中的民主在国际上的同义语，因此应体现被统治者同意的原则。自由贸易可以缓和国家间的敌对竞争并促进经济繁荣，国联就是通过互相保证领土完整和采取共同行动反对侵略来保证这整个体制的实施。”② 但是事实上，威尔逊的三点中没有任何一点有可能完全实现。“国联的委任统治制度几乎没有触及整个殖民地的权利要求。海洋自由问题在一开始就由于英国的坚持而不得不搁置起来，英国连虚伪地表示原则上赞同也不干。如果不能消除造成不可避免的贸易壁垒的经济和社会结构、国内商业力量的利润动机和体系，那么取消经济壁垒只是一种空谈；威尔逊甚至不敢使本国保证进一步取消贸易壁垒，而且战后时期实际上掀起国际关税战的正是美国。最后，增加主权国家并随后要求降低国际贸易壁垒的主张肯定要招致神谴天罚。”③

威尔逊呼吁自决，但是各交战国已经签订了掠夺战利品的秘密条约。经过艰难的谈判，与会者把先前德国和土耳其的殖民地交给已经占领它们的国家实行委任统治，而由国联进行不严格的监督。根据委任统治制度——直接兼并与完全独立之间的一种折衷办法——法国和英国获得中东的一部分，日本获得中国的山东省和德国在太平

① 【美】托马斯·G. 帕特森：《美国外交政策》，第 402 页。
② 【美】理查德·霍夫施塔特：《美国政治传统及其缔造者》，第 326—327 页。
③ 同上。

洋上的岛屿。威尔逊在勉强接受关于山东省的安排后，对一个朋友悲叹道："这是从肮脏的过去能够得到的最好的解决办法。"[①]

美国希望让德国支付有限的赔款，以避免苛刻的和平可能会引起德国人长期的愤恨或削弱德国的经济和政治。但是法国坚持削弱德国，要求赔偿。英国站在法国一边。拟订了"战争罪行条款"，规定德国要对所有战争损失负责。最后，威尔逊在赔偿问题和战备照会问题上作了让步。最后，"赔偿委员会终于在1921年向陷入困境的德国提出了330亿美元令人难以忍受的赔款要求，从而给以后十多年的国际经济关系增加了困难。并埋下第二次世界大战的祸根"。[②]

虽然威尔逊最珍视的国际盟约最后得以通过，而且"排除其中的不足和自相矛盾之处，国际联盟盟约基本上还是一份威尔逊式的文件，它提出了取代传统国际秩序的新方法，在威尔逊看来，这种传统的国际秩序是靠武力为支撑，并导致了危险的军备竞赛和帝国主义的海外扩展活动。而现在军事强权和帝国主义都被一套法制所替代，其中国际秩序的核心是'世界公共舆论'，而不再是结盟和军备"。[③]

但是威尔逊自认为他得到了最重要的目标，通过了有利于美国领导这个世界的国际联盟盟约。然而美国公众和国会却不接受这个观点，对于美国人来说，威尔逊没有让美国获得实在的利益，无论是商业、政治还是战略利益。所以当威尔逊带着为了他最重要的战略目标不惜做出重大让步而通过的国际联盟盟约回到华盛顿的时候，一场灾难就不可避免的在等着他了。

就当时的形势而言，在美国没有人反对威尔逊主义，因为威尔逊的观点实在是代表了美国绝大多数人的情怀，区别大概仅仅在于许多人比威尔逊本人更威尔逊化。问题还是在于威尔逊对于总统与国会的权力界定有着自己明确的认识："在外交事务中，总统拥有不

① 【美】托马斯·G. 帕特森：《美国外交政策》，第404页。

② 同上书，第405页。

③ 【美】孔华润主编：《剑桥美国对外关系史（下）》，第62—63页。

受任何限制的动议权，实质上就是绝对控制外交事务的权力。”[①] 威尔逊不认为国会是国家意志的集合。他在1909年4月说：国会中无人代表国家的意志，众参两院的每个成员只代表其各自选区的利益，只有“总统对所有人负责。他必须承担领导，决定什么最有利于全体，而不利于一个地区或集团或阶级”。国会必须跟着总统走，要形成这种局面则依靠有利于总统的舆论，总统则要积极促成这种舆论。他在就任总统之前曾经谈到：“总统完全有自由在法律和正义两方面都要成为一个他所能够成为的伟人，他的职务就是去做他的才智和力量限度之内的一切事情。……只要他凭才能可以做到的事，都可以不受限制地去做。”[②] 但是麻烦也正在这儿。国会议员们都是利益集团的代言人，因此他们不能接受威尔逊空洞的宣传，在他们看来，威尔逊没有给美国带来实在的利益是不争的现实，在和约中美国没有获得实在的商业、政治和战略利益。威尔逊宣传的国际联盟盟约并没有保证美国成为世界的领导者，它让美国承担了义务，却没有享受权力。

威尔逊希望通过向人民发出诉求来迫使参议院做出让步，19世纪末以来，美国总统经常依靠这种方法迫使国会让步。尽管威尔逊直至最后仍然相信人民是与他站在一起的。如果对历任总统做个比较的话，威尔逊总统争取公众支持他所倡导的事业方面的能力原本几乎无人能比，因此，威尔逊总统希望通过广泛的国内公众教育运动使美国民众支持他的政策。威尔逊相信美国人民会支持他战胜参议院。

“对于威尔逊来讲，对国内公众开展教育运动的目的并不是仅只是为了战争的眼前之需，也是为战争停止后的未来世界奠定基础。美国公众也对外国事务具有了史无前例的了解，但也正是这一教育过程使美国人和外国人更加清晰地看到了理想与现实、承诺与操作之间的鸿沟。此外，公共教育也未必一定使得人们都变成国际主义，

① 【美】孔华润主编：《剑桥美国对外关系史（下）》，第52页。

② 王晓德：《梦想与现实：威尔逊“理想主义”外交研究》，第53页。

也许正是由于认识到作为一个民族国家、一个少数民族，或者是一个受压迫群体的权益，他们可能会变得更加民族主义甚至地方狭隘主义。如何调和他们的这些期望和全球和平秩序总目标间的矛盾，这一问题在战时还较为模糊，但显然成为战后一个巨大艰难的挑战。”[①] 美国民众显然没有认可威尔逊的观点。1919 年 11 月，参议院对附有保留的整个条约进行表决，以 39 对 55 票被否决（不妥协分子和非保留派投反对票）。然后，对不附有保留的条约进行表决，又以 38 对 53 票被否决（不妥协分子和保留派投反对栗）。[②] 威尔逊对他的内阁痛苦地哀叹说：“它死去了，葬在那里，每天早晨，我把鲜花放在它的坟墓上。”[③]

之后，美国在 1921 年分别与德国、奥地利和匈牙利单独缔结了和平条约，但它们不包括成为国联成员的任何条款。威尔逊的悲剧说明，在美国这样一个立宪国家内，总统的行动必然受到其他方面的制约，总统权力无限制的扩大并不会得到这种体制的认可。“威尔逊流产的宣传活动生动地表明了这样一个现实，虽然总统在世纪之交后取得了重要的突出地位，但这一职位仍然受到强大国会和反复无常的公共舆论的制约。由于西奥多·罗斯福和威尔逊的努力，美国人不再认为总统试图通过言语激励来唤起公众支持的做法有什么不妥，但不能保证每一次说服活动都能成功。”[④] 正如卡尔霍恩指出的那样：“威尔逊关于领导、总统职位和行政部门观点的结合使他成为一个权力在握的总统，没有任何其他一个总统能如此深刻地理解权力理论，很少有总统准确地和首尾一致地履行这种权力。……正是在外交领域，威尔逊才发现了作为一个领袖的最大机会和最终悲剧。”[⑤]

① 【美】孔华润主编：《剑桥美国对外关系史（下）》，第 44—45 页。

② 【美】托马斯·G. 帕特森：《美国外交政策》，第 411 页。

③ 同上。

④ 【美】米尔奇·尼尔森等：《美国总统制（起源与发展 1776—2007）》，第 260 页。

⑤ 王晓德：《梦想与现实：威尔逊“理想主义”外交研究》，第 54 页。

但是，威尔逊失败最根本的问题还是没有充分地反映美国行政部门有能力为美国的各个利益集团带来更大的利益。霍夫施塔特评论威尔逊说："在从事实际政治的生涯中，他学会了遵循集团和阶级的利益来决定他发出的呼吁，并将政治冲突转化为经济问题加以解决，可不知什么原因，一登上世界舞台，他又退了回去，又成了思想古板的知识分子、带有绅士气派的老式教授，那个教授曾为他所认为的伟大英国政治家的超脱无私精神所迷住，并认为镀金时代的美国参议院脱离了阶级利益。"①

三、美国参加第一次世界大战的影响

1. 对美国经济的影响

第一次世界大战对美国在世界经济中的地位，对美国经济、对国家在经济中的作用有着重大的转折意义。美国的经济地位得到了空前提升。美国战争费用相当于国家估计财产的8.7%，而大英联邦的比例为35%、法国为19%，德国为32%。战后，美国由欠60亿美元的债务国而成为贷出100亿美元的债权国，成为最大的资本输出国和世界上最富有的国家。② 一战期间美国展示出了其巨大的生产能力，其军事介入使胜利的天平绝对倒向了协约国一边。上帝永远站在物资强大的一边，这是促使美国最终成功的最重要原因。由于强大的美国的经济资源，每个美国士兵背后都有着源源不断的给养补充，而德国的资源已经使用到了最大极限。"从1917年4月到1918年11月停战，美国政府组织（并支付）了400万人的陆军、新增16艘战舰和无数潜水艇的海军，以及拥有数量庞大的现代武器兵工厂，尽管政府为此也通过出售战争债券的方式筹募资金，但在战

① 【美】理查德·霍夫施塔特：《美国政治传统及其缔造者》，第329页。

② 王书丽：《政府干预与1865—1935年间的美国经济转型》，人民出版社2009年版，第126页。

争开始前实施的收入所得税制度被证明是资助战争的最有效手段。整个战争期间，美国共向其“盟国”借贷了77亿美元，若与1917年全国收入大致440亿美元的数字加以比较，就很容易理解美国人民为这场战争并无需付出过多的痛苦代价。[①] 美国在第一次世界大战中的损失是比较小的。“在1914—1918年第一次世界大战期间，各交战国总共动员了大约6500万人，其中有900万人死亡，500万人失踪，700万人终生残废，1500万人受重伤。在这场战争中，美国死亡5.3万多人，伤了20.004万多人，伤亡总数超过25万人。”[②] 在战争中所付出的经济代价方面。“所有交战国的总支出为820亿美元（以1913年美元的价值计算），其中美国为170亿至240亿美元，按人口计算，美国的支出仅为英国的1/3，与法国、德国相比，就少的更多了。”[③]

而美国参加第一次世界大战的收益却是十分明显的。第一次世界大战使美国的商业优势显著扩大了。从世界范围来看，第一次世界大战造成的最重大变化表现在国际经济力量的对比上。“尽管美国直接参加第一次世界大战的时间比较短，但是，参战却使美国的经济和美国与其他国家的经济关系，发生了很多重大的变化。根据战后市场能够吸收的情况来看，战争期间的生产迅速发展使某些工业的发展过了头，其中包括纺织、制革、造船和煤炭开采。”[④]

美国在战前已是一个工业大国，但这场战争使美国的潜力得到了充分的发挥。这场战争对美国经济的最重大的形响之一是工业生产急剧发展。在1913—1916年期间，工业生产指数从199上升为259，提高了30%左右。以美国钢铁公司为例，1913年销售额为5.61亿美元，纳税后利润额为8100万美元；到1916年，销售额增为9.02亿美元，纳税后利润额则增加到2.71亿美元以上，这是美

① 【美】孔华润主编：《剑桥美国对外关系史（下）》，第40—41页。

② 【美】菲特、里斯：《美国经济史》，第632页。

③ 【美】沙伊贝、瓦特、福克纳等：《近百年美国经济史》，第313页。

④ 同上。

国有史以来公司利润的最高纪录，直到1955年才被刷新。1917年，该公司的销售额为13亿美元，由于纳税额增多，纯利润减为2.24亿美元，但仍能支付普通股红利近9100万美元，这个数字比1913年增加了2.5倍。[①] 有些工业，诸如其中最显著的是化学工业，在战争时期赖以发展的促进因素，在战后则因市场的继续发展而保持着促进作用。[②] 由于对劳动力的需要日益增加，甚至在美国参战之前，失业现象几乎就被消灭了；在战争期间，失业问题实际上不存在了。在1914—1918年期间，工业工人的平均小时工资率从不足20美分增到45美分左右，平均年工资从580美元增为980美元。全国各工会会员总数，1914年约为250万人，到停战前夕几乎增加到340万人。战争结束后，工人解除了不罢工的保证。工人们心中积怨已久，又苦于长期通货膨胀，愤怒终于爆发出来，在1919年举行了一系列罢工。尽管几次重要罢工大多没有成功。到1920年，工业工人的年平均工资已经提高到1358美元，每小时平均工资约为66美分。此外，在1914—1920年期间，每周工时数约从55小时减为51小时。然而，通货膨胀和生活费用的迅速上涨在很大程度上抵消了每小时工资成全年工资的增加。非工业部门工人的实际工资可能稍有增长，而工业工人实际工资的提高幅度也许刚赶上生活费用的上涨。全国工会会员总数继续增加，到1920年几乎达到500万，约为1914年的1倍。

在战争期间，农场数目和农产品产量都无显著变化，如1914年农业生产指数为100，1919年为105。由于农产品产量相当稳定，农产品需求的激增使农业形势非常好。农业总收入在1914—1919年从76亿美元左右增为177亿美元。农业产品的平价比率在1917—1918年上升为118，达到登峰造极的地步，这表明农产品价格已比一般物价水平提高得迅速。然而，1918年以后，工业品价格上涨的幅度开始大于农产品；尽管农业收入水平仍然很高，但1920年农工产品的

---

① 【美】菲特、里斯：《美国经济史》，第632页，第632—633页。

② 【美】沙伊贝、瓦特、福克纳等：《近百年美国经济史》，第313页。

平价比率已降为 104。此外，还必须指出：在 1914—1920 年农民负债总额约从 47 亿美元增为 85 亿美元。

在战争时期内，美国出口值大约比进口值大一倍。同时美国对外投资在 1914—1919 年期间约从 35 亿美元增为 70 亿美元。美国还从债务国变成了强大的债权国了。而且，“战争又使许多原先由欧洲供给商品的地区变成了美国商品的主要市场了。由于美国基本上可以自给自足，那些刚开始同美国建立贸易关系的国家以及欧洲各国很难取得必要的美元外汇。在过去，美国支付外国人投资的利息曾向世界市场提供了各国都很需要的美元；但在大战期间，美国清偿了这些投资，这就使国际贸易的情况复杂化了，使其他国家很难平衡对美国贸易的逆差”。[①]

2. 第一次世界大战对美国政治的影响

第一次世界大战在美国国内造成的最重大的变化是，美国联邦政府的权威大大提高。随着美国的参战，它需要在短时间内把大量人力、物力和财力资源动员起来用于支持战争。美国史学家杰里米·阿塔克就此认为，现代战争需要为了公众利益而不是私人利益来进行巨大的资源调动，而美国的民主和自由企业制度却难以适应这种需要。这是因为 19 世纪的美国，由于种种因素的作用，造成了私人部门强大、国家特别是联邦政府管理能力不足的政治现实。面对第一次世界大战的危机及战争造成的迫切急需，权力欠发达的联邦政府难以组织有效的经济动员。为此，联邦政府官员只好采取“补偿性国家”战略，这也是战时至为快捷有效的手段——即借助私人部门尤其是私人企业强大的人力（专家和管理人员）、物力和信息资源，补偿国家行政管理机构、人员和能力的不足。国家补偿战略是通过设立一系列联邦级管理机构，把大量权力托付给私人产业或部门协会实现的，从而促进了政府与私人的合作。上述模式是美国第一次世界大战期间经济动员成功的精髓所在，这种战时措施体现美

① 【美】菲特、里斯：《美国经济史》，第 636 页。

国威斯理大学政治学教授马克·艾伦·艾斯纳（Marc Allen Eisner）称其为“补偿性国家建设”模式上。在战争结束后，国家建设继续发展，战争的经验提供了关于政府在一个公民国家中潜在作用的经验和希望，它刺激了国家管理能力及经济组织的发展，这对接下来几十年重塑国家发展有重要意义。“美国有能力打赢一场持久的、资本密集型的战争。这里的关键是民众的支持。在赢得支持和大规模地动员资源过程中，尤其重要的是累进的所得税以及通过销售债券而向美国人兜售‘为民主而战’的信念。这两者在提高联邦政府的政治权威方面都是关键性的步骤——通过民主政治提高政府的能力，获得国防资源和战争费用。在下一次重大战争中，联邦政府将依靠销售债券的经验进一步尝试财政动员；在第二次世界大战中，联邦政府也使用了麦卡杜和威尔逊的论调，说服美国中产阶级上缴覆盖面很大的所得税。强大的中央财政制度的发展与两次世界大战中美国最为有力的财政武器在民主上的合法性的培育是一致的。此外，在战争筹资过程中，麦卡杜和威尔逊在保持经济稳定以及相关的保持资本市场秩序、利用财政政策和货币政策工具建立各州对中央的责任制度方面，迈出了非常重要的一步。”①

政府对经济的管制能力也得以充分体现。战争动员使人们看到了经济计划带来的益处。这样一来，一种在战时与政府并肩管理经济的带有新认识观的工业界精英共同构筑的新模式出现了，它包括一种新的政府与经济关系，新的政府管理能力，结果是政府组织机构的扩展及政府在社会中的作用最终发生了根本改观。“现代战争需要为了公众利益而对私人利益的巨大资源调动，而美国的民主和自由企业制度却难以适应这种需要。突如其来的需求增长和政府与私人企业之间优先地位的竞争严重地破坏了这一制度。解决的办法是，“实施在作为20世纪余岁国家公司资本主义典范的中央政府指示下的、主要依靠大型企业的利益来推动运转的彻底

① 【美】斯坦利·L. 恩格尔曼、罗伯特·E. 高尔曼主编：《剑桥美国经济史（第三卷）》，第747页。

的计划经济”。最终，联邦政府控制国民经济的命脉。”[①] 美国为适应一战而产生的计划经济可以说是成功的，是计划经济使美国经济在一战中得到了明显增长，并且使美国资源得到了充分利用，这说明在战时计划经济会比自由企业制度更有效率，第一次世界大战使美国人多少知道了一些政府实行计划经济的优缺点，也使美国人在某种程度上了解了通过物价管制来控制通货膨胀的可能性和实行重要物资配给制度的必要性。虽然战时管制在停战后取消了，但国民经济已在战争时期经历过了联邦政府的全面统制。20 世纪 30 年代大萧条和第二次世界大战时期的实践，都证明了如果想要使统制经济成功的话，利用政府经营的公司来控制某几种工商业活动是一种有效的方法。例如各战时管制机关积累起来的一整套经验，提供以后各届联邦政府用来设立复兴金融公司、田纳西河流域管理局等机构。同样成为第二次世界大战时期许多新机构的设立以及美国政府制定经济计划的重要依据，都可以说是直接来源于第一次世界大战的经验。

虽然工商业利益集团的反击使威尔逊的民主——中央集权制最终屈服了，1920 年共和党取得了总统选举的胜利。“伍德罗·威尔逊的民主党没有完成亚伯拉罕·林肯的共和党所做的事——实现对联邦政府的长期控制，创造一种新的政党体制。”[②] 但是第一次世界大战使美国联邦政府特别是行政部门的权力从此在美国政治经济生活中占据主导地位。“政府财政预算的规模迅速扩大。1915 年以前，联邦年度财政支出从未超过 7.6 亿美元，而从 1917 年 4 月到 1919 年 8 月间，联邦月度财政支出就已超过这一水平。从 1900 年到一战爆发的一段时期里，政府的年平均收入为 6.34 亿美元，平均支出则为 6.28 亿美元。到了 20 世纪 20 年代，政府年平均收入升至 43.18

① 【美】杰里米·阿塔克、彼得·帕塞尔：《新美国经济史：从殖民地时期到 1940 年》，第 544 页。

② 【美】斯坦利·L. 恩格尔曼、罗伯特·E. 高尔曼主编：《剑桥美国经济史（第三卷）》，第 747 页。

亿美元，而平均支出亦升至 35.56 亿美元。即使考虑了物价变动的因素，20 世纪 20 年代联邦财政预算额度仍是战前水平的 3 倍。这场战争不但扩大了政府的规模，而且永久性地拓展了它的作用领域。”①

① 【美】杰里米·阿塔克、彼得·帕塞尔：《新美国经济史：从殖民地时期到 1940 年》，第 545 页。

第四章　常态时代（1921—1929）

第一次世界大战结束后，美国联邦政府似乎又回到了 19 世纪后期的情形，对社会经济干预的最少的政府是最好的政府，这主要是由于美国不同利益集团的力量发生了变化，工商业利益集团在社会中又处于一支独秀的状态，对于政府的要求减少到最低程度。然而这个时期的美国联邦政府与之前的美国联邦政府相比，其职能、结构、规模已经不可同日而语，因为社会不同利益集团的利益诉求越来越多，即使是工商业利益集团也需要更强有力的政府为其提供更大利益。所以这个时期的联邦政府的职能看起来出现了停滞、甚至是倒退的态势，但实际上联邦政府的权力仍然在逐步扩大之中。

第一节　一战后美国社会不同利益集团力量的变化

一、工商业的集中

大多数企业在第一次世界大战时期通过同政府合作得到了迅速的发展，但是经济管制并不是一种常态，特别是同美国的自由主义传统明显格格不入，所以，战争一结束，企业界就强烈要求政府取消全部限制和管制。“国会决心尽快地让政府摆脱商业。停战协定一签字，大多数大军事机构便开始自动停业清理。电讯系统于 1919 年 7 月 1 日交还私人管理，次年 3 月铁路交还私人管理。国会规定政府拥有的船只应以便宜的价格卖给私人公司企业。”①

美国企业的合并浪潮又重新高涨起来。“尽管各州和联邦通过了一些希望保持自由竞争和保障消费者的法律，但是美国工商业的合并仍然很少受到阻碍，而继续进行。第一次世界大战后的 10 年中，出现了工商业合并大量恢复的现象，可以与 1897 年至 1904 年的情况相比拟。”② 从 1918—1929 年，被吞并的公司数目增加了几乎 20 倍以上，在 50 个最大的兼并案中，几乎一半是在电力公司之间进行的。铁路和石油公司稳居第二位。③ 根据联邦贸易委员会的统计“在 1915 年，16 个最大的集团控制了全国发电能力的 22.8%左右，而在 1925 年，包括 11 个控股公司集团和 5 个独立经营的利益集团在内的 16 个最大的财阀，控制着全国国民生产总值的将近 53%”。④ 合并的浪潮不仅在工业界，在银行界、商界也同样如此。“从 1928—1930 年带头合并的是纽约的三家大银行，那就是花旗银行与农民贷款银行及信托公司的合并，担保信托公司与商业银行的合并，以及大通国民银行与公平信托公司的合并，从而使大通银行成为世界上当时最大的一家银行。当 1919 年普乔委员会坚持成立货币托拉斯的时候，金融业的合并实际上已经处于它的摇篮时代。”⑤ “大西洋与太平洋茶叶公司 1922 年有 5000 个商店，通过合并其他茶叶公司，其分店到 1928 年就有 1.75 万个，每年的营业额为 7.5 亿美元。”⑥

这时期如此剧烈的合并情况发生，具体说来大致有以下原因：

---

① 【美】纳尔逊·曼弗雷德·布莱克：《美国社会生活与思想史（下）》，第 308 页。

② 【美】沙伊贝、瓦特、福克纳等：《近百年美国经济史》，第 323 页。

③ 【美】吉斯特：《美国垄断史》，第 69 页。

④ 【美】福克纳：《美国经济史（下）》，王锟译，商务印书馆 1989 年版，第 325 页。

⑤ 同上。

⑥ 同上。

首先，企业的合并推动了美国经济的发展。特别是企业领导者在解决将研究开发与企业相结合的问题方面取得了实质的进步。由于美国大企业的创新能力不断提高，促进了美国经济的持续增长。这种进步在很大程度上可能与一战的经验相关。“战争期间（1917—1918）对后来被称做军事—工业联合的做法已经开始进行短暂的尝试，这种联合促进了不同创新方法之间的融合。战争期间的工作产生了大批研究与开发方面的出版物，战后的繁荣进一步鼓励了企业对研究的投资，甚至落后企业如美国钢业公司也深受鼓舞。20 世纪 20 年代结束时，研究与开发在企业范围内更为广泛地进行，尽管大多数研发费用仍然集中在高科技电力、化学和精炼工业。”[①] 企业的合并造成了在美国经济的大多数部门垄断已经占主要地位，但是其竞争行为并不是靠垄断价格竞争进行的，而是通过产品和工艺创新以及通过新的市场营销方式进行竞争。企业主要根据能适当地衡量变化来决定到哪里投资、如何投资、什么时候革新、以什么形式革新等。例如在 20 年代，企业特别注重营销战略，“大多数拥有商标产品的公司从外部聘用机构策划并宣传广告项目，但是为了更好地管理和发展公司的项目规划和政策，它们不得不在加强内部营销实力方面投入大量资源”。[②]

伴随着企业创新能力的不断提高，“公司在融合专业技术和企业资源方面已经取得很大成功，反映在美国最大的工商企业的生产收益率和增长率上。到 20 年代末，美国 5 个最大的工业企业是美国钢业公司（资产总额约为 24 亿美元）、新泽西州美孚石油公司（资产总额为 18 亿美元）、通用汽车公司（13 亿美元）、国际纸张和能源公司（8.21 亿美元）、印第安纳美孚石油公司（18.01 亿美元）”。[③] 美国企业生产能力的迅猛扩大推动了整个国家的面貌在各个领域发生

① 【美】斯坦利·L. 恩格尔曼、罗伯特·E. 高尔曼主编：《剑桥美国经济史（第三卷）》，第 682 页。

② 同上书，第 683 页。

③ 同上。

了巨大的变化。办公大楼，公寓住宅和郊区别墅普遍建造；汽车日益成为家庭必备生活用品，经济的繁荣使社会对企业的批评显著减少。

其次，企业组织形式的变化使社会中越来越多的人与企业的发展产生了紧密的联系，从而触动了美国公众的心理发生了变化。虽然企业合并采取的仍然是控股公司、交叉认购股票和交叉担任董事的老方法、以及通过委托选举与无选举权股票的最新办法，但是一些大公司发行的股票和债券实际上往往为分散在全国各地的千百万投资者所持有。如在1929年，“没有一个股东掌握的股权超过股票发行总额的1%。据估计在1920—1928年，全国持有公司股票的人从1200万增为1800万。然而，必须指出，大部分公司股票为少数投资者所有：在20年代末期，全国1%的投资者所得的股票红利占全国公司红利总额的70%左右”。[①] 因此有表决权股票的广泛分散，一方面有利于由很小的管理集团控制公司的政策。另一方面又使许多民众的利益同企业挂上了钩。同时在企业不断发展和创新的过程中，越来越多人的职业和行业发展与大企业的发展紧密相连。例如企业的发展大大提高了对所有类型的职业经理的需求，也创造了对相关专家的需求，20世纪20年代，大型一体化公司的产品和工艺创新领域以及市场营销领域，常常是专家占据主导地位。从而促进了专家教育的扩张。“到20世纪20年代中期为止，美国有160个大学都在课程中增设了商业项目培训。虽然哈佛大学和其他一些机构设立了工商管理硕士学位（MBA），并强调处于商业领导地位的企业的一般特征，大多数学校的商业培训计划涉及生产、会计和人事管理等具体商务领域的本科教育。技术专业化打开了商业领域的大门，而这正是20世纪20年代的本科生所需求的。”[②] 此外，在企业扩张的早期过程中，女性和少数民族很难获得较多的就业机会，几乎所

---

① 【美】菲特、里斯：《美国经济史》，第681—682页。

② 【美】斯坦利·L. 恩格尔曼、罗伯特·E. 高尔曼主编：《剑桥美国经济史（第三卷）》，第684页。

有的企业都只向白人男性开放。而现在女性在大型企业中赢得了越来越大的发展空间，办公室职位吸引了那些想在中等阶层拥有立足之地的妇女。非洲裔美国人仍然只能从事低技能的蓝领工作，但是当美国的政治和文化环境发生根本改变，通往职业教育的途径比较畅通的时候，非洲裔美国人和从事办公室工作的妇女能够向上流动，从事较高层次的工作。

所有这一切使社会中与大企业的发展密切相关的人越来越多，工商企业家在社会中又重新得到认可，这是民众看待大企业的心理产生变化的重要原因。1910 年以前一直明显地不信任企业合并的态度到 20 世纪 20 年代已经大大缓和。

再次，大工商财团的宣传也发挥了重要的作用。企业领导也意识到，他们的公司在应对压力时，不能像公路企业界的大亨威廉·范德比尔特（William Vanderbilt）曾经说的一样，“让公众见鬼去吧!”。企业领导层可能心理认同这种想法，但是他们从来不会在公开舆论上引用这句话，以免造成什么影响。“公司总是乐意尽力满足新闻媒体的要求。大型企业积极主动地提供各种生动的素材，极力试图说服公众相信美国的发展道路是正确的，不要对美国的现代化道路做过大的改变，因为这种现代化道路已经使美国成为最富裕的国家，并且有些人认为美国已经是世界上最为强大的国家。20 世纪 20 年代，美国的企业继续执行福利资本主义政策，包括公司有关退休、娱乐、日常运动、陈述制度、股东所有权以及储蓄方面的规划，经常被公司发言人热情地描述为反映了统一团结和公众项目。”①

总之，20 世纪 20 年代美国的工商业阶层的力量上升到几乎是内战之后的最高峰，与其他利益集团相比占据了绝对的优势。“加尔文·柯立芝总统公开宣称，美国的生意就是做生意。赫伯特·胡佛

① 【美】斯坦利·L. 恩格尔曼、罗伯特·E. 高尔曼主编：《剑桥美国经济史（第三卷）》，第 685 页。

明确表示，美国成功的关键就是强健的个人主义。”①

二、美国农业力量的衰落

美国工商业的发展促进了农业人口向城市的转移。“1920 年普查结果清楚地表明：美国农业在国民经济中的地位已在下降。农村人口在美国历史上第一次减少为占不到总人口一半的 48.6%。实际住在农场的人口，在 1920 年只占总人口的 29.9%，1930 年甚至进一步降低到 24.8%。在 1920—1930 年期间，农业工人占全国雇用工人总数的比重从 26.3%降低到 21.5%。”② 尽管农业人口减少了，但是“农业方法的改进，仍然使生产保持高涨。现代科学给农场主提供优良种籽、改良品种的家畜和家禽、新的肥料、以及控制害虫和的新方法”。③ 但是战争的结束带来了全球性的需求低落和物价紧缩，这是可以理解的。由于在第一次世界大战中青年人大量死亡，欧洲工业国家 20 世纪 20 年代在出生率和人口增长方面出现了严重的下降，这就导致对粮食的需求下降，同时战争的结束使欧洲国家可以将原来被战争所占用的资源重新用于农业生产中。由于美国农产品 1/3 或更多是用于出口，价格受到变化莫测的世界市场的制约。1920—1921 年的美国农业出口的猛烈下降对农场主的影响特别严重。（参见表 21）首先，小麦、玉米等主要农畜产品在国外的销路缩减。由于国外对美国农产品需求减少，加上政府对农产品价格不予维持，国外市场上竞争加剧以及一般物价水平下降，美国农民处境十分困难。“在 1919 年 12 月和 1920 年 12 月之间，小麦从一蒲式耳 2.15 美元降至 1.44 美元，玉米从 1.25 美元跌至 0.68 美元，棉花从每磅 0.36 美元跌至 0.14 美元。虽然在恢复时期价格有所上升，农

① 【美】纳尔逊·曼弗雷德·布莱克：《美国社会生活与思想史（下）》，第 307 页。

② 【美】菲特、里斯：《美国经济史》，第 684 页。

③ 【美】纳尔逊·曼弗雷德·布莱克：《美国社会生活与思想史（下）》，第 309 页。

场主们仍然是不幸的。农产品价格与其他商品价格的比例仍然是不利的；农场主手里的钱能够购买的东西比战前要少。”①

表 21：美国 1921—1929 年主要农产品出口额

年份	玉米	烟叶	小麦
	价格（百万美元）	价格（百万美元）	价格（百万美元）
1921	534	205	433
1922	673	146	206
1923	807	152	116
1924	951	163	237
1925	1060	153	149
1926	814	137	202
1927	826	139	240
1928	920	154	120
1929	771	146	112

资料来源：The Historical Statistics of the United States，Volume V，Cambridge University Press，2006，p. 548。

农业的生产规律又加重了这种困境。“农民们不能像制造商那样快的按照市场需求去调整自己的生产。实际上，在价格下降时，农民们为了保持总收入，倾向于通过更加辛勤地劳动去增加产量，但是这样一来只能使供过于求的情况更加严重。”② 这样问题就变得更加尖锐，结果是农业总收入“在 1920—1921 年从 160 亿美元左右降

① 【美】纳尔逊·曼弗雷德·布莱克：《美国社会生活与思想史（下）》，第 311 页。

② 【美】沙伊贝、瓦特、福克纳等：《近百年美国经济史》，第 341 页。

为 105 亿美元，到 1924 年才超过 120 亿美元”。[①]

因此，在美国工商企业兼并方兴未艾的同时，第一次世界大战的结束也结束了美国农民的好光景。农民处境困难已经是一个重要的现实问题。农产品最先降价，其价格下降的幅度比其它商品大，时间比其它商品长。农民受到战后萧条的打击十分沉重。“从迅速发展到崩溃的循环轮回在农民中是可以经常看到的，部分原因是恶劣天气和病虫害导致了农业的损失。1921—1922 年的经济衰退对农民的打击尤为严重。1922 年以后，当其他经济部门出现反弹时，农业部门在以后的 8 年中仍然毫无生气。”[②]

由于越来越多的农场主发现难以依靠土地维持生计，农场问题成为一个引人注目的政治问题。“有些农民认识到：他们必须卖出的农产品的价格与必须买进的工业品价格的差额，是农业问题的症结所在。1922 年，有一小批农民开始要求农产品的价格能保证给他们相当于 1909—1914 年美元购买力，支持这个要求的农民越来越多，不久就掀起了一个声势浩大的运动。”[③] “这项全国性的建立基础农产品的合作运动，号召每种农产品的生产者签署捆绑协议，将其所有的产出连续数年（通常是 5 年）卖给合作社，该签名具有法律效力。如果达成协议的农民比重很高，那么合作社就成为垄断者，限制供给，提高价格，增加农业收入。市场不能容纳的部分，或者销毁，或者倾销到海外。合作社还可以通过广告、开拓新市场等帮助提高需求。合作社的整个框架要求阻止外来进口，避免联邦反托拉斯调查并克服免费搭车问题。”[④] 然而这场运动与 19 世纪后期的格兰其运动远远不能相比，无论是规模还是所取得的效果。因为农业人口已经大大减少，而且此时农业人口也更加分散，全国几百万单个经营的农场主相互之间缺少有效的沟通，很难形成有效的集体行动。特

① 【美】菲特、里斯：《美国经济史》，第 686 页。

② 【美】吉斯特：《美国垄断史》，第 72 页。

③ 【美】菲特、里斯：《美国经济史》，第 687 页。

④ 【美】斯坦利·L. 恩格尔曼、罗伯特·E. 高尔曼主编：《剑桥美国经济史（第三卷）》，第 523 页。

别是免费搭车问题始终无法有效解决。“垄断商品贸易的勃勃野心，比如美国谷物种植者协会从未吸引到足够多的农民以影响价格水平。到1924年，萨皮罗（Sapiro）志愿合作社运动的失败已成定局。”①

农民们的困境日益强烈地要求联邦政府援助困难重重的农业，早在1921年5月，来自农业各州的两党参议员和众议员就组成了“农业集团”，“农业集团”宣称：“彻底的立法不仅对于帮助改善农民的短期严重处境是必要的，而且对于使农民取得与其他受联邦政府保护和优待的经济团体同等长远地位也是必要的。这项鼓动使大量的法律建立了。”② 比较有影响的有1922年《卡珀—沃尔斯特德法》，该法将农业排除在谢尔曼法案的反托拉斯条款之外，允许农民成立合作社，生产和销售他们的产品。此外还有1926年的《合作社营销法》和1929年的《农产品营销法》。但受到当局重视和支持的仍是一些解决农业困难问题的传统办法。例如，许多人认为，农民真正需要的是放宽贷款条件。“推动国会于1923年通过了中期信贷，其目的在于帮助农民获得为期6个月至3年贷款。然而，增加一些贷款，对于已经负债累累、深受长期农产品价格低落之苦的农民来说真似杯水车薪，无济于事。有些农民领袖除要求增加农业贷款外，还强烈要求提高外国农产品的进口税率。1921年，国会通过了紧急关税法，提高了小麦、羊毛、玉米、肉类和甘蔗的进口税率，1922年又通过了福德尼—麦坎伯法，对许多外国农产品仍保持很高的进口税率。也有许多农民建议成立农民合作社来解决农产品价格低落问题。然而所有这些办法和建议，农民都不很欢迎。”③ 因为国会通过的这些措施没有哪一项能提高农产品价格，而只有提高价格才能给生产者带来繁荣。在农业利益集团的竭力督促之下，参议院议员查尔斯·麦克纳里（Charles McNary）和众议院议员吉尔伯特·霍

① 【美】斯坦利·L. 恩格尔曼、罗伯特·E. 高尔曼主编：《剑桥美国经济史（第三卷）》，第523页。

② 【美】沙伊贝、瓦特、福克纳等：《近百年美国经济史》，第344页。

③ 【美】菲特、里斯：《美国经济史》，第687页。

根（Gilber Haugen）提出一项议案，“其理念就是通过关税将国内市场和国际市场分开”。国内实行“平等价”，以 1905—1914 年农产品与非农产品的价格最佳关系为基准。以小麦为例，将以立法的形式将其价格定为 1923 年每蒲式耳 1.53 美元的水平，而不是现行的每蒲式耳 0.92 美元。新创立的联邦农业出口公司将向国际市场销售平等价下国内市场难以容纳的部分，并向农民收取少许的平等费，以弥补出口损失。该计划最有创意之处在于，它不需要纳税人负担什么；最明显的弊端是它并不限制产量以约束过剩产量、减小因倾销引发贸易战的风险。[①] 这个议案受到美国农业部长亨利·C. 华莱士的强烈支持，认为这是解决农业困境的最好办法。但是在农业利益集团内部引起了很大的争议，一些农场主和许多合作社领袖认为这只能维持而不能增加农场主的收入。因此 1924 年和 1926 年议案都在国会表决中失败了，1925 年甚至没有提请表决。但是农业的持续萧条、以及议案覆盖面的扩大和农业利益集团逐步达成共识，1927 年和 1928 年议案在国会都获得了通过。尽管多数议员表示支持，但遭到了卡尔文·柯立芝总统的否决，他坚决反对任何一种由联邦政府负责处理农产品的方案，他认为这个议案就是要政府规定产品价格，并要政府去做买卖，明显地超越了政府的职能范围，是公开对市场的干预，是不可接受的。这部法案实际上是为特殊利益集团服务的“恶劣”和“荒唐”的立法，有悖于美国的精神。此外在第一次世界大战期间，政府在马斯尔肖尔斯建造了电站，哈定和柯立芝想把这些电站出售给私营企业家，但被国会否决。因此柯立芝总统也是借此对国会发泄不满。当时大部分工商业企业家和柯立芝总统一样反对这种救济农业的办法。他们认为农民需要某种帮助，但联邦政府的责任或任务不是提高农产品价格。“1928 年，参议院

① 【美】斯坦利·L. 恩格尔曼、罗伯特·E. 高尔曼主编：《剑桥美国经济史（第三卷）》，第 523 页。

仅以 4 票之差没能推翻总统的否决。”① 尽管这个议案始终没有成为正式法律，但是农产品市场价格“不公平”、政府应该纠正的提法，获得了越来越多的认同。“比如赫伯特·胡佛也开始寻求农业问题的非市场化解决办法，使农民获得更多的粮食收入。”② 从这个运动中可以看出，已有许多农民和其他各界人士认为联邦政府有责任为农民规定和维持工农产品的平价比率。“多数农民开始认识到：他们争取自身经济利益的条件不如其他阶层，因而需要采取特殊行动，争取农产品同工业品有一个大致等价交换的比率。”③

胡佛上台当总统后，全力支持农民成立农业销售合作社，他认为这种合作社能帮助农民按较高的价格出售农产品。1929 年 6 月，国会通过了农产品销售法，稳定农产品价格。其主要设想是为每种主要农产品设立大规模的销售合作社。国会拨款 5 亿美元贷给合作社使其可能长期储存农产品，待价而沽。农产品销售法也授权政府出资成立稳定农产品价格的公司，帮助合作社收购不寻常的剩余农产品，防止农产品价格下跌。为此政府成立了联邦农产品管理局来执行这项法律。

农产品销售法实施的时机极不合宜。这条法律通过后不到 6 个月，全国就受到 1929 年大危机的袭击，农产品价格开始暴跌。联邦农产品管理局向各合作社发放贷款，但农产品价格很快就跌落到贷款所能维持的水平之下，使合作社无法偿还贷款。当农产品价格跌到贷款所能维持的水平之下时，农产品管理局放出的贷款收不回来，结果农产品管理局宣布不再维持 1931 年收割的小麦的价格了。

三、劳工利益集团力量的下降

第一次世界大战时美国劳工的地位得到加强，这种情形在一战

① 【美】斯坦利·L. 恩格尔曼、罗伯特·E. 高尔曼主编：《剑桥美国经济史（第三卷）》，第 523 页。

② 同上。

③ 【美】菲特、里斯：《美国经济史》，第 689 页。

结束后短期内继续存在。“停战以后的一段时间，看来工人可以继续很快地得到收益。工会成员继续增加，从1915年的250万人增加到1920年的500万人。工人们不再受不得罢工的约束，于是为争取对工会的承认、为得到较好的工作条件、为增加工资以应付战后生活费用的高涨而进行了强有力的斗争。”①

在这种情形的鼓舞之下，美国劳工联合会，甚至在其1919年的年会上制订了一个“复兴计划”，要求实行“工业民主”的宏大目标，“达到多得面包黄油、消灭失业、提高工资、缩短工时、妇女同工同酬、取消童工，并赋予公职人员以组织和集体争议的权利等等。计划还要求削减司法机关的权力，要求政府拥有公用和半公用事业的所有权，发展和运用水力发电，联邦政府和州政府改善对公司的管理，实行言论与集会的绝对自由，扩大工人抚恤金，建立政府就业机构和取消谋求私利的职业介绍所，造出符合政府建筑标准的住宅，帮助和使工人拥有自己的住房，并停止移民入境两年等等”。②美国劳工联合会认为其要求是合理的，因为美国工人的经济状况远远没有人们想象的那么好。例如，“人们普遍认为钢铁工人工资高，但这只有一小群熟练工人是如此。将近40%的工人是普通劳动者，1919年他们的年平均工资不足1400美元；另外30%是半熟练工人，年平均工资不足1800美元。众所周知，钢铁工人工作时间很长：钢铁工业的平均工作时间为每周将近69小时；一半受雇者每天工作12小时；其中1/4周工作7天。在倒班的时候，工人往往连续工作18小时，24小时，甚至36小时”。③

但是与劳联的美好设想相反的是，一战结束以后没有两年，美国工人的地位就很快地就削弱了。在工商业界得到各方面支持的同时，有组织的劳工却逐渐失去了影响力。“工会会员从1920年的500

① 【美】纳尔逊·曼弗雷德·布莱克：《美国社会生活与思想史（下）》，第322—323页。

② 【美】沙伊贝、瓦特、福克纳等：《近百年美国经济史》，第346—347页。

③ 【美】纳尔逊·曼弗雷德·布莱克：《美国社会生活与思想史（下）》，第324页。

万减至1930年的340万。”①

主要的原因：

首先，进步主义思潮的衰落。由于经济的蓬勃发展是前所未有的，“进步运动和其他对公司联合持批评态度的人已经很少对如何控制美国企业一般发展方向进行调查。在这一时期，到处是关于企业管理新内容的著作，市场上出现了数百种涉及企业生产力和效率的新书。可是，政治运动没有任何反响，它仍然致力于用教条戒律和大公司的不公正行为进行战斗，在工业进步和技术进步时期，这是一种危险的主张。……在20世纪30年代中期，后来担任司法部反托拉斯部门负责人的瑟曼·阿诺德在评价“进步时代”时说：“这些（对大公司）攻击总是以遭到还击而鲜有实际结果而告终，原因在于（在改革的一方）缺少新的组织……对方则不断出现雄辩家和经济学家，可是缺少务实的组织者。说教……只会导致反说教。”② 进步运动的主要问题就是许多理论家总是习惯批评社会中的现状问题，而不是提出一个有具体行动计划的改革蓝图。因此在社会的表面看起来欣欣向荣的时候，公众对进步主义运动的支持逐渐削弱了。

其次，美国国内出现了巨大的反社会主义思潮。由于美国的民主主义是建立在公民对自由主义意识形态的共识基础之上，正如约翰·格瑞德·罗（John Gerard Ruggie）所说：“对于大部分国家来说，他们所宣称的这种民族有机体是自然的产物，它建立在土地和人种上。而美国的民族主义并不是自然的产物，它不是以血缘立国，而是以信仰立国。任何人都可以宣称他是美国人，因为美国关于政治共同体的概念不是建立在传统国家的那种排外的有机体上，而是建立在对所有人都开放的原则上。”③ 所以社会主义和共产主义被认为是最大的非美因素，是可以导致美国解体的因素，从而成为让美

① 【美】沃尔特·拉菲伯、理查德·波伦堡、南希·沃格奇：《美国世纪——一个超级大国的崛起与兴盛》，第128页。

② 【美】吉斯特：《美国垄断史》，第67页。

③ John Gerard Ruggie，*The past as prologue* in Michael E. Brown et al. Eds.，America’s Strategic Choices，Cambridge：The MIT Press，1997，p. 184.

国公众感到恐惧的一种力量。

因此，当美国国内的社会主义者受到十月革命胜利的影响，认为相信革命迫在眉睫，美国即将走上俄国的道路时，这种情绪导致美国国内对社会主义思潮的一种恐惧，从而在美国社会内部形成一种广泛的反工会情绪。“当邮局截获了 34 个寄给 J. P. 摩根和约翰·D. 洛克菲勒以及其他实业界和民事领袖的一模一样的包裹，而且发现它们全都内装炸弹时，新闻广播发出了高声咆哮：共产主义分子策划五一节屠杀。”①

由于美国公众对激进主义的普遍恐惧，因而在这样的气氛中，美国国内的任何大规模的、斗争激烈的罢工，都可能被归咎于红色阴谋。

1919 年 2 月，在华盛顿州西雅图的总罢工震憾了全国，6 万名工会会员停止工作去支持造船厂工人的要求。虽然罢工时间只持续了 5 天，但是奥利·汉森市长却将这次罢工描写成是一次“革命”尝试从而震动整个美国。在这种气氛之下，通常同情工人的威尔逊政府也采取镇压措施。1919 年 11 月 1 日，当 42.5 万名烟煤矿工罢工时，他们遭到舆论的普遍敌视。11 月 9 日，政府发出了彻底的禁令，报纸大加赞扬。新近当选为矿工联合会主席的约翰·L. 刘易斯宣布工人将顺从。他解释说：“我们是美国人，我们不能反对我们的政府。”②

在 1922 年的铁路罢工中，时任司法部长哈里·多尔蒂说服哈定，使后者相信国家面临迫在眉睫的危险。“在多尔蒂看来，工人们对政府管制铁路的支持‘是一个得到列宁重视的阴谋’，增加了‘我们的列车时间表和运费将由莫斯科制定’的可能性。多尔蒂得到了彻底的实际上取消一切工会活动的法院指令从而破坏了罢工。”③

---

① 【美】沃尔特·拉菲伯、理查德·波伦堡、南希·沃格奇：《美国世纪——一个超级大国的崛起与兴盛》，第 109 页。

② 【美】纳尔逊·曼弗雷德·布莱克：《美国社会生活与思想史（下）》，第 323 页。

③ 【美】沃尔特·拉菲伯、理查德·波伦堡、南希·沃格奇：《美国世纪——一个超级大国的崛起与兴盛》，第 128 页。

但是大部分罢工是工人们真正痛苦的反映，在恐慌气氛之下却从来没有得到公众的充分理解。以卫理公会主教会的弗朗西斯·J.麦康内尔主教为首的这一群杰出的新教教士，组织了一个调查委员会，对这时期的罢工进行了调查。调查报告中做出了给人深刻印象的符合客观事实的反映。其结论是“罢工是反对工作时间过长和专横管理的群众群动，指控布尔什维主义或产业激进主义操纵罢工是没有根据的。”①

战后美国经济的繁荣使不断移民到美国的工人们享受到了远远高于欧洲的生活标准，工人的向上流动机会相对增多，因而他们对加入工会丝毫没有兴趣。

在这种环境下，有组织的劳工开始把注意力放在对移民加以更大的限制上，他们担心如果不对移民加以限制，其工资下降和失业不可避免。在工会的极力要求之下，1921 年通过了所谓的《限额法》，这项法律规定以 1910 年的人口普查为依据。每个国家每年移入美国的人数，不得超过该国 1910 年侨居美国人数的 3%。在 1924 年通过一条新法律，把限额又削减为各国 1890 年侨居美国人数的 2%。并且禁止日本人移入，这项法令把 1921 年法令所规定的限额削减了一半。这项政策造成移民的激剧减少，对后来美国经济和政治的发展都产生了影响，同时也没有挽回工会的颓势。

第二节　美国联邦政府权力的停滞

一、美国行政权力的停滞

第一次世界大战结束以后，美国联邦行政的权力进入停滞乃至

① 【美】纳尔逊·曼弗雷德·布莱克：《美国社会生活与思想史（下）》，第 325 页。

下降状态，表现在制度上，行政部门没有再进行大的调整与改革。美国联邦行政部门和独立管制机构在 20 世纪 20 年代都没有增加。行政与立法机关的关系也逐步恢复到 19 世纪后期的情形，即行政与国会相互制衡，不再像 20 世纪前 20 年，美国行政机关的权力与职能急剧扩张，大有凌驾于国会之上之势。其次就是联邦政府的开支与人员都有了缩减。在 1920—1929 年，由于哈定政府和柯立芝政府都厉行节约，联邦收入从 55 亿美元下降到 38 亿美元，支出从 50 亿美元降为 31 亿美元，联邦行政部门工作人员从 44.8112 万人逐年下滑，直到 1929 年才恢复到 44.5957 万人。在这个时期内，军费和国际事务方面的开支下降得十分厉害。1929 年用于国防开支仅为 6.96 亿美元。而用于国际事务方面的开支仅为 1400 万美元。

表 22：联邦政府 1921—1929 年雇员人数

年份	联邦行政部门人数	联邦立法部门人数	联邦司法部门人数
1921	448112	6693	2080
1922	420688	7980	2040
1923	411398	8091	2000
1924	415593	7897	1960
1925	423538	9202	1920
1926	422300	9417	1880
1927	422998	9314	1840
1928	431763	9636	1800
1929	445957	9493	1760

资料来源：The Historical Statistics of the United States，Volume V，Cambridge University Press，2006，p. 128。

表 23：联邦政府 1921—1929 年财政收支

年份	联邦财政收入（百万美元）	联邦财政支出（百万美元）
1921	5570790	5061785
1922	4025901	3289404
1923	3852795	3140287
1924	3871214	2907847
1925	3640805	2923762
1926	3795108	2929964
1927	4012794	2857429
1928	3900329	2961245
1929	3861589	3127199

资料来源：The Historical Statistics of the United States，Volume V，Cambridge University Press，2006，p. 81。

表 24：联邦政府 1921—1929 年财政支出

年份	国家安全支出（百万美元）	国际事务开支（百万美元）
1921	2581	83
1922	929	10
1923	680	14
1924	647	15
1925	591	15
1926	586	17
1927	578	17
1928	656	12
1929	696	14

资料来源：The Historical Statistics of the United States，Volume V，Cambridge University Press，2006，p. 95。

“哈定政府甚至对利用‘功绩制’来扩大官僚的队伍及其作用都持不积极的态度，相反，他甚至又重新通过‘政治庇护制’的手段来任命一些政府职位。”① 自1883年以来，功绩文官制一直在逐步推广，哈定政府却止步不前了。但是这些被哈定总统任命的官员也没有被赋予很大的政治权力。正如一些由哈定总统任命的高级官员所抱怨的：“在执行我希望的变革政策方面，实际上我并没有被总统授予很大的权力。由于没有权力，所以我只能对许多政策表示同情。”②继任的柯立芝总统除了像减税这些要减少联邦政府干预经济的法案之外，他对于立法保持着沉默，在财政预算方面，柯立芝总统及他的预算局局长赫伯特·洛德，还有强有力的财政部部长安德鲁通过大力削减政府开支来反对政府对私人经济事务过度干预的保障，即利用预算来保护私人企业免受政府干预。“行政性国家建设最先的工具被用来控制它帮助建立起来的新的强有力的国家机器。”③“这种表现很像是一位19世纪的总统，即使是有关建立世界法庭这样的条约问题，在将它送交国会时，他对共和党参议员既不鼓励也不做任何指示。在他的支持者为此勇敢地斗争时，他几乎不说一句话。面对第一次世界大战后控制着整个国家的孤立主义情绪，他的支持者经历的只能是一场失败的战斗。”④

这种情形产生的根源主要是因为战后社会不同利益集团的力量之间发生明显变化，利益集团之间的博弈显著减弱了，工商业利益集团在社会中处于主导地位，希望政府重新回复到守夜人的角色。

---

① Robert Maranto：politics and Bureaucracy in the Modern Presidency：Careerists and Appointees in the Reagan Administration. Connecticut：Greenwood Press. 1993，p. 22.

② DavidA. Schultz，etal：The Politics of Civil Service Reform. New York：peter Lang publishing，INC，1998，p. 93.

③ 【美】乔纳森·卡恩：《预算民主：美国的国家建设和公民权（1890—1928）》，第198页。

④ 【美】米尔奇·尼尔森等：《美国总统制（起源与发展1776—2007）》，第273页。

因此美国政府的权力扩张冲动明显减弱了。1921年5月，哈定总统上任仅几个月就明确地宣布说："美国目前所需要的不是装腔作势的豪言壮语，而是休养生息；不是什么万灵妙方，而是一种常态；不是革命，而是复兴；不是手术，而是平静。"[①]

不过，20世纪20年代的美国联邦行政部门虽然强调要恢复常态，刻意缩小政府规模，并且强调对企业的不干涉主义。然而20世纪20年代并没有恢复国会政府。社会与经济条件已经发生变革，加上西奥多·罗斯福和威尔逊所开创的先例，这些都不允许恢复过去旧的秩序。正如政治学家埃尔默·康韦尔所指出的："公众眼中（行政）机构的威望从1900年起就一直在提高，威尔逊时期它又得到强有力的推动，因此，如果说1920年后这种威望没有继续提高的话，至少也保持了它原有的水平。"甚至哈定的"常态"理念也没有完全将历史的时钟拨慢，正如他在竞选中所说的："林肯曾经说过，上帝创造了如此之多的普通人，那他一定爱过他们。如今这些普通人已经看到，自己在世界社会和经济体系中被提高到了一个新的地位，因此我们未来的问题将是如何保持他们的这种地位。"[②] 国会自己也陷入了困境，已经不再像之前那样，国会可以作为一个整体发表自己的意见，而是总统如果不表示意见的话，国会很难再做出有效的行动。因此"通常被视为沉默的、自由放任政府时代的20世纪20年代，其实是一个紧张的国家建设时期"。[③] 柯立芝总统上台之后，立即对"功绩制"表现出极大的热情和尊重。他"不仅力主扩大职业官僚的规模，而且力图把对联邦职业文官的选任完全建立在能力的信念基础上"。[④] 继任的的胡佛总统，不仅继续使用柯立芝选任文

① 【美】米尔奇·尼尔森等：《美国总统制（起源与发展1776—2007）》，第262页。

② 同上书，第263页。

③ 【美】乔纳森·卡恩：《预算民主：美国的国家建设和公民权（1890—1928）》，第187页。

④ Robert Maranto：politics and Bureaucracy in the Modern Presidency：Careerists and Appointees in the Reagan Administration. Connecticut：Greenwood Press，1993，p. 22.

官的原则和一些做法，而且把联邦政府职业官僚规模进一步加以扩大。在这一时期中，“联邦政府文官的比例几乎达到了占联邦政府雇员 80%的程度，而政治任命的官员少于 20%还被总统认为是危险的”。[①] 当时，柯立芝和胡佛总统都力图推动由政府行政机构（特别是由总统领导下的一个集中、协调的国家行政体制）的建立和发展。“在整个 20 年代的多数时间里，既作为商务部长又作为总统的胡佛一直在为用‘进步主义运动’的方式重新组织政府，并终止那些政府的重复工作和合并那些相似机构和部门的功能而斗争。”[②] 因此行政部门的权力出现了一种停滞状态，但是并没有缩小，在某些方面甚至有所扩大。

这其中最为重要的就是 1921 年《预算与会计法》在国会的通过并且在当年 6 月 10 日由哈定总统签署，使之生效成为法律。“这大大增强了总统监督行政机构各部门开支的权力。由塔夫脱总统建议的‘1913 年经济与效率委员会’曾经提出过许多建议，是 1921 年的《预算与审计法案》才将它的主要建议付诸了实施。”[③]

“该法有 4 项主要规定：第一，它赋予总统编制并向国会提交年度预算的职责。第二，它设立预算局及其负责人，技术上设在财政部，但事实上仅对总统负责，在一切与预算有关的事务上作为总统的代表机构。第三，它禁止政府任何官员或雇员向国会申请拨款，除非应国会两院中一院的要求。第四，它提供独立的审计服务机构，即审计总署，由总审计长领导，接管以前被授予财政部审计官的所有职权。”[④] 国家预算制度的创造使美国联邦行政部门开始拥有潜在

① Paul P . Van Riper：History of the United States Civil Service，Evanston，Illinois：Row，peterson and Co. ，1958，p. 289－296.

② DavidA. Schultz，etal：The Politics of Civil Service Reform. New York：peter Lang publishing，INC，1998，p. 93.

③ 【美】米尔奇·尼尔森等：《美国总统制（起源与发展 1776—2007）》，第 268 页。

④ 【美】乔纳森·卡恩：《预算民主：美国的国家建设和公民权（1890—1928）》，第 175 页。

的巨大权力。正是哈定与柯立芝所致力的国家内部建设工作成为新政时期美国联邦行政部门权力扩张的基础。到美国进入大萧条时，预算改革运动已经为在总统领导下国家权力的运用奠定了基础，并使罗斯福政府得以推行新政。随着这一预算法案的通过，总统终于获得了合法的职权，监督行政部门的开支。学者和公务员赫伯·艾默里奇（Herbert Emmerich）认为，这个预算法案是“除宪法本身以外，我们行政史上最伟大的里程碑”。[①]

《预算与会计法》规定预算局的人员编制规模不大，编制为1名局长、1名副局长与4名助理。在整个20世纪20年代，该局的工作人员一直保持较小规模，直到20年代末，工作人员才增至28名。因此，早期的预算局的工作主要集中于缩减政府开支，而不是扩大政府开支。“不过，即使预算局像衡量支出那样试图缩减政府规模，它还是在建立一个新的政府管理集权化的结构。《预算与会计法》赋予预算局广泛权力，以协助总统协调、分析、修改各部门与独立机构的预算，并将其编制成一个单一的综合预算，代表总统下一年度的工作计划，从而建立一个统一的、自觉的主要是倾向总统而不是倾向国会的行政部门。20世纪20年代的预算程序，开始是总统提出下年他的总财政政策及他打算向国会提议的最高拨款数额，然后预算局要求所有的部门和独立机构呈送下一财政年度被通过的最高限额，指导各部门和机构重新考虑其预估，以与最高限额相一致。各部门和机构将修改后的预估提交给预算局，此时，预算局正与各部门的预算官员就进一步的修改在进行商谈。商谈之后，预算局将其最后的建议提交给总统，并着手准备将要呈交给国会的预算文件。由总统提交的预算对各部门首长有约束力，部门首长不得向国会提出任何不同的数据。”[②]

① 【美】米尔奇·尼尔森等：《美国总统制（起源与发展1776—2007）》，第268页。

② 【美】乔纳森·卡恩：《预算民主：美国的国家建设和公民权（1890—1928）》，第188页。

第一任局长道威斯发布 49 号公告时讲得更清楚："任何这类来自政府行政机关或者独立机构，或者由它们提出的要求或者建议，在提交给国会两院或者其委员会之前，应当先交给预算局局长，由他提出建议再提交总统。没有先获得总统的同意，任何拨款要求不得提交给国会两院或者其中的任何委员会。第 49 号公告告诉各部门，如果没有总统的最终同意，就不存在安全的行政管理。因此，它牢牢地把总统安插在联邦各机构与国会之间。行政官员再也不能向国会的委员会直接要求拨款。在'中央清除器'系统下，他们不得不首先寻求预算局与总统的支持。"[①] 这实际上是对总统预算权力的制度化确认，这样一来，总统就可以基于合法的预算权力，通过制度化的程序实质性参与到预算活动之中。在总统预算的编制过程中，总统可以根据特定的经济和社会发展形势，将个人的施政政策、支出偏好及他所代表的利益集团的要求反映在总统预算中，这就为总统权力的扩张提供了一个巨大的空间。

《预算与会计法》的通过同总统与国会权力的博弈有关，也客观反映了进步主义时代结束之后，美国行政权力已经无法再像从前一样，只强调最小的政府职能。一战后不管政府愿意不愿意，政府的行政管理职责都扩大了。"预算制度使强大的行政机关从潜在的独裁者转变为高效且负责任的政府官员。以国会代替人民，同时总统代替政府。在联邦层级，该模型成为重构联邦政府权力的分立与平衡、为国会与总统安排新的地位与责任的东西。利用预算使国会默许了总统权力的扩张。"[②]

虽然哈定总统向国会保证不干涉国会的权力。但是，1921 年《预算与会计法案》不仅赋予总统正式的预算权力，更重要的是这一里程碑式的法律还加强了总统的力量，改变了总统与国会之间的权力对比格局。对于预算局，哈定和柯立芝总统都将权力牢牢控制在

① 【美】乔纳森·卡恩：《预算民主：美国的国家建设和公民权（1890—1928）》，第 196 页。

② 同上书，第 177 页。

自己手里，毫不含糊地致力于执行“中央清除器”的基本原则。20世纪20年代末，“新的预算制度已经通过总统对政府的行政机构具有了决定性的权力，取代了国会作为反应性的旁观者的地位，本来国会的主要职责是监督它所委托给总统的权力的行使情况。”① 国会最终接受了“中央清除器”，因为这一过程最终并不会干预它修改预估的权力，或者禁止国会召集行政官员到国会各委员会作证。

预算权的变化最充分地说明了行政部门权力扩张的根源。随着社会利益集团的利益多元化以及不同利益集团都希望从社会中获得更多的利益份额，都渴望从政府那里获得更多更有力的支持，因此对国家的财政预算抱有更强烈的期望。希望财政预算能够更准确和及时地反映其利益，这样对政府就造成了更大的压力。要求政府解决各种利益冲突和满足占支配职位的利益集团的要求，对每个利益集团的各自目标作出判断，达到新的均衡，形成一个最能反映社会共容利益的预算方案。而立法部门却因无专门的决策分析部门和有效的信息反馈渠道，在很大程度上不能满足社会各利益集团的这种需求。而行政部门具备立法部门所不具备的与预算相关的各种技术，因此在与国会的对比中占据了绝对的优势，依靠这种优势，行政部门在目标的确定、分解、实现方式选择等方面都占据了主导地位，从而能够灵敏地对社会各利益集团的需求做出反应。所以，尽管行政部门并不情愿，社会主导利益集团也不愿意，但行政部门的权力还是在缓慢之中上升。

与此同时，美国联邦行政机构的权力越来越多地得到了美国最高法院的支持与理解。

1921年，哈定任命威廉·霍华德·塔夫脱为联邦最高法院首席大法官。1926年，在“迈尔斯诉美国”一案中，塔夫脱代表最高法院对总统免职权的广泛理解给予了宪法支持。虽然1885年废止的《任期法》已经排除了总统免除官员职务的障碍，但却无法阻止国会

① 【美】乔纳森·卡恩：《预算民主：美国的国家建设和公民权（1890—1928）》，第198页。

决定未来制定类似的法令。正如预算法案限制总统免除总审计长职务所表明的那样，国会继续限制着总统这方面的能力，即设立新联邦职位和制定相应任命这些职位的程序。迈尔斯一案就涉及到1876年的法令，它要求总统在免除最高级别邮政局局长时必须获得参议院的建议和同意。1920年1月20日，威尔逊总统要求邮政局长弗兰克辞职，但迈尔斯拒绝服从，威尔逊便通过邮政总局局长令将其免职。

威尔逊这次行动得到了最高法院的支持，这令许多人感到惊讶，因为最高法院的首席大法官是塔夫脱，在他担任总统时，对于行政权力的理解也是非常狭隘的。“塔夫脱代表意见分歧严重的法院发布了裁决意见，该意见表现出的胆识是他在白宫任职期间难得一见的。他的裁决指出，威尔逊的命令是有效的，因为限制总统免除邮政局长权力的法律是违宪的。塔夫脱认为，免职权本质上就是属于‘行政’的范畴，总统不仅只控制高级职位，他还必须能够控制所有行政官员。”这位首席大法官解释道：“要求有无限权力来免除他负有最重要责任的最重要下属官员，其必要的原因就是，必须……在他所任命的所有官员问题上控制对宪法的理解。一位由保守总统任命的保守首席大法官发布的这一裁决，本身就为扩大行政权限提供了一个令人震惊的宪法支持。这一裁决紧随着《预算与审计法案》的出台，进一步表明了这样的事实，即无论谁担任总统，总统职位不可能再回到19世纪那个较为谨慎的状态了。”[①] 塔夫脱本人在离任总统之后，已经充分认识到社会的发展要求联邦政府特别是行政机构扮演更积极的角色，只有政府具有更高的权力、更高的效率，整个社会的共容利益才能扩大，国家才能更稳定和更强大。他的判决词在某种意义上是对其总统生涯的反思。

---

① 【美】米尔奇·尼尔森等：《美国总统制（起源与发展1776—2007）》，第269页。

二、美国国会权力的相应下降

经过第一次世界大战，美国联邦行政部门的权力上升到了一个前所未有的高度，这引起了国会的警觉和担心。早在1920年夏天，国会在休会之前通过了一项法案，废止了授予行政机构特别权力的大约60条战时法律。这项《废止法案》在众议院以343比3的投票结果获得批准，而在参议院更是以全体一致的投票结果通过。虽然威尔逊总统利用国会休会之际运用搁置否决权否决了这项法案，将战争权力保持到1920年11月国会复会时为止。但是美国国会已经不愿意再让行政部门独揽权力了，由于工商业利益集团在国会中有着最大的影响力，在其他利益集团都反对有利于工商业利益集团的政策时，美国行政部门可以来充当公正裁判的角色，根据普遍的民意倾向在利益相互冲突中采取适度的平衡规范原则。但是在战后美国工商业利益集团的势力一枝独秀的前提下，国会开始重新跃跃欲试了，决心要恢复国会与政党组织以前的威望。“在1920年共和党全国代表大会上，参议员亨利·卡伯特·洛奇（Henry Cabot Lodge）是正式通知哈定被提名为候选人的委员会领袖，他给这位候选人提出了带有最后通牒意味的条件。他提醒哈定说：‘宪法制定者们试图协调政府的三个组成部门，尽力防止任何一个部门篡夺或侵犯另一个部门的权力。’参议员补充道：‘依照这样的精神，我们心照不宣，你将着手开始你伟大的职责。’哈定对洛奇所表达的这种观点没有反感，他的两位共和党继任者卡尔文·柯立芝和赫伯特·C.胡佛对此也持同样的态度，他们对行政权力的理解更多受威廉·霍华德·塔夫脱而非西奥多·罗斯福的影响。事实上，这三位总统的任期共12年，被普遍认为是20世纪总统权力的最低潮时期，就像美国历史上以前发生过的一样，一个强有力的行政领导之后便是消极与随波逐流的时期。”[①] 在接受共和党总统候选人提名的演讲中，哈定总统就向洛奇参议员及其同僚们作出保证：“如果当选，他将恢复政党政府，使其区别于那种私人政府，包括个人的、独裁的、专制的或任何其他形式的政府。哈定总统信守他作为候选人许下的诺言，几乎没有做出任何努力来领导国会。他明确的意图就是像君主那样，在位但不当政。总统会依照宪法宣布他的立法方案，但之后的立法过程则全是国会的事了。在为数极少的几次情形下，哈定的确对立法事宜产生过兴趣，但他的行动几乎总是向国会表现出极大的顺从。实际上哈定的榜样是威廉·麦金莱，通过与党内领导人进行磋商和达成妥协，当年的麦金莱就是这样影响国会山的。”[②]

所以，对于行政部门的扩权行为，国会的反应是比较灵敏的。对于行政部门最重要的权力扩张——预算权力的扩大，国会也作了相应的准备。虽然迫于压力，国会通过了《1921 年预算与会计法案》，但是该法案在决定建立预算局的同时，“在这一法律之下，与上述行政机构内预算局相对应的是在国会内又设立了联邦审计总局”。[③] 审计总局（GAO）设审计长一人，由总统提名经参议院同意任命，任期 15 年，只有通过国会两院联合决议方可免其职务。“审计总局代表国会独立行使监察权，被称为‘国会的监察者’，负责调查所有与收入、支出和公共资金的使用有关的事。”[④] 审计总局的建立是上市权力平衡的结果，其形式既可以是事前审查，也可以是事后审查，目的无非是确证政府资金被依法使用，遇有违法者予以纠正或向国会报告。“审计总局独立于行政系统之外，其独立性主要是

---

① 【美】米尔奇·尼尔森等：《美国总统制（起源与发展 1776—2007）》，第 262 页。

② 同上书，第 263 页。

③ Robert Maranto：politics and Bureaucracy in the Modern Presidency：Careerists and Appointees in the Reagan Administration. Connecticut：Greenwood Press，1993，P. 23.

④ Rourke，John T.，“The GAO：An Evolving Role”，Public Administration Review 1978，38（5）：pp. 453－457.

为了防止行政机构对它施加不正当的压力。另外，它还有权规定会计原则与标准，提出有关财务的法律意见，并向国会提出报告。”[①]不过审计总局只是起到事后监督和复核的作用，真正的预算权力还是掌握在行政部门的手里。

此外国会还可以行使立法否决权。国会的立法否决权在预算过程中弥补了国会在技术和信息上的劣势，可以引导行政部门避免实施同立法部门希望看到的相悖的行为。国会也拒绝赋予总统预算的部分条款否决权，这样可以避免把一些可能最终会被行政首脑删去的内容写进拨款法案。最后，立法部门采用多种方法，包括规定授权、收入和拨款的法令形成一套监督方法；规定各行政部门的组织结构以及有关雇用、升迁和辞退的人事政策的有关法律；进行立法调查或简单的调查威慑等等，来对行政部门的预算行为进行监督，所有这一切保证国会有足够的资源来与行政部门进行权力的制约与平衡。

但是，美国联邦行政部门权力扩张的停滞，并不代表国会的权力重新恢复，相反美国国会的权力也下降了。国会在20世纪20年代也没有再进行制度改革，除了1921年美国参议院对常设委员会做了较大规模的裁减，只保留48个委员会外。根据一战前1913年制定通过的宪法第17条修正案规定，参议员不再由州立法机构推选，而必须由人民直接选举产生。这样就造成了一种结果，“正常情况下，参议员开始更多地考虑到自己和他的连任问题，而不是政党的利益”。[②]

20世纪20年代的美国国会参众议员们在某种意义上和两位总统一样，都是保守主义分子，甚至死气沉沉，以至于几乎拿不出有分量的议案。在社会领域唯一有分量的议案，1921年通过的《谢波泼德一汤纳妇婴保护法案》，也只是在约有20多个妇女团体组成了妇女联合国会委员会，对国会施加重大压力的情况下通过的。参众两

---

① 肖德义：《西方财政学》，中国财政经济出版社1989年版，第115页。

② 【美】米尔奇·尼尔森等：《美国总统制（起源与发展1776—2007)》，第264页。

院的共和党多数派由于害怕这些选民在投票时进行报复，只好心怀怨愤地对议案投了赞成票。“如果这个议案让议员们在更衣室里秘密投票表决的话，那么这个议案一定会像在公开投票时顺利通过一样，被断然否定。”①

参众两院中的共和党人，绝大多数仍然是麦金莱时代以来支配着该党的那种类型的保守分子。“他们主要来自密西西比以东，他们从在全国、各州和地方委员会工作的大大小小企业家那里取得财政上的支持，他们广泛地反映了支持自己的那些财团的思想，甚至比进步党时代更注意倾听全国制造商协会、美国商会、美国银行协会和美国医学会的院外活动集团分子的意见。然而他们中最死硬的保守分子也明白，他们的选民决不只限于金融界和各大企业公司，而是包括专业人员、白领工人、从事农业的各个阶级和相当数量的劳工。权力的责任感加快了他们公益观念的形成，他们对企业界发言人决不是有求必应、一味顺从了。然而他们所奉行的总方针是加强大企业对美国社会的统治，使财富分配不均永久化，并且实质上导致经济大萧条的到来。”② 而国会中的民主党人也显然感到强烈反对共和党也许不符合党的最大利益。因为在工商业利益集团显示自己的力量的时候，与其作对，就是减少自己当选的机会。因此对于工商业利益集团的要求，民主党通常予以合作，一个显著的例子就是在改革税收问题上与共和党通力合作。“当财政部长梅隆 1925 年 12 月提出进一步削减 3.3 亿美元税额时，参议院财政委员会的民主党人同意削减 5 亿，包括同意给大公司和大富豪削减数量可观的税款在内。民主党的一位参议员说，对从 2 万—10 万美元的收入削减税款“使企业家们认识到，民主党并不是一心要向他们或他们的企业征收过分的税额。”③

---

① 【美】小阿瑟·施莱辛格：《美国共和党史》，上海人民出版社 1977 年版，第 229 页。

② 同上书，第 278 页。

③ 【美】小阿瑟·施莱辛格：《美国民主党史》，上海人民出版社 1977 年版，第 265 页。

总而言之，20 世纪 20 年代的美国国会在国家权力结构中的地位进一步偏移，已经无法再占据权力的中心位置。然而国会制度的架构也意味着每一个利益集团都将会得到最大的参与机会，因此国会仍然是各利益集团用来争取自身利益要求的博弈场所。

三、美国最高法院的保守倾向

20 世纪 20 年代的美国最高法院被认为是美国历史上最为保守的最高法院。尤其是在经历了进步主义时期之后。最高法院的一系列判决否决了在进步主义时期美国最高法院所肯定的一些社会立法，这在当时就产生了争议。

虽然最高法院的大法官因为任职终身而具有保守性，但同时他们也十分注意观察时代的发展，具有一种敏感性。20 世纪 20 年代美国最高法院的保守性与第一次世界大战结束之后美国国内的保守主义思潮重新兴起是紧密联系在一起的。这种保守主义思潮的兴起主要是因为美国国内进步主义思潮的衰落，以及巨大的反社会主义思潮。

这两种思潮相汇合就形成了一种广泛的亲商和反工会的社会思潮。这种保守主义思潮使一直坚持维护私人产权和契约自由的最高法院法官变得更加信心十足，更加坚定自己的价值观念，认为自己是全民族的代言人。因而在这个时代，法律环境特别强调私有产权的统治地位。最高法院完全是按照是否损害了私人产权、是否维护了契约自由的精神来判决的。“一个保守的、激进主义的高等法院总是那样解释宪法以阻止社会法规对私人（主要是公司个体）契约权的侵犯。高级法院的一系列决定也使联邦贸易委员会无力继续从事其最初的使命——阻止公司串谋定价。从战前关注保护竞争的市场力量到战后阻止残酷竞争的转变可以看作重心的转移，这是根本性的转移。竞争，曾经被视为保护社会免受那些控制国家经济资源的人不当使用权力的损害的自动机制，变得不再受欢迎。反托拉斯法律的基本原理消失了。北方证券反托拉斯案表明法院不再将庞大本身视作不公正或违法。”[①] 就连最高法院里进步主义的法理学家奥利弗·温德尔·霍姆斯都认为，保持一个竞争性的经济制度不仅不必要而且无效率。他认为只要人们可以消费，是洛克菲勒还是美国拥有所有的小麦没有什么差别。“这一论断的假设基础是，那些控制了国家最大企业的人要么被市场力量所限制，要么他们的社会责任感会阻止他们操纵利润以及从社会榨取利益。”[②] 最高法院的构成也加强了最高法院的保守主义倾向。“在 1920 年代，最高法院反映了支配着白宫的社会哲学观念。这并不令人惊奇，因为哈定给该法院任命了四位保守法官，其中包括从 1922—1930 年任首席大法官的威廉·霍华德·塔夫脱。”[③]

1. 最高法院的主要判决及对社会的影响

塔夫脱时期的最高法院的判决大致可以分为四类：有关劳工的判决、有关社会公共福利的判决、有关联邦权力的判决以及有关公民自由权利的判决。其中前两类判决的主要武器还是来自于宪法第十四条修正案中正当程序条款的判决。最高法院坚定地认为，如果某项法律的实质性内容破坏了或损害了政府保护公民基本权利的目的，最高法院就有权对该法律的合理性进行审查和作出判断。审查和判断的依据是大法官们自己对该法律的意见，而不是立法者的意见。

在第一类一系列涉及劳工和工商业主的纠纷的判决中，最高法院几乎总是站在工商业主这一边。塔夫脱法院的反劳工倾向，在塔夫脱 1922 年给其兄弟的信中就已经表现出来：“排着长队反对最高法院的唯一阶层……是有组织的劳工。”[④] 典型的查爱斯诉柯锐甘案

---

① 【美】加里·约翰·普雷维茨、巴巴拉·达比斯·莫里诺：《美国会计史》，第 267 页。

② 同上。

③ 【美】沃尔特·拉菲伯、理查德·波伦堡：《美国世界——一个超级大国的崛起和兴盛》，第 129 页。

④ 【美】伯纳德·施瓦茨：《美国最高法院史》，第 238—239 页。

反映了最高法院对私人产权的强烈维护。根据克莱顿反托拉斯法，亚利桑纳州曾经制定了一项法律，禁止法院在大部分因为劳工纠纷而形成的案件中发布禁令。因此工会向一家餐馆派出了罢工纠察员，此举导致餐馆业务急剧下降。因此餐厅老板查爱斯对此法提出质疑，因为该法在他的财产受到威胁的案件中拒绝给予他衡平法上的救济。查爱斯认为这样的结果是未经正当法律程序便剥夺了他的财产。

首席大法官塔夫脱代表多数大法官所做的判词说："一个使得原告的诉状中描绘的违法行为成为合法的法律，未经正当程序便剥夺了所有者的商业和其财产的场址。因而依据宪法第十四修正案不能被裁定为有效……我们认为，要实施这一制定法就是无视自由和财产这些基本的权利，就是剥夺了遭受损失的人享有正当法律程序保护的权利……这使得我们考虑宪法第十四修正案的那一条款在本案中运用的结果，该条款禁止任何一州拒绝给予任何人以法律的公平保护。而原告被剥夺了法律的平等保护。"① 最后最高法院在查爱斯诉柯锐甘案中支持了查爱斯的要求取消了该项法律。

塔夫脱本人对这个案件的判决曾经有一句话："我们得不时敲打有组织的劳工，因为他们老是违反法律，并且依靠威胁和暴力实现他们的目标。"② 当时社会主义意识形态对劳工运动的影响让塔夫脱对劳工运动产生提防和排斥心理。这种心理代表了当时最高法院多数法官的一种心理，那就是有组织的劳工有可能对美国神圣的契约自由原则造成致命的危害，因此即使可能对劳工产生某种不公正也在所不辞。最高法院对保护性劳工立法给予高度警惕，认为这是阶级立法，损害了私人产权。在查爱斯诉柯锐甘案中霍姆斯大法官发表了一份异议书，他说："最不赞成的是运用第十四条修正案……，阻碍共同体中很重要一部分人希望进行的社会实验……即使这些实验在我看来可能是徒劳的，甚或是有害的，只有立法者才拥有管制措施背后的政策考量的最先发言权，而不是法官。法官的事情是执

① 【美】斯坦利·I. 库特勒：《宪法的精神》，第210—212页。

② 【美】伯纳德·施瓦茨：《美国最高法院史》，第239页。

行甚至是那些我认为包含经济方面的错误的法律。”[1]

第二类判例是有关涉及到公共利益的判决，这类判决以1922年的贝利诉德瑞克赛尔家具公司案和1923年的“阿德金斯诉儿童医院案”，以及1925年的沃尔夫食品加工公司诉堪萨斯州政府一案最为典型。这三起判例宣布最高法院对于社会立法的态度较之以前更加保守。最高法院推翻了主要的福利立法，明显偏爱工商业利益集团的利益，当时就引起了社会的猛烈抨击，成为最有争议之判决。

在贝利诉德瑞克赛尔家具公司案中，最高法院法官做出的判决违背了1919年通过的对雇用童工的公司强行课以占其获利10%的税额的童工法案，大多数法官认定，征收该项税金是为了监管公司的活动而非为了增加国家岁人，因而是不相宜的。塔夫脱首席大法官在这一最有争议之判决中写道：“该判决宣布国会直接禁止童工的命令无效，理由是国家管制商业的权力不能伸得这么长。国会试图查禁一项只能由各州控制的活动。当在国会不拥有直接管制权力的领域运用征税权来实现管制目的时，因为其不适当的潜在目的，该税收自身必定是无效的。”[2]

包括塔夫脱在内的最高法院多数法官都承认国会制定的童工法律“是旨在促进至善的立法”。塔夫脱致信给他兄弟称该法律是“善人们的善举，他们希望保护儿童”，“遗憾的是我们歪曲了宪法……以满足善人们的愿望”。该判决对童工立法造成了毁灭性的打击。用一位传记作家的话来说：“塔夫脱的意见实际上又给国会调控童工的努力钉了一个钉子。”[3]

最高法院在“阿德金诉儿童医院案”中的判决又一次引起全国性的争议。最高法院判决州政府不能规定女工的最低工资，因为妇女现在已有选举权，因而不应再得到特殊保护。要求成年妇女的雇主满足最低工资标准，侵犯了宪法所保护的契约自由，所以规定女

---

① 【美】伯纳德·施瓦茨：《美国最高法院史》，第242页。

② 同上。

③ 同上。

工的最低工资的法律是违宪的。在该案的判决中，最高法院认为“妨碍拥有合法资格的双方当事人……彼此之间就有关问题自由地签订契约，即在一个双方自愿可能还是急于达成的完全私人性的雇佣关系中，一方给另一方提供的服务的价格。妇女经济地位的不平等也不能使她们成为这种保护性立法的对象”。在最高法院看来，这种不平等不能证明强加给雇主的额外负担是正当的：“就所确定的工资数额超过了所提供服务的公平价值而言，这实际上是为了支持一部分贫乏的人而榨取雇主，因为不应由雇主对前者的状况承担特别的责任，因而实际上是把属于整个社会的负担，如果说这些负担属于谁的话，武断地推到了他的头上。”①

最高法院的具有巨大争议的判决，完全是以契约自由学说为基础的。正如萨瑟兰大法官所申明的那样：“契约自由仍然是一般的原则，限制是例外；并且只有当例外情形存在时，才能证明行使立法权对其进行缩减是正当的。”② 萨瑟兰认为政府可以干预劳工的工作条件，但不可以干预出卖劳动力的价格。他认为最低工资法涉及的不是卫生、安全、道德等公共目的应该排除在治安权的权限范围之外。最低工资法就是“强制榨取雇主以阶级对其条件并不负有特别责任的半贫困状态的人，因此事实上就是把如果有所属就应属于整个社会的负担随意移到了他的肩上。因而是典型的阶级立法。”③

由于该案如此偏激以至于首席大法官塔夫脱自己也不能赞同多数意见而发布了一项异议法律意见。他认为：“立法机关为了雇员的的健康，基于宪法第五修正案和第十四修正案而限制其工作时间的权力已牢固地成立了。采用一个最高工作时间和最低工资待遇的要求的立法机关，他们假定任务：当无可怀疑的法律禁止血汗制度的雇主支付过度低的工资时，这些雇主仍会继续经营他们的商业，减少他们从他们雇员的必需品中榨取的那部分利润，并且会让步，签

① 【美】伯纳德·施瓦茨：《美国最高法院史》，第240页。

② 韩铁：《美国宪政民主下的司法与资本主义经济发展》，第174页。

③ 同上。

订法律要求的对雇员来说条件更好的条款。在个人可能会产生困难的情况下，这种限制将加强雇员这整个阶层的利益，从而增进普遍的公众利益。”①

当时社会的实际情况正如塔夫脱所说，雇员根本就不具备像雇主一样的谈判实力，只能接受雇主提供的条件，当时美国劳工群体的劳动待遇之低是难以想象的。因此，认为对于许多为贫困所困扰的工人来说，最低工资法是促进他们福利和防止他们受雇主残酷剥削的合理之举。在阿德金斯案中，霍姆斯大法官也发表了一份异议。他认为立法是否服务于公共目的，不应由法官问自己，而应听从民意及立法机关的多数意见。“霍姆斯的一封信表明，他的异议意在……把契约自由从其支配性的地位降低为商业自由”，“如果有充分的理由，国会的法律是否明智会遭到怀疑，那不是由最高法院解决的问题。”②

数年后，法兰克福特大法官反思说，该判决“不仅敲响了这一立法的丧钟，而且是同类社会立法的丧钟，因为它定下了一条宪法原则，即通过法律进行的任何形式的改变都必须证明自身的正当性，除此之外没有其他方法能够解决”。如此一来，阿德金斯案对立法行为产生了严重的抑制作用。“它阻碍了立法的引入，而且使正准备引入的立法夭折。”③ 法兰克福特认为这是“对‘契约自由’最为教条的看法”。“所有对‘契约自由’的侵犯都被推定为违宪的，而你必须提出某些非常能站得住脚的理由解释为什么应当缩减有关的契约自由。”阿德金斯案反映了社会中强烈的保守主义情绪对最高法院的影响。在阿德金斯案之后，最高法院发现大约有 140 部因为侵犯了宪法第十四条修正案的正当条款所赋予的财产权和契约权，因而是违宪的。政府只能对影响到公众利益的商业进行保护。而许多州立法与公众利益无关，对此工商业利益集团是十分欢迎的。制造商联

① 【美】斯坦利·I. 库特勒：《宪法的精神》，第 217 页。
② 【美】伯纳德·施瓦茨：《美国最高法院史》，第 241 页。
③ 同上书，第 240—241 页。

合会专门通过决议，称赞“最高法院是我们的纸面宪法不可缺少的解释者和防止财产免受暴民的喧嚣自扰的保护者”。①

在1925年的沃尔夫食品加工公司诉堪萨斯州政府一案中，最高法院打破了它在9年前吉尔曼联盟保险公司诉堪萨斯州政府一案中建立的先例。在那次案件中，最高法院判决堪萨斯州政府可以在其州内制定保险税率，案件中确认保险符合公共利益。沃尔夫公司反对1920年州政府宣布食品生产和储藏属于符合公共利益的行业的决定，它认为这只是一种私人行业。最高法院一致判决沃尔夫公司胜诉，认为食品加工业不存在垄断，因此，州政府的规定是没有理由的。一个州的立法机构不能仅仅以存在“公共利益”为由控制某个行业。“这一案件中的公共利益概念是由大法官塔夫脱创建的，他含糊不清的观点打开了如何定义公共利益的大门。然而，“沃尔夫公司诉讼案”的判决结果削弱了认为各州可以自己决定哪些企业符合公共利益的看法。直到‘罗斯福新政’实施的时候，这方面才受到挑战。”②

最高法院对公共利益的狭隘定义大大地削弱了长期被认为是严重影响着公共利益的公用事业。“最高法院认为田纳西的汽油商、新泽西的职业介绍所和纽约的票证经纪人都不属于公共利益企业的范围。最高法院根据一种比较简单而合理的方法，确定收资标准而使问题极端因难和复杂起来，以致消费者常常吃亏。看来最高法院也盖章批准一些贸易协会，尽管这些协会的活动往往是违反反托拉所法令的。”③

第三类是关于联邦管制权力的判决。这个时期的一个基本趋势就是最高法院逐渐承认了基于商业条款的联邦管制权力。在一系列判决中，法官们确认了一些重要的法案，如1920年的运输法、1919年汽车盗窃法和1921年装运商与牲畜饲养场法。在铁路公司诉合众

① 【美】克米特·L. 霍尔：《牛津美国联邦最高法院指南（第2版）》，第418页。

② 【美】吉斯特：《美国垄断史》，第19页。

③ 同上。

国案中，最高法院在判决中支持州际商务委员会在建立适宜的铁路系统中发挥积极和创造性的工作，并同意将铁路公司比以前更彻底地置于州际商务委员会的监控之前。在斯达福特诉瓦勒斯案中，首席大法官塔夫脱代表最高法院做出判决："州际贸易并非技术性的法律概念，而是一个从商业过程中而来的实用概念。人们不可避免地会认识到这一重要的中心事实，即这种从全国某地到另一地的不停息的商品流转就其本质而言属于州际贸易和对外贸易，而把州际贸易和对外贸易置于全国性的保护和管制之下，从历史上即是宪法的主要目标之一……是什么构成经常性的行为并威胁妨碍州际贸易或对其施加不正当的负担，都在国会依商业条款而具有的管制权力范围之内，并主要应由国会来考虑面临危险的事实并决定应对的措施。在此问题上本院不会以自己的意见代替国会的判断，除非该事项和州际商业毫无关系，对州际贸易毫无影响。"①

第四类是公民自由权利方面的判决。美国宪法第一修正案不仅是防止政府对言论、出版、集会自由进行干预的宪法保障，而且也是美国价值观的体现。尤其是言论自由为美国人所极为珍视。但是在第一次世界大战期间，言论自由和集会结社自由方面受到了极大的限制。

尽管在斯耐克诉合众国案件中，最高法院法官霍姆斯和布兰代斯试图协调政府防止颠覆活动的必要性与第一修正案的要求两者之间的矛盾。这一案件的结果就是确立了著名的"明显而现实危险"标准。但是实践证明镇压的习惯一旦形成，便很难轻易打破。特别是在保守主义思潮重新兴起的20世纪20年代。1925年的吉特洛诉纽约案在美国国内受到广泛关注并引起了关于言论自由的广泛辩论，这起案件是言论自由传统上的一个重要里程碑。本杰明·吉特洛是社会主义党左翼成员，他在1902年出版了1.6万册左翼宣言，极力主张通过罢工和阶级斗争来建立社会主义，因此被控告为邪恶的败类和恶毒的人。美国公民自由联盟律师波拉克为其辩护认为，宪法

① 【美】斯坦利·I. 库特勒：《宪法的精神》，第221—222页。

第十四条修正案所使用的对自由的权威性定义以及与表达自由相关的自由结社的默示含义是表达自由成立的基础。尽管多数法官赞同这一观点，但是法院的最后判决依然支持纽约州的法律，认为一个州可以惩罚危害有组织的政府基础的言论和威胁以非法手段推翻政府的言论。桑福德大法官在判决中宣布“当立法机关依据宪法赋予的自由裁量权而认定某些言论含有这种可能导致惩罚的实质性危害的危险时，公众无权讨论被取缔的言论是否真的可能带来实质性危害这个问题。这部法律自身的合宪性是不言而喻的。”而在本案中“煽动以非法手段颠覆运转有序的政府的言论主义产生立法机关可以自由决定是否应当予以制裁的实质性危害危险，这是显而易见的”。① 桑福德大法官认为由于这种言论的后果无法准确估计，所以这种危险是明显而现实的。大法官霍姆斯和布兰代斯对此提出异议。他们在异议书中认为：“表达观点和狭义鼓动之间唯一的区别是讲演者对解雇的热情程度不一样。雄辩的言论可能会激起理性的火花，但是无论如何就提交到我们面前的这一冗长的言论而说，不可能会立即引发一场大火。”② 对此，布兰代斯深感忧虑，他认为公民权利和自由的含义是广泛的。他在吉尔伯特诉明尼苏达案中，第一次提出联邦宪法第十四条修正案不仅包括财产权也包括公民自由。他的观点对大法官麦克雷诺兹影响很大，使其在迈耶诉内布拉斯加案中发挥重大作用。（内布拉斯加州禁止在小学教外国语言，迈耶提出异议，认为这损害了公民受教育的权利。）“麦克雷诺兹宣称自由远远不只是人身的自由，它还包括那些长久以来为普通法所公认的自由人有序地追求幸福所必需的特权，为此他宣布内布拉斯加州禁止在小学教外国语言的立法违宪。”③ 最高法院特别强调，采取镇压手段对付激进的政治活动是可行的。

---

① 【美】小哈里·卡尔文：《美国的言论自由》，李忠、韩君译，北京三联书店2009年版，第166页。

② 【美】克米特·L. 霍尔：《牛津美国联邦最高法院指南（第2版）》，第366页。

③ 同上书，第419页。

根据对塔夫脱时期美国最高法院判例的分析，可以看出，由于美国在一战之后社会保守主义思潮的兴起，最高法院更加注重保护产权和契约自由原则。更加注重对美国传统价值观和社会制度的维护，不能容忍任何思想对其产生影响和挑战。在美国最高法院看来美国经济和社会中一个突出的优势和特点就是尊重私权，严格保护公民的财产不受任何侵犯。因此必须通过限制对私人产权的破坏来保护和促进个人创造性能量的释放，只有这样，公民的自由权利才能得到有效维护，经济才能顺利发展。所以，“在1920—1929年这段时间，在宪法第十四条修正案下做出的否决性裁决的案件，其数量几乎比前十年翻了10倍。”①

法兰克福特教授在1930年指出：“自1920年以来，最高法院宣布无效的立法比此前50年的还多。25年前就已经过时的看法却在宣布下述法律无效的判决中得到了复兴：产业女工最低工资法，保护买主免遭缺斤短两以及诚实的面包师免遭不公平竞争的面包标准重量法，确定纽约的黄牛党转售戏票价格的法律，控制私人职业介绍所对失业者剥削的法律以及许多税收方面的法律。”②

2. 最高法院中隐含着的变化

然而在经过进步主义洗礼的时代，已经无法再像从前一样，抱着过时的教条不放，实际上，最高法院也同样警惕着一些立法有可能损害到社会的公平竞争。例如在李洁特诉鲍德里奇案中，最高法院拒绝适用一项法律。该法要求药商必须申领执照，以保护药商不受削减成本的竞争者与之竞争。

正像前文所述那样，即使塔夫脱大法官本人，其思想也发生了明显的变化。最高法院的法官们也在思索所谓不受政府干预的合同自由并不是如坚持司法裁决治理基本原则的人们所说的那样是建立

① 【美】麦克洛斯基：《美国最高法院》，任东来、孙雯、胡晓进译，中国政法大学出版社2005年版，第126页。

② 【美】伯纳德·施瓦茨：《美国最高法院史》，第240页。

在平等的基础之上。这里最为典型的就是霍姆斯法官，他在 20 世纪 20 年代最高法院的判例中大多持不同意见。早在 1918 年最高法院宣布童工法违宪案中，他就对多数派意见的逻辑性进行了质疑并讽刺地指出，“文明国家”早已对“雇佣早熟和过多的童工的罪恶”达成了完全一致的意见，而美利坚合众国到现在还在情绪激动的对付麻醉剂和一些其他的东西。他始终坚定地认为取消法官们所不能认同的法律根本不属司法职能。取消由选举产生的立法机关制定的法律是一件可怕的事情，决定什么措施对创立经济和其他问题是必要的这一责任，属于人民和他们选举出来的代表，而不是法官。无论立法机关制定的法律背后的社会政策是否明智，不应认为宪法“禁止 9 位老先生中 5 位认为不正确的那些东西”。“宪法并不打算赋予我们将自己的经济和道德信念纳入其禁令的自由处理权。”① 在最高法院里与霍姆斯同样坚持进步主义思想的路易斯·布兰代斯也坚持认为，“单纯庞大不是违法的观点是错误的，因为……我们建立在民主之上的社会，在那种情况下是不会持久的，某种趋向公平的机制是必需的。”②

在当时保守主义思潮盛行的背景下，霍姆斯和布兰代斯的思想并没有成为最高法院的主流哲学，但是越来越多的大法官认识到为社会经济生活中的弱势群体提供适当保护是政府的责任，对市场进行适当干预是有着充足的合理性的，这是市场经济发展、经济权利的集中所产生的阶级矛盾的必然结果。政府的职能不仅仅是维护契约平等，而且也要避免由于财产权的不平等所必然带来的社会依附性，这样才能增加整个社会的共容利益，让社会中的每个人都能分享到一块蛋糕。法官们不应对此进行司法裁决，法院应该对法律跟上时代步伐方面做出有创造性的回应。以霍姆斯大法官为代表的自由派法官们对美国最高法院在美国经济与社会中所扮演的角色进行重新认识。他们认为有关公共利益方面的立法应该由立法机关来考

---

① 【美】伯纳德·施瓦茨：《美国最高法院史》，第 242—246 页。

② 同上。

量，最高法院法官们个人的观点不能取代立法机关的判断。20 年以后霍姆斯大法官唯一确定的是法律上没有绝对的东西的观点终于成为美国最高法院的主流哲学理念。

第三节 美国国内经济政策的制订与实施

一、关税政策

关税政策历来是不同利益集团博弈的焦点。内战结束之后，实行高关税一直是共和党的政策诉求。在民主党威尔逊时期，共和党就一直对《1913 年安德伍德关税法》不太满意，主张提高关税以取悦于工商业利益集团和农业利益集团。但是由于共和党的在野地位，也因为美国工农业产品在战时的竞争力的明显提高，因而提高关税的主张不受欢迎。共和党重掌权柄后，联邦政府开始考虑对《1913 年安德伍德关税法》进行修改，这既符合共和党的传统，也符合第一次世界大战结束后的美国政治经济情形，特别是从 1920 年春季开始，随着欧洲市场的萎缩，美国农产品价格急剧下跌，包括西部农场主群体在内的一些利益集团发出提高关税的要求。另外，1920—1921 年经济衰退刺激了关税保护主义者采取行动的热情，经济形势的恶化往往能够导致贸易保护主义的抬头。共和党人的总统沃伦·哈定在其就职演说中说：“我们不可能一面向世界开放我们的市场，一面维护美国的生活水平和就业机会。这一点已经被多次证明。同时，也无法在如此不公平的竞争中，保持我们企业的优越地位。在消除贸易壁垒的理论中有一种诱人的谬误，即要保持美国的标准，就必须将我们较高的生产成本反映在进口货物的关税上。今天的情况与过去不同，人们都在寻求贸易的恢复与扩大，我们也必须调整我们的关税以适应新的秩序。为了扩大影响，促进和平，我们一定要参与世界贸易。”[①] 结果，1921 年 5 月 27 日，哈定总统签署了《紧急关税法》，该法提高了小麦、肉类、羊毛和糖的关税税率；该法使国外农产品几乎不可能进入美国。同时对战时“幼稚产业”——化学和印染工业也予以特别保护，禁运德国染料。解除战时发展起来的化学和印染工业受到的来自欧洲竞争的威胁。

在 1922 年美国中期选举之后，国会中出现了一批代表农业利益集团利益的议员，更进一步对联邦政府关税政策产生影响。

1922 年，美国国会通过《福德尼一麦坎伯关税法》，这是共和党多数派不顾参议员诺里斯的“国外可能进行报复”的告诫通过的。“规定了美国历史上截至那时为止的最高进口税率：就工业品来说，纺织品的进口税率大致只恢复到 1897 年到 1909 年的水平，但染料、化工制品、瓷器等许多工业品的进口税率则订得极高。”[②]

同时，它再次提高农产品的税率，其范围相当广泛，甚至包括了鹿肉和橡子。[③] 该法不仅保留了关税委员会，还扩大了它的权力。它“授权总统，如发现本法案所规定的关税率不能平衡‘本国产品的生产成本与其它竞争国家同种产品的生产成本的差距’时，可根据关税委员会的建议提高或降低关税率，但其升降幅度不得超过原定税率的 50%。在 20 世纪 20 年代美国进口税率曾根据这项条文提高过几次，至于税率降低的事例，则绝无仅有。”[④]

1922 年关税法在一定程度上恢复传统的共和党经济民族主义政策。该法规定对所有产品征收的平均从价税率 33%，而 1913 年《安德伍德一西蒙斯关税法》规定的从价税率则为 26%。这个法令经哈定政府到胡佛政府，一直作为共和党的关税政策而执行，是美国历史上截至那时为止的最高进口税率。但是高关税没有取得多大的效

① 岳西宽、张卫星：《美国历届总统就职演说》，中央编译出版社 2005 年版，第 197—198 页。

② 【美】菲特、里斯：《美国经济史》，第 695 页。

③ 徐振伟：《美国农业的高关税与贸易保护———以一战后为例》，载《江西财经大学学报》，2007 年第 2 期，第 71 页。

④ 【美】菲特、里斯：《美国经济史》，第 695 页。

果。高关税政策本来的一个重要目的是保护国内的农业，但是情况几乎适得其反。因为美国国内的农业需求几近饱和，美国的农业增长主要依靠国外市场，但是美国的高关税政策导致别国对美国实行报复，所以在20世纪20年代美国农产品输出逐渐减少。尽管农产品的出口值还能超过战前水平。农产品的出口量同工业品出口量不能相比，当别国对美国工业产品的需求没有替代产品时，即使价格高昂也不会减少多少进口，而农产品的许多种类由于有替代产品，所以进口的减少幅度就相当大。只有少量的美国农业作物如棉花、粮食和烟叶，别国需要量大，本国市场无法满足，必须从美国进口。“棉花主要输往欧洲，日本也是美国棉花的大主顾。1925年的棉花出口值在10亿美元以上，即占该年美国出口总值的1/5左右。在1929年棉花和烟叶的输出还相当不错，但小麦和肉类的输出已有显著下降。美国对欧洲的输出几乎占美国出口总值的一半，对加拿大、拉丁美洲和其它地区的输出也占一半左右。”①

所以，实际情况是美国不需要这样一个高关税政策。“在20世纪初期，美国对外贸易格局已经显示出其竞争力优势和‘领导者’潜质。在1922—1929年期间，美国对外贸易顺差在1923年最小，也达到3.75亿美元，1928年最大，达到了10亿多美元。”②

在20世纪初，制造业产品的出口仅占美国全部出口品的31%，而且这些制造业产品还大量使用了美国本土的原材料。到1930年，制造业产品占出口品的一半。特别是钢铁业在1913—1953年的竞争力有较大优势，例如美国钢铁业与英国钢铁业相比，劳动生产率从一战前的2倍上升到1937年的4.5倍。1936年，美国钢铁业的生产率与德国相比，高了50%，而在一战之前，两个国家的钢铁业每小时劳动产出量是不分上下的。而两个国家的钢铁业实际工资差异还

① 【美】菲特、里斯：《美国经济史》，第694页。

② 同上书，第693页。

保持在 1913 年的水平。[①] 汽车业也在 20 世纪 20 年代之后得益于技术变革和规模经济优势更是获得了生产力优势。在 30 年代，英国和德国机动车人均产出量分别只有美国的 32.7％和 32.0％。[②] 因此，从衡量贸易领导地位和竞争力优势的角度看，美国高关税政策是不需要的。因此“甚至福德尼—麦坎伯法所规定的高关税率，都没有满足既得利益者或想从中获利者的要求”。[③]

问题在于许多美国人对美国国际经济地位的这个基本变化认识迟钝。美国公众强烈要求外国偿还战债，但国会却决定提高进口税率，不让外国以输入商品还债。美国在 20 年代既要继续保持对外贸易顺差，又要拒绝外国输入商品偿还债务，这怎么可能呢？由于美国保护主义的关税政策导致其对欧洲国家形成巨大贸易顺差，高关税使美国成为资金和货物的净出口国。这使得其他国家特别是欧洲国家过分依赖于美国。明智的人都看到这种形势是难以为继的，因为只有美国持续不停地向海外输出资金，别的国家才可以支付美国借贷和投资的利息和红利并且平衡其收支。胡佛等一些政府官员却对美国的这种政策进行了辩护，认为高关税政策对美国以及世界都是必要的，“全球的经济发展都取决于美国的强势经济，高关税的政策能够刺激国内生产、带来财政盈余、稳定美元价值，从而使得美国发挥世界银行的作用，所有这些不但对美国国内而且对于整个世界都是一种可喜的发展。”[④] 诚然，外国为了平衡国际收支，曾向美国输出了些黄金，然而这些国家的黄金远不足以偿还欠美国的全部债务。“这个问题的解决，主要靠美国人对外大量贷款和投资。外国政府在美国发行公债，以便取得美元来购买美国商品。此外，美国资本家在国外开办工厂，也使千百万美元流往海外。美国工商企业

① 【美】斯坦利·L. 恩格尔曼、罗伯特·E. 高尔曼主编：《剑桥美国经济史（第三卷）》，第 311 页。

② 同上书，第 317 页。

③ 【美】菲特、里斯：《美国经济史》，第 695 页。

④ 【美】孔华润主编：《剑桥美国对外关系史（下）》，第 92 页。

采取这种办法来绕过高关税壁垒。”[①] 因此美国的高关税政策实际上没有办法再起到19世纪后期所起到的作用。

美国带头在缔造一个经济上更为相互依存的世界秩序，“但至少在顾及其他国家的‘愿望与需求’方面，它自身并没有完全奉行国际主义的宗旨。正像有人所指出的那样，它没有实施一种更为开明的贸易政策，从而没有给别人树立一个可以效仿的榜样。此外，制度化的保护性关税还大幅提高了战前的税率标准，结果则导致了丝毫无助于经济国际主义事业的可怕的贸易战。”[②] 这一点它根本不能与战前英国相比，“1914年之前，作为世界的金融首都，伦敦将它的资金向美国和世界各地投资与借贷，与此同时，英国实施自由主义的贸易政策并愿意与这些国家发展逆差的贸易活动，由此，资金接受国就通过与英国的贸易盈余将这些投资与借贷返还伦敦，这就是英国至少在贸易和金融领域作为经济霸权以有助于世界稳定的行事方式。”[③] 这凸显了美国以自我为中心和丝毫不顾及世界经济的整体发展的特点。

最根本的问题是美国联邦政府在二战结束之后对于政府职能的认识不是那么清晰。美国的经济社会发展已经对政府功能的行使提出了更高的要求，但是联邦政府却把关税政策的调整和选择看作是政治斗争的需要，往往屈服于利益集团的要求。20世纪20年代的美国政府没有充分地认识到这一点，战后的美国需要承担更多的责任，不管它愿意还是不愿意，美国的经济已经和世界经济紧密联系在一起，美国的经济增长已经越来越依靠外部市场。

二、货币政策

与关税政策不同的是，美国联邦政府开始有意识地利用权力来

① 【美】菲特、里斯：《美国经济史》，第696页。

② 【美】孔华润主编：《剑桥美国对外关系史（下）》，第92页。

③ 同上。

影响和左右美国的货币政策。这是美国联邦政府功能在社会需要的压力下的拓展，是美国联邦储备体系的一个发展期。“由于摆脱了满足财政部要求及内部流动性的压力，联邦储备体系第一次感到自身是个自由机构。此外，由于受其黄金头寸及当时国际货币形势的影响，联邦储备体系意识到了自身现存的问题与早期中央银行问题的差别，这就迫使它不得不重新制定一项货币政策标准来取代金本位制的自动调节。而这一行为的结果之一是使政府试图干预经济，即通过行使中央银行的权力达到促进国内经济稳定发展、保持国际收支的平衡以及防止或缓和金融危机发生的目的，这在货币史上可能也是第一次。”①

比如，当 1920—1921 年经济萧条结束、经济转入复苏后，接踵而来的 2 亿美元黄金流入美国，从而可能产生新一轮通货膨胀压力的时候，联储出售了 5.25 亿美元政府债券，完全抵消了黄金流入对国内货币供应的潜在影响。与此相似，1927 年初，当经济增长停滞不前、物价下降的时候，作为回应，联储购入 2.34 亿美元的政府债券，并同时降低银行承兑票据的买入价格和商业票据的贴现率。②

正是美联储的存在使一战以后美国经济保持了相当长一段时间的繁荣。不过刚刚成立不久的联邦储备体系对于如何有效地发挥其权力显然还是缺乏经验的。加上系统内部一直存在着权力争夺，特别是纽约储备银行与联邦储备委员会的权力争夺，因而导致联邦储备体系的许多政策存在失误，这种政策失误是日后美国经济大萧条的一个重要原因。因此，美国联邦储备体系在保持经济的稳定性方面并没有人们所预期的那么成功，一战后政府在明确承担起保持经济稳定职责问题上还是有缺陷的。“即使联储的政策目标已被明确表达出来，并且联储也非常了解实现这些目标的手段，20 世纪 20 年代

① 【美】米尔顿·弗里德曼、安娜·雅各布森·施瓦茨：《美国货币史》，第 167 页。

② 【美】杰里米·阿塔克、彼得·帕塞尔：《新美国经济史：从殖民地时期到 1940 年》，第 556 页。

适当的货币政策的制定也远非易事……在当时，联储所能获得的经济信息总是散见各处、不精确也不完整……即使这些信息存在，也还是无法完全制定出中央银行理论和有管理的货币供应原则。将复杂的因果关系及政策行动和经济回应间的时滞模型化所需的多元统计分析方法尚有待改进。”①

一战后美联储的货币政策主要体现在两个方面：一是信贷政策；二是控制股票市场投机。

1. 宽松的货币政策

联邦储备体系自第一次世界大战以来长期奉行宽松的货币政策，甚至于在胡佛等人就其对股市的影响发出警告后仍然一意孤行，不是没有原因的，这种政策其实是错综复杂矛盾的产物。

首先是政府内部的矛盾。“战后初期的首要矛盾是联储与财政部对是否提高利率存在分歧。财政部为将战时国债转为长期国债，希望维持低利率的局面，而联储当时认为战时造成的物价攀升已经使它代财政部受过，于是力图提高利率。可是，财政部长卡特·格拉斯、部长助理拉塞尔·莱芬韦尔把联储对货币市场的紧缩政策看做是对财政部债务处理的干涉，是难以容忍的。屈服于财政部的压力，联储在战后长期实行低利率政策。当联储终于克服财政部的压力数次提高利率，1920—1921 年严重的经济衰退又使联储背上了罪名。衰退被人们视为是提高再贴现率引起的恶果。这样，联储又回到低利率廉价货币政策上去了。”②

不仅如此，有管理的国内货币供应与金本位之间，还有一种固有的政策上的矛盾。然而即使这一矛盾并不存在，国内经济和国际经济的要求也常常是不和谐的，而工业和农业的需要经常与联储试

① 【美】杰里米·阿塔克、彼得·帕塞尔：《新美国经济史：从殖民地时期到 1940 年》，第 557 页。

② 王书丽：《政府干预与 1865—1935 年间的美国经济转型》，人民出版社 2009 年版，第 153 页。

图控制投机的政策有冲突，……这些问题，乐观一点说，导致了信号的混杂，而有时则使联储政策混乱不堪。[①] “来自内布拉斯加州的众议员建议以中期旧库券形式按 1.5%的利率向农场主提供贷款，马格努斯·约翰逊参议员（Magnus Johnson）强烈要求把最高贴现率限定为 2%，全国农民劳工党则要求实现银行国有化。1926 年 3 月末，堪萨斯州众议员詹姆斯·斯特朗（James K. Strong）提出一个对联邦储备法的修正议案，它要求规定各类票据的最低贴现率，以适应商业需求、促进物价总体稳定。该议案认为联邦储备体系应该把其所有的全部权力用于促进物价的稳定。这是在农业持续萧条的境况下农业集团发出的呼声。它要求联储执行低利率货币政策，以实现农产品价格的稳定，改善农场主的处境，农业集团的这些要求成了对 20 世纪 20 年代联储廉价货币政策的重要政治支持。”[②]

还有国际因素的影响。弗里德曼认为，联邦储备体系经常引用国外的评价说明其采取的总体信贷政策的合理之处。但实际上联邦储备体系在决定所采取的政策时，很少将国外的评价作为一个重要因素，而当国内外的评价恰巧一致时，则会引用国外的评价来进一步说明国内政策的合理性。[③] 艾尔马斯·威克和其他一些经济学家均认为美联储并没有必要将全部力量致力于国内经济稳定。事实上，在决定联储政策的问题上，国际因素的考虑往往更有决定意义，而并不是如弗里德曼和施瓦茨所主张的那样几乎仅局限于国内的一些焦点问题。威克认为联储希望帮助英国重新回到金本位的时候，一种宽松的货币政策将阻止黄金流入美国，并且也便利了道威斯贷款在华尔街的出售，从而为新马克兑换旧马克提供了黄金和外汇支持。同样，在 1927 年，联储对欧洲通货的持续衰弱的关注，比日益增长的证券市场投机还要多。“其结果，联储降低信贷贴现率从 4%降至

① 【美】杰里米·阿塔克、彼得·帕塞尔：《新美国经济史：从殖民地时期到 1940 年》，第 558 页。

② 王书丽：《政府干预与 1865—1935 年间的美国经济转型》，第 156 页。

③ 【美】米尔顿·弗里德曼、安娜·雅各布森·施瓦茨：《美国货币史》，第 187 页。

3.5%，并购买了2.3亿美元政府债券，只是到1928年初才突然改变政策，出售4.05亿美元政府债券，并将贴现率提高到5%。约翰·梅纳德·凯思斯以及其他一些经济学家评价说，这些行动对始于1929年的经济下滑的产生起了一定作用。”①

美国政府对英国重返金本位的支持和对欧洲货币经济稳定的关注是20世纪20年代美联储扩张性货币政策的一个重要原因。这种货币政策在1925年之后与美国国内经济发展的需求不相吻合，但稳定国际金融的考虑压倒了国内经济的需要。

欧洲经济的复兴得仰赖美国的帮助。1921年，在商业部长胡佛和财政部长安德鲁·梅隆的敦促下，哈定总统在白宫召集银行家们讨论如何帮助欧洲复兴经济问题。纽约地区储备银行行长斯特朗参加了会议。当时胡佛与斯特朗二人都主张，为刺激国内经济发展，需要开拓海外贸易市场，给购买美国商品的国家提供贷款是当务之急。胡佛主张给海外的贷款以监督，斯特朗对此不以为然，但是他们都同意欧洲经济复兴需要美国的信贷支持。对此，二人的共识是，“除非其政府、银行和工业企业得到美国的信贷，欧洲的经济景况将难以有所改观。”②

1925年之后，支持英国和欧洲货币稳定所需要的低利率政策与抑制国内投机性活动的高利率需要之间的矛盾日益严重。胡佛与斯特朗和梅隆分道扬镳，胡佛力主满足国内经济需要的高利率政策，斯特朗和梅隆则坚持低利率政策，结果以斯特朗和梅隆一方的胜利而告终。后者的主张得到以纽约为中心的美国金融界的支持。20世纪20年代华尔街最赚钱的业务就是为外国人发行债券，各国政府和公司均利用“诺曼－斯特朗协议”在纽约发行债券，这使得投资银行家们喜笑颜开，因为这种债券发行所收取的佣金很贵，这意味着

① 【美】杰里米·阿塔克、彼得·帕塞尔：《新美国经济史：从殖民地时期到1940年》，第557页。

② Wueschner，Silvano A. Charting，*Twentieth－century Monetary Policy*：*Herbert Hoover and Benjamin Strong*，*1917－1927*，Westport，Connecticut：Greebwood Press，1999，p.26.

承销的利润非常厚。在道威斯贷款计划中承销商以面值87%的价格拿到债券后，再以面值出售。这就是说，在1.1亿美元债券中，承销商赚取了超过1300万美元的利润。美国商务部曾经对此表示质疑，因为德国拥有强大的工业能力，给予其贷款会给美国带来很大的压力。但是华尔街无视商务部的意见。因为美国银行家们关注的不仅是德国与欧洲的经济稳定，更重要的是纽约在战后世界金融市场上取伦敦而代之的中心地位。对此，斯特朗在他1924年5月27日致财政部长梅隆的一封长信中作了清楚的表述。他在信中写道："就目前来看，英国商品价格约比我们高10%，而为英国恢复金本位所要进行的初步准备需要对物价水平进行逐步地调整。换句话说，需要我们调高物价，而英国那边调低物价。……但是，没有谁可以控制物价变动。幸运的是，通过英格兰银行与联邦储备系统的合作行动，通过联储在国内维持低利率、英格兰银行维持高利率，会有助于促进物价变动，如此一来，我们会成为世界上最大的借贷市场，而伦敦只能屈居其后。因此，我们比英国人更应该承受因调整而造成的负担。倘若英国面临价格清算，英国政府和英格兰银行在政治社会问题上将会面临巨大困难，同时他们还必须面对英国不佳的贸易现状，此外，英国还有100万以上的失业者需要政府给以帮助。"①这说明美国金融界的利益很大程度上左右了这一时期美国的货币政策。并不能完全按照美国自身实际的经济情况来制定货币政策，这是后来美国经济危机发生的一个重要原因。

2. 对股票投机的管理

美联储对股票市场的管理，被认为是十分失败的，并且导致了1929年美国金融危机的全面爆发。"这与这个体系在制度上的缺失和客观条件的限制有密切的关系。制度的缺失首先表现为联储体系的权力中心在纽约而不是华盛顿。一战期间，联储纽约地区银行成

---

① Siegel，Barry N . ed.，Money in Crisis：The Federal Reserve，the Economy，and Monetary Reform. Cambridge，Mass.；Ballinger Pub. Co.，1984，p. 122.

为政府的财政代理，使得它在联邦储备体系中的地位得到极大擢升。公开市场业务进一步加强了纽约地区银行的地位。在公开市场业务操作中联储纽约地区银行占地利之便，先是作为其他地区银行在纽约货币市场的代理，后来又在公开市场委员会获得支配地位。该委员会起初是由纽约、波士顿、芝加哥、费城地区银行总裁组成。1923后公开市场投资委员会（OMIC）的投资账户由纽约地区银行操持。从理论上讲，联储所持证券数量的变化需要经过联储委员会的允准，但米勒敏锐地发现，“倘若理事会拒绝证券购买计划，纽约地区银行董事会完全可以自行其事”。因此，联储货币政策的决策权实际上集中在纽约。在本杰明·斯特朗领导之下，联储纽约地区银行和公开市场投资委员会联合发挥着中央银行的作用。联储体制的覆盖面有限。1913年联邦储备体系的建立固然标志着政府对银行业的影响力上升到新的层面，但是美国银行业的双轨制和单行制构架依然保留下来，这意味着联储未能把整个银行系统纳入它的管辖范围。

“股票市场的繁荣导致了联邦储备体系内部关于政策的严重分歧，人们往往过于简单地将此总结为联邦储备委员会与纽约联邦储备银行之间的分歧。但实际上联邦储备委员会与纽约联邦储备银行都认为，证券投机行为是其担忧的根源。两者的分歧在于，对于旨在引导银行减少投机性信贷量的‘定性’控制技术，它们的要求不同。联邦储备委员会坚持认为，直接施压是限制投机性信贷、同时又不会过度限制生产性信贷的一种可行手段，遏制证券投机的方法是取消发放证券贷款的成员银行的再贴现权力。”① 而纽约储备银行和联邦储备体系的其他部门则认为能够有效限制投机行为是提高贴现率或公开市场卖出。储备银行没有权力取消持有合法票据的成员银行的再贴现权力，只有当个别成员银行的借款超期或借贷数量远远超过其他银行时，才可直接施压。成员银行调整其在联邦储备银

① 【美】米尔顿·弗里德曼、安娜·雅各布森·施瓦茨：《美国货币史》，第177页。

行头寸的方法，是银行内部管理的问题，而非联邦储备银行的权限。由于联邦储备委员会对政府管理职能认识不充分，因此联邦储备委员会过多地考虑利益集团的影响。由于在1920—1921年通货紧缩期间，美联储受到了猛烈抨击，所以美联储对提高贴现率的政策一直小心翼翼。斯特朗在去世的前一年，他才认识到这种危险性。当他发现低利率环境刺激了华尔街的投机活动，从而使其几乎就要失控的时候，在1928年提高了贴现率，使之高达5%，在那个时代，这是一个很高的利率水平，同时他开始缩减货币供应。斯特朗写道："现在我们要做的，就是制定出适宜的政策，以防止股票市场灾难性的崩溃。"[①] 弗里德曼不无理由地认为，如果斯特朗还在世，灾难性的股灾不一定会发生，因为"在1929年初，经济开始缓慢而显著的减速，这本来应该使华尔街冷静下来，但事实上却没有。华尔街此时已经完全在自己的轨道上运行，这个时候，本来需要美联储以更强硬的手段来刺破那个将要带来斯特朗所担心的大灾难的股市泡沫，但是斯特朗却不在了"。[②] 斯特朗之所以有这种重要性，是因为"总部设在华盛顿的美联储成员几乎全部都是政治性的任命，他们中的很多人连商业银行的一些最基本的知识都没有，更不用说是复杂的中央银行了。这也使得他们别无选择，只能依靠对二者都了如指掌的斯特朗。到了20世纪20年代，斯特朗已经是美联储无可争议的老板了，委员会只是他的橡皮图章"。[③] 但实际上斯特朗在世的时候，美联储就没有控制这种投机。相反"1927年8月，美联储采取了一系列手段为已经熊熊燃烧的股市又添上了一把干柴，比如将美元的再贴现率从4%降低到3.5%，并且允许政府债券进入市场自由交易，导致股市再度升温。而柯立芝总统和财政部长梅隆对股市的鼎力支持，也对华尔街股市起到了推波助澜的作用，因为只要股市稍

① 【美】约翰·S. 戈登：《伟大的博弈》，祁斌译，中信出版社2005年版，第272页。

② 同上。

③ 同上书，第271页。

微出现一点疲软的迹象，这二位就会立即出来发表讲话，让美国民众吃下定心丸，结果是稍微出现下跌苗头的股市就会立刻上扬。1928 年 1 月，总统柯立芝居然匪夷所思地公开宣称说：'我并不认为证券经纪人放出的资助投资的贷款数额过高。'这等于给了民众一个明显信号：白宫支持股市的飞速发展。"① 不过斯特朗去世之后，美联储确实失去了领军人物。只要斯特朗还在世，尽管他不能阻止主要来自委员会成员和其他一些储备银行代表们的不满与抱怨，但他毫无争议的卓越地位能使权力斗争平息甚至隐没起来。"权力斗争在他去世前的几个月趋于平静，而他 1928 年 10 月的去世触发了明显的冲突。权力斗争的结果不论对于 1929 年，还是对随后经济衰退期间的政策措施来讲都很重要。"② 由于政治任命的缘故，很少有人敢于作出决定。只是将"贴现率保持在斯特朗时期的 5%的水平上。更糟糕的是它允许银行用美联储提供的资金注入到本已狂热的投机行为中去：美联储成员银行从美联储贴现窗口以 5%的利率借出资金，转手以 12%的利率借给经纪人，经纪人随后一转身又以 20%的利率贷给投机者。就这样，数以亿计的资金沿着这条渠道源源不断地涌入华尔街，而美联储所做的只是试图用道义劝告去阻止这股洪流"。③。而联邦储备委员会与联邦储备银行的权力斗争在 1929 年初变得尖锐起来。联邦储备委员会的观点在 1929 年 2 月 2 日致所有联邦储备银行的一封信中表达得明确无疑，信中写道："当成员银行为投机行为发放信贷或维护投机借贷行为时，它们向联邦储备银行提出的再贴现便利的要求是不合理的。"

作为对这封信的回应，纽约联邦储备银行要求提高贴现率到 6%："应当采取包括提高贴现率在内的一系列'激烈果断的措施'，'快速控制信贷总量长期持续的扩张，之后采取宽松的政策'。当然，

---

① 【美】艾伦：《大繁荣时代（美利坚帝国成长三部曲 1）》，秦传安、姚杰译，新世界出版社 2009 年版，第 327 页。

② 【美】米尔顿·弗里德曼、安娜·雅各布森·施瓦茨：《美国货币史》，第 178 页。

③ 【美】约翰·S. 戈登：《伟大的博弈》，第 271 页。

我们并不清楚这项措施是否能够发挥效力，但其极有可能会加速牛市的终结。”[①] 但是在随后的10次会议中，纽约联邦储备银行的董事们一再投票决定提高贴现率，而且每次都要求委员会当天给出答复，但每次都遭到委员会的否决，尽管否决是以较微弱的票数胜出。“直到1929年8月9日，联邦储备委员会才最终允许纽约储备银行提高其贴现率到6%，但纽约储备银行认为那时采取行动为时已晚。”[②] 1929年9月3日，道琼斯工业平均指数已经达到此后25年都没有达到的381.17点。

总之，在20世纪20年代，美联储扮演了极为重要的角色，在制定美国的货币政策、以及对美国资本市场的监管方面发挥了重要的作用，正是由于美联储的作用，整个20世纪20年代成为美国经济增长时间最长，经济最繁荣的年代，但是美联储在政策制定和市场监管中的犹豫和软弱也是导致美国1929年经济危机爆发的重要原因。

三、政府与企业的关系——协调与合作

20世纪20年代是美国工商业的黄金年代。美国联邦政府在20世纪20年代对企业的政策让人感觉似乎又回到了19世纪后期的镀金时代。联邦政府对于企业界公开表示友好态度和采取的政策，是20年代工商业扩展的重要因素。在过去的美国历史上，工商业和政府的关系，也许从来没有像这个年代那样亲密，工商业巨头们的社会声誉之高也是空前的。[③] 政府对工商业的发展给予了尽可能多的关照。

① 【美】米尔顿·弗里德曼、安娜·雅各布森·施瓦茨：《美国货币史》，第179页。

② 同上书，第177页。

③ 【美】菲特、里斯：《美国经济史》，第682页。

1. 联邦政府对企业进行扶持的根源

这种情形的产生首先与美国的民族特性有关。由于自由主义是美国的国家意识形态，美国人普遍相信管得越少的政府、规模越小的政府是最好的政府。“反集权统制、反托拉斯和反集体主义的想法根深蒂固，而且深植在美国的法律及制度结构中。”① 进步主义时期“联邦政府对国家经济的大规模干预使很多美国人尤其是商人感到不安。联邦税收与债务的不断增加，进一步使金融精英感受到大量新建立的联邦政府权力在影响着他们的生活。与他们早期对地方政府的态度不同，富裕的美国人开始将联邦政府看成是负担与威胁”。②

一战中的胜利也大大改变了公众对企业的看法，所以一战的结束很大程度上改变了政府与企业的关系。“这场战争表明合作经济计划的努力是有效的；包括赫伯特·胡佛（Herbert Hoover）在内的政治家鼓励企业界领袖通过行业协会继续进行合作，避免‘残酷的竞争’造成的不必要损失。”“当商人们因为帮助战争得胜而受到赞扬的时候，在进步主义时代明显存在的对企业的敌意消失了。企业不需要监管者，战争已经证明企业是有道德的。新的信任回响在街头，受到社会公正的支持、牟利动机的指引，资本主义已经超越了个人主义和物质主义，正变得社会化和精神化。恢复常态反映了对私有财产权首要位置的再次肯定。”③

一战之后出任美国总统的哈定和柯立芝总统的气质虽然相去甚远，但他们都有着类似的社会和经济观点，都坚持企业应该在没有政府干预和干扰的情形之下自由成长。他们两人都认为，政府应该扶植工商企业，也就是在实业家要求自由的领域实行不插手政策，

---

① Joan Hoff Wilson Herbert Hoover: Forgoten Progressive, Little Brown and Company, 1975, p. 56.

② 【美】乔纳森·卡恩：《预算民主：美国的国家建设和公民权（1890—1928）》，第198—199页。

③ 【美】加里·约翰·普雷维茨、巴巴拉·达比斯·莫里诺：《美国会计史》，第264页。

而在他们要求帮助的领域进行干预。柯立芝说积聚财产的权利是放之四海而皆准的宪章，企业是人类精神进步的最大贡献因素。“这是一个实业国家，它需要一个实业政府。”另外，两位总统都认为，代表其他利益集团进行干预，在社会关系上是不必要的，在财政上是不负责任的，在道义上也是不正当的。哈定警告说，这样一种温情主义“将窒息进取心，损害效率……并使我们变成从属而无能的国家”。这些见解，支配着共和党人对待实业、劳工、农业和政府权力的政策，也为最高法院所赞许。①

20 世纪 20 年代的美国国会参众两院中的共和党人和两位总统一样，绝大多数仍然是麦金莱时代以来支配着该党的那种类型的保守分子。“他们主要来自密西西比以东，他们从在全国、各州和地方委员会工作的大大小小的企业家那里取得财政上的支持，他们广泛地反映了支持他们的那些财团的思想，甚至比进步党时代更注意倾听全国制造商协会、美国商会、美国银行协会和美国医学会的院外活动集团分子的意见。”② 联邦政府重新回到 19 世纪后期的自由放任主义的心态中去。

2. 减轻税收

美国联邦政府在 20 世纪 20 年代对工商业的支持首先体现在减税方面。20 年代的美国联邦政府减税政策很大程度上是受从 1921—1932 年任财政部长的安德鲁·梅隆引导的结果。梅隆财团的嫡系传人安德鲁·梅隆成为三任共和党（1921—1933 年）的财政部长。这项任命在罗斯福和威尔逊政府时期是不可想像的事情。

当时，梅隆试图将财政部转变为一个“无党派的”部门。保持由前财政部长麦卡杜所确立的财政部在政府中的中心地位，这样就能更好地保证财政部在促进美国工商业发展方面的作用。梅隆认为

---

① 【美】沃尔特·拉菲伯、理查德·波伦堡、南希·沃格奇：《美国世纪——一个超级大国的崛起与兴盛》，第 127 页。

② 【美】小阿瑟·施莱辛格：《美国共和党史》，第 278 页。

税收和国家债务是对作为美国企业核心的“商业冒险精神”的威胁，“如果剥夺实业家收入的很大一部分，他们‘将不再尽力，而国家亦将失去长盛不衰所依赖的活力’”。降低税率可以增加“工业企业的资本，刺激企业扩大生产，使企业更有把握提供较多的年收入5000美元的就业机会”。[①] 所以“税收的逆转决不会是政党和阶级政治学之间的足球比赛，而应该由那些对目标作了广泛细致的研究，准备提出最终被证明对国家最为有利的方针的人来制定”。[②] 梅隆的目的就是将税收政策作为缓和阶级冲突和增强企业实力的工具，从而保护他所认为的经济进步的主要动力企业。梅隆保留所得税作为联邦政府的重要收入工具，而不是在减少公司和富人的税收负担方面扩大所得税的影响范围。为此他在税收条例中订立了许多特权范围。废止了超额利润税，降低了个人所得税的累进幅度，这本来是一战时税收体系中最体现收入再分配效应的部分。“于是，第一次世界大战期间迅速征收大量所得税所积累的效应以及梅隆在20世纪20年代对税法的迅速修订确立了未经经济效率检验的所得税体制。”[③]

梅隆还大量地使用支持他的低税收运动的预算制度所提供的信息。“梅隆利用预算来定义需要削减的不必要的政府活动，因此使政府能够将其更多的资源用于债务偿还和削减税收。他高度评价预算是保护私人纳税者和商人免受政府不必要的活动所施加的过分负担的终极手段。预算给梅隆的运动提供了必要的先决条件。如果没有具体的事实和数据，他不可能提供强有力的论据，来缩小政府干预私人领域的范围。”[④] 梅隆的减税政策得到美国国会两党一致赞成。“当财政部长梅隆1925年12月提出进一步削减3.3亿美元税额时，

① 【美】乔纳森·卡恩：《预算民主：美国的国家建设和公民权（1890—1928）》，第198页。

② 【美】斯坦利·L.恩格尔曼、罗伯特·E.高尔曼主编：《剑桥美国经济史（第三卷）》，第748页。

③ 同上书，第748页。

④ 【美】乔纳森·卡恩：《预算民主：美国的国家建设和公民权（1890—1928）》，第198—199页。

参议院财政委员会的民主党人同意削减 5 亿，包括同意给大公司和大富豪削减数量可观的税款在内。民主党的一位参议员说，对从 2 万到 10 万美元的收入削减税款使企业家们认识到，民主党并不是一心要向他们或他们的企业征收过分的税额。”①

1921、1924、1926、1928 年通过的税收法都以减轻工商业纳税负担为目的。经过 7 年先后 4 次制订有利于工商界的税收方法后，工商业和高收入阶层的纳税负担减轻了许多。“梅隆经过长期艰苦的斗争，成功地降低了对遗产、公司利润和富裕阶层征收的税额。到 1926 年，国会将 100 万美元收入的税率从 66％削减至 20％。间接税（主要是关税）在联邦政府总收入中的比重从 1902 年的大约 75％下降到 20 世纪 20 年代的大约 25％；其间，所得税收入不断增长，大约占到联邦政府总收入的 50％。”②

对于工商业利益集团来说，再也没有什么比减轻税收更令人鼓舞的了。梅隆因此获得了匹兹堡、达特茅斯、拉特格斯、哥伦比亚、凯尼恩、阿默斯特、哈佛、耶鲁和普林斯顿大学的名誉学位，这些学校对他的评价是：“他的名字可与现代最伟大的财政学大师并列。”③

3. 放松对反托拉斯法的执行

哈定和柯立芝两届政府面对控制和管制大公司的问题都置之不理。从 1918—1929 年，被吞并的公司数目增加了几乎 20 倍以上，在 50 个最大的兼并案中，几乎一半是在电力公司之间进行的。铁路和石油公司稳居第二位。美国的政治气候无疑助长了兼并活动。④

1922—1929 年间，联邦政府在反托拉斯领域几乎没有采取任何

① 【美】小阿瑟·施莱辛格：《美国民主党史》，第 265 页。

② 【美】斯坦利·L. 恩格尔曼、罗伯特·E. 高尔曼主编：《剑桥美国经济史（第三卷）》，第 748 页。

③ 【美】沃尔特·拉菲伯，理查德·波伦堡，南希·沃格奇：《美国世纪——一个超级大国的崛起与兴盛》，第 128 页。

④ 【美】吉斯特：《美国垄断史》，第 69 页。

行动。“在美国经济从 1921—1922 年的严重衰退中反弹以来，政府几乎没有采取任何措施抑制经济的增长，相反，却鼓励它成为消除战争影响和衰退的消毒剂。”①

因此，反托拉斯法在 20 世纪 20 年代实际上已不再执行了。而且，法院受理反托拉斯法案件的被告不是大垄断公司，一般都是不太重要的中小企业。“联邦贸易委员会阻止企业合并或制止大公司不正当的垄断做法的行动，大多以失败告终。甚至在联邦贸易委员会提出起诉建议连司法部也不予采纳。”②

而联邦贸易委员会也慢慢对提起诉讼失去兴趣。“哈定和柯立芝用那些以帮助实业界为己任的人员充实联邦监管机构，其中就有威廉·E. 汉弗莱。”实际上“汉弗莱在 1925 年被任命为联邦贸易委员会主席后，他就决定对那些长期违法但答应今后守规矩的公司不提起控告”。③ 由于这样一些对执行反托拉斯法毫无兴趣的人被塞进联邦贸易委员会，导致联邦贸易委员会的程序规章被修改，促使联邦贸易委员会变得更加保守，工作效率明显下降。虽然“没有在战后马上放弃它的使命，仍然努力限制企业不正当的价格竞争”。“共和党 1920 年的纲领中包括了一项指责联邦贸易委员会侵犯商业事务的条款，这时很显然，联邦贸易委员会再也不宜调查企业的商业不法行为了，例如限价。”④

而最高法院的判决，使社会对工商业的管理越来越困难。“在这方面必须指出，法院本身一般是对企业界表示友好态度的。最高法院在一系列的案件中不断地削弱联邦贸易委员会根据 1914 年克莱顿法案制裁企图大幅度减小竞争的企业的权威，几乎使联邦贸易委员

① 【美】吉斯特：《美国垄断史》，第 69 页。

② 【美】菲特、里斯：《美国经济史》，第 683 页。

③ 【美】沃尔特·拉菲伯、理查德·波伦堡、南希·沃格奇：《美国世纪——一个超级大国的崛起与兴盛》，第 128 页。

④ 【美】加里·约翰·普雷维茨、巴巴拉·达比斯·莫里诺：《美国会计史》，第 266 页。

会无法执行其决定。”①

在一战结束之后不久的1920年，最高法院就已经拒绝解散美国钢铁公司，认为只要没有实际垄断行为，不论公司规模大小，也不论拥有的限制贸易的潜力有多大，都不违反谢尔曼法案。“尽管大家都知道美国钢铁公司实际上支配工业价格已经15年了，但是法院仍然作出了这样的判决。”②

在1925年的沃尔夫食品加工公司诉堪萨斯州政府一案中，最高法院更是打破了它在9年前吉尔曼联盟保险公司诉堪萨斯州政府一案中建立的先例。在那起案件中，最高法院判决堪萨斯州政府可以在其州内制定保险税率，确认保险符合公共利益。沃尔夫公司反对1920年州政府宣布食品生产和储藏属于符合公共利益的行业的决定，它认为这只是一种私人行业。最高法院一致判决沃尔夫公司胜诉，认为食品加工业不存在垄断，因此，州政府的规定是没有理由的。“这一案件中的公共利益概念是由大法官塔夫脱创建的，他含糊不清的观点打开了如何定义公共利益的大门。然而，沃尔夫公司诉讼案的判决结果削弱了认为各州可以自己决定哪些企业符合公共利益的看法。直到‘罗斯福新政’实施的时候，这方面才受到挑战。”③最高法院对公共利益的狭隘定义大大地削弱了长期被认为是严重影响着公共利益的公用事业。“十分明显的是，近年来没有作出过一次反判决，要求解散一个实际上在进行合并的工商业机构。”④

二、联邦政府对企业的监管

但是，时代已经发生变化，不管联邦政府愿意还是不愿意，它都需要对企业进行适当的管制。因为私人利益的过度扩大会对整个

① 【美】加里·约翰·普雷维茨、巴巴拉·达比斯·莫里诺：《美国会计史》，第266页。

② 【美】沙伊贝、瓦特、福克纳：《近百年美国经济史》，第328页。

③ 【美】吉斯特：《美国垄断史》，第71页。

④ 【美】沙伊贝、瓦特、福克纳：《近百年美国经济史》，第328页。

社会利益造成损害，从而影响到大多数人的利益。部分来自于一战的实践经验，部分来自于美国根深蒂固的对国家权力的一种恐惧感，联邦政府力图通过合作的方式来促使企业自我克制，不去争夺更多的利益，它意味着美国联邦政府开始更多地考虑自身的社会职能，力图更好地平衡不同利益集团之间的利益冲突。因此，联邦政府对企业的宽容与支持并不是放任自由的回归，相反联邦政府对企业的监管实际上在逐步加强。

1. 联邦政府对企业加强监管的根源

20 世纪初的进步主义运动的兴起，已经使美国国内的政治经济形势完全不同于 19 世纪后期镀金主义时代。美国国会里最顽固的坚持维护工商业利益集团利益的议员们也明白，“他们的选民决不只限于金融界和各大企业公司，选民包括专业人员、白领工人、从事农业的各个阶级和相当数量的劳工。权力的责任感加快了他们公益观念的形成。他们对企业界发言人决不是有求必应、一味顺从了。”[①] 虽然由于一战的影响，进步主义时代已经结束，但是美国公众对政府的态度已经与此前有所不同。“帮助管制经济和为所有的人提供至少是少量的保护是政府的工作。”[②] 因此，美国政府对企业的支持并不意味着对企业的完全放纵。因为“企业限制竞争的行为与国家政策存在内在矛盾。政治家们不能容忍任何侵犯公司私有财产权的社会法律。市场竞争将保护个人。然而他们把同样的竞争力视为有害的，积极支持政府对公司采取家长式作风。一位历史学家总结道：政治家“热切地在人民大众中维护个人主义、社会观念和价值。但是对他们自己和他们同道的商人，特别是在经济问题上，他们竟在惊人的程度上成了集体主义者，依赖着政府在有限的范围内行使家长式作风”。因此，“梅隆也保留了威尔逊税收计划中的许多内容，

① 【美】小阿瑟·施莱辛格：《美国共和党史》，第 278 页。

② Maureen A. Flamgan，America Reformed：Progressives and Progressivisms 1890s－1920s，New Nork：Oxford University Press，2007，p. 283.

以表明他对‘能者多付’原则所承担的义务。”[①]

在当时，在柯立芝看来，建立政府中的节约机制，不是“一项反面政策”，而是“充分提供那些必须完成的服务”并“采取积极的行动”，来满足诸如公共建设、内部改进与国防等方面的社会需要。“柯立芝指出，不仅不是自由放任，相反，政府还应该积极介入自己的行政管理事务，实施那些直接有利于人民的改良。柯立芝乐于接受一种激进的政府概念，准确的原因是，预算驯服了任何可能威胁商业利益的政府行为。他和梅隆都不否认在经济中应有政府存在的空间。更确切地说，他们运用预算为政府行为设定了边界，以最大程度地保护公司精英，特别是那些在联邦政府中持有股份的人。”[②]

2. 企业对政府干预接受程度的提高

与19世纪后期自由放任时期企业对政府的抵制心态相比，20世纪20年代企业对政府的有限度干预持欢迎的立场。这种情形与一战的实践经验相关。工商业利益团体在同政府的合作过程中受益很大，而且他们发现运用战时的市场管理进行企业管理，对企业的发展作用不小。因此很多一直与战时工业局及其协作的工业委员会密切合作的企业家们，在一战结束以后都改变了对政府介入经济的态度，对战后继续由政府管理经济有限度地欢迎，希望政府的参与能够保证不恢复破坏性竞争，规定最低物价，保持劳资关系的稳定性。

企业也开始考虑更多的社会责任。总起来说，“对企业社会责任的讨论确实是从20世纪20年代开始的。许多工业家认为，在一个大规模生产和大规模消费的社会里，更为公平地分配收入对企业有意义。他们支持家长式作风的政策如养老金、健康保险、利润分享，以及保护性法规如最低工资和童工法，视其为好的企业政策。然而，

---

① 【美】斯坦利·L. 恩格尔曼、罗伯特·E. 高尔曼主编：《剑桥美国经济史（第三卷）》，第748页。

② 【美】乔纳森·卡恩：《预算民主：美国的国家建设和公民权（1890—1928）》，第198—199页。

法律没有进行相应的改变，高等法院总是判定州保护性法规违宪，因为它侵害了个人（通常是公司）的契约权利。

沃尔特·吉列和亨利·福特这样差异颇大的工业家都积极提倡不同形式的工业民主。两人都相信工资动因应该超越利润动因，这样社会才能享有技术进步带来的全部好处。福特的言论与托尔斯坦·凡勃伦一样激进；他和凡勃伦一样不喜欢金融资本家，特别是华尔街的金融资本家。福特直接对所有权概念在工业时代的适当性提出异议，他写道："一台机器既不属于购买者也不属于操作工人，而是属于公众……只有当工人和业主使用它为公众谋福利时，它才能为工人和业主谋福利。"①

3. 政府通过与企业合作的方式进行监管

后来成为美国总统的商业部长胡佛最早意识到美国经济变化的趋向，"他认识到不受约束的个人主义最终会侵犯个人自由，相信合作的新时代已经到来"。② 胡佛接任商业部长时，这个职位过去被认为是内阁中最不重要的，但在胡佛任职之后，商务部的职能迅速增大；几个下属部门迅速成立起来，其他一些是从内政部划过来的，制订了修建新的办公大楼的计划，研究商业趋势并提出报告，这是过去从未做过的，现在做了。商务活动的频率达到了惊人的地步。

在赫伯特·胡佛的领导下，商务部与企业合作进行产品的简单化和标准化，建立统一的价格政策，并成立行业协会。胡佛的商业部还通过私人渠道鼓励发展电力，鼓励产品开辟新的国外市场。监管机构对公司运作不太关注，但是要求注册会计师加入合作，帮助客户收集成本数据并提交联邦贸易委员会和商务部进行发布，以使企业能确定"公允的价格"。同时，"胡佛的商务部非正式地鼓励诸

① 【美】加里·约翰·普雷维茨、巴巴拉·达比斯·莫里诺：《美国会计史》，第265—266页。

② Arthur Meier Schlesinger，The Crisis of the old Order，1929－1933，Houghton Mifflin Company，Boston，1957，p. 84.

如国民经济研究局、布鲁金斯研究院、国家产业协会之类的私人机构对营销条件进行研究和分析，以便在企业面对不断变化的营销条件时为它们提供更好的信息”①。“政府家长式作风的政策并非没有受到挑战，但那些挑战被企业表面上愿意对其行为负责及愿意与社会中其他人分享其增加的利润所削弱。”② 胡佛领导下的商务部认为这是经济复兴和保持美国稳定繁荣的关键所在。所以政府与企业之间的自愿合作构成20世纪20年代美国政府与企业关系的关键和灵魂。首先是企业间的合作，如可互通商业信息，资助工商研究，采纳标准成本核算，统一合同格式，建立信贷服务，实行保险合作，展开联合推销，交换专利，仲裁贸易争端，制定工业行为规范等等。其次是政府和企业之间的合作，政府充当仲裁者，采取引导、调解、规劝等间接手段对企业进行指导，而不是直接干预或强迫合作，有限政府原则也得到了充分的强调，机会均等、自愿合作、有限政府的理念似乎具有深入骨髓的力量，强调勤勉节俭、事业心、教育的力量及社团的合作。③ 由于取得的成就远远超过了经费和人员的增加，因此胡佛所主宰的商业部得到工商业阶层的一片赞扬。“胡佛新组成的商业部是他非正式的、美国式的协作社团工会主义梦想的缩影——在个人主义和集体主义，在垄断资本主义和国家社会主义之间的中间道路——他是工业化国家在20世纪寻求新秩序的答案所在。”④

① 【美】斯坦利·L. 恩格尔曼、罗伯特·E. 高尔曼主编：《剑桥美国经济史（第三卷）》，第749页。

② 【美】加里·约翰·普雷维茨、巴巴拉·达比斯·莫里诺：《美国会计史》，第265—266页。

③ Joan Hoff Wilson Herbert Hoover：Forgoten Progressive，（Little Brown and Company，1975），p. 56.

④ Ibid.，p. 86.

第四节　20世纪20年代的美国对外扩张

一、美国对经济利益的追求及其根源

一战结束之后，美国在对外交往中的雄心与抱负大大降低了。不仅仅是孤立主义思潮的兴起，更重要的是美国联邦行政部门的权力开始收缩，这突出地表现在外交与国防方面的人员与财政开支大幅减少。第一次世界大战期间加在外事人员身上沉重的工作负担，暴露了其种种弊端。众议员约翰·J. 罗杰斯在战后断言："在旧的秩序盛行、世界事务还不像现在这样混乱的状态下，（驻外机构）也许能胜任工作，但它已不能对当前的需要作出反应。确定外来移民限额的1921和1924年移民法，要求办事更有效率的领事人员；中国革命需要能够就这一重大事件提供有洞察力的情报观察员；经济扩张有赖于来自国外的有效报告。"[①] 此外美国羸弱的军事力量也限制了美国对外使用武力的范围与次数。在20世纪20年代，"美国不仅沉浸在战争已经永远结束的梦幻之中，而且政府更加热衷于经济。由于国会和总统对1920年'国防法'的目标只是在口头上表示支持而不见之于行动，这些目标并未实现。早在1921年国会就将正规陆军减至15万人。翌年又进一步减至13.7万人，有1000多名'多余'的正规军官退役。1927年又进一步砍到11.875万人。由于一减再减，陆军活动和装备的预算十分有限。"[②] 连续三届共和党人政府都以紧缩开支为施政口号，因而海军军官们把时间都花在坐办公室里了，即使出海，也受到燃料的严格限制。油料紧张到难以想象的

① 【美】托马斯·G. 帕特森：《美国外交政策》，李庆余译，中国社会科学出版社1989年版，第438—439页。

② 【美】拉塞尔·韦格利：《美国陆军史》，第419页。

地步，提倡节约也到了走极端的程度。一位高级军官说过："在那种情况下，铅笔头磨得比刀剑还锋利，许多人忘记了战争正在临近。武器装备（特别是鱼雷）存在的缺陷，也得不到改进。"[①] 当时"由于国会的 严格控制，海军几乎无法培养现代化的人才；而海军所需要的 16 艘巡洋舰的建造资金也迟迟得不到国会的批准。"[②]

表 25：1920—1929 年美军兵力人数

年份	总兵力人数	军官人数
1920	343302	18999
1921	386542	16501
1922	270207	15667
1923	247011	14021
1924	261189	13784
1925	251756	14594
1926	247396	14143
1927	248943	14020
1928	250907	14019
1929	255031	14047

资料来源：The Historical Statistics of the United States，Volume V，Cambridge University Press，2006，p. 355。

这大大影响了美国联邦政府涉外职能的履行。虽然 1924 年的"罗杰斯法"带来了某些改善，它把以前参差不齐的领事和外交使团统一成"美国外事人员"，建立考试制度，增加薪金，论功晋升，发

① 【美】莫里斯：《美国海军史》，第 107 页。

② 同上。

给国外工作生活津贴。根据该法还建立了“外事学校”。但是美国对国际事务的介入带有较多的选择性。当时美国外交政策的制订和执行过程给人的感觉就是：总统的领导软弱无力，国会与行政部门互相竞争，外交官职业化的现象增加。哈定总统和卡尔文·柯立芝总统很少注意外交事务，把这个领域留给他们的国务卿去管。……威尔逊的国联计划在国内遭到的惨败，使哈定相信在外交事务中要避免扮演显眼的角色。有一次，当《纽约时报》驻欧洲记者与哈定谈话时，总统打断他的话说：“我对这些欧洲的东西一无所知。”[①] 由于行政机构权力的收缩，国会在对外事务领域又重新试图向总统的权威发起挑战。

但是，经过第一次世界大战，美国成为公认的世界强国。各种统计资料都证明，第一次世界大战以后美国是世界上最强大的国家。“美国拥有世界石油生产的70%、煤炭生产的40%。最令人瞩目的是，美国生产了全世界工业品的46%（1925—1929年的数字）。”[②] 不管多么不情愿，美国的联邦政府也无法再回到过去的路子上。联邦政府的外交权力实际是在增加，而不是在削弱。

“因而战后的美国外交家比以往任何时候更接近于从全球的观点考虑问题。他们知道美国的边疆已经扩大，即使美国人想对世界事务采取袖手旁观的态度，他们也做不到。确实，第一次与第二次世界大战之间的时期，美国人希望避免外交上的纠缠，集中精力于国内事务。但是，美国领导人们大都尽美国力量之可能，奉行一种符合他们国家的崇高国际地位的积极外交政策。整个说来，他们不是使自己无能为力地听凭事件摆布，而是努力创造一个由爱好和平的国家组成的世界，这个世界以合法的和有秩序的办事方法、门户开放、经济和政治上的稳定为特征。”[③] 而且联邦政府太快地从战争中的政府对经济的管制中退出来，也产生了严重的后果，一战结束之

① 【美】托马斯·G. 帕特森：《美国外交政策》，第433—434页。

② 同上书，第439页。

③ 同上书，第432页。

后1920—1921年的衰退，就是联邦政府匆忙结束对经济管制的后果，这次经济衰退迫使美国政府不得不更加关注外部，希望借助外部市场来恢复美国经济的持续增长。

在整个20世纪20年代，美国联邦政府在对外利益偏好上最感兴趣的是经济利益的扩张，对政治与战略利益的追求没有威尔逊时期那么强烈。甚至在许多时候，正是由于追逐经济利益的需要，才使美国不情愿地介入到它所不喜欢的国际政治事务中去。历史学家米拉·威尔金斯说，20世纪20年代美国国外利益的增长，不只是意味着规模的扩大，更确切地说，美国公司：（1）前往更多的国家，（2）就某个外国来说，在那里建造了更多的工厂，（3）就某个外国来说，在那里制造与采掘了更多成品，（4）以更大程度的统一步调在某个外国投资，（5）在世界范围的基础上从事多种经营。[①]

20世纪20年代的世界范围的政治经济形势的巨大变化促使美国不得不对外部环境给予更多的关注。在20年代，对美国产生了严重冲击的事件就有墨西哥爆发的民族主义浪潮，俄国十月革命所带来的对私有地财产的没收以及随后的新经济政策给美国资本带来的机遇，欧洲战时遭到的破坏和大国之间的矛盾，德国经济的崩溃以及德国民众的愤怒所带来的第一次世界大战的债务与赔偿问题，美国不断高筑的关税壁垒所引起的其他国家对美国的报复。对这些障碍如果美国不愿意介入解决的话，将严重破坏国际贸易和投资的良好环境。仅仅依靠富有创业精神的美国企业家和锐意进取的美国外交家是无法完成的。因此美国联邦政府不能不投入精力与资源去帮助美国工商业利益集团拓展海外市场。实际上在20世纪20年代，美国联邦政府对美国迅猛发展的海外经济扩张起了巨大的促进作用，同时日益发展的经济联系也经常需要美国联邦政府保护美国人的生命和财产。联邦政府试图通过与企业合作的方式拓展美国的国家利益。

美国企业家的进取心和美国联邦政府的积极鼓励，激励了美国

① 【美】托马斯·G. 帕特森：《美国外交政策》，第439—440页。

在20世纪20年代的商业扩张。美国联邦政府的积极支持与配合起了很大的作用。“共和党政府进一步推动了华盛顿与华尔街的战略合作，公司创造财富，政府进行保护鼓励，偶尔也引导大公司的海外活动。”[①] 其实政府对企业的大力支持在一战时期就已经开始了。例如，1918年的韦布—波默林法准许美国公司为对外贸易的目的而实行联合而不触犯反托拉斯法；1919年的埃奇法使各银行在国外开设分行合法化；1920年的商船法授权联邦政府向私人公司出售船只和为建造新船提供贷款，事实证明，这些法律提供了受到欢迎但帮助有限的新手段。美国的税收法也是有用的，它准许外国人向美国国外投资者提供纳税贷款。胡佛部长通过向企业家提供研究资料和建议，使商务部成为贸易扩张的后盾。例如菲尔斯通橡胶公司（the Fire-stone Rubber Company）在拓展其利比里亚橡胶生产的过程中始终与商务部保持着紧密的联系。在倡导海外扩张方面，商务部长胡佛起了积极的作用。他创建了商务参赞制度，为美国经济扩张提供情报，确定可以推销产品的市场。

“为了帮助金融家避免无收益的对外贷款和购买有风险的外国证券，华盛顿官方曾对贷款和证券交易进行监督，但是这种做法始终未能贯彻到底。企业家可以非常自由地作出他们自己的贷款选择。例如，政府曾阻止在美国出售一家捷克啤酒厂的证券，因为它违背禁酒法的‘精神’，但是却允许为在德国建设一处体育馆而提供一笔非生产性贷款。就整个来说，美国领导人认为经济扩张对国内繁荣是必不可少的。”[②]

在联邦政府的大力支持下，美国的海外投资成为整个20年代特别是1924年之后的国际经济体系的引擎。“在1914—1929年美国在国外的私人投资增加了4倍——从1914年的35亿美元增加到1930年的172亿美元。”[③] 美国橡胶公司购买了它的第一个马来亚种植园，

① 【美】韩德：《美利坚独步天下》，牛军译，上海人民出版社2011版，第105页。

② 【美】托马斯·G. 帕特森：《美国外交政策》，第440—441页。

③ 同上书，第315页。

安纳康达公司打入智利铜矿业；通用电气公司加入了国际卡特尔，并在德国大量投资；各石油公司开始渗入中东。美国无线电公司在波兰建造大功率无线电台；通用汽车公司购买了到1929年德国生产最畅销汽车的奥佩尔公司；亨列·福特在俄国帮助建造了一家汽车工厂；博登公司和国际电话电报公司在英国得到扩展。美国各公司掌握了法国石油销售量的1/3；美国在欧洲的直接投资在20世纪20年代增加了一倍以上。[①]

与国际投资一样，国际经济贸易活动在一战后特别受到美国联邦政府的青睐。“他们发展了一种可以被称为商业文明化的观念作为指导国家和国际事务的关键：对一个厌倦了地缘政治和意识形态扩张的国家来讲，将经济作为重点是最受欢迎的：作为一种理性行为和激励整个国家乃至全世界的模式，生产、分配、银行和相关商业行为将无往不前。这就是隐藏在20世纪20年代美国对外关系中的商业文明化的理念。”[②]

美国是当时世界最大的出口国，“1929年的出口货物占世界总出口的15%以上。它取代英国而成为世界贸易中最大的国外投资者和金融家。在整个10年里，美国保持贸易顺差，出口大于进口。在1914—1929年这一时期，出口值翻了一番多，达到54亿美元。”[③]世界贸易在世界大战期间遭受了全面衰退，直到20年代后半期也没有恢复到战前的水平。然而，“在整个贸易停滞的画面中，美国依然是个例外，它在战时显著发展起来的出口贸易虽然在1919年以后逐渐有所回落，但它仍然是世界的主要出口大国，向欧洲国家提供绝大多数的生活用品、工业设备以及诸如好莱坞电影等无形商品。尽管美国也从欧洲进口，但双方间的贸易平衡总是有利于前者，这种形势扭转了世纪之交以前的状况。战后年代的一个重要现象是欧洲作为美国贸易伙伴的重要性日益降低，在1910—1914年间，欧洲国

① 【美】托马斯·G. 帕特森：《美国外交政策》，第439—440页。

② 同上书，第88页。

③ 同上书，第439页。

家加起来共占美国整个出口和进口贸易总量的62%和49%，但到了战后的年均比例已经分别降到45%和30%，表明美国几近1/3的购买来自欧洲。”[①] 这种情形的产生是因为美国与东亚和美洲的贸易得到了迅猛发展。“亚洲在美国出口贸易中的份额比战前6%的数字翻了一番，而在美国进口中的份额则从15%发展到29%。到了20年代末，美国整个出口的1/3都流向了西半球国家。从1913—1929年，全世界的贸易总量只增长了13%，而美国却增加了1倍之多。”[②] 可以说美国的资金、技术以及商品对世界市场的渗透为战后国际秩序提供了一个经济基础。

表26：美国1921—1929年产品出口总额

年份	出口总额 单位（百万美元）	出口美洲总额 单位（百万美元）	出口欧洲总额 单位（百万美元）	出口亚洲总额 单位（百万美元）
1921	4485	1403	2364	533
1922	3832	1142	2083	449
1923	4167	1355	2093	511
1924	4591	1404	2445	515
1925	4910	1541	2604	487
1926	4809	1620	2310	565
1927	4865	1691	2314	560
1928	5128	1802	2375	655
1929	5241	1934	2341	643

资料来源：The Historical Statistics of the United States，Volume V，Cambridge University Press，2006，pp. 536—537。

① 【美】孔华润主编：《剑桥美国对外关系史（下）》，第88—89页。

② 【美】孔华润主编：《剑桥美国对外关系史（下）》，第89页。

美国的统治精英们，政界的赫伯特·胡佛、商界的亨利·福特、舆论界的沃尔特·李普曼和学术界的莱因霍尔德·尼布尔都对美国的商业扩张抱有浓厚的兴趣。担任8年商务部长并在1929年当选为总统的胡佛对美国私人的经济和人道主义主动性深信不疑，认为它们将有助于一个更加稳定和繁荣世界的出现。像福特确信美国有很多东西可以展示给其他国家，福特宣称这是整个世界进步事业的推进器。最富影响的外交事务评论家李普曼和尼布尔都同样坚持，像美国这样经济极端强大而不愿使用军事力量的国家是处在界定国际秩序的最佳位置。李普曼相信美国与其他国家的经济纽带能够变成将整个世界连在一起的粘合剂。对国际事务怀有浓厚兴趣的国际关系学者、神学家尼布尔对公司化的资本主义备加批判，但也相信武力扩张和帝国创建的时代已经被一个新的“经济时代”所取代。[①] 所有这些评论都反映了美国社会的一种广泛的共识，那就是经济力量正在成为国家和国际事务中的主要力量，而经济利益则意味着成为国家的核心利益。所以美国在战后世界发挥着最大的影响，应该充分运用经济这个武器。“20世纪20年代的世界经济与美国经济资源和运作的联系如此紧密，10年繁荣与稳定的相对延续在很大程度上都以美国官员、银行家和相关人员的政策为转移。截至1929年，美国仍然占据着世界工业总产量的40%、世界黄金储备的50%和整个国际贸易的16%。因此美国经济出现任何风吹草动，都一定会给其他国家带来影响。”[②]

二、美国对待国联与国际法庭的态度

虽然国际联盟是美国一手所创，但是美国联邦政府内部在这个问题上的严重分歧使美国对于加入国联很快就失去了兴趣。哈定在

① 【美】孔华润主编：《剑桥美国对外关系史（下）》，第88—91页。

② 同上书，第83页。

国情咨文中明确表示："把你们带入世界重建的计划并不是我的目的，这类计划主要应该由那些更直接相关的国家来实现，它们必须自己通过斗争寻求摆脱困境的途径，然而我们才能对它们进行帮助，我们要做的只能是帮助，我们不要求别人为我们承担责任，我们也不会承担别人必须自己承担的责任，除非国家主义绝望的吞噬在国际主义之中。"[①] 哈定甚至拒绝与国联保持联系，而且在几个月中其政府官员甚至没有拆开日内瓦的来信。当在 1924 年的日内瓦草约中，国联试图建立一个比其原先的盟约规定更准确的集体安全系统时，国务卿休斯以尽可能严厉的方式回答了这个计划。但是美国为了保护其在世界各地区日益增长的利益，对国联的态度逐渐改变。从 1922 年开始，国务卿休斯派遣了非官方观察员约瑟夫·格鲁到国联的各种机构和委员会中。由于看到日内瓦机构组织非政治性活动中存在着越来越多的利益，到 1925 年约瑟夫·格鲁参加国联大会时，他的身份已变成"官方观察员"了。以后美国又先后参加了国际军火交易控制会议（1925）、通信与运输会议（1927）、废除进出口限制会议（1927）、经济统计会议（1928）、货币造假会议（1929）、国际法编纂会议（1930）等许多这类会议。到 1930 年，美国参加过约 40 次国联的会议，派出 5 个常任代表。美国官方代表几乎列席了每一次有关军备、经济和社会问题的会议，并在国联的卫生及劳工组织中采取与其他国家合作的态度。但是美国坚决拒绝了英法等国对美国加入国联的强烈呼吁。

美国曾经有兴趣加入国际法庭。国际法庭设在荷兰海牙，它的全称是"国际正义永久法庭"。是根据《国际盟约》第 l 4 条在 1921 年 10 月创立的。但它与国联并无直接关系。它的判决只是道义上的判决，对于成员国没有约束力，1924 年柯立芝总统在他的国情咨文中向国会表示："我相信它（指国际法庭）将有利于这个国家，有助于其他国家的稳定"，"整个 20 世纪 20 年代共和党政府一直支持这种想法，但参议院坚决反对，他们害怕该法庭会成为一个将美国拉

① 余志森主编：《美国通史（第四卷）：1998—1929》，第 506—507 页。

入国联的秘密途径。”[1] 1925年3月3日，众议院以303对28票通过参加国际法庭的议案。但在孤立主义领袖博拉的鼓动下，众议院对议案增加了保留条件。在经过修改的议案中，尽管承认美国对国际法庭提供财政援助的义务，但同时允许美国可以随时退出国际法庭，并不许法庭在任何与美国有利害的问题上提出劝告。1926年1月27日，参议院以76票对17票通过有保留地参加国际法庭的议案。对此，国联表示除了其中有关对美国问题的劝告内容外，愿意接受全部保留条件，但柯立芝总统把这看成是一种拒绝，因此放弃参加国际法庭。

与不参加国联却参加国联非政治性会议一样，美国对参加功能性的国际组织抱有浓厚的兴趣。美国先后参加了国际劳工组织、世界卫生组织以及知识分子合作委员会，并热衷于这些机构的活动。因为美国官方不承担任何责任，但是却可以在这功能性组织里获得实际利益。这对于美国政府来说是十分有利的事情。

三、裁军问题

20世纪20年代美国对于裁军的兴趣是十分高的，由于联邦权力的收缩以及美国公众对于国家拥有强大武力天然存有疑虑，20年代的美国军事力量大幅度缩减，这种情形促使美国希望其他国家也像美国那样缩减军事力量。

1. 华盛顿会议

华盛顿会议的召开是美国多重利益和国内政治因素复杂运作的结果。

首先，这次会议是国会倡导的也是美国外交与财政压力的结果。“由于受到击败《国际联盟条约》的鼓舞，国会决心在哈定任期内也要对外交事务施加影响。具有重要意义的是，参议院采取积极行动，

---

① 【美】孔华润主编：《剑桥美国对外关系史（下）》，第74页。

试图抑制自一战开始以来主要强国所进行的海军军备竞赛。一战结束时，美国只有 16 艘主力舰，英国则有 42 艘。美国海军部因而提出新一轮造船计划，以便使自己的海军主力舰赶上英国。同时根据美国海军制定的“橙色作战计划”，美国军方认为美日两国很可能在太平洋上发生战争。因此，美国大力加强太平洋舰队，并在在夏威夷群岛和菲律宾群岛不断扩大海军基地并在关岛实施设防。到 1919 年底，美国在太平洋的舰队几乎与整个日本海军一样强大。美国对英国和日本的挑战，自然引起了英国和日本的不满，英国首相劳合·乔治甚至宣布“英国将花掉最后一个金币以使其海军优于美国或其它国家”。[①] 日本对此自然也不会无动于衷。1920 年日本通过了新的造舰计划，预计到 1927 年时，它将拥有 27 艘主力舰。这是典型的安全困境。“拒绝凡尔赛条约意味着战后国家的海军建设将必然会继续进行下去。包括哈定在内的许多政府官员都认为，获取海军优势是替代参加国联的唯一办法。但军备竞赛是耗资巨大的行动，特别是英国和日本决心要赶上美国的部署。”[②] 这对于美国来说战略上是十分危险的，在经济上更是十分难以承受的。为了能够控制大西洋和太平洋，应对英日海军的挑战，美国海军在战后不断提出新的造舰计划，不得不与英国和日本进行一场军备竞赛。这对于战后的美国国防开支产生了巨大的压力。1915 年以来，美国已经为海军建设耗资 15 亿美元之巨。

美国孤立主义参议员博拉是裁军运动的急先锋。“1921 年 5 月 21 日，博拉给海军拨款法案附加了一条修正案，要求授权总统召集一次限制海军的会议，结束这种毫无意义的军备竞赛。5 月 25 日和 6 月 29 日，国会参众两院先后通过了这项提案，要求政府同英国、日本进行裁军谈判。尽管哈定试图用另一较为温和的决议案来代替

① 林克等：《1900 以来的美国史》，上册，中国社会科学出版社 1983 年版，第 394 页。

② 【美】米尔奇·尼尔森等：《美国总统制（起源与发展 1776—2007）》，第 265 页。

它，但这一附加条款还是得到国会的通过。哈定并不反对举行裁军会议，但他认为美国应该首先建立起自己的舰队，这样才是明智之举。尽管如此，哈定仍然不是那种要与国会进行一场激烈拉锯战的总统。遵从国会的意志，他于 1921 年末和 1922 年初在华盛顿召开了一次国际裁军大会。”①

其次，是争夺远东和太平洋地区利益的需要。在一战结束以后，美国联邦政府虽然变得内敛，但当时一战所展示的美国强盛的国力却让美国人变得自信，对于美国来说，它可以不在美洲之外的地区占据主导地位，当时绝对不能容忍将美国排除在世界某一地区之外，更不要说有可能严重损害美国的商业利益。在太平洋和亚洲地区就存在着这一问题。日本在一战期间把“二十一条”强加予中国政府，试图变中国为其独占的殖民地，就已经引起了美国巨大的不满，在巴黎会谈的时候，美国国内对威尔逊对日本的要求做出让步极为不满，这是威尔逊失败的重要原因。很显然日本的目标是独占中国，它直接威胁着美国在华利益，而且，日本对干预俄国革命的过度热心使美国感到日本可能据此占领俄国滨海地区，当时日本占领了东西伯利亚的全部战略要地。这就证实了日本独占亚洲的野心，最终会把美国人赶出亚洲地区和西太平洋。美国与日本的矛盾与日俱增。另外英国和日本之间有一个于 1902 年签订的军事同盟条约，正好到 1922 年有效期满。美国希望通过这个会议将英日同盟废除。因为如果续约的话，将会对美国构成严重的战略影响，迫使美国不得不增加海军以应付英日海军的联合，这会导致海上军备竞赛。

因此华盛顿海军裁军会议，不仅关系到海军裁军事宜，也涉及到太平洋主要大国之间的关系问题。为此美国最后把参加对象的范围扩大为 9 个国家。8 月 11 日，美国国务卿休斯对英国、日本、中国、法国、意大利、比利时、荷兰和葡萄牙发出正式邀请。

“部分为了避免他的前任在‘国联’斗争中所犯的错误，哈定允

---

① 【美】米尔奇·尼尔森等：《美国总统制（起源与发展 1776—2007）》，第 265 页。

许他的国务卿查尔斯·艾文斯·休斯（Charles Evans Itughes）主导军备控制条约的谈判，总统还任命参议院外交关系委员会的资深议员亨利·卡伯特·洛奇等参加了美国代表团，并赋予他们充分的职责，通过参议院对会议上商讨的条约进行控制。然而，哈定任期内那些引人注目的外交成就，都是参议院积极行动的结果，这成了他任期的一个典型特征。正如威尔弗雷德·宾克利所指出的："没有比这更能说明当时反对威尔逊行政模式的力量是多么巨大。"①

经过激烈的博弈。首先美国竭力拆散了它猜忌已久的英日同盟。英国希望用英、美、日三国同盟代替英日同盟。但美国拒绝这一建议，转而主张将同盟改为互不侵犯公约，并邀请法国参加形成《四国协定》，《协定》保证美、英、日、法互相尊重各自在太平洋地区的属地，当它们之间发生争端或遇到外来侵略威胁时，进行共同磋商。它还要求英日同盟在《四国协定》正式批准后自行废除。英日同盟的解体为美国发展在远东的利益消除了一个心腹之患。美、英、日、法在1921年12月13日签订了四国协定。条约保障了四国在太平洋的利益，并取代了此前的英日同盟。1922年2月6日，《五国海军协定》在华盛顿签署。美、英、日、法、意的海军力量被确定为为5：5：3：1.75：1.75。这是一战结束之后，主要强国之间通过谈判达成的裁军协议。这个协议暂时性地结束了各国间的军备竞赛，并且在远东建立了相对安全的局势。

2. 日内瓦会议

华盛顿裁军协议结束了各国间的军备竞赛，但是条约只是就主力舰达成了协议，海军大国依然加强了其他舰只的生产。1924年，英国5艘重巡洋舰下水。面对如此情况，同年，日本开始建造4艘重巡洋舰。1924年12月，美国国会批准建造8艘巡洋舰。一场新的军备竞赛又将开始。美国人为了不使华盛顿会议的裁军成果就此化

① 【美】米尔奇·尼尔森等：《美国总统制（起源与发展1776—2007）》，第265页。

为泡影，柯立芝总统于 1927 年 2 月 10 日发出邀请，要求召开五强海军裁军会议。但是美国政府的对外交往吸引力日益下降了。意大利和法国认为自己的军事实力受到华盛顿裁军协议约束，因此拒绝再参加类似会议，而后当美、英、日三个主要海军国家在日内瓦开会时，英国对美国要求和其同样的海军地位甚至优于英国海军无法接受，不能同意美国的要求，结果会议无果而终。裁军对于美国来说主要的目的是缩减军费，减少政府的成本支出，防止战争，从而遏制其他国家强大，降低国内利益集团对政府的职能服务要求，这一并不单纯的目的，并不能为他国所接受，所以美国人在日内瓦会议上的裁军理想遭到了失败，最终被更大规模的军备竞赛取代。

3. 非战公约

非战公约起因于法国担心德国的复兴，希望与美国结盟以阻止德国军国主义的复活，要求美国签订一项宣布战争为非法的双边条约。美国联邦行政部门对此缺乏兴趣，但是参议员威廉·博拉却很感兴趣，他发动了一场争取订立多边条约的宣传运动，使美国国务院处于一种尴尬地位。这迫使美国国务院必须做点什么。最后国务卿凯洛格在 1928 年 2 月向法国和其它国家提交了一份条约草稿。这份条约草稿完全不同于法国外交部长白里安的想法，白里安的目的是想订立一个法美安全条约，但是凯洛格草拟的只是一个世界反战宣言。凯洛格—白里安公约谴责靠战争解决国际争端，拒绝把它当作国家政策的工具。但是公约不要求各国作出任何实际的牺牲，也没有规定各国明确的责任，因此是一份无害也无用的文件，是一纸原则声明，签字国最后达到 62 个。1929 年 1 月，美国参议院以 85 票对 1 票批准了该公约。在当时凯洛格一白里安公约被公认为是美国的一大杰作，但实际上即使是投赞成票的参议员卡特·格拉斯也把条约贬抑得不如一张邮票值钱。“这一公约被看作是国际合作与和平体系在世界各地逐步强化的标志。”[①] 在投票在同一天，参议院批

① 【美】孔华润主编：《剑桥美国对外关系史（下）》，第 74 页。

准了建造15艘新巡洋舰的资金。所以，这个非战公约的实际意义非常小。这个公约的作用在于后来融入国际法，成为未来前者第二次世界大战侵略者的几个主要文件之一。

四、美国对欧洲的政策

虽然美国对欧洲不感兴趣，但是对欧洲事务却无法置之不理，因为财政部长梅隆致力于促进美国银行对外贷款的活动。在梅隆看来，“美国政府应积极鼓励美国银行家与他们的欧洲同行进行竞争。不过他也担心，这些对外投资活动可能会把政府卷入到欧洲的政治纷争中去。”① 为此，联邦政府也采取了一些措施。

1922年财政部起草了一套指导海外贷款的条款，并且和国务院达成妥协：“决定美国各主要银行发放海外贷款时，事先通知国务院；国务院和财政部官员一起审核某项贷款是否违反下述规定：不得向施欠美国债务的国家贷款，不得向美国不承认的国家贷款，不得向维护高价格反对美国的外国垄断集团贷款。如果拟议中的贷款符合条件时，国务院就简单地批上‘不反对’。通过这种办祛，国务卿休斯希望将来避免出现持有外国债券的美国公民寻求政府保护的情况发生。”②

但是梅隆的担心恰好就是欧洲的期盼，欧洲各国极力将其欠美国的债务与德国的赔款联系在一起。欧洲各国认为可以归还美国债务，但是必须从德国手上拿到战争赔款。“在这种模式下，美国和欧洲，实际上是美国和其余整个世界的一种金融依附关系就产生了，欧洲尤为重要，因为美国资金流入能够确保德国向英国、法国和意大利支付战争赔偿，而后者则以得到的部分资金偿还欠下美国的战时债务。整个机制都取决于持续的美国资金流动以及这些国家对它

① 【美】托马斯·G. 帕特森：《美国外交政策》，第317页。

② 同上书，第318页。

们之间的相互依赖的理解。”[①] 美国反对将赔款与战债联系，认为前者是与德国的战罪有关，而后者是纯粹的商业交易。但是欧洲国家却不这样看，特别是法国认为自己在第一次世界大战中是牺牲最大的国家，而美国人却在谈论金钱，所以法国人认为赔款自然应该与战债联系在一起。而且欧洲国家也不愿意通过正常的商业途径来偿还这笔巨额债务。因为它们得不到美国的贷款，当时，美国宣布不归还战债的国家得不到新的贷款，欧洲国家的产品在美国市场也缺乏竞争，欧洲国家自然将还债的希望寄托在德国支付的赔款上。

这种局面由于德国认为赔款数目过高而拒绝支付赔款而变得复杂起来。愤怒之下，法国和比利时在1923年出兵占领鲁尔谷地。

美国联邦政府密切注视着这场国际危机，休斯等美国政府官员已经认识到，“除非德国经济复苏，否则整个欧洲的经济都难以复苏。”[②] 不管美国是喜欢还是不喜欢，战债和赔款是联系在一起的。只要德国不能向英法支付足够多的赔款，英法就不会偿还美国的战债。因此，美国必须出面干预欧洲事务。“一些有影响的美国银行家、外交家，诸如摩根公司的合伙人托马斯·拉蒙特，威尔逊政府的财政部副部长诺曼·戴维斯等人认为，1923年是个很好的转机，美国应取消欧洲的战债，英法等国则放弃赔款要求。但大部分银行家和出口商出于保持现有商业利益的原则，认为只要维持美国债主的地位，就能加强美国货的竞争能力。”[③] 在柯立芝总统的要求下，美国国务院开始与德国政府谈判，并说服赔款委员会重新制订可行的赔款方案。1923年11月，该委员会决定成立一个调查德国财政情况的委员会，美国中西部共和党人、美国第一任预算署署长、大银行家查尔斯·道威斯来领导这个专家委员会。成员包括罗宾逊和欧文·杨格两位银行家。经过几个月的谈判，道威斯委员会提出一项

① 【美】孔华润主编：《剑桥美国对外关系史（下）》，第84页。

② Melvyn P. Leffier, “Political Isolationism, Economic Expansionism, or Diplomatic Realism: America Policy toward Western Europe, 1921－1933,” *Perspectives in America History*, 8 (1974): p. 439.

③ 【美】托马斯·G. 帕特森：《美国外交政策》，第319页。

新的计划，并在1924年8月得到各国的认可。道威斯计划要求德国改组国家银行，第一年支付10亿金马克的赔款，以后逐年增加，5年后增至25亿金马克。为了确保德国马上开始支付赔偿，战时盟国将共同负责稳定德国的货币，包括一笔1.1亿美元的紧急外国贷款，其中大部分将在美国筹集。“就这样，被称之为‘道威斯计划’的赔款问题的解决就为稳定欧洲外交以及金融事务铺平了道路。结合1926年完成的战债问题处理方案，美国与欧洲国家首次恢复了战后的正常经济关系。”[①] 这一“合作主义”，是20世纪20年代典型的美国政府—商人合作模式。

道威斯计划通过后，法国和比利时军队撤出鲁尔，美国的贷款开始源源不断地流向德国，申请提供贷款的数目10倍于所需的数额。在美元的帮助下，德国经济很快稳定并迅速起飞。在以后5年中，德国的出口增加了3倍，德国再次成为欧洲经济的中心。但是赔款问题仍然没有得到完全解决。

1929年，各方又对德国的赔款问题达成另一个新的方案，这就是以协助安排该方案的美国银行家杨格的名字而命名的“杨格计划”，该计划将德国的赔款减到了90亿美元，分59年付清，利息5.5%。结合当时美国与其战时盟国通过谈判达成的其他各种债务处理方式，1929年的安排成为政企合作精神以及美元在国际事务中发挥关键作用的又一缩影。美国联邦政府呆在幕后，而通过私人银行家和商人出头攫取利益。

由于德国复兴的部分动力源于美国资本的大量涌入，“1924—1930年间美国私人资本向德国各级政府和公司贷款总计达25亿美元。同期，德国按照计划支付赔款近20亿美元。而前协约国成员则偿还美国战债26亿余美元，相当于美国借给德国的金额。因此，戴维斯抱怨说，这种贷款—赔款—战债的连锁关系在经济上毫无意义。”[②]

① 【美】孔华润主编：《剑桥美国对外关系史（下）》，第83页。

② 【美】托马斯·G. 帕特森：《美国外交政策》，第320页。

这种循环模式是建立在美国以海外采购和投资的形式源源不断地向国际市场提供美元的基础上，由于大量的美国贷款不是用于生产性投资，而是作为欧洲国家的战债又流回美国，因而一旦美国这个美元供给中心停止运转，整个世界经济也就处在危机之中

如果说美国在德国问题上与欧洲基本是合作的，那么在亚洲和中东的投资问题上美国和欧洲的矛盾就比较突出了，一战以后美国越来越依靠投资和贸易来拉动经济增长，而且美国的经济繁荣对资源的需求也越来越大，因此美国对于英法这些老牌殖民大国借助控制大片殖民地阻碍美国投资和贸易极为恼怒。为此美国联邦政府充分利用了国家资源为美国的工商业利益集团服务，以打开海外市场。20世纪20年代美国的橡胶进口主要来自英属马来亚。英国当时制订了一项排它性计划，打算维护马来亚橡胶的高价格，不允许美国橡胶协会的企业染指这一行业。但胡佛威胁说，如果不允许美国公司参与马来亚橡胶业的发展，美国就停止进口该地区橡胶。1928年英国只好放弃这一计划。但在角逐中东石油资源的斗争中，英国则不愿再作出类似的让步。该地区丰富的石油资源一直被英国、法国和荷兰的公司所瓜分，1920年5月英法两国在意大利的圣雷莫会议上达成秘密协议，决定对所有外国石油公司关闭英国委任统治地伊拉克的大门。战后初期，美国国内一度担心会出现石油短缺的危机。在紧迫地感觉到要以进口石油替代国产油的情况下，特别是汽车制造业的发展促成了这种显而易见的需求，美国石油公司迫切希望得到政府的帮助与英国同行竞争。有人评论美英关系说："战争进行时看来是血浓于水，战争结束时却是石油浓于血。"①

美国工商业利益集团在国务院和商务部的强有力支持下积极地进入了中东油田。美国石油公司、国务院、商业部的代表与英国、伊拉克政府和欧洲一些石油公司的代表之间进行了长达7年的磋商和谈判。1928年7月美国最终与英国波斯、荷兰壳牌、法国石油等三个大石油公司达成协议，从而成功地迫使欧洲同意重新划分采油

① 【美】托马斯·G. 帕特森：《美国外交政策》，第316页。

特权的势力范围，这就是所谓的“1928 年红线协定”，该协定规定了上述四国在发展油田方面的基本权利和各自地域。由七大石油公司组成的美国石油集团获得了英国控制的土耳其石油公司在伊拉克石油租借地的 23.75％的转租权。当 1928 年 12 月加利福尼亚美孚石油公司从巴林购买石油开采权时，发现英国与巴林曾有约在先，只有英国公司才有权开采，美国石油公司只得求助于国务院。一年后，在美国的强大压力下，英国被迫同意美国公司向巴林投资。1935 年加州公司已打出 16 口油井。

5. 对中国的政策

在华盛顿会议期间，美国促成与会国家签订《九国公约》。各国承认中国的主权独立、领土完整，并尊重美国对华的门户开放和机会均等政策。“这样，1921—1922 年的华盛顿会议在亚洲建立起了一个合作与稳定的框架。美国带头起草和签署了《九国公约》，确立了在中国问题上的合作与协商原则。”①

20 世纪 20 年代美国对华贸易和投资都有了明显的增长，这同美国政府的支持与鼓励是密切相关的。但是美国在中国的经济地位仍然是比较软弱的，美国在中国寻求商业机会均等的努力获得成功非常困难。主要还是因为日本的阻挠。“在整个 20 年代，美国决策者错误地以为，只要日本依赖于美国的财政贷款，日本就不得不遵守华盛顿体制，但实际上美国这种财政上的潜在影响力，并没有变成有效的经济外交。虽然美国要求日本不得将贷款用于帮助外国资本在第三国‘歧视或限制美国工商业机会，推动那里的竞争体制’，但效用不大。”②

不过当美国需要使用武力才能维护它在中国的利益时，也没有丝毫犹豫。1927 年中国北伐军攻占南京时，一些散兵游勇乘乱抢劫

① 【美】孔华润主编：《剑桥美国对外关系史（下）》，第 75 页。

② 杨生茂主编：《美国外交政策史：1775—1989》，人民出版社 1991 年版，第 330 页。

外侨时造成一名美国人和三名英国人被乱兵击毙。美国立即使用炮舰炮轰南京，造成大量中国军民伤亡。南京事件后，美国亚洲舰队的全部战舰云集中国的沿海和内河。美国在华海陆军人员合计为1.32万人，“保护”在中国的1.4038万名美国侨民。两次世界大战之间是美国国防力量削减时期，但在中国它却集结了这样一支庞大的队伍，令人吃惊。正是利用美国在中国的强大军事力量，帮助美国与南京国民政府解决“宁案”的谈判。经过近一年时断时续的谈判，1928年3月30日美中双方达成协议，蒋介石同意保护外国人在华权益，采取措施与美国和解关系，而美国宣布承认南京国民政府。

6. 美国与日本的关系

美国与日本的关系在20世纪20年代持续地恶化了，这是美国和日本在亚洲的政治战略和经济利益严重冲突的结果。在华盛顿会议上，美国迫使日本废除英日同盟、签订《四国公约》和《九国公约》，逼迫日本退出山东的权益，撤出在西伯利亚的军队，允许美国在日本委任统治地雅浦岛铺设海底电缆，最后美日两国还废除了《兰辛—石井协定》。使日本一战时在中国所获得的优越地位和权益丧失许多。这反映了美国和日本之间巨大的国力差距。尽管美国的政府资源调控能力在一战后下降许多，但仍然有能力让日本作出巨大让步。1923年日本开始把美国列为头号潜在敌人，但是由于美国和日本之间巨大的贸易往来和对苏联的共同恐惧使美国和日本的关系还是控制在一定的范围之内。美国的资金对日本从1923年大地震的破坏中得到恢复起到了很大的帮助，这次地震摧毁了东京大部并造成了高达10亿美元的财产损失。福特汽车公司在日本设立工厂并生产出了第一辆汽车，美国人还积极投资于使得整个日本快速工业化和城市化的医药、电子等行业。同一时期在中国，美国的投资在大城市的公用事业以及电话建设等方面格外显著。标准真空油公司在亚洲大陆和荷兰的东印度参与炼油工业。到大萧条爆发前夜，美国在该地区的投资总额加起来已经接近10亿美元。

总体来说是美国联邦政府的权力收缩，导致美国在亚洲的力量并不强大，美国也缺少使用军事资源的意愿。整个 20 年代美日基本保持在一种平稳的状态之中。

7. 对苏联的政策

美国对苏联的政策是复杂的。尽管列宁 1919 年就明确表示过："我们明确地要同美国达成非正式的经济协议——同所有国家，但特别是同美国。"[①] 但是在整个 20 世纪 20 年代，共和党政府一直坚持伍德罗·威尔逊所确立的不承认政策。一方面是许多美国人对共产主义意识形态的厌恶与恐惧，"他们认为，布尔什维克是不信上帝的、未开化的、反资本主义的、残暴的、破坏性的革命分子，把工人像奴隶一样束缚于一种独裁制度。"[②]

另一方面也是由于苏俄政府拒绝承受沙皇和临时政府所欠的美国债务。"在这约 6.36 亿美元偿还之前，在莫斯科履行它的义务以前，不会给予承认。"[③]

尽管没有正式的外交关系意味着难以形成强制约束性的法律合同，但是商业利益的冲动使美国无法忽视苏联这个大市场。美国"国务院把对布尔什维克的厌恶同经济扩张的愿望区别开来，允许发展重要的商务关系……1926—1929 年，苏联境内的 100 多项租让权投标方案都是由美国人提出的，仅在 1928—1929 年就有 54 项，占同一时期所有外国投标总数的 26.1%"。[④]

美国政府也曾经幻想通过人道主义援助等方式改变苏联的制度。"1921 年，俄国发生大饥荒。当作家马克西姆·高尔基呼吁援助时，商业部长赫伯特·胡佛开始动员力量给予援助。1919 年，胡佛就曾告诉威尔逊总统，给俄国以救济会比军事干涉更为人道，会削弱布尔什维克的权力而导致俄国的政治稳定。为了人道主义和反苏的双

---

① 【美】托马斯·G. 帕特森：《美国外交政策》，第 448 页。

② 【美】同上书，第 448—449 页。

③ 同上书，第 449 页。

④ 【美】孔华润主编：《剑桥美国对外关系史（下）》，第 86 页。

重目的，胡佛在1921年同莫斯科签订了一项协定，组织将宝贵的食品和药品运到俄国需要这些东西的地区。”[①] 但是美国的援助并没有取得它所希望的改变苏联的制度的效果，相反美国联邦政府由于坚持拒不承认苏联，美苏关系在1929年之后日益恶化。

8. 美国对加拿大的政策

20世纪20年代美国对加拿大的政策比较稳定，主要因为执政的自由党一直和美国保持着友好和密切的关系，自由党领袖总理麦肯齐曾在哈佛大学获得经济学博士学位，并在1911年选举失败后回到美国加入了洛克菲勒基金对产业冲突的调查和调解。

战后加拿大所面临的经济状况，以及20世纪20年代美国经济繁荣促使美加之间的经济联系不断加强使之成为美国经济的一部分。1922年美国的投资者取代英国控制了加拿大的资本市场，20年代加拿大成为美国在世界上第二大商品出口国。“美国的三大汽车制造企业击败了加拿大本国的汽车工业；通用电气控制了加拿大最大的电气公司，美国的附属企业生产加拿大2/3以上的电气设备；美国的杂货店、小零售店和食品店遍及整个加拿大。”当1926年加拿大在英联邦内部获得独立的时候，美国立即承认，派了威廉·菲利浦到渥太华。1927年初，文森特·马塞被作为加拿大的外交使节派往华盛顿。总体而言，20世纪20年代美国与加拿大的关系体现了美国经济扩张的战略，两国之间在经济上的交往日益密切。

9. 对拉美的政策

通常在美国面临激烈竞争的地方，如亚洲和中东，美国要求实行“门户开放”政策。但是对拉美地区，美国一直实行门罗主义政策。对于美国来说，拉美尤其加勒比地区始终是美国最重要的战略防御范围，这是地缘政治环境所决定的。对美国人来说，无论其对美国卷入欧洲或亚洲事务的态度如何，拉美都是美国最关心的地方。

① 【美】孔华润主编：《剑桥美国对外关系史（下）》，第86页。

因为控制拉美地区就为美国提供了最有利的贸易环境和安全环境。经过20世纪最初20年的努力，其中包括近20次的海军陆战队的武装干涉，美国确立了在中美洲及加勒比海地区的霸权。这也是让欧洲感到愤恨和不满的地方。“在美国资本和贸易占据控制地位的拉丁美洲和菲律宾，实际上实行的是有点近乎‘门户关闭’的政策。欧洲人对美国奉行双重标准大为不满，他们对美国的关税政策表示愤懑，因为它使其他国家向美国出口更为困难，而它们必须这样做才能得到购买美国货所需要的美元。”①

不过在20世纪20年代，虽然美国仍然将门罗主义作为其在拉美地区的政策关键，但是内容却发生了变化。美国政府官员不再恪守罗斯福推论，因为它实际上是将美国对拉美地区国家军事干预和财政监管的行动合法化，转而将门罗主义宣扬成是泛美团结与合作的一种表达形式。这种情形的产生主要是因为美国联邦权力的收缩所导致的人员和财政开支减少，使得美国干涉拉美事务有些力不从心，与此同时，美国也逐步认识到过多地干预拉美事务是不得人心的。“利用海军陆战队作为政策工具愈来愈不得人心并产生相反的效果。民族主义情绪对美国的权力造成某些限制，在墨西哥和阿根廷尤其如此。参议员乔治·诺里斯和威廉·博拉等反帝国主义者，引用威尔逊的自决理想，要求把它实行于拉丁美洲人。国会议员对军事干涉的耗费以及总统作为总司令单方面派兵到加勒比海而滥用其宣战权愈来愈不满。企业家们终于相信，由于军事远征引起反美情绪和暴力行动，对他们的资产不是起了保护作用，而是起了危害作用。”②

因此，在20世纪20年代美国在拉美更多地把商业利益作为最主要的利益寻求。

“美国在拉美的经济活动十分广泛，到1929年美国私人对拉美的直接投资（不包括债券和证券）从1914年的12.6亿美元猛增到

① 【美】托马斯·G. 帕特森：《美国外交政策》，第441页。
② 同上书，第490页。

1929年的35.2亿美元，主要是在电力、铁路、香蕉、糖、石油和矿产方面，这些数字相当于美国在国外总投资的1/3。其中古巴和西印度群岛为10.54亿美元、墨西哥为9.13亿美元、南美洲为15.48亿美元，而作为间接投资和政府贷款到达这些国家的资金数目与上述数字也不相上下。”①

总的说来，美国的经济决策对拉丁美洲国家的政治经济生活具有极大的重要性。它们的政权实际上变成了美国的附庸，而这正是美国所希望的。例如，“在多米尼加共和国、古巴和海地，官方在借用外国资本之前必须征得美国的同意。在那10年中，智利还从来没有感到过它这样彻底地被一个外国的难以预料的态度所左右。”在古巴，美国股份占糖业生产的大约2/3，美国的投资把这个国家牢牢地固着在危险的单一作物生产经济上，受世界糖价浮动的影响。”②

美国的睦邻政策不是仅仅只是“胡萝卜”，当美国发现用所谓“和平的方式”并不能获得它所要的利益时，美国人并不在乎使用武力。这一方面反映了一战之后虽然联邦权力在收缩，但是其调控资源的能力却是19世纪所无法比拟的，美国一旦需要使用武力就能够使用武力。另一方面也确实说明拉美地区对美国的重要性，美国认为拉美地区对于其安全来说具有极为重要的意义，因此美国在该地区使用武力的意愿非常高，并且不像在其他地区那样会遇到某一或某几个强国的阻挠，使用武力的成本很低。

(1) 对尼加拉瓜的干涉

1925年，美国海军陆战队刚刚撤离了了尼加拉瓜。该国国内就爆发了一场全面内乱。面对亲美的迪亚斯政府的求救，加之美国利益集团在该国总计有1200万美元的投资，柯立芝总统从美国的利益考虑，在1926年末又卷土重来，借口是共产党在尼加拉瓜阴谋发动叛乱。美国对尼加拉瓜的干涉在美国引起了国会的抗议，国会认为行政部门绕过国会的宣战权而采取军事行动是对国会权力的侵犯。

---

① 【美】孔华润主编：《剑桥美国对外关系史（下）》，第86—87页。

② 【美】托马斯·G. 帕特森：《美国外交政策》，第503页。

（2）对海地的干涉

在整个20年代美国的海军陆战队都一直呆在那儿。“美国的占领很难作为仁慈的帝国主义的榜样，就连最宽容的历史学家也很难为这一冒险事业说几句好话。”[①] 美国的的战略依然是加勒比海是美国的内湖。

（3）同墨西哥的冲突

在20世纪20年代的美国与拉美关系中，最大的冲突焦点则是美国与墨西哥之间起伏不定的争端。1917年墨西哥通过宪法宣布其所有的地下石油都属于国家，为此和美国产生了严重的分歧。1923年9月，双方达成妥协，墨西哥政府承认美国人在1917年以前获得的地下土地的权利。但是不久1924年卡列斯就任总统，再次推翻了1923年的协定。

国务卿凯洛格和柯立芝总统都抱着开战的态度。但是当两国之间的战争眼看就要爆发的时候，美国国内的劳工组织、新教徒组织等利益团体爆发了高涨的反对战争的情绪，1927年1月，美国参议院通过决议，要求和平解决争端。[②] “卡尔文·柯立芝总统迅速在1927年派遣华尔街银行家德怀特·莫罗作为驻墨西哥新任大使并着手一项石油问题的折衷方案。他取得了极大的成功，很好地显示出墨西哥的民族主义者和美国商人具有共同的利益。”[③] 1928年3月，美国正式宣布与墨西哥之间不再存在突出的矛盾。

由于战后美国军费开支的缩减，美国在对外事务上只能较少地选择武力解决的方式。而且美国也“逐步认识到与其和中国、墨西哥以及其他地区的激进势力维持一种可以想像得到的战争后果的敌对关系，倒不如通过密切的经济纽带来达成一种折衷。”[④]

如果美国以武力相逼迫，那么拉美地区的民族主义情绪就会高

① 【美】托马斯·G. 帕特森：《美国外交政策》，第499页。

② 余志森主编：《美国通史（第四卷）：1998—1929》，第524页。

③ 【美】孔华润主编：《剑桥美国对外关系史（下）》，第79页。

④ 【美】托马斯·G. 帕特森：《美国外交政策》，第506页。

涨，1928年的哈瓦那美洲会议就充分展示了这一点。当时，刚刚发生了美国军队登陆尼加拉瓜事件，这引起了拉美国家的普遍愤怒。对美国政府来说，哈瓦那会议是一个警告，说明美国必须重新检查它的拉美政策。

1929年初美国当选总统胡佛游历拉美各国时，一再声明美国决不用干涉手段“保护”美国在国外的财产权。“胡佛后来倡导了一项新政策：当美国认为有必要对拉美国家进行干涉时，应取得其它西半球国家的同意。从形式上看，胡佛以后的各届政府都继承了这项政策。”①

总体来说，美国在20世纪20年代的对外政策不能说是完全的孤立主义的政策，因为，美国国内利益集团，特别是工商业利益集团对海外市场的需求使美国不能不对国际事务保持一定的关注。但是美国联邦政府的内敛也确实使美国对于领导世界的雄心显得不那么强，在多数时候和多数地区美国的兴趣和注意力主要集中在经济利益上，对于政治和战略利益的关注和需求不是那么强烈。

---

① 【美】托马斯·G. 帕特森：《美国外交政策》，第340页。

第五章　危机时代（1929—1939）

从 1929 年美国经济危机爆发到 1939 年第二次世界大战全面爆发，是美国历史上的一段特殊时期，这个时期有两大特征：大萧条以及旨在恢复和改革经济的新政。“在 1929—1933 年，按 1958 年美元计算的国民生产总值，从 2030 亿美元减少为 1141 亿美元；直到 1939 年，国民生产总值才略为多于 1929 年的数字。”[①] 也正是在这个时期里，美国的联邦政府特别是行政部门，无论是从规模还是职能，较之以往都有了巨大的扩大，这种扩大对于美国的发展影响极为深远，它说明美国现代化历程对于美国政府的职能要求是广泛而深刻的，不管愿意还是不愿意，美国政府职能的扩展都是不可避免的。

第一节　萧条的根源

关于 1929 年美国经济危机的爆发，迄今人们仍然无法给出全面而准确的解释。诸如国际债权债务格局的变化、农业的扩张和崩溃、大规模进入美国的移民浪潮的结束、纽约股票市场的崩溃、斯穆模一霍利关税法的实施、第一次银行危机，甚至是某个关键人物（美联储主席本杰明·斯特朗的去世）等。

① 【美】菲特、里斯：《美国经济史》，第 731 页。

但是，通过对历史的剖析我们大致上还是可以清楚看出：在20世纪20年代已经存在着当时被人忽视或漠视的若干不利于经济发展的趋向。这种趋向归根到底是与美国联邦政府的职能未有效实施密切相关。在整个20年代，由于利益集团力量的失衡，工商业利益集团处于优势地位，其利益最多，其他利益集团的利益并没有多少扩展。"所谓工业部门工资水平较高，其中不少是假象。在这10年内，新机器的应用把大批工人排挤掉了。例如，在1920—1929年，工业总产值几乎增加了50%，而工业工人人数却没有增多，交通运输业职工实际上还有所减少。在工资水平很低的服务行业工人增加最多，其中毫无疑问也包括了许多因技术进步而失业的技术工人。因此那些显示工资略有提高的统计数字，看来没有把真实情况反映出来。"①

"劳工工会甚至丧失了他们在战争时期的中等水平的力量。社会改革运动虽然还没有完全停止活动，但对私人市场系统近乎自由的作用不会有多大威胁。总之，工商界处于一种社会方面良好的不干涉主义的环境之中。正是工商业制度本身产生了后来的萧条，而不是外部的、敌对的社会力量。"② 但是美国联邦政府却没有采取什么有力的措施，反而对工会运动抱着更加警惕的心理。最高法院的判决绝大多数对工会组织来说都是不利的。

农民情形也不太好。虽然20世纪20年代在美国中西部农民的领导下，美国农业利益集团在美国国会形成了一个强有力的集团，并且展现了它的政治力量，制定了若干法案，但是一直没有多大效果。"美国农业一直没有从战后萧条中完全恢复过来，农民在这个时期始终贫穷。"③ 美国联邦政府不同机构之间的矛盾与冲突经常导致国会制定的法案被总统否决，而总统支持的法案又不能在国会中通过（柯立芝总统在1927年、1928年对《麦克纳里-豪根法案》的否决，柯立芝支持的《诺贝克-伯特内斯法案》没有在国会通过）。一

① 【美】菲特、里斯：《美国经济史》，第699页。

② 【美】沙伊贝、瓦特、福克纳等：《近百年美国经济史》，第358页。

③ 【美】菲特、里斯：《美国经济史》，第699页。

直到胡佛就任美国总统之后，国会才通过《农业营销法案》，联邦农业委员会才成立起来。

由于劳工与农民是基本消费者，因此这两类人的消费能力即使在20世纪的繁荣年代里也不是很强，他们的消费能力实际上是建立在借贷基础之上的。因而遇到经济困难时，他们的消费信心就会坍塌，必然对消费品市场形成巨大冲击，导致消费品支出的急剧减少。

与其他利益集团不同的是，工商业利益集团受到了政府明显的偏爱。联邦政府风行小预算政策，税收尽量降低，反托拉斯实际上停止而新的合并高潮增加了工商业的集中时，政府的反应是克制。对外关税起着较高的保护作用，这些政策使得“那个时期增加的收入大半落入少数人或少数家族的腰包了。1934年布鲁金斯研究所发表的一篇研究20年代经济问题的论文这样写道：美国呈现出了收入分配日益不均的趋势，至少在20年代前后是如此。这就是在这个时期人民群众的收入有所增长，而上层阶层的收入水平提高得更快。由于上层阶层高额收入的实现，他们的收入中节约部分增加得比消费部分快，也就出现了大富豪及其家族把积累的收入越来越多地作为投资的趋势”。“实际工资赶不上工业生产力的迅速增长。出现这种情况的部分原因可能是工会力量的日益削弱。其结果是一种相对偏移，即偏离劳动收入而偏向财产收入。”①

在1920—1929年，按全国总人口平均的可自由支配年收入（即纳税后的年收入）从635美元增为693美元，约提高9%。然而，在同一时期内，占总人口1%的最上层人口的平均可自由支配的年收入，从7492美元增为1.314万美元，提高了75%左右。换句话说，在1920—1929年，占全国人口1%的最上层阶层据有全国可供自由支配的年平均总收入，估计从12%上升为19%。1929年，占全国人口20%的上层阶层约占有全国可自由支配总收入的40%。美国在1929年约有60%家庭的全年收入低于2000美元。可见，利润较高，工资较稳定，往往会使全国收入集中在高收入阶层手里。

① 【美】沙伊贝、瓦特、福克纳等：《近百年美国经济史》，第358页。

这样一个后果就是对整个消费者支出的增长构成一个巨大的障碍。20世纪20年代经济的增长主要是依靠增加投资来完成的。“回顾这一段历史，可以看出消费者手头钱多些，投资者手里钱少些，国民经济也许会稳定些。1929年在某种程度上由银行信用造成的股票市场的繁荣也反映了资金过剩，使资本家投资于购建厂房设备无利可图。”①

在一个自由放任的社会，经济上的两极分化是必然的。社会能够承受一定程度的分化，但支撑到某一点上也许就会招架不住，失去平衡。分化的危险首先是造成社会内部的对立，不同的利益集团之间，因为利益上的尖锐对立，又缺乏有效的相互沟通，相互之间的怨恨心理越来越强。而更严重的危险在于国民经济失衡，财富过度集中在少数人手中，而他们的消费毕竟有限，大部分人购买力低下，不足以刺激经济，在生产效率激增的情况下，难免产品积压，经济运转失灵，经济危机开始产生。这其中就需要联邦政府发挥平衡作用，通过采取更积极和聪明的政策和法规去限制工商业利益集团牟取私利。但是问题就在于联邦政府的监管缺失，虽然联邦政府一直注意不去损害个人的产权，但是对工商业利益集团的利益过度给予偏爱，只能将其变成一个只关注分利、而不注重增产的利益集团，从而使社会共容利益下降，利益蛋糕的分配极度不均衡，在某种意义上，工商业利益集团的行为犹如到瓷器店里抢瓷器，阻碍了其他利益集团可能获得的蛋糕。

美国政府始终不愿意介入国际事务也产生了严重的副作用。美国对外投资的大量增加和对外贸易的持续出现顺差，产生了严重的国际问题。由于“欧洲的穷困和美国的高额关税，使欧洲不可能用黄金或商品来偿还美国的贷款。在战后的年代里，世界黄金有大部分派入美国的趋势，这一现象，给欧洲各国攻府为恢复金本位制所做的努力，带来了更大的困难。与此同时，欧洲认识到美国不愿意去正视这一事实，即欧洲不可能无限地继续从美国买进多于它们卖

① 【美】菲特、里斯：《美国经济史》，第701—702页。

给美国的商品。甚至美国对外贷款的大量流出，也不足以维持这种单向交通。欧洲经济困难的结果，引起了那里政治的不稳定，再由此引起国际财政的不稳定，于是整个局势造成世界经济动摇。美国商品的出超不能增长。”①

通过对经济萧条原因的分析，我们基本可以得出这样一个结论，美国联邦政府及其机构在职能运行中出现了严重的缺失，从而促成并加剧了美国经济萧条的形成与发展。

大萧条所带来的后果是惊人的。

美国劳工统计局编制的下列指数，提供了一个总的景象。这个指数表以1926年为基期，假定这一年的指数为100。

表27

年份	批发价格	就业	发放工资额
1929年平均数	95.3	97.5	100.5
1930年平均数	86.4	84.7	81.3
1931年平均数	73.0	72.2	61.5
1932年平均数	64.8	60.1	41.6
1933年平均数	65.9	64.6	44.0

上列就业指数用人数来表示就意味着1930年失业人数为434万，1931年为802万，1932年为1206万，1923年接近1300万，大约为全部民用劳力5159万的1/4。由于这些失业者中绝大部分人是家庭支柱，家庭其他成员的生活靠他的工资来维持，因此，受失业影响的人数有数千万。

虽然农业方面的情况有所不同，某些主要作物的一般生产水平没有发生严重变化。但是这并不意味着乡村逃脱了大萧条，如果说

① 【美】沙伊贝、瓦特、福克纳等：《近百年美国经济史》，第360页。

无家可归和饥饿的人在城市比在乡村更普遍，那么农村的绝望情绪比城市更严重。“在1929年和1932年之间，已经严重降低了的农业总产值又进一步下降了33%。几百万小型的、个体劳动的农民为了保持收入，用更加辛勤的劳动来对付农产品跌价。因此农业方面过剩产品堆积，这与集中起来的工业中生产能力过剩和失业是一个尖锐的对照。农产品过剩的后期破坏性（例如屠杀“可怜的小猪”）比工业城市中闲着的工厂更为广泛和悲惨。”①

第二节　美国联邦政府的应对措施（胡佛时期）

面对如此严重的经济危机，美国联邦政府不能不作出反应，从1929—1938年，面对经济危机胡佛总统和罗斯福总统都采取了一系列的举措来缓和经济危机，由于胡佛总统和罗斯福总统的治国理念不同，联邦政府在两位总统任职期间的应对措施大不相同。

一、胡佛的治国理念

总体来说，胡佛总统的反应是十分糟糕的，这同他的治国理念密切相关。“胡佛所信仰的事物——效率、事业心、机会、个人主义、真正的自由放任政策、个人成功、物质福利——都属于美国主要传统。他所代表的思想，那些在许多人看来是使他1929年之后变得可恨而且可笑的思想，也正是那些在遥远的19世纪和不久之前的‘新时代’中对大多数美国人具有几乎是不可抗拒的引诱力的思想。”②

在1928年美国大选前夕，胡佛在纽约发表了题为“美国的个人

① 【美】沙伊贝、瓦特、福克纳著：《近百年美国经济史》，第365页。

② 【美】理查德·霍夫施塔特：《美国政治传统及其缔造者》，第314—342页。

主义”的演说，集中阐述了他的政治理念。胡佛将经济繁荣和人民生活提高归功于共和党的领导，因为共和党在战后立即恢复了战时中央集权前的状态，在过去 7 年多的执政中坚持了美国体制和传统，拒绝政府在经济生活中与民争利。

他说：“民主政府决管不好经济。同时，如果政府真的要接管经济，势必建立一整套组织，形成一个庞大的官僚迷宫，促使中央集权，一切竞争也将宣告结束，而没有竞争的经济不可能有活力。”[①]胡佛作为工程师和国际商人，曾在东西方许多国家管理过企业，胡佛的丰富阅历使他更加欣赏美国自由主义思想，他相信美国的成功源自美国人的个人主义制度，较之于欧洲的家长制和国家社会主义要成功得多。

胡佛一直认为，联邦政府应该更好地与工商业阶层进行经济合作，增加经济机会。胡佛的个人经历也使他对于和工商业合作战胜贫穷、繁荣国家充满信心。在第一次世界大战初期，他管理比利时救济委员会的庞大计划，在组织私人企业方面特别有效。胡佛一直相信经济的长期增长基本上是建立在工业、贸易和消费者的有效互动中。政府的作用显然不是管理商业，而是提供服务。胡佛相信，这些政策促进了这个国家令人眼花缭乱的繁荣。胡佛对美国经济危机的根源也有所认识，包括高生产与低消费之间的不平衡；衰弱的农业；工业中有效程序的缺乏；由不健全的货币与借贷政策引发的狂热金融投机；以及受到忽视的劳工组织，工商业利益集团所受到的偏爱，允许过多的企业利润流入老板和经理的腰包。

虽然胡佛对美国体制的理解十分准确，但是他显然对美国大萧条的根本原因还是没有深刻理解，他没有意识到利益集团追求自身的利益是十分正常的，问题在于需要强有力的政府的监管，否则利益集团必定会变成分利性集团。正是美国政府监管的缺失，以及美国政府职能的不到位，对于大萧条的爆发产生了最重要的影响。因此，他无法想象美国政府在危急时刻应该做些什么。他仍然认为通

① 钱满素：《美国自由主义的历史变迁》，第88—89页。

过工商业与政府合作能够消灭经济危机。解决这些问题的办法并不在于扩大联邦政府，而在于利用总统职位以及行政机构的所有部门，来鼓励私人机构做出更加公正和理性的经济调整。在担任商务部长时，胡佛曾经成功地与贸易协会和农场组织进行过合作，现在作为总统，他希望扩大这些活动。1929 年 12 月 14 日，胡佛对橄榄球俱乐部说：总统“必须在他力所能及的范围内，对政府之外的道德、社会和经济力量的发展进行领导”。[①]

但是，他又不像哈定与柯立芝两位总统，胡佛认识到美国联邦政府应该在美国经济增长中扮演更积极的角色。“胡佛否认他主张自由放纵。为了正当的经济利益，他承认一定程度的政府控制是必要的，但是他想要使政府成为经济比赛中期盼的一名裁判，而不是一名选手。”[②] 为此他在商务部长任内，就积极探索如何更有效地发挥政府的作用。这就造成了胡佛的巨大困境，形成了一种愿望与行动之间的反差。一方面胡佛与哈定和柯立芝一样，认同的政治理想是将联邦政府的功能局限在宪法明确的授权范围之内。另一方面他希望在美国社会进行重大的变革，但是他又不愿意承担这个重任，“他有着对大政府的恐惧，但是他又持有西奥多·罗斯福·威尔逊的理念，这种产生于进步主义时代的理念认为政府有能力改善社会与经济条件。”[③]

胡佛始终把大萧条看成是来自国外的打击，是欧洲的原因、而不是美国的原因造成了这次危机，因为欧洲国家在第一次世界大战中受到巨大损失、以及庞大的国债、军备竞赛导致的沉重的军费开支，以及对工业和商业的过度补助。胡佛从来没有认识到过，美国人民的购买力与其所创造的生产力相比是多么之低。“在《对自由的

① 【美】米尔奇·尼尔森等：《美国总统制（起源与发展 1776—2007）》，第 278 页。

② 【美】纳尔逊·曼弗雷德·布莱克：《美国社会生活与思想史（下）》，第 330—331 页。

③ 【美】米尔奇·尼尔森等：《美国总统制（起源与发展 1776—2007）》，第 277 页。

挑战》（1934 年）一书中，胡佛得意地说，在美国并不存在财富分配严重不当的情况，这话符合他的思想。而且他宣称：散布有关财富分配不当这种阴险的思想，是那些试图摧毁自由的人们的一种伎俩。进行充分的研究将会发现，90%以上的国家收入分给了年均收入 1 万美元以下的人，97%以上的国家收入分给了年收入在 5 万元以下的人。”①

胡佛一直坚信，通过和工商业阶层的密切合作能够克服这次危机。他认为如果工商业利益集团能够明智地让渡出一部分利润就能够产生作用，当美国公众越来越强烈地要求以胡佛为首的行政机构各部门承担更多的职责，协调经济和提供社会服务的时候，胡佛在内阁会议室主持召开了一系列旨在稳定经济的会议，邀请了主要工业和劳工组织的领导人参加，主要目的是敦促工业领导人和工人采取自愿行动来扭转经济危机。

这样，“在他那奇特固执的心里，就产生了一系列脱离现实的想法，这使他越来越深地陷入想入非非的境地，认为事情正在按他预料的方向进展。因为按照他的假设，他的纲领本应是成功的，所以他喋喋不休地谈论自己的纲领，仿佛是这项纲领正在带来成就，而且他的想法越是行不通，他就越要以藐视一切的精神维护他的主张。”② 到 1929 年秋，连共和党的国会领导人也在批评胡佛非政治性的总统行为方式。新闻媒体虽然还不太愿意将胡佛说成是一位软弱的行政领导人，但也深感迷惑。一位评论者对总统远离国会特别会议的超然态度进行评论时说，“国会集会后的第一年时间里，一种奇怪的麻痹状态似乎笼罩在胡佛先生的身上”。③ 在 1930 年中期选举中，共和党因为大萧条的原因失去了对国会的控制权，但是民主党的议员们并没有抓住大萧条的机会向胡佛宣战，相反“在 1930 年选举以后，众议员民主党的领导同考克斯、戴维斯和史密斯一起做了

① 【美】理查德·霍夫施塔特：《美国政治传统及其缔造者》，第 366 页。
② 同上书，第 362—363 页。
③ 同上书，第 279 页。

公开保证，他们将同胡佛合作，将不在暗地里支持危险的立法。直到 1932 年，众议院议长、德克萨斯州的约翰加纳还帮助胡佛在国会通过一项在全国征收销售税的法案，这项立法对穷人来说，既是象征性的有时也是实在的负担”。[①] 但是胡佛却不愿意和国会合作。胡佛拒绝在 1929 年召集的国会特别会议发挥领导作用，也没有发表任何讲话来呼吁进行立法。这让许多人感到困惑和失去热情。胡佛的消极被动似乎与他为国家所抱有的雄心大志极不相称。正如弗索尔德指出的：“本世纪没有哪位积极主动的总统曾经像胡佛那样与国会保持着距离。”胡佛离任后，对自己当时的沉默不语进行了这样的解释：“立法机构的削弱会导致行政机构对立法和司法职能的侵害，从而不可避免地损害到个人的自由。”“我真切地以为，总统不应该寻求通过损害他们的声誉来破坏立法和司法机构的独立性。宪法确立的权力分立原则是我们自由的堡垒，而不是用来展示总统威力的战场。”[②]

所以，后来形成了一种很奇怪的现象，即国会施加压力要求扩大联邦政府的权限，因为“国会有那些深受萧条折磨的选民经常进行督促，而胡佛却仍拘泥于他老一套的政治哲学。胡佛曾在 1931—1932 年几次运用总统的否决权来阻挠国会制定新法案。”[③]

胡佛始终认为，美国联邦行政部门如果采取强制性措施，就会损害美国对产权与契约的神圣保护，这将损害美国的立国精神，从而对这个国家的长远造成根本性的损害。“因而他始终跨不出强制企业的那一步。在无数美国人面对饥饿的时候，他却在考虑政府管理经济对美国体制将会造成的潜在后果。他也跨不出让联邦政府直接从事救济的那一步，唯恐从此损害了美国人自强自立的性格。他那倔强的个性使他不能在非常时期采取非常手段，缺乏处理原则与现

① 【美】小阿瑟·施莱辛格：《美国民主党史》，第 274 页。

② 【美】米尔奇·尼尔森等：《美国总统制（起源与发展 1776—2007）》，第 279—280 页。

③ 【美】菲特、里斯：《美国经济史》，第 710 页。

实关系时所必不可少的灵活性，而他那不善于与民众交流的性格也使他显得呆板而不通人情。”[①]“但是这个崇高的理想在大萧条的猛烈袭击下被粉碎了。到1932年，大部分选民对于这个国家能够通过强健的个人主义的魔力得到拯救，已丧失了信心。”[②]

二、胡佛政府的应对措施

1. 胡佛政府的公共建设计划

经济大萧条的严重性，迫使胡佛不得不采取一些他在此之前从未考虑过的措施。从而成为美国历史上第一个使用联邦政府来应付紧急危机的总统。“如果说胡佛的经济学并不要求政府采取强有力的行动，那么他的经济学却要求比任何以前的总统克服萧条状况时具有更多的主动精神。历史上出现大萧条时，所采取的几乎完全是自由放任的政策，胡佛是美国历史上第一位使用联邦的领导力量来应付这种紧急形势的总统。但他像一头怯弱的野兽，甚至按他自己的温和的纲领也需要强制行动时，却不愿意以联邦的名义对各企业实行强制。”[③]

1929年11月23日，在灾难性的股票市场崩溃之后不到1个月，胡佛向所有的州长发去电报，敦促各州协力拓展公共建设计划。同时在11月24日，商务部建立了一个特定的机构参与各州的公共建设计划。胡佛和梅隆也建议国会向联邦建筑计划增加超过4亿美元的投入，在12月3日，商务部建立了一个管理公共建设的机构以促进对公共设施建设的筹划。胡佛本人还承诺通过联邦海运委员会为船舶建造投入更多的资金，他还进一步要求为公共建设拨款1.75亿美元。1930年11月胡佛建立了一个就业紧急委员会，由洛克菲勒基

① 钱满素：《美国自由主义的历史变迁》，第89页。

② 【美】纳尔逊·曼弗雷德·布莱克：《美国社会生活与思想史（下）》，第334—335页。

③ 【美】理查德·霍夫施塔特：《美国政治传统及其缔造者》，第363页。

金会董事亚瑟伍兹上校领导，成员除了一些实业家之外，还包括一些经济学家，该委员会强烈建议各级政府增加公共实施建设开支。美国国会的一些议员们也纷纷提出庞大的公共建设计划。在他们的要求之下，1931年国会通过了瓦格纳就业稳定法案，并经胡佛总统签署成为法案。提出法案的瓦格纳参议员并没有满足，又提出一项耗资20亿美元的公共建设方案，而参议员拉福莱特则提出拨款55亿美元进行公共建设。胡佛总统的公共建设计划非常庞大，但是效果却非常有限，最主要的原因是胡佛总统一直寄希望于工商业阶层、劳工阶层与政府齐心合作。为此他甚至要求稳定工资率，但是胡佛的愿望既不符合市场规律，因为销售价格决定成本，而不是成本决定价格，因此在价格下跌的情况下削减工资率的压力是企业不可抗拒的，也没有取得实际效果，尽管联邦政府在公共建设方面的支出有所增加。1930年在科罗拉多河流域动工兴建胡佛水坝。在1930—1933年，联邦政府对各州修建公路的年度贴补款，约从8600万美元一跃而为1.72亿美元。但是公共建设计划始终没有得到大规模执行，因此对于美国的经济复苏并没有起到多大的效果。胡佛坚持让传统的19世纪美国政治实践与原则来指导20世纪的美国政治经济发展，并且在国家灾难面前，他也仍然固执地坚持这些传统，带来的只能是伤害。

2. 胡佛的农业政策

农业的糟糕形势在整个20世纪20年代都没有缓和过来。胡佛上任以后对于农业给予了重视，这与他在商务部长任内的态度是一致的，就是政府应该为农民服务。在任商务部长期间，他竭力为农民争取获得补贴，并帮助他们寻找市场，而且正是在他的推动下，合作社思想的重要支持者贾丁被任命为农业部部长。在总统竞选时胡佛就向农业利益集团表示，一当上总统将立即制定一个农产品价格扶持计划。在1929年6月，他兑现了承诺，通过了《农产品销售法》，这项法令设立了联邦农业委员会。在农产品供过于求期间，农业委员会负责管理贷款，并进入市场购买“生产过剩的”农产品，以便在市场恢复正常之前维持农产品价格。危机开始以后，联邦农业委员会就开始采取措施，“10 月 26 日在股票市场崩盘之后，联邦农业委员会就宣布它将根据小麦市场价格的 100％和种植者手中的小麦存量为小麦种植者提供 1.5 亿贷款，试图以此组织小麦投入市场并维持小麦价格”。[①] 应该说最初的干预是有效果的。“胡佛总统在 1929 年 11 月 25 日召开了一次规模空前的白宫会议，所有的农业组织都欣然接受了胡佛的计划，这项计划将为他们提供大规模补贴，他们还答应在计划中进行合作。”[②] 在农业利益集团的要求下，联邦农业委员会先后成立了一个谷物稳定公司和一个棉花稳定公司，目的在于提高这些商品的价格。从 1930 年开始，这两个公司就进入了市场，大约有 5 亿美元被用来支持农产品的价格，用来实际购买农产品或农产品的到期交易，成功地在短期内把农产品的价格维持在略高于世界市场平均价格的水平上。但是，很快农产品的剩余问题就变得严重了。1930 年下半年之后，农产品的价格一路下跌。“除了使美国纳税人损失了大约 1.48 亿美元以外，最后结果等于零。这时美国国会中西部进步主义者不顾总统的意愿，提出动议要求给那些以低于国内价格出口产品的农场主以补贴。经历几个星期的僵局之后，国会批准了总统认可的农业方案，‘联邦土地银行’增加股本 1.25 亿美元，以扩大其向农民贷款的来源。但胡佛在此过程中没有提供任何帮助。前农业部长威廉·M. 加戴恩抱怨说，‘第 16 条大街底层的一些领导非常糟糕’，其矛头直指白宫。”[③]

胡佛的悲剧就在这里，他的政策通常都是自相矛盾的。一方面他认识到农业存在着危机，另一方面他又认为任何生产过剩都是偶然的，而不是长期形成的，美国农业的基本状况是健全的。所以他的政策是要求农民自愿配合政府的工作。但问题在于“自第一次世

① 【美】罗斯巴德：《美国大萧条》，谢化育译，上海人民出版社 2009 年版，第 314 页。

② 同上。

③ 【美】米尔奇·尼尔森等：《美国总统制（起源与发展 1776—2007）》，第 279 页。

界大战以来，美国农业的增长已经完全超出了其国内和国外市场需求的总和。造成这种情况的部分原因是——胡佛有时也很明白——世界其他地方出现了新的竞争场所，部分原因是美国由债务国变成债权国，使其他国家购买美国出口货物产生了困难，还有部分原因是消费习惯的改变，以及胡佛坚持捍卫的很高的关税。实施胡佛政策的结果是，大量难以销售的小麦和棉花库存日增，使政府背上沉重的包袱。政府仓库中每年大量未销售掉的过剩产品都压在第二年的市场上，结果是价格骤然跌落到灾难性的新的低价。最后到 1932 年，棉花公司开始请求农场主们只耕种 1/3 的土地。胡佛政府极力通过自愿行动来实现这种协调配合的减产，但是没有实现”。[①] 没有奖惩的集体行动永远都是无效的。

3. 胡佛的金融政策

对于美国货币主义者来说，最合乎逻辑的结论，就是要以通货收缩的办法来解决这场大萧条，哪怕这会导致一大批企业破产，过去美国处理经济危机时就是如此。在这个过程中联邦政府并不需要做太多的事情，在物价下跌时，这一办法是清理大量债务负担并减少不断膨胀的对资本的要求。“但随着这场大萧条的加剧，人们越来越清楚地看到，这种办法有使整个社会经济结构倾覆的严重危险。很大一部分债务是握在储蓄银行、抵押和人寿保险公司手里，千百万人把他们的积蓄投在这些机构中，如果这些机构倒闭，后果就会是致命性的。为了用政府贷款支撑这些制度的金融结构，胡佛最终于 1931 年 12 月请求国会创立复兴金融公司，这样在这方面就放弃了不干预政策。”[②] 此前国会已经搞过两个方案试图改善信贷情况，但都未见成效。

美国联邦政府最开始实行通货紧缩的主要缘由是为了对金本位制的支持。从 1931 年夏欧洲爆发货币危机，奥地利、德国和英国先

① 【美】理查德·霍夫施塔特：《美国政治传统及其缔造者》，第 366—367 页。
② 同上书，第 362—363 页。

后爆发大规模金融危机，大批银行倒闭，在此背景下德国、英国都放弃了金本位制。针对这种情形，美联储的反应是应该采取货币扩张政策，为此决心实施公开市场计划，之后在美国国会的压力下，美联储决心将这个小规模计划扩展为大规模计划，这个计划曾经成功地使货币供应增长率恢复到1931年夏天之前的水平。但是“1932年3—6月美联储旨在扩张的步伐停止了，当时的公开市场操作使得其他国家的中央银行感到恐慌，并威胁到了美联储成员银行尚未稳定的健康状况，因为随着利率的下降，较低的利率减少了银行所持有票据的收益，从而威胁到了银行已经存在的不稳定的偿付能力，降低了银行资产的收益。于是，1932年的《格拉斯—斯蒂高尔法》重申了维持金本位的重要性”。[①] 胡佛政府的所有人都坚定地认为金本位是值得挽救的。从19世纪末美国确定金本位制之后，美国经济从中获得了巨大的好处。而且金本位制对于大金融家来说更为重要，只有实行金本位制，他们的利益才能达到有效维护，哪怕货币贬值会产生促进出口增加就业的好处也不予理会。这样“美联储作为全国银行监管者的目标与其作为全国经济监管者的目标产生了冲突。美联储的态度动摇了，它将银行体系缺乏超额准备金视为银根放松的一个信号，它没有将通过货币扩张从而恢复充分就业视为本职工作”。[②]

美联储又实行紧缩政策，然而这个政策确实不能增加就业，这个紧迫的问题还是必须解决。所以，复兴金融公司应运而生了。“复兴金融公司是胡佛当政时期为制止萧条而设立的一个最重要的机构，并为此投资5亿美元，而且有权借入相当于资本3倍的款项。它有权在取得足够担保的条件下，经过州际商务委员会的批准，向银行、保险公司、铁路公司等工商企业放款。1932年7月，公司资本有所增加，公司章程经过修订，可贷款给各州救济失业机构和那些自负

① 【美】斯坦利·L. 恩格尔曼、罗伯特·E. 高尔曼主编：《剑桥美国经济史（第三卷）》，第226页。

② 同上。

盈亏的公共工程。”[①]

复兴金融公司明显显示了它的作用。“到1932年7月份，复兴金融公司的借款能力增加到33亿美元，而且职能也扩大了。当时它能够借款给各个州政府、借款给公营和私营机构，以促进能自行清偿的公共福利工程。复兴金融公司被证明是胡佛政府对付经济萧条所作的最有价值的努力。该公司在它成立后的一年半时间里，就放出大约30亿美元的贷款。”[②] 在胡佛任内，复兴金融公司贷款总额的80％借给了铁路和金融机构，使许多银行、铁路和保险公司不致于倒闭，缓和了工商业团体面临的紧张局势。但是作为胡佛最强有力的应对金融危机的手段，复兴金融公司的目标被严格地限制。胡佛想让复兴金融公司推进投资，但却限制其中介功能，除将其资金列入预算外，并在资助项目时强调其为“稳健的”和“可由银行担保的”项目。此外，“复兴金融公司的主要目的在于拯救金融机构，其1932年发放的贷款有2/3流向金融机构。因此，复兴金融公司的扩张被设计成当时通货紧缩政策体系下的一个特例，而不是迈向新的政策方向的第一步”。[③]

因此复兴金融公司既没有解决主要经济问题也没有制止萧条继续恶化。直到1933年春天，第四波银行恐慌开始，美联储在放弃了金本位制后，终于重新开始实行货币扩张政策，很迅速地推动了经济复苏，但是由于实行扩张政策太迟，并没有将经济恢复到1929年的水平。

胡佛总统要求实行通货紧缩政策，还有一个原因就是他坚决主张预算收支平衡，认为实行赤字财政对于国家经济是十分有害的。“他把公共预算看作类似私人商业和家庭预算，政府的支出和税收都是一种负担，应该尽量减少，通过政府集体作出的公开决定破坏了

---

① 【美】菲特、里斯：《美国经济史》，第710页。

② 【美】沙伊贝、瓦特、福克纳等：《近百年美国经济史》，第358页。

③ 【美】斯坦利·L. 恩格尔曼、罗伯特·E. 高尔曼主编：《剑桥美国经济史（第三卷）》，第228页。

个别通过私人市场正常单独作出的资源分配，政府欠债是有害的，而且可能使联邦政府走向崩溃。”① 但岁出的增加和岁入的减少使财政部只能依靠赤字财政。“在1929—1932年间，联邦岁出约从33亿美元增为45亿美元；联邦岁入约从40亿美元成为20亿美元。因此到1932年预算赤字几乎达到27.4亿美元。（参见表28）国债则从165亿美元增为213亿美元左右。国债如此激增，使胡佛总统大伤脑筋，他因没有做到平衡预算而受到民主党反对派的冷嘲热讽和尖锐批评。”② 这是一种令人震惊的结果。1932年度的财政赤字甚至比后来“新政”经历的赤字还大。

表28：联邦政府1930—1933年财政收支情况

年份	联邦财政收入（百万美元）	联邦财政支出（百万美元）
1930	4057884	3320211
1931	3115557	3577434
1932	1923892	4659182
1933	1900844	4598496

资料来源：The Historical Statistics of the United States，Volume V，Cambridge University Press，2006，p. 81。

4. 胡佛的救济政策

胡佛总统一直把救济看做是自愿行为，他拒绝召开国会特别会议讨论失业救济，这主要是因为胡佛对于救济的态度。“像在其他领域中一样，他这方面的认识也是不可改变的。他在公开讨论救济问题时，一般是把这视为一个政治理论或道德理论问题，而不是作为经济或人民的需要的问题。……1931年2月，他清楚地说明了他所

① 【美】菲特、里斯：《美国经济史》，第711页。

② 同上书，第711—712页。

以把救济视为地方工作的理由。任何一个社会特别是在经济和社会问题方面的责任，一旦由本国任何地方转到华盛顿，那么这一社会就使自己处于一个遥远的官僚机构的控制之下。……对于自己命运的控制就失去很大一部分发言权。”[①] 胡佛没有想过各地方政府的财源已经枯竭，实在不足以承担在危机中救济的要求。虽然胡佛“确实作出保证，说一旦地方机构无能为力——他认为这种情况不会出现——他就要求联邦政府提供各种人力物力的援助，因为正像参议员和众议员一样，我也不愿看到我们的同胞忍饥挨饿，但从没有答应给以直接的联邦救济”。[②] 胡佛向国会发表演讲，呼吁保持国家“朴实的自由主义”和联邦预算的完整。胡佛坚定地认为行政机构的力量在于鼓励私人和地方集团为萧条中需要帮助的人提供救济，但拒绝提供直接的联邦援助。胡佛的态度使他的行为很难为今天的人们所理解。例如 1930 年 12 月阿肯色地区遭逢旱灾，胡佛同意国会拨款 4500 万美元挽救受灾地区的农民的牲畜，但反对再拨款 2500 万美元救济农民和他们的家庭，胡佛敦促红十字会，而不是让联邦政府来为人民提供食品救济。当红十字会予以拒绝和国会要求政府采取行动时，胡佛仍然表示反对，声明直接的联邦援助违反宪法。最后国会在投票赞成再拨款 2000 万美元救济农民时，为消除总统的顾虑，规定这笔钱将作为贷款而不是一份礼物。胡佛在批准贷款时说，如果联邦政府赠款救济，这“将会损害美国人民的心灵上的反应。……我们处理的是生活中无形的东西和人们的理想”。他补充说：“对于我国的精神和理想，一个自愿的行动比从国库中拿出上千倍的钱还要宝贵。”[③]

尽管 1930 年 10 月就成立了紧急就业委员会，然而胡佛的态度使得该委员会毫无重大建树，1931 年被撤消，成立了失业救济局，任命美国电话电报公司总经理沃尔特·S. 吉福德为局长。吉福德的

① 【美】理查德·霍夫施塔特：《美国政治传统及其缔造者》，第 366—367 页。

② 同上。

③ 同上。

思想和胡佛完全一致，他认为：联邦政府援助失业的人实际上是对他们帮了倒忙；因此，他领导的失业救济局特别强调由私人慈善机构来解决失业救济问题。1931 年底参议员科斯蒂甘和拉福莱特提出一项议案，要求提供 5 亿美元的联邦救济方案。在胡佛的反对下，该方案被否决了，但是在 1931 年，另一项用于贫穷复员军人临时救济的退伍军人奖金法案，民主党控制的国会不顾胡佛的否决通过了，根据退伍军人要求，可预领 1924 年决定发给他们的退役金的半数。但是这项发放 10 亿美元的法案，对经济恢复没有起丝毫的促进作用。这强化了胡佛的观念，因此 1932 年萧条进一步恶化，复员军人要求发给他们应得的奖金余额时遭到国会的拒绝。“2 万人的‘奖金请愿军’进入了华盛顿，对国会施加压力。参议院拒绝照办，而且按照胡佛的命令，联邦政府军在麦克阿塞将军率领下把‘奖金请愿军’赶出城外，造成萧条中的一件最悲惨的意外事件。”①

胡佛总统尽管强烈反对联邦政府直接援助失业救济的原则和做法，也开始认识到救济失业问题的重要性了，他不能不考虑到越来越严重的失业问题。“在 1932 年，大萧条似乎是无法抵抗的，难以看到其结束的时候。那时没有什么工作是有保障的，许多工人已经习惯性地把失业视为一种生活方式。”② 而且到 1932 年许多地方政府的财政收入已经耗用殆尽，随着萧条的加深和大选年的到来，胡佛政府只能屈服，1932 年 7 月 11 日，他否决了《加纳—瓦格纳救济法案》，强烈指责预算赤字和发放救济带来的危险。然而 10 天后，总统被迫接受了一项妥协措施，即《救济与重建法案》，并在 7 月 21 日签署了这一法案，美国历史上的第一个联邦救济法案通过了，这个时候已是富兰克林·罗斯福接受民主党候选人提名后的几个星期了。这个法案的效果有限，因为它只允许复兴金融公司给各州提供 3 亿美元的救济贷款。对那些“自行收回成本”的公共工程提供 15 亿

① 【美】沙伊贝、瓦特、福克纳等：《近百年美国经济史》，第 374 页。

② 【美】斯坦利·L. 恩格尔曼、罗伯特·E. 高尔曼主编：《剑桥美国经济史（第三卷）》，第 227 页。

美元的贷款给各州，供救济失业之用，但不能直接向各州提供资金。复兴金融公司向各州提供的贷款只能满足各个州长提出需求的3％。联邦政府的直接救济，只限于通过红十字会分配联邦农产品管理局掌握的4000万蒲式马小麦和50万包棉花。正如肯尼迪所说："在救济这块政治上生死攸关的领域，这些让步确实特别地和令人悲伤地太小和太迟了。"①

5. 胡佛的关税政策

胡佛认为大萧条是由外国的原因引起的，自然就不会寻找大萧条产生的国内原因，从而也不会积极地采取国内的弥补措施。所以胡佛认为解决美国巨大的生产能力问题，在于把货物卖到国外；而大量的国内资本的出路也在于向国外投资。他认为这是解救美国经济的办法。胡佛的思路不能说是错误的，但是他的应对措施却是完全违背这种思路的。最典型的就是他的高关税政策。1930年通过的《霍利—斯穆特法令》把1932年《标榜尼—麦坎伯法令》已经很高的关税再次提高。结果引起了世界各国对美国关税的反对。"在新关税中，所有税率的平均水平部提高了，1/3的征税项目变动了，有890种增加了税率，其中包括由免税改为征税的50种；降低税率的有235种，其中有75种由征税改为免税。增加税率的总平均数并不十分高，但是在加速贸易下降和引起世界其他各国的对抗情绪方面所起的作用，却是令人遗憾的。有1000多个经济学家请求总统不要签字批准这个法令，但是胡佛坚持新的关税能够改善国内经济局面，并且认为新关税所引起的任何严重后果都可以通过允许他修改关税委员会建议的灵活规定来消除。"② 有效关税税率在1929—1933年间提高了大约50％。

在当时，大多数的经济学家、主要的银行家和其他商业领袖一

---

① 【美】米尔奇·尼尔森等：《美国总统制（起源与发展1776—2007）》，第281页。

② 【美】沙伊贝、瓦特、福克纳等：《近百年美国经济史》，第366—367页。

致认为胡佛应该否决《霍利—斯穆特关税》，但是农业利益集团和劳工利益集团则表示支持，增加农产品的关税其实并非十分重要，因为美国的农产品一般都是出口产品，而进口则非常少。“仅仅只对那些受到冲击的农场主提供帮助。但参议院限制农业计划修订的决议案以一票之差遭到了否决。胡佛本来完全可以影响这一投票结果，但他对此拒绝做出哪怕是试一试的努力。国会——特别是参议院——进而对非农产品和农产品均提高了关税，并最终通过了一项关税法案，将关税提高到历史最高水平，而胡佛对此一直保持沉默，并签署了这一保护主义的法案。面对来自全国各方面提出否决这一法案的强烈要求，胡佛私下里将该法案描绘为‘邪恶的、敲诈性的和可憎的’。”正如记者沃尔特·李普曼写道：“由于担心自己党内出现分歧，他保持了沉默，从他的公开行动中人们可以看出，他在关税斗争中完全放弃了所有可能的领导作用。”[①] 由于胡佛总统的沉默，这个高关税法案得以通过，而它的副作用也很快就显现出来。正如经济学家们预计到的那样，美国的高关税政策招致其他国家实行报复性关税。许多国家利用许可证或限额的办法来专门排斥美国的商品。报复使美国食品出口在1929—1932年下降了66%，而美国农产品价格严重下跌。

表29：美国主要农产品1930—194年出口额

	玉米	烟叶	小麦
年份	价格（百万美元）	价格（百万美元）	价格（百万美元）
1930	497	145	88
1931	326	110	50
1932	345	65	33

① 【美】米尔奇·尼尔森等：《美国总统制（起源与发展1776—2007）》，第279页。

续表

年份	玉米	烟叶	小麦
	价格（百万美元）	价格（百万美元）	价格（百万美元）
1933	398	82	5
1934	373	125	10
1935	391	134	—
1936	361	137	2
1937	369	134	39
1938	229	155	78
1939	243	77	37
1940	213	44	11

资料来源：The Historical Statistics of the United States，Volume V，Cambridge University Press，2006，p. 548。

美国农产品价格下降，反过来又引起1930年一系列农业银行的破产。那些银行的破产在加深衰退方面起到了关键作用。[①]

美国的进口也大幅下跌。在1930年第二季度和1932年第三季度之间，美国进口下降了40％多一点。估计大约这个下降的1/4可以归因于有效关税税率的提高，从而助长了欧洲的萧条，“而欧洲的萧条又加剧和加深了美国的经济衰退。美国减少贷款迫使英国采取同样步骤，冻结了银行贷款，结果加速了德国和奥地利银行的崩溃。德国在1931年拒还战时债务，胡佛总统为了防止世界经济进一步崩溃，同意暂时停止偿付各国政府之间的贷款和战争赔款。此后不久，英国为了更自由地管理外汇以利国内稳定和提高就业水平，放弃了金本位。其他欧洲国家也跟着英国这样做；于是这些国家寻求在损

① 【美】乔纳森·休斯、路易斯·P. 凯恩：《美国经济史》，第507页。

害使用金本位国家（包括美国在内）利益的情况下，获得国际贸易中的暂时利益。”[①]

表 30：美国 1929—1933 年对外贸易额

年份	出口（百万美元）	进口（百万美元）
1929 年	5341	4399
1930 年	3843	3061
1931 年	2424	2091
1932 年	1611	1323

资料来源：【美】沙伊贝、瓦特、福克纳等：《近百年美国经济史》，第 364—366 页。

经济学家估计，“包括报复和引致的资本市场扭曲在内，《斯穆特—霍利关税法案》使 GDP 减少了 2%。”[②] 直至今日，大多数历史学家和经济学家仍然认为胡佛的关税政策是导致美国经济危机加重的根本原因。

由于胡佛对经济上的不干涉主义抱有信心，始终强调各利益集团、工商业、劳工和农民利益集团与政府合作，共同度过危机，所以胡佛总统拒绝进行彻底的外科手术的一切建议。他认为大萧条的最初阶段就像早些时候的许多次情况一样，是由于生产过剩和投机狂热引起的。“国家已经遭受到剧烈的通货紧缩，但是仍然坚持想要通过削减政府开支和提高税收来平衡预算。虽然已经降低到使信贷组织接近于崩溃，他仍然反对放弃金本位。他不顾农场主正在被生产过剩毁灭这一普遍承认的事实，不愿采取补助出口的措施或通过

① 【美】沙伊贝、瓦特、福克纳等：《近百年美国经济史》，第 366 页。

② 【美】乔纳森·休斯、路易斯·P. 凯恩：《美国经济史》，第 507 页。

政府硬性限制生产以消除生产过剩的措施。”[①] 但是大萧条却明显地一步步将胡佛推向政府干预，然而胡佛政府的态度使其对于政府干预总是那么不情不愿。因此政府干预无论是从广度还是深度都远远不能满足社会的需求，最终胡佛在处理经济危机问题上遭到失败。到 1932 年他任期结束时美国的经济危机仍然在持续之中。在美国民众对胡佛彻底丧失信心后，1933 年富兰克林·罗斯福成为新一任美国总统。罗斯福的胜利表明了“美国人民这样的坚定愿望，即利用政府作为谋取人类福利的机构”。[②] 他上任后的第一件事就是恢复美国民众对自己、对政府和对美国体制的信心。他在就职演说中说：“我们唯一需要恐惧的就是恐惧本身。”

第三节　美国联邦政府的应对措施（罗斯福时期）

一、罗斯福的治国理念

从某种程度上看，罗斯福的思想与进步运动的思想一脉相承，他深受比尔德、杜威这些进步主义学者的影响，或者说这些学者反映了美国社会发展的必然趋势，即进一步放弃自由放任主义，更坚定地主张国家干预社会经济生活，明确承认政府是一个社会福利机构。这是 19 世纪末进步主义思潮形成以来在美国社会日益明确的一个观点。但是“进步运动虽然取得了一定的成就，但是在问题还未解决时就被一次世界大战打断。20 年代的繁荣不过是一个插曲，还有许多虚假的性质，因为事实上大战刚结束不久，农业就开始不景气了，社会贫富悬殊的趋势也始终未能得到缓和。十年共和党执政

---

① 【美】纳尔逊·曼弗雷德·布莱克：《美国社会生活与思想史（下）》，第 336—339 页。

② 【美】米尔奇·尼尔森等：《美国总统制（起源与发展 1776—2007）》，第 284 页。

时期，实业界可谓一枝独秀，这更加深了其他阶层的不满，改革的要求从未平息过”。[①]

到美国经济危机爆发之后，美国社会重新开始全面反思这场危机的根源。

查尔斯·比尔德主张国家干预社会经济生活，他一针见血地指出，企业界并非反对政府干预，只是反对对它们不利的干预；而且，只要对它们有利，即使违反它们口头宣扬的个人主义信条，它们也要求政府干预。

杜威更是认为传统的自由主义已经过时，应让位于支持政府干预社会经济生活的自由主义。杜威认为20世纪30年代的个人需要的自由，不再是对企业界的自由放任，不再等同于个人与政府的相互对立。杜威的这种理论，使罗斯福时代的自由主义不同于以往的自由主义，对罗斯福的“新政”从政治哲学层面给予了有力的指导。[②]

霍夫斯塔特说，罗斯福的思想虽然缺乏深度，但是却很有广度，罗斯福极易感受工作的情绪。“他认为如果很多人迫切希望得到某件东西，那就应该让他们得到某种程度的满足，而且他不会让经济教条或政治先例来束缚自己。”[③] 罗斯福的思想中有一点极富美国特色，那就是具有很强的试错能力，也就是实用主义的精神，讲求实际效果，敢于试验。罗斯福常说，一个试验失败了就再试下一个，关键是要试着去做，有效就好。这正是罗斯福睿智的地方，他知道自己胜利的原因所在。

在罗斯福总统的就职演说中，罗斯福总统大胆地表明了他领导国家和政府的决心：“人们希望，无须改变行政和立法部门之间的正常平衡，即足以应付摆在我们面前的史无前例的任务。……但是，一旦国会不能采取这两种路线中的任何一种，而国家的紧急状况仍

---

① 钱满素：《美国自由主义的历史变迁》，第90页。

② 刘绪贻、李存熏：《美国通史·第五卷》，第490—493页。

③ 【美】理查德·霍夫施塔特：《美国政治传统及其缔造者》，第379页。

然刻不容缓，那我就不会回避摆在我面前的履行责任的明确方针。那时我将向国会要求剩下的最后手段以对付危机，也就是赋予我广泛的行政权力以发动一场对付紧急状况的战争，这种权力之大，就如同我们真正遭到外敌入侵时所能给予我的权力那样。”①

因此，罗斯福就任美国总统时就清楚地意识到他要解决的仍然是工业化所带来的经济问题和社会矛盾。这种经济问题和社会矛盾归根到底在于美国社会需要联邦政府扮演什么样的角色。严重的美国经济危机已经说明美国联邦政府必须更加集权、更具有理性的结构、以总统为首的联邦行政部门的权威应该显著增强。只有这样联邦政府的活动才具有更高的质量，美国联邦政府才能具有充分运行和调配国家资源能力，才能更有效地在社会不同利益集团之间充当一个平衡者的角色。

罗斯福说：“劳动与工业不能以牺牲农业为代价来得到好处；不同时让劳工享受更多合法的繁荣成果，资本也不能达到真正的繁荣。任何一种被忽视的集团，不管是农业的、工业的、矿业的、商业的或者金融的，都可以感染整个国家的生活，并产生广泛的苦难。我的政府将致力于使当代美国生活这一重大中心事实、亦即这个大国所有派、系、利益集团的相互依赖，具有实际力量和立法形式。我相信一种更高形态的保护，它力求给人民群众提供工作与经济安全，以便他们自由地生活并丰富个人经历，而又不伤害其同胞。”② 这就是罗斯福“新政”的理论基础。

二、“新政”——罗斯福的应对措施

“所谓‘新政’，包括救济贫民和减少失业，恢复工商业和农业，改革银行业和控制投资业务以及改善劳资关系等方面的政策。概括

---

① 【美】理查德·霍夫施塔特：《美国政治传统及其缔造者》，第 288 页。

② 刘绪贻、李存熏：《美国通史·第五卷——富兰克林·D. 罗斯福时代（1929—1945）》，人民出版社 2002 年版，第 217 页。

说来，罗斯幅‘新政’的核心就是他所强调的联邦政府的作用。罗斯福认为：联邦政府在国民经济中应起到比以前积极得多的作用，甚至可以担负起较为公平地分配全国财富和全国收入的责任来。换句话说，他要用经济计划来替代自由放任的哲学思想。罗斯福和他的许多顾问在第一次世界大战期间进行经济计划工作的经验对他们的影响很大。”[①]“新政”重视安全保证甚于强调机会。“罗斯福政府在美国历史上第一次把保证不让任何人挨饿的责任承担起来。”[②]“从1933年3月9日到6月16日，罗斯福15次致信国会，敦促通过了15个主要法律，作了10次演讲，并且每周举行记者招待会和内阁会议各两次。这15个法律包括银行紧急法、经济法、联邦紧急救济法、农业调整法、紧急农场贷款法、田纳西流域整治法、保险真实法、家宅贷款法、全国工业复兴法、银行法、农场债权法以及铁路协作法等，加上以后几年陆续通过的重要法律，如社会保障法、瓦格纳劳工法等，从1933—1938年的6年新政立法涉及美国政治、经济、社会、生活的方方面面。联邦政府的责任迅速扩大，随着执行机构的纷纷建立，联邦政府本身也前所未有地扩大了。”[③]

1. 第一次新政

(1) 金融改革

罗斯福上任之后立即采取了胡佛迟迟不愿也不敢采取的行动，于3月6日命令全国银行停业4天，以便通过立法进行整顿。3月9日，国会根据他的要求召开特别会议，并在4个小时之内通过紧急银行法。值得注意的是，“该行动的法律依据是1917年9月7日的战时措施，该措施授予了美国总统在银行业和货币上的充分权力。不仅如此，第一章还对战时措施进行了修订，授权总统在发生全国

① 刘绪贻、李存熏：《美国通史·第五卷——富兰克林·D. 罗斯福时代（1929—1945）》，人民出版社2002年版，第217页。

② 【美】菲特、里斯：《美国经济史》，第731页。

③ 钱满素：《美国自由主义的历史变迁》，第90—91页。

性的紧急事件时，管制或禁止所有银行机构兑付存款提现。当总统宣布进入紧急状态时，所有的成员银行不得开展任何银行业务，除非在总统批准的情况下得到财政部长的授权。”[①]

3月15日以前参众两院还通过了啤酒法，预计每年可增加税收1亿—1.5亿美元。3月20日，国会还通过了罗斯福提出的节约法，缩减政府开支和退伍军人津贴5亿美元。此法虽然有损于罗斯福提高购买力的要求，但有助于恢复企业界的信心和安抚美国传统的保守派。

经过这些紧急措施，证券市场也于3月15日复业。到4月的第一个星期，已有10余亿美元回流到银行，储蓄超过提款；储藏者也陆续将黄金送返联邦储备银行。银行基本得救了。原来反对罗斯福任总统的著名记者沃尔特·李普曼赞道：只是“在一星期之内，对任何事任何人都失去信心的美国，重新信任政府和自己了”。[②] 为了使1929年的灾难性投机不再出现，罗斯福敦促国会通过《提供证券实情法》，并于5月27日签署。此法虽允许私人经营证券，但强制证券经纪人提供关于准备出售的证券的真实价值和出售证券办法的完整资料。这项法律虽然遭到金融界普遍反对，但1934年国会又通过证券交易法，并据此法建立一超党派的证券交易委员会，以防止投机诈骗、操纵市场的行为，并协助对此种行为进行惩罚。

1933年6月银行法。

1933年，国会通过《格拉斯—斯特高尔银行法》。“《格拉斯—斯蒂高尔法》的目标在于降低银行体系的不稳定。为此，它不允许投资银行和商业银行的联合，而这种联合正是大萧条之前大型银行的特征。……议会倾向于减少资金的来源，从而降低投资银行家的实力。”[③] 虽然不能说金融利益集团对私利的过度追求是导致萧条的

① 【美】米尔顿·弗里德曼、安娜·雅各布森·施瓦茨：《美国货币史》，第298页。

② 同上书，第78—79页。

③ 【美】斯坦利·L. 恩格尔曼、罗伯特·E. 高尔曼主编：《剑桥美国经济史（第三卷）》，第230—231页。

主要原因，但是联邦政府确实已经意识到对某一利益集团的偏爱会对整个社会的共容利益造成伤害，这是毋庸置疑的。这个法案还要求成立联邦存款保险公司，“银行存款的联邦保险是1933年危机引致的银行体系最重要的结构变革。它是自内战后州银行券发行因为被苛以重税而几乎停止以来，对货币稳定最为重要的一项结构变革。”[①]

为缓解通货紧缩、提高物价和减轻债务者的负担，就任总统后，罗斯福首先试图使美元与黄金脱钩，从而使美元贬值。“《紧急银行法案》，赋予了总统在银行交易、外汇交易、黄金和货币流动等方面应对紧急事件的权力。允许总统确定黄金的价格。……自内战时期放弃金本位以及其后于1879年恢复以来，这是对货币本位法律架构最为深远的一次调整。”[②]

在此之后 罗斯福于4月5日发布行政命令放弃了金本位制。“直到7月份，美元价格稳定地下跌，到那时美元价格相对于英镑已经下跌了30%—45%。”[③] 货币贬值不仅具有优化贸易条件的效果，而且解放了美国国内宏观经济政策，以促进经济扩张。由于此法、银行法和黄金政策的实施，“对国家经济前途带有根本性的决策，不是由政府官员本着对人民负责精神作出，而是由曼哈顿银行家们在董事会的会议室作出的这种情形结束了”。当然这对于金融界的大亨们来说是令人不愉快的，“参议员卡特·格拉斯（Carter Glass）称之为‘国家批判’的行为。大通国家银行的新主席温思罗普·奥尔德里奇（Winthrop Aldrich）认为货币贬值是一个“具有极大破坏性的经济毁灭行为”。[④]

但是，罗斯福总统的货币贬值政策受到了广泛的支持，因为随

① 【美】米尔顿·弗里德曼、安娜·雅各布森·施瓦茨：《美国货币史》，第308页。

② 同上书，第329页。

③ 【美】斯坦利·L. 恩格尔曼、罗伯特·E. 高尔曼主编：《剑桥美国经济史（第三卷）》，第229页。

④ 同上。

着美元价格的下跌，股市上涨了，股票价格从1932年的低点开始反弹，到1933年第二个季度几乎翻了一番。而且出口也增加了，农产品诸如棉花和谷物在国际市场上交易产品的价格急剧上涨。相应地就业市场有所恢复，商业界和农业团体欢迎通货膨胀的政策。“有控制的通货膨胀对罗斯福政府在必要时实行赤字开支、刺激经济复兴是必要的。通过以上措施，罗斯福政府加强了国家对金融制度的管理与控制。”①

（2）联邦储备体系结构及其权力的变化

《1935年银行法案》是美联储历史上的一次权力巨大调整。这个法案的制定就是要强化联邦政府在金融政策制定上的权力。“这个法案是由非正统银行家马里纳·埃克尔斯提出的，他认为只有政府实行赤字开支才能使萧条转为复苏。1934年11月，罗斯福任命他为联邦储备委员会主任。他一到职便帮助起草新的银行法案，准备对1913年建立的联邦储备体制进行彻底修改。他希望减少私营银行家的影响，将联邦储备体制的管理权交给白宫，并由储备委员会有意识地管理金融活动过程。”②

1935年8月23日国会通过了该法案，总统于翌日签署。这个法案得以轻易通过，与华尔街在国内的声誉遭受严重打击相关，不仅其他利益团体，即使金融利益集团中的许多人都认为金融大亨对利益的把持实在过分，以至于有人提出“宁要政府管理而不要统治”。

《1935年银行法案》将联邦储备委员会更名为“联邦储备体系委员会”；通过解聘前任非正式成员重组了委员会；提高了委员的薪酬并延长了委员的任期；重组了联邦公开市场委员会，使其由7名联储委员会的成员和5名联邦储备银行的代表组成，取代了《1933年银行法案》关于委员会由12名储备银行主席组成的规定。此外取消了储备银行以自己的账户买卖政府债券的权力，除非得到联邦公开市场委员会的明确许可或直接授意。这些措施承认并加强了联邦

① 刘绪贻、李存熏：《美国通史·第五卷》，第79页。

② 同上书，第125页。

储备体系的权力从储备银行向华盛顿转移的趋势。同样的措施还包括要求联储委员会和联邦公开市场委员会保存并公开其采取的措施以及动机的完整记录。

这样，罗斯福就完成了确立国家对货币和信贷的管理计划。

(3) 国家干预下的农业政策

1933 年 3 月罗斯福入主白宫时，除银行危机外，农业危机问题的解决也刻不容缓。因为农产品大量过剩、价格猛跌造成农民收入锐减，“抵押品赎回权的丧失非常普遍，农村银行和包税商陷入低潮，连思想几乎最保守的人都认为需要采取激烈手段”。[①] 全国各地农民纷纷要求政府采取行动援助。

面临这种严重形势，罗斯福于 3 月 27 日发布命令，将 8 个联邦农业信贷机构合并为农业信贷局，以提高农业信贷效率，节约开支。4 月，国会通过《紧急处理农场抵押问题法》，罗斯福于 5 月 12 日签署。紧接着又制订出贷款给家禽饲养农场的法令。后来到 1934 年 6 月 28 日，国会又通过《弗雷泽—莱姆基农场破产法》，使农民得以十分宽大的条件收回其已失去赎回权的抵押财产。

最重要的是总统于 5 月 12 日签署的农业调整法。这是罗斯福农业救济政策的法律基础，“此法与以往农业法不同之处在于，它规定农业调整要在联邦农业部指导之下进行。据此法成立的农业调整局属于农业部，内分两大部门：一个部门负责农业生产的调整；一个部门负责管理农产品加工与销售。制定《农业调整法》的目的，是要把农产品的价格按照 1909—1914 年农工产品平价比率提高到同工业品具有同等购买力的水平”。[②]

1934 年 4 月 21 日国会通过《班克黑德棉花控制法》，授权农业调整局规定棉花销售定额，并对超定额出售棉花课以寓禁税，结果使 1934 年棉花减产 340 多万包。同年 6 月又通过《克尔—史密斯烟

① 【美】斯坦利·L. 恩格尔曼、罗伯特·E. 高尔曼主编：《剑桥美国经济史（第三卷）》，第 523 页。

② 刘绪贻、李存熏：《美国通史·第五卷》，第 83—84 页。

草控制法》。

由于在1936年1月，美国最高法院宣布《农业调整法》的加工税违背宪法，

于是，美国国会在1936年2月通过了《土壤保持与国内土地分配法》，继续对农业进行干预。该法规定了对保持土壤肥力的农民发给奖金的办法。凡是不种植消耗土壤肥力的农作物（即过剩的主要商品作物）以保持土地肥力的农民，都可获得政府奖励。

在新政时期，农业立法并不只限于提高农产品价格一个方面。1933年3月，联邦政府把各种农业信贷机构合并，改组成为一个新机构——农业信贷管理局。国会制定了《紧急农场抵押法》作为《农业调整法》的补充来满足农民迫切需要增加贷款的愿望。1933年6月，国会又通过了《农业信贷法》，为农民建立了一个完整的信贷体系，对农业信贷进行了若干带有根本性的改革。除了改进和扩大农业信贷结构外，联邦政府又先后设立了农民迁居管理局和农民保障管理局，其主要任务在于救济和帮助收入最低的农民，使他们不致破产。

以上国家控制农业生产与销售的各种措施，效果是比较显著的。“农业净收入从1932年的19.28亿美元，增为1935年的46.05亿美元。农业品价格与农民购买制造品所付价格之比，以1909—1914年平价期流行比例为100，从1932年的58增为1935年的88。”[①]

（4）国家指导的工业政策

美国联邦政府对工业的干预主要体现在1933年6月通过的《国家工业复兴法》上。

该法宣布国家处于紧急状态，暂停部分反托拉斯法条款的实施，并规定成立国家复兴管理局，在它的认可和监督下，由资方、劳方和公众代表组成的委员会制订分别适用于各行业的法规。法规要求禁止垄断，但可根据公平竞争原则，限制生产使符合实际需要，固定物价使维持可以获利水平。法规还规定禁止用16岁以下童工，要

① 刘绪贻、李存熏：《美国通史·第五卷》，第85页。

求保证劳工的合理工时、可以维持生活的工资和改善劳动条件等。各行业法规都需要由总统批准，总统有权修改或补充；在行业内部不能取得一致意见时，总统可以强加一个他自己的法规经总统批准的法规，具有法律效力。

《国家工业复兴法》作用有多大，一直是一个有争议的问题。有些学者认为作用明显，实施此法规的效果迅速而显著。“到 8 月间，自我毁灭性竞争有所收敛，生产有所好转，物价有所提高，246.2 万人重新就业，10 月间更增到近 300 万。失业率从 1933 年占总劳动力的 24.9％，降为 1935 年占总劳动力的 20.1％。”[①]

也有许多学者认为，作为一种短期措施是失败的。因为在《国家工业复兴法》的影响下，价格的上升将会吸收很大一部分最初供应的货币。“由于货币量增多导致的名义收入的增长，在促成更多就业的情况下，将会造成更高的物价。而如果工资增长和产品成本挂钩，雇主将会减少雇员的数量。因为劳动成为生产的一个昂贵要素，雇主为了使成本最小化，就会用其他生产要素替代更昂贵的劳动。因此实际工资的增长将会维持失业状况，并不会减少失业。”[②]

但是《国家工业复兴法》有一点作用是毋庸置疑的，“作为一种长期的措施，促进了劳动环境的实质性改善”。[③]

这一部分的第 7 条第 1 款，亦即著名的劳工条款，对劳资关系具有重要意义。它的目的是要“最后解决现代经济史中两个最令人烦恼的问题：劳工组织工会和集体谈判的权利问题；和各州政府根据治安权与联邦政府根据州际商务管理权和征税权设法废除童工，制定最低工资，限制工时和为了社会安全，管制工业中对妇女剥削的问题”。[④]

根据此法，资方不能干涉工人组织工会和行使集体谈判权，也

① 刘绪贻、李存熏：《美国通史·第五卷》，第 87 页。

② 【美】斯坦利·L. 恩格尔曼、罗伯特·E. 高尔曼主编：《剑桥美国经济史（第三卷）》，第 233 页。

③ 同上书，第 234 页。

④ 刘绪贻、李存熏：《美国通史·第五卷》，第 87 页。

不能以加入公司工会作为雇佣条件。这就使“新政”前资方那种运用各种手段遏制工会运动的行为违反联邦法律。全国工业复兴法得到劳工的欢迎。工会很快将罗斯福总统声望和他们发展会员活动联系起来，说是“总统要求你们参加工会”。全国所有工会（包括独立于劳联的工会）的会员数，由 1933 年的 297.3 万人，增为 1934 年的 360.86 万人，1935 年的 388.86 万人（估计数）。[①]

《国家工业复兴法》的最终失败

制订《国家工业复兴法》的主要根源就在于对工商业利益集团的过度偏爱实际上被证明是一场巨大的经济灾难。工商业利益集团认为靠市场力量自行调整，总会取得比政府控制更好的结果。然而经济危机证明这是完全错误的，任何利益集团总是只考虑自身的利益，甚至宁愿减少社会总收入也要保证自身利益，这就需要政府采取有力措施加以平衡。“罗斯福说，这个体系‘对于阻止不公平的竞争以及灾难性的生产过剩’是非常必要的。每一个产业都被强制性地要求采用两类规范；一类涉及产出和价格，另一类涉及工资、工作时间和集体谈判条件。由休·约翰逊（Hugh Johnson）将军领导的国家复兴局负责组织这些规范的强制执行，规范的组织需要听取各产业的意见，而且通常要更多地考虑工会领袖的意见。”[②]

由于国家工业复兴法是对工商业利益集团的利益进行的一种限制，因此工商业利益集团感到不满。洛雷纳·希科克在全国访问数月之后，写信给哈里·霍普金斯：“呵！我一直在欺骗自己，以为至少在大工业中法规在起作用，比如在纺织业中，大约 60%的人遵守法规。但令我惊异的是，我现在敢断言：99%的美国大企业正试图撕毁法规，并取得成功；而小企业则连假装遵守都不干。他们不能。整个该死的企业界，只是从政府推动和公众对总统信任而得到改善

① 刘绪贻、李存熏：《美国通史·第五卷》，第 155 页。

② 【美】斯坦利·L. 恩格尔曼、罗伯特·E. 高尔曼主编：《剑桥美国经济史（第三卷）》，第 707 页。

的企业活动中抢夺他们能够抢夺的一切，他们毫无贡献。”①

虽然程度不同，罗斯福和胡佛犯有同样错误。他们都认为让企业组织起来“自我调节”，就可以从企业整体利益出发为社会普遍利益服务，这是不符合人性的，所有的利益集团都只考虑自身的利益，从理论上说，政府规定制订法规的委员会和执行法规机构，要由资方、劳方、消费公众三方代表组成，并受政府监督。但实际上，政府却允许这些机构受大企业代表控制，致使法规的制订与执行对大企业有利，而政府与企业的关系，不过是一种伙伴关系，监督极其无力。1934 年春，当休·约翰逊发现这些问题，组织起自己专家班子，试图强迫法规执行机构履行全国工业复兴法的广泛目标时，国家复兴管理局便和企业界领袖日益发生频繁而剧烈的冲突。在日益增强的抨击下，罗斯福被迫要求约翰逊辞职，进而取消国家复兴管理局，并于 9 月 27 日成立由资方、劳方和公众代表组成的全国复兴委员会，放宽了某些法规，放弃了某些固定价格的规定。1935 年 5 月 27 日，联邦最高法院就谢克特家禽公司控诉美国政府一案作出判决，宣布《国家工业复兴法》违宪，从而结束了这次局部调整工业生产关系的尝试。

（5）联邦救济政策

在胡佛政府时期，“美国失业人数达 1700 万，到处流浪的人达 150 万—200 万，其中青年人约 20 万—25 万。”②

即使在这种情形下，胡佛仍然坚持传统的自由放任政策，害怕具有力量与意志的政府领导将导致共产主义或法西斯主义。罗斯福虽也像胡佛一样认为救济工作首先是公私慈善机构，地方、州、市政府的责任。但是，罗斯福认为：“假如我们公民中任何一部分人陷入饥饿或极度贫困，因而有必要增加拨款以至预算失去平衡，我也将毫不迟疑地把全部实情告诉美国人民，并请求他们允许我得到那笔增拨款项。”罗斯福认为救济必须与就业联系在一起，并提出一系

① 刘绪贻、李存熏：《美国通史·第五卷》，第 87 页。
② 同上书，第 90 页。

列的计划。起了重要效果的有：

民间资源保护队　罗斯福就任总统不久，就自己提出一个平民垦殖队计划。国会通过有关立法后，1933 年 3 月 31 日建立民间资源保护队，4 月 5 日开始活动。去从事与造林、防洪和类似项目有关的公共工程建设，这是为解决青年人中的失业问题而作的一项努力。“在第一年里，就有 30 多万人参加了‘地方资源养护队的队伍’。”[①]’“美国历史上全部公私造林成果，一半以上出自民间资源保护队之手。”[②]

联邦紧急救济总署　1933 年 5 月，通过了《紧急救济法令》，成立了“联邦紧急救济总署”，并且指定“复兴金融公司”拨出 5 亿美元作为对各个州的紧急救济金。一半直接给予各穷困州，另一半给其他各州，条件是：州、市每开支救济费 3 美元，即由国家津贴 1 美元。到 1936 年为止，“联邦紧急救济总署”大约支出了 30 亿美元，绝大多数用于直接救济。在“全国工业复兴总署”成立以后，建立了“公共工程总署”，以 33 亿美元的原始基金去发展与公共利益有关的建设。

民政工程局　1933 年 11 月 8 日设立民政工程局，任命霍普金斯为局长；并从公共工程局资金中拨款 4 亿美元。不到 4 个月，就开办了 18 万项、几百种不同类型的简易工程，所花经费超过 9.55 亿美元。罗斯福发起巨大的以工代赈紧急计划，主要目的在于中期选举，因而引起了共和党的不满，认为罗斯福的政策纯粹是利用国家资源为民主党拉选票。迫于共和党的压力，罗斯福只好让霍普金斯停办民政工程局。

公共工程局　《国家工业复兴法》的第二部分规定建立公共工程局，拨款 33 亿美元，举办大规模公共工程。公共工程局对美国的基本建设事业作出了重大贡献。例如从 1933—1939 年，它帮助建造了全国新校舍的近 70%，县政府办公楼、市政厅和污水处理工厂的

---

① 【美】沙伊贝、瓦特、福克纳等：《近百年美国经济史》，第 412 页。

② 刘绪贻、李存熏：《美国通史·第五卷》，第 92 页。

65%，医院和公共卫生设施的35%。在它的部署下，海军建造了航空母舰“约克顿”号和“企业”号，重型巡洋舰“温森斯”号和许多轻巡洋舰、驱逐舰、潜水艇、炮舰及战斗机；陆军航空部队得到制造100多架飞机和修建50多个军用飞机场拨款。[①]

（6）第一次新政的成就与中期选举

沃尔特·李普曼说：“2月末，我们是一些乌合的受惊暴民与宗派团伙。在3—6月这100天中，我们又成为一个有组织的民族，相信我们保证自己安全和控制自己命运的力量了。”哈罗德·伊克斯说：“这不仅是一次‘新政’，这是一个新世界。人民又感到自由了，他们能够自然地呼吸，好像是离开一个阴森可怕的场所走向开阔的树林地带。”[②]

但是新政政策在工商业利益集团中产生了不满。他们否认联邦政府具有任何管理商业活动的权利。“1934年8月，一批保守政客、金融家、大企业家和公司律师，正式组成一个反‘新政’的小集团——美国自由同盟。……这个同盟反映了一些大工商业者对新政的不满情绪，这种情绪主要体现在对新政的财政政策、救济政策、劳工政策上，同时也有一种恐惧心理，担心罗斯福的新政有可能导致共产主义或法西斯主义代替传统的美国自由主义思想。”[③] 罗斯福对商界的批评者十分气恼。当时罗斯福经常听到有人骂他背叛了自己的阶级。对罗斯福的辱骂使得从幼年时期就生活在充满友爱、鼓励和讲究宽恕环境中的罗斯福变得愤怒起来。他把那些严厉批评他的人说成是一群忘恩负义的糊涂虫，“他把他们比做一个刚救上来的溺水老人，责怪救他的人没有打捞上他的帽子——还把他们比作刚出院就诅咒大夫的病人”。[④] “还是那种老一套的说法，即我拥有财产，尽管我对那种过度贪图利润的行为进行了谴责，但却意识不到我是这种

① 刘绪贻、李存熏：《美国通史·第五卷》，第96页。

② 同上书，第102页。

③ 同上。

④ 【美】理查德·霍夫施塔特：《美国政治传统及其缔造者》，第400页。

利润体制最好的朋友。”[①]

罗斯福总统其实是一向愿意和企业界及两党保守派合作的，但对他们恢复自由放任政策、主张政府不要去干涉社会财富是如何分配的不能同意，认为如果允许财富与繁荣集中于少数人之手，而多数人口却继续缺衣少食、住房不足，是绝对不能持久的，这是美国爆发经济危机的根本原因。美国联邦政府不能再允许某一个利益集团过多地占有社会利益而损害其他利益集团的利益。政府与企业的关系，不能再是“伙伴关系”，政府应居于领导地位，以抑制企业的弊端，改进社会下层人民的处境。罗斯福说：“这些经济保皇派抱怨说，我们要推翻美国的体制，而实际上，他们真正抱怨的是我们要夺走他们的权力。”罗斯福坚持认为：“推翻这种权力的时刻已经到来。新政的调整计划极大地扩大了联邦政府的职责，特别是行政机构的职责，以保证普通公民在市场中的平等机会。”[②]

美国的左翼也感到不满，因为他们认为罗斯福在利益分配时还是太偏向工商业利益集团了。朗达·莱文说：“全国工业复兴法中授与劳工组织工会权利的劳工条款，极少得到联邦政府或个体资本家的贯彻执行。该法中通过制订工业法规以管理工资工时的其他条款，也是一样。”用布鲁金斯的经济学家的话说：“在反对工会的雇主与工会的斗争中，使《国家工业复兴法》实际上支持雇主。……这样在谈判各方的力量对比中，《国家工业复兴法》就以其本身的力量来反对劳工。”[③]

但是，新政的政策毕竟是让社会中最多的人受益了，这是新政的最大成就。由于政府的功能大大增强了，政府更加关注整个社会的总产出，关心共容利益的增加。如洛克滕堡所说，20 年代的历届政府，是一种只代表企业界的单一利益集团政府，而到 1934 年，早

---

① 【美】米尔奇·尼尔森等：《美国总统制（起源与发展 1776—2007）》，第 293 页。

② 同上书，第 293 页。

③ 【美】理查德·霍夫施塔特：《美国政治传统及其缔造者》，第 401 页。

期的“新政”模型开始形成；比起20年代的政府来，它标志着一种重要进展。“它使20年代大批被排斥的农业界这样一些利益集团在政府中有了发言人。即使工会在早期‘新政’中还处于不利地位，它们也有了鸣不平的新论坛和瓦格纳参议员这样一些为其利益斗争的战士。瓦格纳认为，利益集团政府就包含有政府鼓励工人组织工会的意思……此外，‘新政’……还使一些多年在官僚机构中工作但并不墨守成规而又桀傲不驯的人掌了权……最后，罗斯福坚持认为，存在着一种凌驾于任何私人集团之上的公众利益。他在1934年谴责银行家们说：‘以往那种认为银行界与政府平起平坐、相互独立的错误看法过时了，由于实际情况的需要，政府必须是领导者，必须是包括银行界在内的社会所有集团的相互冲突的裁判者。’”①

由于这样的成就，民主党在中期选举中获得空前胜利。在一般情况下，中期选举往往使执政党的势力减弱，可是这次选举却使民主党获得空前多数。在35个竞选席位中，共和党失掉26个。参议院中4个共和党右翼领袖落选，民主党参议员较共和党的多44人。众议院民主党人数从313席增为322席，共和党则由117席降为103席。民主党所得选民票比例有所增加。在州长选举中，共和党人只剩下7席：从1874年以来一直由共和党人担任的宾夕法尼亚州长，也输给了民主党人。② 1934年11月的中期选举结果表明，美国大多数选民对罗斯福“新政”仍然是信任的。

2. 第二次“新政”

由于第一次“新政”只是克服了美国人民的绝望情绪，但并未使美国经济完全复兴：1934年国民收入虽远较1933年为好，但仍较1929年的低近400亿美元；1935年1月，城市消费者收入仍较1929年同月的低13%；农民现金收入自1933年以来虽大有提高，但仍较1929年的低28%；特别令人不安的是，1934年、1935年仍有1300

① 刘绪贻、李存熏：《美国通史·第五卷》，第97页。
② 同上书，第115页。

多万人失业。[①] 罗斯福在 1934 年 6 月 8 日致国会的咨文中，以及在 6 月 28 日“炉边谈话”中，向美国人民保证，他的政府在下届国会期间，将制定具体措施，解决美国人民的住房问题、生计问题、并实行社会保险；在同年 9 月 30 日的炉边谈话中，向美国人民保证：“我国必须有这样一条原则：我们将不允许失业大军存在；我们将调整我国经济，使之尽快结束现有失业，然后采取英明措施，使失业现象不再出现。我不愿设想任何美国人永远靠救济为生。”罗斯福认识到：社会中各利益集团的相互博弈开始日益激烈同美国民众关切的一些重要问题没有得到有效解决密切相关。这要求罗斯福大力推进“新政”，加深社会改革。由于 1934 年中期选举加强了他推进“新政”的信心，也由于他政治策略的变化，自 1934 年中期起罗斯福的亲密政治顾问路易斯·M. 豪的健康日益恶化，爱德华·弗林逐渐取代了他，并说服罗斯福把他和豪原定的争取农民的竞选战略，逐渐转为争取城市中约 700 万对两党都无好感的少数民族、少数宗教信徒和工人。而他们在中期选举中对民主党的压倒性投票，使罗斯福相信，应该更加关注他们的利益以此来巩固对民主党的支持。这是罗斯福发起第二次“新政”的重要原因。1934 年 11 月 16 日，他在纪念独立革命将领乔治·克拉克的演说中表示：“我们以往建立起来的惯常生活秩序，不能应付我们现今不得不面对的危机与问题。又一次，仅仅为了生存下去，也要求我们创建新的秩序。”[②]

罗斯福总统在 1935 年 1 月 4 日致国会年度咨文中，提出了第二次“新政”。他说：“尽管我们作了努力并发表了谈话，但我们还没有清除享有过多特权的人，也没有有效地提高无特权者的地位。这两种不公平现象阻滞了幸福的实现。”因此，美国应以社会正义为目标，按照自由主义传统和宪法精神，实行变革；美国人民要求断然放弃那种通过过分利得以攫取财富从而使私人权力足以控制公共事务的思想。他建议，把救济名册上 350 万有工作能力的人，安排到

---

① 刘绪贻、李存熏：《美国通史·第五卷》，第 109 页。

② 同上书，第 117 页。

清理贫民窟、建筑住宅、农村电气化和扩大公共工程等项目中去劳动，制订一个综合社会保障计划，以减少失业者、老年人和需人赡养者的生活苦难。此外，他还提到“巩固联邦对一切运输工具的管制，更新和澄清《国家工业复兴法》总目标，加强对犯罪和罪犯的预防、侦破和惩治，清除控股公司的恶行以恢复公用事业领域的健全经营，逐渐减少政府的紧急信贷活动，以及改进税制”。① 为了落实第二次新政的目标，一批新的立法与行政机构又应运而生。

（1）紧急救济拨款法与工程进度管理署

1935 年 4 月 8 日通过的《紧急救济拨款法》，是第二次“新政”主要立法之一。罗斯福总统通过行政命令建立了“工程进度管理署”。

“‘工程进度管理署’在公共工程所规定的项目以外还提出很多工程计划。这些计划所表明的是把救济、贫困、就业和安全等社会职责都归联邦政府承担的一个重大的、历史性的转变。长期以来私人的和地方的慈善事业正在接近结束。…… 从一开始就能清楚地看到：失业救济政策已经超过为提供就业机会而安排工作和促进经济繁荣的范围。……保持千百万人自尊心是工作而不是施舍，政府已经作了许多需要作的工作，而且整个计划大大有助于减轻经济萧条。”②

（2）社会保障法

第二次“新政”的重要内容，也是持久地改变了美国的社会经济制度的核心法案是 1935 年《社会保障法案》，是经 1939 年和后来的修正案所建立一个老年与失业保险和其他福利的综合联邦体制。这是美国社会立法的一个界标，要推销社会保障计划并非一件轻而易举之事。罗斯福要的是一个使每个公民从摇篮到坟墓的生活都有保障的法案。1934 年 6 月 19 日，阿拉巴马州参议员雨果·布莱克写信给罗斯福政府的一名官员，就美国人民所信奉的个人自立这一非

① 刘绪贻、李存熏：《美国通史·第五卷》，第 117 页。

② 【美】沙伊贝、瓦特、福克纳等：《近百年美国经济史》，第 412—414 页。

凡思想评论说："我们国家的公众对于社会保险的各种可能性没有什么概念……在这个国家，也没有多少人知道这样的社会保险体制已经在世界上大多数文明国家里得到施行。"[①] 后来，以珀金斯为首的内阁经济保障委员会拟出一个主要包括失业保险与老年保险的法案，遭到美国国内许多人的反对，甚至包括那些需要救济的人们，他们认为这个法案违背了美国精神。此间，富兰克林·罗斯福极力引导着公众舆论。

"罗斯福认为，工业社会的发展不可能让大多数个人在所熟悉的小社团和家庭的纽带中获得金融安全。而大城市和有组织工业的各种复杂性要求联邦政府，在必要的时候帮助人们得到福利保障。"[②] 这与美国人的价值观念并不矛盾。1935 年 8 月《社会保障法》由国会通过，8 月 14 日由总统签署。

老年人根据《社会保障法》可得到两种补助。第一，除政府雇工、家庭佣工、农场工人及临时工、商船海员、教育、宗教与慈善机关雇员外，其他工资在 6000 美元以下的所有雇工，都必须参加全国性老年保险制度。资金由雇主与雇工平均分担，开始时为工资的 1%，尔后逐渐增加，付款从 1940 年开始。参加者近 1235 万人。第二，联邦和州共同负责照顾 65 岁以上未参加老年保险体制的人员。到 1940 年，约有 200 万人据此得到帮助。联邦和州的津贴加在一起，每人每月平均收入为 20 美元。[③] 除老年保险金以外，《社会保障法》还要求促进某些最低要求的国家失业保险制度的发展。这是通过对雇工征收联邦特别工资税来完成的，由联邦和州政府合办。"由于担心联邦政府侵占和一贯重视州政府权利才有这种特别的州与联邦的行政管理安排。《社会保障法》的其他特点是通常按照各州类似拨款的比例拨出款项，用作以下用途：（1）照顾那些因贫穷而被人

① 【美】米尔奇·尼尔森等：《美国总统制（起源与发展 1776—2007）》，第 291 页。

② 同上。

③ 刘绪贻、李存熏：《美国通史·第五卷》，第 122 页。

抚养的儿童；（2）促进在经济上遭受严重贫困地区的母亲和儿童的健康；（3）为残疾儿童提供医药、外科和矫正手术；（4）救济无家可归和被遗弃的儿童；（5）帮助残疾人恢复工作能力；（6）救济贫困的盲人；（7）促进适当的公共保健服务事业。”①

虽然《社会保障法案》是有缺陷的，从政治上说“仅仅是从不情愿的国会获得一些最低限度的社会保护的一个途径”。② 但是 1935 年的《社会保障法案》是一个伟大的必要的社会进步。美国联邦政府第一次认真正视贫富差距对社会所造成的伤害，作出了多种努力来处理社会保障体系的不足。正如一位研究总统的学者所指出的：“罗斯福的领导作用包括了一个将社会保障嫁接到美国传统价值观上的谨慎过程。在这个过程结束之时，罗斯福已经带领这个国家超越了权利仅仅体现为保障不受政府压迫的传统观念。而接受了他在‘联邦俱乐部’的讲话中所表达的那种新的理解，即政府有责任保障人民的经济安全。”③

（3）对劳工的立法保护

第一次新政期间，劳工权益得到很大增长，但是在实际运行中的效果并不令人满意。瓦格纳参议员和他的助手认识到《国家工业复兴法》中关于劳资关系的条款不够明确有力，又没有强有力的机构来保证其实施，因而不能保证工人组织工会和集体谈判的权利；而没有强大的工会组织与资方抗衡，就无法提高工人工资、缩短工时、改善工人劳动条件，这既不公平，也不能提高广大工人群众的购买力，促进复兴。因此，他们应工会要求，从 1934 年起便着手草拟一个代替劳工条款的立法。首先采取行动的是争取通过 1934 年劳动争端议案。这个议案是由瓦格纳参议员的助手利昂·凯瑟林起草，其目的是雇主和雇员的谈判地位平等。瓦格纳参议员认为这个议案

① 【美】沙伊贝、瓦特、福克纳等：《近百年美国经济史》，第 418—419 页。

② 【美】乔纳森·休斯、路易斯·P. 凯恩：《美国经济史》，第 524 页。

③ 【美】米尔奇·尼尔森等：《美国总统制（起源与发展 1776—2007）》，第 291 页。

“在雇员谈判中共同分享信息和经验，平衡组织与谈判实力，为形成管理层和劳工之间谨慎的财富配置，维持购买力的充分流畅以及阻止目前的衰落提供了必要的条件”。[①] 但是这个法案在国会投票中失败了。在此之后，各利益集团之间展开了激烈的博弈。在瓦格纳的指导下，利昂·凯瑟林对劳动争端议案进行了修正，首先他们强调当事人的独立性，体现在法案中是创造和增进调查权力和行政权威，以保证雇员实体权利和重新定义雇主不公平的劳工惯例。其次他们强调工人权利的可行性和社会普遍福利之间的关系。而由律师、产业关系专家和其他人组成的“20 世纪基金委会员”则代表了工商业利益集团的利益。认为法案应该被看作是协调现有利益集团的工具，期望在凯瑟林议案关于雇主不公平、劳工惯例上附加工会和雇员不公平惯例。通过可执行条件，明确雇员的权利，以满足和平和建设性集体谈判目的，它被定义为书面协定的法典和惯例。[②] 劳工领袖们因国家复兴管理局执行《国家工业复兴法》第 7 条第 1 款不力，强烈支持这个修正法案，由于 1934 年民主党在年中期选举中的大胜，国会参众两院都支持凯瑟林议案，“20 世纪基金委员会”的努力遭到失败。罗斯福总统在这个法案通过的过程并没有起到多大作用，他一直都对这个议案没有产生多大兴趣。劳工部长帕金斯回忆罗斯福未参与制定这个议案，甚至在制定过程中也几乎没有人与他商量。

由于他认为这个法案可能过分地影响到工商业利益集团的利益，“当他听说全国劳资关系委员会不准雇主提出请愿进行一次选举或要求该委员会解决管辖权限争端时，他感到震惊”。[③] 因而宁可通过修订全国工业复兴法以使劳工获得保护。但是，5 月 27 日联邦最高法院判决全国工业复兴法违宪，激怒了罗斯福总统，罗斯福总统因而改变了对瓦格纳法的态度，1935 年 5 月 16 日，参院批准了瓦格纳

---

① 【美】斯坦利·L. 恩格尔曼、罗伯特·E. 高尔曼主编：《剑桥美国经济史（第三卷）》，第 483 页。

② 同上。

③ 【美】理查德·霍夫施塔特：《美国政治传统及其缔造者》，第 403 页。

法。在众院迅速批准后，于7月5日签署。这就是1935年《瓦格纳—康纳里全国劳工关系法》。它的核心是：将企业为了不让工人组织自己的工会而先成立的公司工会视为非法，并规定工人有通过自己选择的代表与资方进行集体谈判的权利。此法虽是重新肯定新近废除的全国工业复兴法第7条第1款确定的原则，但它对该条款模糊无力的地方规定得明确而坚定。它使公司工会的组织实际上成为不可能，而且使一些所谓不公平惯例——干涉雇工行使自己的权利、解雇或将参加工会活动的雇工列入黑名单、歧视对公司起诉的雇工等——为违法。这样，该法就剥夺了雇主们最厉害的反工会的武器。由于该法规定成立一个由3人组成的超党派全国劳工关系委员会，并授权它听取工人申诉、发布停止争执命令和强迫雇主服从，此法便有其执行机构。最后，由于该法清楚明白地规定：一个工会得到——一般是在全国劳工关系委员会监督下举行的秘密选举——一个产业、公司、商店或行业中的工人多数的支持，雇主就必须承认它是唯一的谈判代表，这就使那些谋求迫使雇主真诚谈判的工会有联邦政府权力的支持。这样就有效地提高了工会的集体行动能力，大大增加了工会对公认的吸引力。“随着瓦格纳法的实施，工会的力量迅速壮大起来，给了罗斯福政治上的支持，罗斯福认为这股民主力量可以很好的抵消大企业的势力。”[①]

除了瓦格纳法以外，[②] 国会还通过了《公平劳工标准法案》。这部法律称之为1935年开始的第二个“新政”的长期社会改革的重大步骤之一。很多人把这部法律看作是真正的或唯一实际的“新政”。这部法律使联邦政府有权力规定最低工资、最高工时和工作条件。这项法令的一个重要部分是关于童工的规定。法律禁止在州际商务方面运输那些“受压迫”童工的工厂里所生产的货物。所谓“受压迫”的童工，是指在法令许可的职业里雇用的16岁以下的童工，以及在“儿童局”局长所宣布的具有危险性的职业里雇用的16—18岁

① 【美】理查德·霍夫施塔特：《美国政治传统及其缔造者》，第403—404页。

② 【美】乔纳森·休斯、路易斯·P. 凯恩：《美国经济史》，第525页。

的未成年人。14—16 岁的童工按照“儿童局所颁布的规定，可以为非制造业和非采矿业所雇用，如果这些雇用不影响儿童的学习、健康和幸福的话。这部法律制定以后，工商业利益集团当然很不满意，在 1941 年的美国诉戴比木材公司一案中，该法遭到质疑，理由是尽管该法名义上是管制商业，但其动机实际上是管制工资和工时。最高法院坦然承认事实正是如此，在最高法院的判决书里明确宣称“从一开始，很多年来对第十四修正案的解释，一直是不剥夺联邦政府诉诸于各种手段实现获授权的权力的行使，只要这些手段适合且显然符合许可目的…… 在第五修正案下，工资和工作时间条款的合法性，两个条款都是关于最低工资的要求，规定了最低标准的工资以及对‘不低于正常水平 1.5 倍的、超时工作要增加的工资’。行使这一权力的事实并不是对第五或第十四修正案的正当程序的拒斥。而规定最高工作时限是否属于立法权力范围也不再成为问题…… 法案毫无疑问是符合宪法要求的。法案警告了这样的人——雇佣别人去生产他将要或预期要跨越州界运输的物品，而没有遵守规定的工资水平和时间要求——对他说，他有可能受到法案所规定刑罚的惩罚，别无更多要求……”①。最高法院的判决实际上承认联邦政府有着保障任何社会、经济和道德目标的无限权力。

（4）公用事业控股公司法

在美国公用事业基本上都是私有的，而且大都为控股公司。1935 年 3 月，罗斯福在送给国会的咨文中指出：控股公司“是一种给予极少数掌握公司内幕的人以控制别人钱财的不应有和不可容忍的权力的发明”，他反对这种公司。后来，由众议员萨姆·雷伯恩和参议员伯顿·惠勒分别在众院和参院提出法案，包括逐步消灭控股公司的条款。公用事业公司强烈反对这个法案，他们组成强有力的院外活动集团对国会议员进行游说。宾夕法尼亚州公用事业利益集团甚至有计划地伪造签名打电报给许多国会议员，企图阻止此法案通过。6 月，参院仅以 1 票多数通过“死刑条款”，众院却加以否决。

① 【美】斯坦利·I. 库特勒：《宪法的精神》，第 254 页。

纽约州的 27 名民主党人中 16 名投了反对票。最后两院妥协形成了一个公用事业控股公司法，罗斯福总统于 1935 年 8 月 26 日签署。

这个法案对于反对大企业的斗争来说是个巨大胜利。3 年之内，所有垄断性公用事业公司全部解体，其余大企业虽未被取消，也被置于国家控制之下。

罗斯福公用事业领域最重要的一个杰作就是田纳西河流域管理局。罗斯福就任总统后不久，要求国会通过了《田纳西河流域管理局法》，并在该法中规定田纳西河流域管理局有权生产和出售电力，可以建设通往农村的输电线，特别是有权根据该局电力经营，确定电价“标准”，用以衡量私营电价是否合理。田纳西河流域管理局很快就成为全国最大的电力生产者。1933—1978 年间，它的实际发电量从 15 亿千瓦小时，增为 1180 亿千瓦小时，增加了近 79 倍。因此连对“新政”感到不满意的人都不得不承认，“在提高国民生产和电力应用方面新政做的很漂亮”。

第二次新政时期，在罗斯福的要求下，国会还通过了一些重要的立法。这些法案大大扩充了联邦政府的权力，使联邦政府更加扩大和更为积极地参与国家的经济和社会生活。联邦政府比以往更为肯定和迅速地放弃了对社会经济的不干涉政策，而代之以公共管理的资本主义。

(5) 第二次“新政”的后果

第二次“新政”重点在于通过国家干预扶助“被遗忘的人”。因此国家通过强有力的行政手段对各利益集团的利益进行重新调整和分配。在这个过程中，工商业利益集团普遍感到自己的利益受到严重损害。因此对罗斯福更加不满。“美国钢铁公司主管工业关系的副总经理阿瑟·扬告诉美国经营管理协会说：与其遵从瓦格纳法，倒不如去坐牢。该协会授予他一枚奖章。1935 年秋，美国银行家协会全国会议否决自己的提名委员会所提的担任第二副理事长的人选，因为他是马里纳·埃克尔斯的业务副手，而另选盐湖城的奥瓦尔·亚当斯。亚当斯提议银行家停止与政府谈判，并坚称：“美国银行家只有在坚实的经济、平衡的预算、合情合理税收方案的条件下，才能与联邦政府恢复谈判。”1936年1月25日，艾尔弗雷德·史密斯在一次自由同盟宴会上说：如果“新政”派想把自己打扮成诺曼·托马斯、卡尔·马克思、列宁等，我没有意见，但是，我不能容忍他们打起杰斐逊、杰克逊和克利夫兰的旗号招摇过市。他后来还退出了民主党。[①]

而得利的其他利益集团则正好与此相反。德国著名作家、对罗斯福及“新政”进行过长期观察的埃米尔·卢特威说：“我在俄克拉荷马时，曾遇见几位赫赫有名的油田主人，他们一提到罗斯福，总是诅咒谩骂，没有一句好话，我和这些百万富翁同餐之后，又在油田附近的酒店和那些油井工人谈话，他们却对罗斯福表示非常信任。”第二次“新政”改变了国内各利益集团的利益格局。“到1936年，富兰克林·罗斯福已经建成一个新的政治联合体，它以北部大城市群众为其坚实基础，在国会中则由新型政治人物——以纽约市罗伯特·瓦格纳为代表的北部城市自由派民主党人为领导”，“新政”使“少数民族、城市居民、天主教徒、小企业主、农民、黑人都和‘新政’民主党打成一片”。[②] 从而为民主党奠定了自己的选民基础。

第二次“新政”实施之后，美国经济显示出明白无误的恢复迹象，“新政”起了较为明显的效果。到1936年，罗斯福向全国人民指出：“新政”在3年内使600万人有了职业。1936年秋底特律开出的汽车比任何一年（1929年除外）都多；1936年5月，国民收入由1933年的425亿美元上升到1935年的571亿美元。所有其他经济指数都有增长。从1936—1937年初，增长速度加快。1936年5月至1937年9月，就业指数由96.4增加到112.2，高于1929年的最高数。同一时期工资总额指数则从84增为109，工业生产指数从101增为117。[③]

在1936年大选中，虽然共和党、美国自由同盟、库格林、汤

① 刘绪贻、李存熏：《美国通史·第五卷》，第130页。

② 同上。

③ 同上书，第131页。

森、朗的继承人杰拉尔德·史密斯等支持的联盟党，以及大城市中3/4的报纸反对罗斯福，《文摘》杂志根据电话簿与汽车登记表上的人名所做的民意测验预示共和党候选人艾尔弗雷德·兰登当选，但是，罗斯福却得到美国有史以来最多的选票。除缅因与佛蒙特外，他在所有的州取得了胜利，他的选民票比兰登的多1100多万张，总统选举人票多514张。其他小党失败更惨。联盟党只得选民票88.2万张，社会党18.8万张，共产党8万张。国会选举民主党也大胜，在众院获得3对1的优势：参院96个席位中民主党占75席，共和党只16席。在33个州长的竞选中，民主党赢得26个，包括共和党总统候选人兰登的堪萨斯州。由于罗斯福对弱势群体利益的关注，有组织的劳工中发展着一种强有力的参政意识，工会作出全面努力以选举民主党人；二是北部和中西部各州大多数黑人领袖和报纸从林肯的党转向民主党，1936年，大多数美国黑人选民在美国历史上第一次支持民主党总统候选人。[①]

3. 美国联邦政府的财税政策

在20世纪30年代大萧条的情况下，要政府承担改进经济活动的责任，这就意味着加大联邦政府的开支和借款。

虽然罗斯福不喜欢财政赤字，而且认为庞大的赤字是一种必然的坏事，在许多场合罗斯福总统都表示“联邦政府必须而且应该实行财政平衡”。但是罗斯福总统深知如果要在不牺牲经济复苏的条件下采用赤字政策，就只能增加税收。而“敲富人的竹杠”，也就是将税收负担转移给最富有的人和公司是最为理想的做法。像他之前的伍德罗·威尔逊一样，罗斯福坚持民主—中央集权制的传统。从1933—1935年，在罗斯福政府提议增加税收时，还没有提议提高累进的幅度。甚至在1935年开始的时候，罗斯福还提议征收雇员工资税作为社会保障法案的主要手段。

但是，罗斯福已经逐渐开始考虑推行累进的再分配税。1935年

① 刘绪贻、李存熏：《美国通史·第五卷》，第132页。

6月19日，总统向国会递交了一份激进税制咨文，目的在于重新分配财富和权力，工商业利益集团震惊不已。在第74届国会立法中，1935年的税收法遭受攻击最多。总统极力主张征收联邦遗产税、征收馈赠税、对"非常巨大的个人净收入"和公司收入征收累进所得税。代表工商业利益集团的美国媒体称之为"向成功者敲竹杠"法案，并用"苛政"代替"新政"；企业界及富人则干脆称其为"向富人敲竹杠"的方案。他的分等级征收遗产税的作法被看作是对财产的尊严和自负的个人主义的一种特别激进和威胁性的打击。但是罗斯福公开表示，不通过税收法，他不会提议国会休会。经过反复斗争，到8月底才获通过。

"8月31日罗斯福签署的1935年税收法，取消了联邦遗产税，却提高了馈赠税与财产税，略增了公司所得税，并对利润超过15%的企业征收过份利得税。此外，对5万美元以上个人所得征收附加税。5万美元以上征收31%，以后逐步提高，超过500万美元的征收75%。除上述规定外，1936年税收法又对未分配的公司收益征税，因为大股东为免缴沉重个人所得税，往往要求大量积累。"①

表31：1934—1940年美国财政收入情况

年份	联邦财政收入（百万美元）	个人税收（百万美元）	企业税收（百万美元）
1934	2955	420	364
1935	3609	527	529
1936	3923	674	719
1937	5387	1092	1038
1938	6751	1286	1287

① 刘绪贻、李存熏：《美国通史·第五卷》，第128页。

续表

年份	联邦财政收入（百万美元）	个人税收（百万美元）	企业税收（百万美元）
1939	6295	1029	1127
1940	6548	892	1197

资料来源：The Historical Statistics of the United States，Volume V，Cambridge University Press，2006，p. 128。

罗斯福逐渐转向激进税收政策有着很充分的政治理由。“在对国会陈述的咨文中，罗斯福宣称财富的积累意味着‘少部分人对大多数人的就业和福利的控制越来越大，这是我们不愿看到的’。后来，罗斯福对他的目的做出了解释，认为这不是摧毁财富，而是创造更大的机会以抑制集中化的增长和毫无结果的积累，把政府的负担转移到能更好地承担这种负担的地方。此外，罗斯福也担心经济复苏很可能会失败，从而企业会指责累进税政策。最后，在社会保障税中，罗斯福希望鼓励中产阶级将社会保障视为能够保护他们的保障金投资的一种保险体制。他解释道：‘如果有了社会保障税，就不会再有那些批评我的政客们对社会保障计划没完没了的唠叨。’”①

新政的税收政策其实并没有改变多少收入的分配，虽然对联邦所得税的极端累进制和1935年8月向富人征重税的税收法案受到强烈的攻击。新政在自由所得税立法中提高了对个人收入和财产附加税率，而且规定公司所得税率为累进制。但是，“正如西德利·拉顿所指出的那样，这一法令的轻微累进作用被1935年8月社会安全法令中的工资税率削弱了，通过所得税、遗产税和赠品税一年筹款2.5亿美元，把财富的集中控制在估计年国民收入的0.5%的水平上……。虽然社会安全工资税是为起作用的工人打算而分配的，但是，这种税是由低收入阶层所负担的，他们担负不起这种税收的递减制对购

① 【美】斯坦利·L. 恩格尔曼、罗伯特·E. 高尔曼主编：《剑桥美国经济史（第三卷）》，第75页。

买力所造成的损失。新政并没有在高收入与低收入的人们之间的赋税再分配上引起革命。”①

不过，罗斯福在内在的公平和释放个人与小企业的活力方面调整了他的税收改革，从而推动了经济复苏。只是罗斯福没有想到在1936年初，最高法院宣布《农业调整法》中的农产品加工税无效，国会未能通过罗斯福提出的向第一次世界大战中的退伍军人发放奖金的议案，罗斯福本来以为他可以在1936年的总统选举之前不必再增加任何新的税收了。它激起了罗斯福总统的怒火。这两个事件将导致联邦赤字的大幅度上升。作为回应，罗斯福要求国会批准一项提高财政收入的措施。“罗斯福新的公司税计划是废除现存的公司所得税、股本税和超额利润税，代之以公司未分配利润税。这种税收将根据未分配利润所占的比例而累进征收。罗斯福和财政部长摩根索相信，这一措施将有力地打击避税行为和公司势力的集中化。他们也确信，公司故意保留利润不进行分配，以回避以个人所得税形式对股息征收的税收。他们进而相信大公司比小公司更有能力保留剩余利润，正是这些未分配的利润给大公司带来了一种不公平的竞争优势，因为这些利润减少了它们对新资本的借贷需求，而且大公司常常用它们的未分配利润盲目地进行再投资。未分配利润税将会大大刺激公司把利润分配给股东。这些股东支付高额的附加税，从而给政府带来大量的财政收入。国会连同超额利润税一起通过了这一税收提案，这是联邦政府有史以来最为激进的税收。在1937年的《税收法》中，国会通过提高对公司个人股东的征税标准，限制扣除公司的游艇（corporate yachts）和乡村房地产，禁止扣除劈产售卖和交易中的损失，减少对创造多方信托（multiple trusts）的税收激励以及废除对暂住纳税人的税收照顾等措施进一步强化了所得税。”②

虽然许多人认为罗斯福是凯恩斯主义的信奉者，但与实际相反，

① 【美】沙伊贝、瓦特、福克纳等：《近百年美国经济史》，第431页。

② 【美】斯坦利·L. 恩格尔曼、罗伯特·E. 高尔曼主编：《剑桥美国经济史（第三卷）》，第753—754页。

一直到1937年，罗斯福才有意识地采用凯恩斯主义的药方，推行一项改革力度更大的财政政策。主要是因为这年美国又开始陷入到经济衰退中。因此，“1937年，罗斯福政府将税收提高到了可以创造充分就业盈余的水平上——也就是能使经济在保持充分就业的水平上运行。1937—1938年的萧条即将结束时，罗斯福开始推行一个新的积极的开支计划，这一计划没有依靠税收的大幅增加。结果充分就业盈余变成了充分就业赤字，而且赤字在1938年和1939年迅速飙升”。①

从政治角度说，罗斯福从对凯恩斯主义保持距离到接受凯恩斯主义作为其财政政策转变的根源，是他认识到美国国内保守派对新政的反对太强大，他们反对他通过再分配税收改革来寻求增加税收和推动经济复苏。但是，“罗斯福从税收改革失败的痛苦经验里学到了许多东西。他不能忽视紧缩性财政政策造成的1937—1938年的衰退。结果他听取了WPA、农业部和联邦储备银行的幕僚们的建议，他们向罗斯福灌输了凯恩斯主义的思想。没有证据表明罗斯福相信了哈里·霍普金斯（Harry Hopkins）、亨利·华莱士（Henry Wallace）或者马里纳·埃克尔斯（Marriner Eccles）的观点：长期的赤字必然将实现和保持充分就业。但是在1938年，罗斯福将他的财政政策转向了凯恩斯主义的政策思路，用凯恩斯主义的理论修正了他从前的做法。他向国会解释道，他在不增加税收的情况下大幅度提高支出的政策将‘提高国家的购买力’。”② 在1939年的财政年度里，财政赤字回升为新政以来最大的时候，随之而来的是1939年财政年度经济中的新浮动，即投资和国民生产总值增加，失业率下降。③

5. 罗斯福时期的反托拉斯法运动

在“新政”的前期，联邦政府有意削弱反托拉斯法，用限制不

---

① 【美】斯坦利·L. 恩格尔曼、罗伯特·E. 高尔曼主编：《剑桥美国经济史（第三卷）》，第753—754页。

② 同上。

③ 【美】沙伊贝、瓦特、福克纳等：《近百年美国经济史》，第429页.

受拘束的竞争来帮助大工商企业。一直到1938年政府对于垄断的态度才有了转变。罗斯福总统认为1937年和1938年的经济衰退，一部分是由于昂贵而无循环反应的垄断价格所造成的，自1938年以后，耶鲁大学法学院瑟曼·阿诺德教授被任命为司法部反托拉斯司司长。由于得到大量新拨款和增加许多工作人员，他在短时期内发动215次调查，并进行92次反托拉斯起诉，但收效甚微。同时总统于1938年4月29日致国会特别咨文，请求国会拨款由一个特别委员会去进行全面调查研究经济力量集中的情况及其对美国自由企业制度的影响。“临时全国经济委员会”关于“经济力量集中的调查”详尽地探索了所用的办法和经济力量集中所达到的程度。这是在我们国家中由一个官方和私人机构对垄断所进行的最彻底的调查。[①] 6月16日，国会建立“临时国民经济委员会”，从1938年12月1日到1940年4月26日，做了大量调查研究工作，并于1941年3月31日提出一份最后报告，但当报告最后发表时，政府更关心的是备战，而不是经济制度的彻底改革。从委员会的报告可以清楚地看到，“新政”的工商业政策一反其前进的方向，加强和鼓励了垄断的发展，而不是去阻止。之后在第二次世界大战期间，政府与工业界紧密合作的时候，反托拉斯的效果很小。[②]

6. “新政”的结束

到1937年美国经济已经初步从衰退中缓和过来的时候。罗斯福担心赤字财政会导致通货膨胀过度。为此罗斯福开始大幅度削减财政支出，主要是缩小工程振兴局和公共工程局的开支，削减农业补助。1937年初，联邦储备委员会将必需准备金增加50%，各联邦储备银行自己也采取断然措施防止信用膨胀，“1937年财政年度总收入增加，总支出下降，收入促使赤字从44.25亿美元锐减到27.77

① 【美】沙伊贝、瓦特、福克纳等：《近百年美国经济史》，第403—404页。
② 同上。

亿美元。”[①]

罗斯福原来以为，只要政府努力平衡预算，企业界就会恢复信心、增加投资。但是，政府的的财政紧缩政策，并未能促使企业界增加投资，却导致经济的迅猛衰退。“从 1937 年 8 月起到 12 月，《纽约时报》的企业指数从 110 猛跌到 85，将 1935 年以来取得的全部进展一扫而光。3 个月内，钢的生产设备利用率从 80％下降到 1937 年 1—8 月之间。工程振兴局的雇工从 300 万减为 150 万人。”[②]

一直到 1938 年初，罗斯福政府才终于认识到“它要对严重的衰退负责，而且一直与此有关的是它自己的预算政策，这种新的冲击给财政处理带来了变化”。[③]

由于 1938 年是中期选举年，经济衰退如果长期不扭转，显然对民主党不利。到 3、4 月之交，罗斯福已接受霍普金斯等人的意见，并在 4 月 14 日致国会的特别咨文中，宣布放弃信用限制，要求断然恢复赤字开支。对经济恶化趋势感到惊慌的国会迅速作出决定，通过了农业调整法与工资工时法，拨款约 30 亿美元扩大工程振兴局的工程规模，并增加其他各“新政”机构的活动。这些措施见效迅速。到“1938 年 7、8 月间，制造业生产、工资与就业指数开始上升。到 1939 年底，几乎恢复到接近繁荣的 1937 年的水平”。[④]

1939 年之后，罗斯福总统基本上没有再提出新的立法。1939 年 1 月 4 日，罗斯福在致第 76 届国会的年度咨文中说：“在我们发起社会改革计划的过程中，现在已越过了内部冲突的阶段。”当时支持“新政”的民主党领袖詹姆斯·法利认为，罗斯福最聪明的办法是“收拾残局，巩固和改进已取得成果，不再发动新的改革”。[⑤] 而罗斯福的确是这样做的。除要求继续实行赤字开支外，罗斯福对这届国会没有提出新的改革法案。这届国会也只通过了 1938 年未获通过的

① 【美】沙伊贝、瓦特、福克纳等：《近百年美国经济史》，第 429 页。
② 刘绪贻、李存熏：《美国通史·第五卷》，第 143 页。
③ 【美】沙伊贝、瓦特、福克纳等：《近百年美国经济史》，第 429 页。
④ 刘绪贻、李存熏：《美国通史·第五卷》，第 144 页。
⑤ 同上。

联邦行政部门改组法，并对社会保障法作些改进。

7. “新政”对美国政治经济生活的影响

“新政”不是革命而是“拯救”了美国资本主义，从20世纪30年代以后若没有政府的帮助和管理，美国资本主义几乎不可能独立生存下去。“没有剧烈的变革，当新政结束时，所有的机构都得以保留，财产所有权也许比实际情况更加从属于联邦管制，但是财产没有在根本上发生改变。本·富兰克林在1940年就认识到了我们的土地占有和使用。除了更高的赋税之外，私人资本生产仍然被设计用来生产利润，作为回报分配给私人所有。产业仍然是由私人管理者进行管理。食物、衣服、庇护所、药品——所有这些在1940年几乎完全是私人的事情，就像1929年那样。经济活动，除了直接的政府购买和监管规制之外，还依然几乎全部是由消费者的‘美元投票’来引导的”。[①]

但是另一方面，新政也具有革命性的色彩。可以说从新政时期开始的根本性改革，如失业保险、养老保险、实行工资的下限和工时的上限，使美国人人民生活有了基本保障。这些措施深得人心，从罗斯福开始，联邦政府已经深入每个公民的生活，美国人从未与政府有过如此密切的关系，也从未对政府有过这般大的期望。政府对人民福利的责任是必须的。在此之前，美国也经历过多次经济危机，但是美国人并不认为政府应该承担责任，哪怕是救济的责任，慈善属于教会和个人行为。在完全的自由主义盛行的年代，个人直面上帝，他必须对自己的成败负责，如果有什么怨言，尽可直接去向上帝诉说。但新政之后，“联邦政府直接对人民生活保障负起责任。罗斯福明确表示，1776年美国消灭了政治专制，现在到了反抗经济专制的时候了：政府应当使那些愿意工作的人有事可做。让人民 免于挨饿，有房子住，生活过得不错，有适当的教育水平，这些都是政府关心的事。除了这些以外，另一件没有提到的事是，保护个人的生命和自由不受社会上那些企图以牺牲别人的利益而取得荣

① 【美】乔纳森·休斯、路易斯·P. 凯恩：《美国经济史》，第530页。

华富贵的人们之害。他们同别人一样有权受到政府的保护。”[①] 到1940年，联邦政府进入了大多数人的日常生活中，并且永远地影响着美国人的生活。

“新政”永远地在美国人的思想中确立起了这样一种观点，政府对经济的干预是必然的，从新政开始，通过政府结构与职能的巨大扩展，联邦政府的监管力量控制、规范和管制机构在新政中激增。由此承担起确保经济正常运转的责任，“政府行为自身在新政时期获得了有力的脱离，通过多样化的机构，它们的形成是为了确认、定义和作用于‘社会问题’。即使新政中各委员会、管理局、办公室和行政部门的大部分消失了，具有主动精神的管理机构的思想流行开来了。在20世纪30年代之前，社会和经济的根本变化主动权很少来自于不变的联邦机构内部。在新政中和新政后，这种主动变得很普遍了。联邦官僚机构传统上是公务员主体，他们的行为受到当选政府的定义和引导，将为国家政策设定议程的权力。从国会和行政人员及私人部门，转移到永久的政府手中，这是新政的一个主要成就。”[②] 联邦政府不仅要作宏观调控，还要通过所得税、财产税、社会保险等途径积极介入分配。经济运作的好坏可以说成了判断政府成败的关键，政府不干预经济的放任自由主义从此宣告结束，再无回头之路。因为到罗斯福时期所有的美国人都已明白，如果美国联邦政府不干预一定是工商业利益集团一强独大的局面。所以在1936年，罗斯福猛烈抨击国家“经济保皇主义者”的金融领导，赢得了大多数人的共鸣并因此赢得了巨大压倒性的选举胜利。富兰克林·罗斯福和他的同盟者通过对各利益集团利益的重新调整促进了经济复苏的过程。

总之，新政完成了美国联邦政府职能的巨大转变，“1933年之后，美国经济再也不一样了。那个时代的忧虑已经深印于公众的记忆中，其结果，作为社会保险和联邦对穷人及失业者的责任，被铭

---

① 钱满素：《美国自由主义的历史变迁》，第92—93页。

② 【美】乔纳森·休斯、路易斯·P. 凯恩：《美国经济史》，第531页。

记到了法典上。国家转向联邦政府寻求经济和社会问题的集体解决方案。这在以前是无法衡量的，也许一战统制经济时期除外。对纯粹美国资本主义忠诚被破坏了，这显然是永远的。甚至在美国工业和金融业的顶尖层次上，也失去了希望。”①

三、联邦政府权力结构的变化

1. 行政部门与最高法院的博弈

从1933—1936年，对罗斯福的“新政”，美国联邦政府的司法部门特别是美国最高法院，一开始就对罗斯福新政中的许多立法持否决态度。

最高法院对罗斯福的新政表示不满首先同它的内部权力结构有关系。在它的9个法官中，詹姆斯·C. 麦克雷诺兹、乔治·萨瑟兰、威利斯·范迪范特和皮尔斯·巴特勒4人，是生活在19世纪极端个人主义气氛中的保守派，坚信资本主义的自我调整机制，反对国家干预社会经济生活，被大众称为“四骑士”：而自由主义法官只有3人：路易斯·O. 布兰代斯、本杰明·卡多佐和哈伦·F. 斯通，是少数派。在他们两派之间，则有首席法官查尔斯·埃文斯·休斯和法官欧文·J. 罗伯茨。其次是最高法院的法哲学思想仍然是以公共目的为核心的司法裁决治理原则。这种思想强调唯有受公共利益影响的行业才能受到政府的管制。由于经济危机和新政的原因，这时期美国最高法院的判案数量与20年代年均五六百起相比急剧增加。

表32：1930—1939年最高法院年判案数量

年份	数量（个）
1930	845

① 【美】乔纳森·休斯、路易斯·P. 凯恩：《美国经济史》，第531页。

续表

年份	数量（个）
1931	877
1932	897
1933	1005
1934	937
1935	983
1936	950
1937	981
1938	942
1939	981

资料来源：The Historical Statistics of the United States，Volume V，Cambridge University Press，2006，p. 315。

1933—1934 年间，由于经济危机的缘故，美国最高法院的判决没有表现出反对罗斯福的新政。在 1934 年的内比亚诉纽约州案中，最高法院支持纽约州建立牛奶管制局确定最低和最高价格。当时牛奶商内比亚认为这严重损害了他的利益，违反了宪法第十四修正案的正当程序。决定价格的权力应当受到正当程序的保护，而不是政府的干预，因此提出起诉。但是最高法院以 5：4 判决内比亚败诉。大法官罗伯茨代表多数作出的判决认为：虽然牛奶业并非公共事业，但是“没有什么私人权利的行使可以不在某些方面影响到公众，哪怕影响轻微；也没有什么监管公民行为的立法特权不会在某种程度上剥夺其自由或影响其财产。因此受公共利益影响的行业的种类或范畴显然不是封闭的，法院运用第五和第十四条修正案的功能就是要在每个案件中作出判断，事实究竟是证明了受挑战的监管是合理运用政府权力，还是随意的还是歧视性的”。[①]“只要是在牵涉到正当程序条款的要求又缺乏别的宪法限制的情况下，州就可以自由地制定任何符合合理预期、可促进公共福利的经济政策，并通过适合其目的的立法来执行那一政策。法院没有权力宣布这样的政策，也没有权力在立法机关已经公布的时候来逾越这一政策。……宪法并不保障人们这样的自由，他们运营其商业的方式侵害了大部分公众，或者侵害了人民中的重要群体。和其他任何形式的规制一样，价格控制除非是专断、歧视性的，或显然与立法机关可自由制定的政策在表面上没有任何关系，而因此构成对个人自由不必要的而没有保障的干涉，否则它就不是不合宪的。……”[②]

然而最高法院根深蒂固的政府权力有限的观念不可避免地和罗斯福政府促进国家前进的努力迎头相撞。作为全国保守势力捍卫自由放任政策的最后堡垒，最高法院再也不能忍耐罗斯福对于社会各利益集团利益的重新分配与调整了。

1935 年 1 月 7 日，最高法院在巴拿马炼油公司控诉瑞安公司一案中，判决全国工业复兴法的第 9 条第 3 款无效，其理由是其授予总统以不适当的管理石油工业的立法权。3 月，最高法院虽同意国会废除私人合同中要求用黄金支付的条款，但认为政府否定政府公债中的黄金条款为违宪。5 月 6 日，它又在铁路职工退休委员会控诉奥尔顿铁路一案中，以 5 对 4 票判决铁路职工退休法违宪，其理由是：政府强迫铁路公司对其雇员支付养老金，是不经法律程序剥夺公司财产；国会有权控制州际贸易，并不意味着它可以干涉劳资关系。

最严重情形发生在 1935 年 5 月 27 日，所谓“黑色的星期一”。这一天，最高法院扼杀了 3 项“新政”立法。在路易斯维尔台股土地银行控诉雷德福一案中，它废除了弗雷泽—莱姆基农场抵押法，理由是该法不经法律手续剥夺了债权人的财产。在威廉·汉弗莱遗

① 韩铁：《美国宪政民主下的司法与资本主义经济发展》，第 175 页。

② 【美】斯坦利·I. 库特勒：《宪法的精神》，第 232 页。

嘱执行人控诉美国一案中，判决撤换联邦贸易委员会委员是国会的事，不是总统的事。而影响最大的是关于谢克特家禽公司诉美国的案件。在这个案件中，首席大法官休斯宣布法院判决如下：

首先，就如何正确对待原告提出的这些重大问题，政府强调两个出发点。政府认为，我们必须在国会面临严重国家危机这一背景下，看待国会立法中有关授权制定规章的条文。毫无疑问，每当权力的行使受到质疑，总要对授予权力所针对的情形进行考查。非常的情况要求采取非常的救济措施，但这一论点却不能用于论证宪法授权之外行为的合法性，非常的情况并不能创造或扩大宪法性权力。国家政府的这些权力必须受到宪法授权的限制，在这些授权下行动的人不能仅因为他认为有必要拥有更多的或不同种类的权力就任意践越宪法为其设定的界限。

其次，关于授予立法权的问题。法院认为《国家工业复兴法》没有对总统的自由裁量权做出何种限制。因此，“除了第三节已明确规定的条件外，总统权力不受任何限制。总统在本法中的这一权力涉及众多不同种类的商业和制造业，因此总统的裁量权扩展到了制定各种他认为对于处理全国大量工商业活动有利的法律。如此大范围的立法授权在政府特别倚重的判决中并不能找到支持。…… 对此可总结如下：复兴法第三节（的授权）没有先例的支持。总统在批准或制定规章以此为管制商业和制造业立法的过程中，他的裁量权实际不受任何约束。我们认为这样授予一种规章制定权是一种违宪的立法授权。”①

最高法院 9 名法官一致同意的判决，使全国工业复兴法无效。在这之后，1936 年，最高法院根据农业和制造业一样，由于不是商业因而不受联邦政府的控制，所以最高法院判决《农业调整法》中的农产品加工税无效，农业调整法违宪。城市破产法本是应全国各地一些濒于破产的城市的要求提出的，也被判违宪，理由是它不适当地侵犯了州权。“这些判决本身就够糟糕了，然而更糟糕的是发布

① 【美】斯坦利·I. 库特勒：《宪法的精神》，第 233—234 页。

无效禁令的方式。在抨击新政立法时，最高法院试图将自己19世纪的自由主义放任哲学灌输到宪法中去。在宣布《国家工业复兴法》无效时，最高法院并未将自己限于批评该法律显然令人不快的特征；相反其判决的基本原则如此宽泛，以至于抨击了国家所有维系正当工业和劳工标准的努力。同样地，在推翻《农业调整法》时，最高法院怀疑所有联邦对农业的补助，还怀疑为了促进公共福利官方运用国会进行征收和开支的权力。"[①] 最高法院的判决甚至无视国会的专门规定，例如尽管国会已通过特别规定指出，应将《格菲—斯奈德煤炭保护法》中关于定价和劳动管制的部分作为单独的宪法问题看待，最高法院的多数意见却无视这一指示。在卡特诉卡特煤业公司案中，认为煤炭开采不是州际贸易，国会不能运用征税权以管理其根据宪法不能控制的工业，因而判决《格菲—斯奈德煤炭保护法》违宪。因此，最高法院不仅挑战了"新政"的政策，而且对州和国家合理行使立法权力，以满足20世纪社会的紧急需要设置了司法障碍。[②]

可以想象的到行政与立法部门的不满与愤怒。罗斯福总统宣布"作为一个民族我们已经到了这样的地步，即必须承认需采取措施把宪法从最高法院拯救出来"。[③] 由于美国最高法院的判决恰好是在1936年大选之前达到顶点，特别是在莫尔黑德控诉纽约一案中，判决纽约州的妇女与儿童最低工资法无效，理由是它违反宪法第十四修正案保证的订立合同的自由。因此，法院保守的多数派一致认为，各州无权管理工时与工资。然而最高法院的法哲学理念已经与新政背后严酷的经济现实不相符，面对全国性的经济萧条有必要运用联邦政府的权力。无论是市场还是各州都发现经济危机远远超过了它们的能力范围。最高法院后来承认有关行政的判决"给国家支配在全国范围内进行经营之行业的权力带来了一系列的后果，我们工业

① 【美】伯纳德·施瓦茨：《美国最高法院史》，第255页。

② 同上。

③ 同上。

制度之不断演进的性质注定会消除这些后果”。[①]

正如自由派法官斯通在日记中所说：“我们的最新成就是以一次不一致的表决判定，一个州无权规定妇女的最低工资，既然上个星期最高法院说全国政府不能这样做，因为这是地方的事情，如今又说地方政府不能这样做，纵然这是地方的事情，我们看来已经把山姆大叔结结实实地捆起来了。”[②]

罗斯福行政部门的反击

最高法院的这些判决，不可避免地引起了罗斯福行政部门的反击。罗斯福和他的政府成员开始酝酿对付最高法院的方法。最开始罗斯福赞成提出一项宪法修正案，但考虑到这种办法落实起来旷日持久，便放弃了。1936 年 11 月大选取得压倒性胜利后，罗斯福在 1937 年 1 月 6 日致国会年度咨文中严肃认真地批评了最高法院，赢得国会雷鸣般的掌声。他说：“新政”谋求的复兴，“不仅仅是一种暂时的复兴，而将是一种避免产生以往灾难的根源的复兴”，这种复兴“必须使我们沿着给予普通人生活以更大满足的方向前进”。这就要求我们“必须找到一些方法，使我们的法律结构和我们的司法解释适应我们这个现代世界上最大进步民主国家的现实需要”。他认为美国当时并未做到这一点，而问题不在于美国宪法，却在于对宪法的解释；“《国家工业复兴法》被判违宪了，但问题并未解决，仍然存在”。所以，“人民要求司法部门尽它的职责，使民主政治取得成功。我们不要求法院给予我们不存在的权力，但我们有权期望我们已被承认的或在法律范围之内的权力，将成为我们争取公共福利的有效工具”。“我们不能允许由于否认自由政府的基本权力，使我们民主政治的程序受到损害。”[③] 2 月 5 日，罗斯福向国会提出一个司法改革法案，该法案授权总统：只要 1 名现任法官年届 70 岁以后 6 个月还不退休，总统就可任命 1 名新联邦法官；但增加的法官数不

① 【美】伯纳德·施瓦茨：《美国最高法院史》，第 256 页。
② 刘绪贻、李存熏：《美国通史·第五卷》，第 134 页。
③ 同上书，第 136 页。

能超过 50 人，进入最高法院的不能超过 6 人。罗斯福在所附咨文中说明了他要求扩大联邦法院的原因：由于人员不足和体弱之故，案件积压，审判工作拖拉；低级联邦法院颁发的成百上千的禁令造成严重混乱；法院需要新鲜血液和现代观点。

罗斯福的这一法案并没有提交国会投票。一方面美国国会虽然对最高法院的判决感到不满，但是还没有发展到去摧毁它的地步，毕竟美国宪法明确规定三权分立，而最高法院作为三权中的司法分支必须得到完全的尊重。国会议员们接到纷至沓来的信件，他们对最高法院的命运表示深切的忧虑。一向支持"新政"的新闻界名人威廉·艾伦·怀特说："假定（完全不是不可能）有一位反动的总统，像罗斯福一样富于魅力、能言善辩而不可抗拒，具有改变法院的权力，而他又决定用他很容易称之为紧急立法的立法来删削《人权法案》，那我们就得由这位魔王摆布了。"[①] 而且罗斯福在提出法案之前，没有取得民主党领袖的信任，内阁成员、甚至与国会联系的助手也不知道。这让议员们感到突然，感到总统不尊重他们，同时也提醒他们行政部门的权力过大，将可能摧毁整个美国的宪政体系。另一方面，罗斯福在大选中的胜利所带来的巨大政治压力，使大法官们不能不认识到，罗斯福代表的是美国公众现实和广泛的利益。同时美国最高法院内部日益对其传统的法哲学理念的怀疑也上升到质变的程度，这样最高法院的态度开始发生明显的变化。而变化最为明显的是罗伯茨法官。林克和卡顿说："在国会争论达到高潮时，如果最高法院的意见没有产生非常大的变化，罗斯福可能使他的法案的大部分内容得到通过。"拉尔夫·德·贝茨说："罗伯茨必定清楚地知道人民授予罗斯福及其领导的极大权限。最高法院的法官不是生活在政治真空里。看来还有着颇为重要的证据说明，是首席法官休斯影响罗伯茨改变观点的，休斯忧虑和担心最高法院保守派的反动方向可能意味着最高法院在美国政府结构中的权力和影响会发

① 刘绪贻、李存熏：《美国通史·第五卷》，第 138 页。

生某种严重的削弱。”[①] 他后来说过“要理解最高法院如何能抗拒公众要求全国性统一标准的强烈愿望——实际上也就是要求统一的经济——是很困难的”。[②] 这一重大转变被称作“新政宪法革命”。1937年3月29日，最高法院在西海岸旅馆诉帕里什一案中，支持华盛顿州的最低工资法。仅在一年前，罗伯茨法官和“四骑士”一起判决纽约的1项类似法律无效，现在他却和休斯及自由派一起支持这项立法。最高法院的判决书中明确指出：“宪法没有谈及合同自由，它说到的是自由，并禁止未经正当程序剥夺自由……受到保护的自由是在社会中的自由，它要求法律保护免遭威胁人民的卫生、安全、道德和福利的弊病的侵害……宪法之下限制合同自由的这种权力有诸多例证。”“对处于不平等谈判实力地位并因此在被拒付生存工资的情况下相对缺乏保护一类工人的剥削，不仅有害于他们的健康和福利，而且使社区要承担接济他们的直接负担，我们对前所未有的救济需求必须有一种司法认知，这种需求产生于最近的萧条时期，而且不管经济复苏达到何种程度，还是会在令人惊讶的范围内继续存在下去，社区没有义务提供实际上是给没有良心的雇主的补贴。”[③] 4月12日，罗伯茨再次和自由派一起，在全国劳工关系委员会控诉琼斯与劳克林钢铁公司一案中支持瓦格纳法。有人批评该法案在适用上的一边倒，即它对雇主进行监督和限制，却对雇员应负责的滥用行为不闻不问；它没有规定更详尽的计划，即更好地确保双方得到公平的对待，在公平解决（非强制性的）影响州际贸易的劳资纠纷上获得更大成功。然而，我们处理的是国会的权力，而并非特定的政策或政策应该实施的范围。我们经常说，在适当领域内行使的立法权，无需涉及其适用范围内的所有恶行。在处理立法权范围内的活动所表现出的恶时，宪法并不禁止“逐步、谨慎地前进”。……在此类案件中，问题是立法机关是否在其所规定的事务方面已超越

① 刘绪贻、李存熏：《美国通史·第五卷》，第138页。

② 【美】伯纳德·施瓦茨：《美国最高法院史》，第257页。

③ 韩铁：《美国宪政民主下的司法与资本主义经济发展》，第177—178页。

宪法规定的限制。该法案的程序性条款受到抨击。然而，正如我们所解释的，这些条款并不违反宪法对管理机构的创建和对其行为所规定的要求。…… 我们的结论是，委员会所发的命令属于其职能范围，如此适用该法案它是有效的。这就事实上推翻了最高法院在谢克特等案中的判决。[①]

5 月 24 日，最高法院又在第 3 次判决中批准了社会保障法。6 月 1 日，范迪范特法官在参议员博拉与惠勒的劝导下正式退休，总统可以任命 1 位新法官。之后两年半之内，罗斯福任命了 5 位自己指定的最高法院法官：雨果·布莱克、斯坦利·里德、费利克斯·弗兰克福特、威廉·道格拉斯和弗兰克·墨菲。人们称新法院为“罗斯福法院”。“它在解释宪法时的变化，既深刻而又迅速。它扫除一切关于先进的社会与经济立法是否合乎宪法的怀疑，成为社会问题的法理学的主要实行者：它给与州与联邦管理机构以比它们原来享有的更大的自由；并为保护公民自由、劳工与少数民族提供了强有力的新保证。”[②] 到了 1938 年，斯通大法官在合众国诉卡罗琳制品公司案中明确宣布：“涉及一般商业的监管立法不会被宣布违宪，除非它从已知或通常认定的事实来看具有这样一种特点，以致使人无法设想它是建立在立法者知识和经验范围内的某种合理基础之上。”[③] 1939 年 1 月，在田纳西电力公司控告田纳西河流域管理局一案中，联邦最高法院确认了该局的合法性，并进而判决私营公司无权抱怨政府的竞争。这一判决导致田纳西电力公司的全部设备售与田纳西河流域管理局。

这样到了 1939 年，美国最高法院在宪法结构中的角色发生了重大转变。这种转变标志着实体性正当程序的衰落。从此，最高法院盛行自由派霍姆斯的法哲学思想，即理性的立法者是否会把该法律作为实现所期望结果的合理方法。

---

① 【美】斯坦利·I. 库特勒：《宪法的精神》，第 251 页。

② 刘绪贻、李存熏：《美国通史·第五卷》，第 138 页。

③ 韩铁：《美国宪政民主下的司法与资本主义经济发展》，第 178 页。

2. 行政部门与立法部门的权力博弈

在1937年之前，美国国会对罗斯福总统的立法建议基本上给予了支持，而最高法院则扮演了反对的角色。在1937年之后，最高法院转变了对新政的态度，但是美国国会中的许多议员则对罗斯福总统的新政开始持排斥态度，特别是民主党保守派议员。在罗斯福采取反对最高法院的行动中，保守的南方民主党人看到了对罗斯福权力进行制约的可能性。他们过去害怕选民不答应，不敢公开反对罗斯福及其“新政”，现在却利用选民害怕过于削弱法院的心理，来掩护他们不批准“新政”立法的活动。“许多人尽管可能由于其他原因与他决裂，但也用这段情节作为方便的借口。有关最高法院改组问题的争论造成许多自由主义分子彼此疏远而分裂了民主党，引起对罗斯福领导能力的广泛不信任，并使共和党人确信他们的最佳策略是在民主党发生内讧的时候保持一种深谋远虑的沉默。”[①] 这些保守的民主党人对于黑人对民主党的影响增大感到不快，而且他们认为罗斯福总统过于关注北方的工人和赤字财政，因而感到恼怒。北卡罗来纳州参议员桥赛亚贝利写到我们的全国性政党讨好黑人，希望获得更多的选票，这不但使我难堪，而且使我吃惊。乃至德克萨斯州的约翰·南斯加纳副总统一如既往更加露骨地说：“这个国家的毛病是约翰·L. 刘易斯的色彩太浓了，而花钱也太多了。”[②] 以往在“新政”高潮面前保持沉默的党内反对派利用这场斗争团结起来，不少原来诚心支持“新政”的议员，也因为罗斯福在对待最高法院上的野蛮态度而对行政部门的集权产生了顾虑，在他们看来，罗斯福的行为如果不加以节制，有可能导致美国民主制度的毁坏。在此背景之下，在1937年1—9月第75届国会的第1次会议间，只有两个较重要法案，《班克黑德—琼斯农场租佃法》和《瓦格纳—斯特高尔

---

① 【美】沃尔特·拉菲伯、理查德·波伦堡、南希·沃格奇：《美国世纪——一个超级大国的崛起与兴盛》，第215页。

② 【美】小阿瑟·施莱辛格：《美国民主党史》，第294页。

国有住宅法》获得通过。

除了这两部法律，其他的法案诸如政府要求成立 7 个小田纳西河流域管理局被否决，医疗保健计划被大幅度修改，甚至连罗斯福最关注的税改计划也遭到失败。罗斯福在 1938 年继续推行他的税收改革计划——提高未分配利润税，对资本收益征收累过税，以及对联邦、州和地方的债券收入征税。这些计划引起了工商业利益集团的恐惧和敌意。它们非常正确地认识到罗斯福的税收计划威胁到它们对资本的控制。因此，大企业通过对国会的游说全力阻止罗斯福的税收计划。“保守的民主党人认为要恢复经济信心，就必须减税。1938 年，共和党人和保守的民主党人联合起来，迫使国会批准削减未分配利润税和取消公司累进所得税，从而终止了新政的税收改革。考虑到反对力量过于强大，罗斯福决定不提出令人不快的议案。相反，在未经他签署的情况下，他批准 1938 年的《税收法》通过，但认为这一法案‘抛弃了至关重要的美国税收的原则’——根据能者多付原则征税。1939 年，国会取消了未分配利润税，正式废止了新政的税收改革计划。”①

由于党内保守派的阻挠，罗斯福试图在 1938 年的中期选举前介入民主党内的初选，以极力排斥党内反新政的议员竞选连任，但是大多数都遭到失败，例如反对佐治亚、马里兰和南卡罗来纳的 3 位反对“新政”最力的国会参议员沃尔特·乔治、米勒德·泰丁斯和科顿·史密斯的活动，不仅都失败了，而且增加了民主党的裂痕。1938 年中期选举的结果是民主党遭到了失败。虽然民主党仍保持了多数，但是共和党在众议院获得 81 席，在参议院获得 8 席，并夺得 13 个州长席位。

对于罗斯福的新政，多数美国公众是感谢的，但是他们对总统权力的日益上升感到担忧。“新政在 1937 年以后遇到的难题并非完全由于国会不愿意制定罗斯福所要求形式的某些立法，国会实际上

① 【美】斯坦利·L. 恩格尔曼、罗伯特·E. 高尔曼主编：《剑桥美国经济史（第三卷）》，第 754 页。

相当准确地反映了公众的情绪。1937—1939年的所有民意测验都表明，2/3到3/4的美国人希望罗斯福政府遵循更保守的路线。虽然民意测验显示了阶级和党派分歧，但甚至大多数民主党人和穷苦百姓也都赞同流行的观点。新政在一定程度上是时代的牺牲品，罗斯福的司法和行政改革提案几乎没有许诺实质性好处，反而似乎包含着一种对个人权力的贪欲，而当时欧洲出现的独裁正好引起人们对于任何形式行政权的疑惧。新政在1937年以后的衰落是因为大多数美国人不希望它进一步往前走。”①

3. 罗斯福时期的政府集权

由于新政的实施，到1937年，一大批新的、有时是独立的政府机构成立了，行政人员的人数有了大幅度的增长。

表33：1930—1939年联邦政府雇员人数

年份	联邦政府雇员总数单位（千人）	文官人数单位（千人）
1930	1034	385
1931	1019	387
1932	1006	383
1933	1470	370
1934	2227	371
1935	2209	396
1936	4993	438
1937	4085	474
1938	4987	504
1939	4754	566

资料来源：The Historical Statistics of the United States，Volume V，Cambridge University Press，2006，p. 132。

① 【美】沃尔特·拉菲伯、理查德·波伦堡、南希·沃格奇：《美国世纪——一个超级大国的崛起与兴盛》，第217页。

但是这些行政机构规模扩大了，行政效率却不十分令人满意。从罗斯福的角度看，美国如果需要提高行政效率、有效地履行政府职能的话，必须进行行政改革。罗斯福总统在1936年提名全国最著名的三位公共行政专家——路易斯·布朗洛（Ixmis Brownlow）、查尔斯·E. 默里安（Charles E. Merriam）和卢瑟·古里克（L，uther Gulick）——参加新成立的“总统行政管理委员会”，来设计如何建立一个高效的行政机构，有效扩大美国联邦行政部门的职能。这个委员会由布朗洛担任主席，因而也被称作“布朗洛委员会”。“布朗洛呼吁对行政机构进行调整，提出要将所有当时存在的100多个机构整合为总统职权下的12个主要部门，从而使国家意志的表达不仅仅只是在选举决定的那一短暂欢喜的时刻，它也将在对国家已经决定要做的事务进行持之以恒的、坚决的和出色的日常管理中体现出来。”①

该委员会在1937年的报告中敦促国会给总统配备6名助手，扩充文职部门系统，改善财政管理，并成立全国资源计划委员会作为协调政府计划的中央机构。该委员会还建议设两个新内阁职位（福利和公共工程），将内政部改名为资源保护部，以及授予总统委员会以改变机构，包括改变各独立监管委员会某些职能的权力。

然而，政府改组方案在1938年春提交国会时引起一阵反对风暴。国会对新的总统行政办公室没有什么意见。然而，布朗洛委员会对行政机构各部门进行调整的建议却引发了分歧。一些政治反对派把罗斯福的要求说成是毁灭民主的犯罪行为。最后“参议院以微弱多数通过了改组法案，但众议院因有108名民主党员缺席，则以7票的多数而否决了这个法案”。②

这样，总统和国会为控制行政各部门的斗争变得更加复杂和激烈。随着美国民众不断将总统职位视为国家进行卓越的道德领导、

① 【美】沃尔特·拉菲伯、理查德·波伦堡、南希·沃格奇：《美国世纪——一个超级大国的崛起与兴盛》，第217页。

② 【美】罗伯特·达莱克：《罗斯福与美国对外政策（上）》，第227页。

立法指导和政策创新的源泉，要求增加总统部门职员规模和专业技能的压力也越来越大。当国会最终通过 1939 年《行政改组法案》时，它授予了总统新的行政权力，根据改组法，罗斯福于 9 月 8 日发布第 8248 号行政命令，建立总统行政办公厅，下辖白宫办公室，预算局（从财政部移来）开始获得比以往大得多的权力，并最终获得了监督总统国内计划制定的权力和权力强大、负责长期规划的全国资源计划委员会，并设 6 个行政助理。同时也对罗斯福的行政权力进行了极大的限制。例如，它将富兰克林·罗斯福对官僚机构进行调整的时间限制在两年之内，并将 21 个较重要的政府部门排除在改组计划之外。但是不管怎么说，总统管理行政机构不断扩大的活动的能力得到了加强。古里克认为，它是“美国体制史上一件划时代的标志性事件”。①

第四节　美国的孤立主义外交

从 1929 年美国经济危机爆发起到 1939 年第二次世界大战全面爆发，美国政府的注意力几乎完全集中到了国内，10 年间美国对外的关注下降到了 1898 年美西战争以来的最低点。这种情形的产生主要是由于经济危机的爆发，使美国联邦政府将注意力集中到如何解决经济危机上。但这不是美国不愿介入外部事务的唯一原因，还有一个重要原因是由于美国联邦政府对其自身权力的认知在一战结束之后发生了变化，这种变化导致美国联邦政府对外职能的退化，不愿意向外调配和投放资源。因而导致美国联邦政府在对外领域一直奉行孤立主义的政策。仅仅在经济领域表现出国际主义的立场，这种情形在 20 世纪 20 年代哈定与柯立芝时期就表现得很明显，之后他们的这种对外理念也被胡佛和罗斯福所接受。在危机重重的 20 世

① 【美】米尔奇·尼尔森等：《美国总统制（起源与发展 1776—2007）》，第 294—295 页。

纪30年代，无论是世界政治事务还是经济事务，美国都不愿意承担责任，害怕遭到牵连而承担损失。美国的彻底孤立主义政策激起了许多国家的愤怒与不满，并最终导致了美国利益的损失，这10年间美国的行为远远不是一个负责任的大国的行为，其行为甚至可以称得上是十分自私的。

一、美国在世界经济事务中的反应

与哈定和柯立芝持有经济国际主义理念所不同的是在经济危机爆发之后，胡佛和罗斯福实际上不再持有经济国际主义观念，尽管他们仍然怀有这种想法，但在实际行动中他们完全是从美国的私利出发，然而这种以邻为壑的想法在经济危机爆发以后，却遭遇了严重的挑战。“有一些各国都关注的经济问题需要美国联邦政府必须作出回答。是否必须恢复旧的体系以及如何恢复。作为一种选择，如果在复兴多边主义不可能或不可取的情况下，应当采取什么样的新安排？是不是整个世界要进入一个没有任何共同游戏规则、各国只关心自身利益而不顾及全球安危的经济民族主义猖獗的时代？那么这样一种发展的相应后果又是什么？”[①] 这些问题反映了当时的国际经济形势与美国有着密切关系。

但是美国的反应是十分令人失望的。美国联邦政府始终没有意识到“20年代的世界经济与美国经济资源和运作的联系如此紧密，以至于整个战后十年繁荣与稳定的相对延续在很大程度上都以美国官员、银行家和相关人员的政策为转移。截至1929年，美国仍然占据着世界工业总产量的40%、世界黄金储备的50%和整个国际贸易的16%。因此美国经济出现任何风吹草动都一定会给其他国家带来影响”。[②]

在胡佛时期，胡佛总统的第一个反应就让世界上大多数国家失

---

① 【美】孔华润主编：《剑桥美国对外关系史（下）》，第110页。

② 同上书，第107页。

望。1930年实施的美国《斯穆特—霍利关税法》，是一战之后美国最高的关税法，据此提高了绝大多数商品特别是糖类和纺织品的进口关税。

胡佛对于战债的回应也让欧洲各国失望。胡佛曾经试图对赔偿、战债以及国际货币往来持续混乱的状况有所作为，谋求恢复战后国际经济关系的总体系，胡佛清楚地认识到现有的世界经济体系对美国和世界总体来说是很有用的。1931年6月，胡佛提议将所有政府间的战债和赔偿支付延期一年，延债宣言在7月份生效，虽然胡佛的延债宣言并没有缓和危机，但它至少显示出美国愿意与其他国家一起应对危机。在避免采纳单边行动的情况下，各国政府都试图全力拯救国际经济关系的基本结构。到1932年美国国内开始重新考虑整个战债问题：是进一步延缓还款、进一步削减债款，还是彻底取消债款？其实当时美国有很多人包括财政部长安德鲁·梅隆在内都认为："与其把整个对外借出的债款分文不少地收还美国，倒不如让欧洲保持繁荣从而作为美国的顾客更为有价值"。另外一些人认为这笔债抵不上可能遭到的憎恨和痛苦；还有一些人（以后证明这种看法是正确的）则认为美国不管怎样做也不可能收回这笔钱了，不如以可能最好的条件听其自然。另外一种像柯立芝所表现的极端情绪，则认为既然这钱是盟国'借的'，就应该让它还回来。"①

1932年6月，欧洲国家在洛桑召开会议讨论战债和赔偿问题，达成削减德国赔偿的协议，但前提是美国就战债问题同意进行重新谈判。然而，胡佛犹豫再三，还是只同意将一年的战债延付令再延长6个月。"当1932年12月延付令到期时，他坚持战时盟国恢复还债，英国、意大利和芬兰等国这样做了，但法国拒绝。胡佛在此问题上的态度十分强硬，其中的部分原因源于他认定战债将有助于保持美国的财政平衡和商业恢复，也同时源于他在该问题上的总战略：战债和赔偿问题应当放在支持多边主义的国际合作的大框架之内加

① 【美】沙伊贝、瓦特、福克纳等：《近百年美国经济史》，第447页。

以解决。”①

胡佛的行动让欧洲各国大感失望，由于美国国会与公众对于欧洲国家拒绝归还战债极为恼火，因而实际上胡佛认识到美国联邦行政部门在这个问题上没有足够的权力来作出决定。客观地说，胡佛并没有对多边主义的方法失去信心，他希望1933年年中在伦敦召开的国际经济会议将全面讨论贸易、汇兑、赔偿、战债和其他相关问题。胡佛坚持认为要确保金本位的恢复，因为它是恢复经济与重建稳定的关键所在，胡佛认为，世界各国应该重新采纳固定汇率的部分制度。

罗斯福的对外经济政策比胡佛更加只关注本国利益，能否给美国带来经济利益是美国处理外部事务的基本态度，丝毫不顾忌是否会损害他国的利益和世界经济。

“一些具体的事例可以证明这一点。对于国际经济交易的混乱状况，与胡佛不一样的是，罗斯福不愿意在伦敦经济会议上扮演坚定角色，该会议筹备于胡佛时期，但直到1933年6月才得以召开。正像会议所显示出的那样，此次会议是一个机会，一个给世界上主要工业国家的最后机会：看它们能否在战债与赔偿、保护主义以及货币操纵等棘手问题上相互协调各自的对外经济政策。会议的最终结果在很大程度上将取决于美国的态度，因为尽管出现了大萧条，但它仍是国际经济秩序的关键所在。”②

在1933年世界经济会议上，美国表现得让其他国家极度失望。在这次会议中，甚至连美国代表团的成员都主张实行美元汇率稳定，以达到全面停止关税的目的。但是罗斯福把会议推向另一条道路。他在7月3日的一封信件中声称：“像这样的一个大型国际会议，其宗旨在于实现真正持久的财政稳定，从而给世界各国人民带来更大的繁荣，如果不首先认真考虑这些重大问题，却由于一项由少数国家提出的就汇兑问题所进行的纯用人为的和权宜性试验的建议而偏

① 【美】孔华润主编：《剑桥美国对外关系史（下）》，第112页。

② 同上书，第130页。

离宗旨的话，我认为将是一场灾难，甚至发展成世界性的悲剧。”[1]当赫尔告诉他，他的信件激怒了五个金本位制国家时，罗斯福的反应仍然是坚持美元贬值。[2]

罗斯福的思路很明确，在经济危机的年代汇率稳定就意味着美元必须维持相对于其他货币的较高价值，这不仅意味着美国商品的价格在海外相对昂贵，而且还迫使美国不得不通过输出黄金以支持其他货币的价值，此举显然会抑制国内的经济复兴。此外，即便是美国的货币在世界市场上保持稳定，但它在国内的价值（即商品价格）也会大幅浮动，从而加剧国内的经济动荡。这是美国各个利益集团所无法容忍的。“罗斯福对这种担忧十分敏感，而且也认为仓促重返一种国际黄金本位只能将国家经济置于由外国货币摆布的境地，最好还是坚持能够年年保持相同的国内购买力的美元货币，以防止国内物价的急剧下跌。由于罗斯福认为这样的目标与汇率的稳定相互矛盾，所以他反对在伦敦就该问题达成任何协议，从而导致经济会议的失败。实际上，这是反映罗斯福政府在其第一届任期内将国内问题置于国际问题之上的最佳例证。”[3]

美国对白银国有化的反应也呈现出了相同的态度，在代表白银和农民利益的国会议员的压力下，1934 年美国国会通过《白银购买法》，该法案实际上是将白银国有化，罗斯福总统下令财政部以比现有价格高出不少于 1 盎司 50 美分的价位收购美国国内的所有白银，其目的在于将恢复白银的通货作用，并增加它特别是在西部各州的流通。这一政策将世界其他国家的白银也都吸引到了美国，特别是对将白银作为货币准备金的中国打击特别大，因为在美国较高价位的吸引下，大量的白银被迫外流。而占领中国东北和华北部分地区的日本军队又专门通过各种走私行为来进一步加剧中国经济的混乱。美国白银购买政策对中国造成的严重影响反映了当时美国在处理同

① 【美】罗伯特·达莱克：《罗斯福与美国对外政策（上）》，第 79 页。

② 同上。

③ 【美】孔华润主编：《剑桥美国对外关系史（下）》，第 131 页。

其他国家关系时，丝毫也不顾及他国的利益，完全是从本国的私利出发。这种情形也说明美国联邦行政部门由于受到结构和职能的局限，对外政策非常狭隘，只是单纯地接受本国利益集团的要求而不能有效地考虑政策的实施会对美国产生怎样的后果。

结果当然对于美国与他国的经济往来产生严重影响，实际上在胡佛时期，美国的高关税政策对于美国出口的影响就已经表现得很明显了。联邦政府接受了农业利益集团的关税要求，结果导致农业情况较之提高关税之前恶化许多。因此，美国的以邻为壑政策造成其对外出口持续减少。

表 34：美国 1930—1939 年产品出口总额

	出口总额	出口美洲总额	出口欧洲总额	出口亚洲总额
年份	单位（百万美元）	单位（百万美元）	单位（百万美元）	单位（百万美元）
1930	3843	1357	1838	643
1931	2424	750	687	448
1932	1611	462	784	386
1933	1675	455	850	292
1934	2133	648	950	292
1935	2283	706	1029	401
1936	2456	821	1043	378
1937	3349	1158	1360	399
1938	3094	1040	1326	580
1939	3177	1131	1290	517

资料来源：The Historical Statistics of the United States，Volume V，Cambridge University Press，2006，p. 537。

1934 年，国务卿赫尔通过国会提出了《互惠贸易协定法》。“这个法令授权总统在根据最惠国原则同其他国家订立协定后可减少关税达60%。这个在传统上指导美国贸易的原则，并不意味着对一个国家比另一个国家更为优惠。更确切地说，它意味着美国有资格得到同它订立了互惠协定的国家给予的低关税（简言之，即那个国家给予任何其他国家的最惠待遇），反之亦然。互惠贸易计划没有带来直接后果，但是，它减缓了世界贸易的恶化，使它走上通向更自由的贸易道路。1934年，赫尔又创办了进出口银行，这是一个目的在于提供贷款以扩大外贸的政府机构，它不仅促进了贸易扩张，而且成为重要的外交武器，因为华盛顿可以为了达到外交政策目的而提供或撤销贷款。”①

互惠贸易计划和进出口银行的出现对于缓和美国同其他国家的经济关系还是起到了一定的作用。1934年之后，美国的对外出口逐渐回升，到1939年已经基本回升到1929年的水平。

二、美国在世界政治事务中的反应

美国对世界政治事务的反应就是实行孤立主义政策。经济的萧条导致国际局势也变得十分紧张起来。但无论是美国总统还是国会对外部世界都表现出一种十分消极的态度。许多美国人认为应该从第一次世界大战血淋淋的经历和没有结果的和平中吸取教训。“许多美国人呼吁，现在是美国必须停止担心世界事务而将精力转向国内的时间。”② 在整个20世纪30年代美军的规模一直是不大的，甚至到了第二次世界大战爆发之后的1940年，美军的规模也只有45万人。

表35：1930—1940年美军兵力人数

年份	总兵力人数	军官人数
1930	255648	14151

① 【美】托马斯·G. 帕特森：《美国外交政策》，第442页。

② 【美】孔华润主编：《剑桥美国对外关系史（下）》，第129页。

续表

年份	总兵力人数	军官人数
1931	252605	14159
1932	244902	14111
1933	243845	13896
1934	247137	13761
1935	251799	13471
1936	291356	13512
1937	311808	13740
1938	322932	13975
1939	334473	14486
1940	458365	18326

资料来源；The Historical Statistics of the United States，Volume V，Cambridge University Press，2006，p. 355。

表 36：联邦政府 1930—1939 财政支出情况

年份	联邦财政支出（百万美元）	国家安全支出（百万美元）	国际事务开支（百万美元）
1930	3320	734	14
1931	3578	733	16
1932	4659	703	19
1933	4623	648	16
1934	6694	540	12
1935	6521	711	19

续表

年份	联邦财政支出（百万美元）	国家安全支出（百万美元）	国际事务开支（百万美元）
1936	8494	914	18
1937	7756	937	18
1938	6792	1030	19
1939	8858	1075	20

资料来源：The Historical Statistics of the United States，Volume V，Cambridge University Press，2006，p. 95。

1934 年，由杰拉尔德·P. 奈领导的参议院的一个委员会在年举行了听证会，以判定美国军火制造商和银行家是否曾进行院外活动，以促使美国参加第一次世界大战。“委员会始终未能证明有关的说法，但是确实揭露出大量证据，表明这些企业家很难说是和平的力量。”①

这次调查使美国公众普遍产生这样一种情绪，即第一次世界大战是一个悲剧性的大错误，是由于美国和交战国的一方捆绑在一起的密切的经济关系造成的。美国人将不会参加下一次战争。

工商业利益集团也充当了反对美国干预外部事务的角色，一方面他们承受着社会舆论的压力，认为他们是一战的最大受益者，而其他利益集团则获利甚微，另一方面他们也看到美国保持中立主义有助于他们拓展海外市场。例如，1937 年，美国 100 家最大的公司中有 20 家卷入了同纳粹德国签署的重要协定，例如，杜邦公司、联合碳化物公司、美孚石油公司等通过各种合同与德国关系密切。正如历史学家阿诺德·A. 奥夫纳所得出的结论：“美国企业家在公开场合同其他任何人一样反对战争，但是，看来他们不愿为和平付出

① 【美】托马斯·G. 帕特森：《美国外交政策》，第 459 页。

的唯一代价就是私人利润。”①

因此在国际局势越来越紧张的背景下，美国国会感觉如果不采取有效措施，有可能会将美国拖入战争的漩涡，因而在1935年通过《中立法》，它要求在总统正式宣布存在战争的情况后，美国对所有交战国实行武器禁运。这与包括有权向交战国销售武器的美国传统立场完全不同。“现在，美国认为不但最好不要继续坚持1914—1917年所经历的这种权力，反而应设法限制它们，以便将卷入外国事务的风险减到最低程度。罗斯福政府在第一任期内的对外政策就反映了这种孤立主义，新总统也似乎意识到了希特勒在德国崛起给世界与美国所带来的潜在威胁，但在一开始，他还是顺应美国人民对介入外国事务的嫌恶以及他们认为国际事务的重要性次于国内复兴的意识。”②

1935年中立法案的通过，一方面是罗斯福政府所需要的，当时在很大程度上具有孤立主义思想的罗斯福需要一个中立法，但是，另一方面罗斯福也非常不满意，他要求得到决定对交战哪一方实行武器禁运的自行处置权。对总统外交决策权持怀疑态度的国会对此加以拒绝，双方在此问题上的博弈，曾经使中立法的制定拖延了好几个月。一直到1936年后期，在美国诉柯蒂斯—赖特出口公司案中，最高法院支持1934年的一项法律，即授权总统对那些正在进行武装冲突的国家实施对美国武器的禁运。“最高法院几乎是全体一致地确定了一个广泛的原则，即总统在外交政策上拥有至高无上的地位。法院认为，总统在国内和外交事务上的宪法权力具有本质的区别。萨瑟兰写道：“联邦政府只能行使宪法特别声明了的那些权力，以及为有效行使这些权力而必须和适当行使的那些暗含的权力。但这一宽泛的声明从类别上只适用于国内事务。”在外交政策上，总统作为政府在外交关系上的“唯一机构”，既不需要宪法的特别授权，也无须国会的认可。由于行政机构在外交政策上的权威是“全面和

① 【美】托马斯·G. 帕特森：《美国外交政策》，第460页。

② 【美】孔华润主编：《剑桥美国对外关系史（下）》，第129页。

独有的”，总统拥有不受法令限制的自由，而这种自由“在仅仅涉及到国内事务时是没有的”。①

柯蒂斯—赖特案以宪法原则的形式，全面维护了总统在外交政策上的特权，这对罗斯福总统是一个巨大的鼓舞，虽然当时美国最高法院对于罗斯福的国内新政立法给予了许多的否决，但是。柯蒂斯—赖特案以及1937年贝尔蒙特案确认，总统有权与其他国家领导人签订具有约束力的行政协议，这样罗斯福总统在宪法基础上拥有了不再受国会任何挑战的外交事务上的权力。

罗斯福总统签署的中立法案不能说就是绥靖政策，但是却助长了当时国际社会中普遍流行的绥靖主义。德国开始重新武装和意大利进攻埃塞俄比亚时，罗斯福说，美国首先谋求的是避免战争。他和赫尔在意大利—埃塞俄比亚冲突中援引中立法，警告美国人不要乘交战国的船只旅行，建议在道义上禁止同交战双方进行贸易。

1937年1月，罗期福政府要求国会对当时正受到内战破坏的西班牙实行武器禁运。国会对此表示支持，并制定了1937年的中立法。该法规定所有从事军火生产的人必须向国务卿登记和必须持有许可证才能出口外，还禁止向外国交战国提供贷款、军火和战略物资，或向进行内战的国家各方提供数量大到足以威胁美国和平的军火。1937年的中立法较之1935年的中立法还要严格。当时，罗斯福准备采取措施抑制最高法院，以使新政的成就合法化。为此他不愿意激怒国会，以免引起国会的反弹。

但是，国际局势的日益恶化使罗斯福感觉到中立法对美国外交的掣肘，有执行更强有力外交的必要。1937年10月，罗斯福总统在芝加哥发表了著名的“隔离”演说，试探修改中立法。罗斯福对德国和日本当时分别对莱茵河流域和中国的侵略行为进行了强烈的谴责。“当前的恐怖统治和国际上的无法无天”已“发展到严重威胁文明基础的地步”。“当人类的瘟疫开始蔓延时，居民区的人民同意并

① 【美】米尔奇·尼尔森等：《美国总统制（起源与发展1776—2007）》，第300—301页。

协力把瘟疫患者进行隔离，以保居民的卫生，防止瘟疫扩散。”①

尽管对罗斯福总统讲话的直接反应是正面的，但美国国内反对的声浪也很快高涨起来，表明国会和美国人民都还没有做好准备去干涉欧洲或远东的事务。

1938年9月之后的国际局势越来越引起罗斯福的担心，1938年9月，希特勒在慕尼黑取得胜利。10月，日本侵略军占领中国的武汉和广州；1939年3月，希特勒肢解了捷克斯洛伐克。日本在占领中国海南岛后又占领中国南沙群岛，积极准备南进。从那时起，罗斯福开始注重加强国防建设。1938年10月，罗斯福要求国会拨款3亿美元用于国防。11月，罗斯福开始实行每年建造1万多架军用飞机的计划。罗斯福总统考虑寻求废除现存的中立法，依他的观点来看，中立法的寿命已经超出它所服务的各种目的。

1939年1月4日，罗斯福总统向国会发布了年度咨文，他没再提出新的国内改革创意，取而代之的是将注意力放到了国际形势上，强调侵略的力量正在变得强大，必须展开严肃的合作才能抵御侵略者，他说，美国必须使用“除战争以外”的所有手段来阻止侵略。

“除战争以外到底意味着什么？罗斯福在第二天提交国会的1940年财政预算案对此作出了回答，在整个90亿美元的总数目中，用于国防的部分超过13亿美元。将政府开支的15%用于防务，在和平年代是前所未有的，而实际上的国防开支又超过了这一数目，因为总统在不停要求、国会不停地批准更多的拨款。也就是说，为了应对国际危机，美国从1939年开始大规模的军备方案。美国现在必须要做以及决心要做的就是在武器生产方面赶上和超过其他国家。”② 罗斯福深信他亲自出面领导废止中立法的时机已经成熟。他一直鼓励国务院和外交委员会主席、参议员基·皮特曼为撤销武器禁运法进行游说。尽管罗斯福作出了巨大的努力去游说议员们修改中立法。结果“参议院外交委员会在7月以12票对11票拒绝把撤销武器禁

① 【美】罗伯特·达莱克：《罗斯福与美国对外政策（上）》，第214页。

② 【美】孔华润主编：《剑桥美国对外关系史（下）》，第151页。

运的议案提交表决。总统叹息道：‘我已打出了我的最后一枪’。”①

直到1939年11月第二次世界大战爆发后，美国国会对于修改中立法的情绪才起了变化。国会才最终修改中立法，授权以“现款自运”的原则向交战国出售军火。尽管仍然受到种种限制，但新的中立法却成为一个划时代的事件，标志着美国孤立主义的终结。

三、美国对世界主要国家与地区的政策

1. 美国对苏联政策

虽然胡佛在当商务部长时对于苏联展现了一定的灵活姿态，但是在他担任美国总统期间，美国对于苏联的政策仍然十分僵化，坚持不与苏联建交。而罗斯福一上任就改变了美国对苏联政策，让人感到意外。但实际上当罗斯福改变对苏联政策时，多数美国人都表示支持。战略与经济问题不能不使美国改变对苏联的态度。一方面是世界性的经济萧条，美国必须寻求新的海外市场，另一方面是日本对中国东北的侵略，对美国所珍视的门户开放政策、非战公约和远东利益所带来的巨大损害。然而美国由于可以动用的国家资源有限，因而其反应并不是强有力的，这使罗斯福决心借助苏联的力量。苏联作为一个亚洲国家，是阻止日本进一步扩张的潜在堡垒。“费希尔概括普遍的看法说：‘不同一个占半个欧洲，并且对日本和中国具有极其重要战略地位的大国保持接触是错误的。’赫尔曾告诉过总统：‘世界正进入危险时期，无论是在欧洲或亚洲均如此，随着时间的推移，以及和平愈来愈受到威胁，苏联可以大大有助于稳定这个局势。从来还没有美国官员确切地解释过美国与苏联合作会怎样制服日本，但是普遍存在的一致假设是，不管怎样，日本会想到承认苏联意味着某种正式的东西，因此迫使它在亚洲谨慎行事。’虽然美国人在这个问题上有分歧，特别是美国劳联和美国军团等团体表示

---

① 【美】孔华润主编：《剑桥美国对外关系史（下）》，第151页。

反对，但是，在 1933 年，大多数人比以往任何时候都赞成承认苏联。当时，与苏联建立关系甚至可能在国内证明是一个政治上的胜利。”[①]

而且，同苏联扩大贸易，在大萧条的艰难时期是有吸引力的，当时美国国内有不少农场主、工业主以及商业人士醉心于拓展苏联市场。幽默作家威尔·罗杰斯讥讽说：“我们将承认带着假面具的魔鬼，只要他订购一些干草叉子。”[②]

就苏联方面而言，对欧洲和亚洲形势的发展也感到担忧。因此苏联对于美国的灵活姿态给予了积极回应。1933 年 11 月，美国和苏联正式建交。不过由于美国和苏联两国根深蒂固的意识形态矛盾以及两国在双方债务问题上的分歧，美国对于苏联一直持有疑虑，在战略上并没有对苏联给予足够重视。“美国缺乏在国际关系中利用与苏联外交关系的兴趣体现在对 1935 年 8 月共产国际召开的呼吁结成全球反法西斯阵线会议的漠然甚至反感。如果美国对影响国际关系有任何微小的兴趣，它都应该关注苏联的这一倡议，然而，它却将该会议看成是共产国际的另一次宣传。”[③] 因此一直到美国参战前都没有与苏联建立起紧密联系。

2. 美国对华政策

中国东北“九·一八”事变最初确实让美国人感到恼火，国务卿史汀生明确宣布“尊重条约乃是和平的基础”。日本对满洲的侵犯违反了华盛顿会议（1922 年）签订的认可门户开放的条约和宣布战争为非法的《凯洛格—白里安公约》（1928 年）。这样，史汀生断言，满洲危机是“文明与经济手段这两大理论之间的争执”。[④]

但是包括国务卿史汀生在内的美国政府内部普遍的反应就是中

① 【美】托马斯·G. 帕特森：《美国外交政策》，第 429 页。

② 同上。

③ 【美】孔华润主编：《剑桥美国对外关系史（下）》，第 135 页。

④ 【美】托马斯·G. 帕特森：《美国外交政策》，第 474 页。

国东北“九·一八”事变是日本关东军的单边行动，因而最终能够被东京的文职领导人所制约。史汀生不相信他们会认可任何破坏华盛顿会议条约框架的行动。但是美国高估了日本政府控制军队的能力和意愿，更重要的是日本因为受到美国经济危机的严重影响，也陷入到经济萧条中去，迫切需要中国的市场和资源，因此不存在任何史汀生所希望的势头。1931 年 12 月国联成立一个调查委员会，这个委员会由李顿勋爵领导，美国将军弗兰克·麦科伊参加委员会工作，这表明美国对遏制危机的国际合作努力有了更进一步的介入。国务卿史汀生手上资源资源有限，他不能进行军事干涉，只能指望英、法、苏联或国联。因此在国联委员会成立之前，史汀生已经派出了美国领事普伦蒂斯·吉尔伯特到日内瓦参加国联对满洲危机的讨论，这是美国主动与世界组织紧密合作的罕见举动。也是美国没有很多可起作用的外交手段的无奈之举。1931 年 12 月，史汀生向胡佛建议美国和其他国家对日本实行经济制裁，史汀生知道，日本依赖进口美国的石油，它是美国出口货物的第三大买主，同时，美国购买日本出口货物的 40%。如果施加经济压力会迫使日本完全改变它对中国东北的侵略扩张，然而，胡佛总统坚决拒绝这一想法。胡佛的反应是美国不应该独自冒险去“刺激老虎”，因为这有可能导致美国卷入战争。胡佛只是同意增援在上海的美国驻军。实践证明胡佛—史汀生时期所奉行的集体安全框架在解决中日冲突问题上没有任何效果，日本对美国的反应置若罔闻。所以美国政府放弃了集体行动的办法，并拒绝认可日本的侵略成果，不承认 1932 年日军占领满洲后所宣布成立的满洲国，美国不愿意承认任何损害美国在华条约权利，破坏门户开放的政策，于 1932 年提出了“史汀生主义”。“当 1932 年 1 月初日本军队完全占领南部满洲时，国务卿史汀生发表了一项声明，表示美国政府不承认中国和日本两国签署的违反门户开放中关于中国领土与行政完整原则的任何协定，这一立场表示胡佛政府拼命地试图维护战后建立起来的国际结构，如果需要它和国联一起努力，美国也会照做。考虑到胡佛在世界金融事务方面所实施的同样举措，满洲危机期间的美国政策充分证明了它旨在维护国际合作框架的决心。”[1]

但是，也就到此为止，美国除了虚张声势之外，已无能为力了。“他要恐吓日本，而又不能让它知道它并没有理由害怕。日本虽感到不安，但并没有受到阻止，而是于1933年初退出了国联。史汀生的虚张声势失败了。他仅仅是用“稻草做的矛和冰做的剑”武装起来的。美国对满洲危机作出的缩手缩脚的反应表明，美国因为力量不足而无法左右亚洲事务。虽然，美国的炮舰仍然在中国的河流中行驶．美国军队驻扎在中国的土地上，菲律宾仍然是一个殖民地，但是日本在太平洋享有很大的优势。美国可以进行说教，但不能强制。”[2] 因而对日本形成不了多大的压力。

罗斯福继任总统之后，在日本侵华问题上和胡佛总统持相同的立场，尽管罗斯福对于日本的侵略意图极为不满，但是罗斯福的注意力完全集中在美国国内，他手中可以利用的国家资源也十分有限。因此，当日本外务省在1934年发表《天羽声明》，宣称日本不希望任何第三国单独处理中国问题时，美国除了抗议日本违反了门户开放原则，别无他法。同样，美国还拒绝了日本关于太平洋共管新方案的提议。“实际上，双方都是在界定自己在该地区的势力范围与确保对方遵守新的现状。”[3]

1937年7月中日战争的爆发，表明美国对华门户开放政策的破产。但是中日出于自身的考虑宣称战争为“事件”，没有涉及到美国的中立问题，同时也由于1937年下半年美国又陷入经济危机之中，所以美国政府对日本侵华战争采取了回避的政策，国务院鼓励美国人从中国内地撤出，阻止美国商船向中国运载飞机和军火，以免被日本海军截取。

然而，在谨慎行事的同时，美国领导人也开始考虑对日本采取新的措施，毕竟罗斯福已经不同于他的第一任期。受困于国内经济

① 【美】孔华润主编：《剑桥美国对外关系史（下）》，第116页。

② 【美】托马斯·G. 帕特森：《美国外交政策》，第476—478页。

③ 【美】孔华润主编：《剑桥美国对外关系史（下）》，第132页。

问题，罗斯福在第一任期内基本上对外部事务没有任何兴趣，然而在1936年赢得连任竞选后，加上国内的整体经济指标好转，失业率、农场抵押以及商业破产等都有了相当程度的下降，罗斯福觉得需要采取一些主动外交行动。因为外部环境的恶化对美国的经济发展并不有利，这一点最让美国恼怒。在经济危机面前为庞大的美国剩余产品寻找更大外国市场是罗斯福政府的强烈愿望，中国是一个最大潜在市场，一直是美国的希望。在经济危机的背景下，中国对美国的贸易、工业和总体经济增长具有特别巨大的希望，“国务卿赫尔在1936年曾经对伟大的帝国主义历史学家约翰·A. 霍布森所述‘维护资本主义的最后一个巨大可能性存在于东方’的忠告有极深的印象。霍布森还指出，在开发这个肥美市场方面，看来‘美国人将只能充当其性格和行为难以为西方智慧所理解的日本人的副手’。这个忠告极其符合赫尔的观点，即发展健康的全球贸易、世界和平和美国经济的唯一方法是门户开放方针，而不是日本的排外主张”。[①] 一位商务部官员在1937年年中的一次实业家集会上如是说：“我们已经在中国建立的机构有能力在贸易条件有利的地方采取符合美国企业特色的发展措施”。[②] 但是日本的侵略威胁正在让美国的这一传统希望破灭。商务部长丹尼尔·罗巴尔在1937年末警告罗斯福说：如果日本人在华北发展巨大的棉花产业，那么美国出口必将降到需要“重新制定南部经济规划和联邦监管经济的某些方法的程度”。几年以后，《纽约时报》的一名记者从橡胶而非棉花考虑也得出同样的结论：“中国的未来和美国在亚洲的未来可能在极大程度上取决于那些在中国道路上滚动的橡胶轮胎究竟是在阿克伦还是在（日本）大阪制造的。”[③]

罗斯福总统的思路又回到胡佛时期，即采取集体安全的方式，

① 【美】沃尔特·拉菲伯、理查德·波伦堡、南希·沃格奇：《美国世纪——一个超级大国的崛起与兴盛》，第235页。

② 同上。

③ 同上。

特别是通过同英国合作的方式来解决面临的危机。1937 年 7 月下旬，罗斯福总统邀请英国首相内维尔·张伯伦到华盛顿共同协商国际事务的合作方案，由于罗斯福总统带领下的美国一直回避集体行动，张伯伦拒绝了邀请，他认为“除了甜言蜜语，最好别依靠美国人任何东西”。[①] 张伯伦的拒绝让罗斯福沮丧，但并没有使他退缩，这时候罗斯福的思想已经发生了明显变化，他已经从一个孤立主义者变成了一个国际主义者。虽然在美国内部的外交决策权力的博弈中罗斯福还没有完全占据上风，罗斯福的这种态势只表现在口头上，但其重要性不可低估。很显然，在保卫世界和平与秩序方面，美国联邦行政部门已经开始寻求将美国与其他国家联合起来的办法，而不是采取孤立或单边主义，这就造成了全球形势的重大变化。

虽然罗斯福的 1937 年 10 月份在芝加哥的隔离演说几乎没有引起海外的注意，在国内罗斯福的演说也遭到强烈质疑，以至于罗斯福持续声称不会偏离预期的外交政策。然而，隔离演说意义重大，它显示出美国想在世界事务中再次发出声音的意愿。当国联呼吁召开一个讨论中日战争的会议时，罗斯福和赫尔都坚决支持，该会议在布鲁塞尔开幕，日本和德国都加以抵制，但美国、苏联以及九国公约的欧洲签字国都参加了会议。尽管除了对日本的侵略行为进行谴责之外会议没有达成任何具体成果，但此次会议是美国重新崛起在国际舞台进程中的一个里程碑。

1937 年底一艘从南京向上海疏散美国侨民的“帕奈”号军舰（Panay）在长江遭到了日本军用飞机的袭击而沉没，美国人 2 死 30 伤。虽然在这次事件之后，日本迅速作出了让步，但是美国已经不得不考虑用武力来保护本国国民。罗斯福立即派遣美国海军情报处负责人英格索尔上校去英国寻求对付日本的可能联合战略，并且在诺思弗德的要求下，英美就两国海军对日本的联合封锁达成协议。“尽管没有产生具体的结果，但是该事件显示出在短短的时间内，总

① 【美】孔华润主编：《剑桥美国对外关系史（下）》，第 148 页。

统已经在保卫世界秩序方面走出了很远。”①

罗斯福还决定向中国出售军火，不对中国实行中立法，1938年已经有890万美元运到中国。当然也同时向日本出售军火。“但是这种和日本的军火交易在美国受到越来越多的批判，形成了越来越广泛的抗议。”② 因此在1938年7月，国务院宣布对日本实施飞机的道德禁运。

美国政府一方面反对日本的扩张，担忧整个亚洲都笼罩在日本的阴影之下，另一方面国务卿赫尔仍然极力主张继续努力实行与日本合作的政策，努力采取措施同日本签订裁军协定，并努力同日本保持经济合作，以缓和美国的经济压力。特别是在华盛顿和伦敦签署的海军协定如果得不到续签，都将在1936年终止，三国代表已经在1934—1935年期间陆续展开了初步磋商，但由于日本对所有类型战舰比例的要求以及美英的拒绝而一直难有结果。“对日本来讲，新比例的原则意味着承认太平洋地区的新现状，但美国却认为它只能引发军备竞赛，并由此呼吁对所有类型的战舰进行20%的全面削减，日本和英国都不接受这一提议。最终没有达成任何协议，日本郑重地利用了裁军协定的这一间隔，迅速开始制定其旨在最终控制西南太平洋的全新海军战略。美国没有进行这样的转型，其海军建设与其说是符合太平洋的争霸战略，还不如说是与制造更多就业机会的联系更为密切。”③

1939年初的统计数字表明，日本是美国产品的第三大消费者，在严重经济萧条时期，这对美国这样一个高度务实的国家来说是难以抵御的。赫尔认为，只有与日本合作才可能维持传统的多边合作来支持远东市场门户开放。在互惠原则下签订一项国际贸易协定将恢复经济合作，并进而达成政治协定。日本一旦加入这样一个贸易—政治网络，它就能够和平地找到不可或缺的市场，就能够继续从

① 【美】孔华润主编：《剑桥美国对外关系史（下）》，第145页。

② 同上书，第148页。

③ 同上书，第132页。

友好的美国获得战略物资，就能够解除与希特勒的邪恶伙伴关系。此外，日本长期以来是美国和英国在远东最可靠的盟友，是一个反对革命的堡垒。另一方面，为了保护中国门户开放而诉诸战争，将有可能引起新的革命；特别是在日本和德国相互协调行动的情况下，这些新革命将是血腥而持久的。内政部长哈罗德·伊克斯在1938年末对这个令人痛苦的窘境总结道："当然，如果我们知道如何……使我们自己避免卷入战争，我们将乐意援助中国。"[①]

但是日本并不因为美国的政策而与美国合作。"1938年11月，日本宣布划定一个以反布尔什维主义和全东亚经济及文化合作为基础的大东亚共荣圈，从而使赫尔遭受了一次重大挫折。东京声称，大东亚共荣圈是一个与西半球美洲门罗主义相对应的亚洲等价物。"[②]美国大失所望，国务卿赫尔当即对之发出公开指责，否认日本有权自行创建新秩序，声明美国坚决反对日本的单边主义，除非通过协商与合作的方式，否则美国不会接受对地区现状作出任何形式的变动。

美国财政部长摩根索认为，日本军国主义者无法管束，野心太大，不可能满足于友好地与他国分享亚洲市场。他主张直接通过双边关系援助中国打退侵略者。而且对华援助将使中国与美国的贸易和财政利益紧密相连，保证美国在中国的优越地位。而且美国公众日益强烈的抗议对美国联邦政府形成了越来越大的压力。1938年12月，美国政府宣布了一笔给中国政府2500万美元的贷款，贷款的用途完全由重庆政府自行决定。尽管此前美国已经给了中国一笔以白银归还的贷款，用于稳定中国的金融。尽管这笔贷款数目微小，但同样显示了一种重要的象征性姿态，而且对交战国的影响重大。"逐步地，日本越来越意识到美国正在变成其侵略行动的对手，而中国则在多年以来首次感到他们可以在苏联之外依靠美国。当然，无论是当时的东京还是重庆，谁也没想到美国会以军事参与亚洲的战争。

---

① 【美】托马斯·G. 帕特森：《美国外交政策》，第235页。

② 同上。

此外，美国愿意在帮助中国方面有所举动还不意味着是在实施罗斯福‘隔离演说’精神下的一种对抗日本的全球战略。然而，现在回头来看，美国开始采取的这些暂时性步骤明白无疑地为以后演变成为对抗日本的坚定政策奠定了基础。”①

同时美国开始着手维修珍珠港和菲律宾苏比克湾的海军基地，在关岛建立一个新的基地等，修改其以日本为假想对手的“橙色”作战计划。对于美国来说，一场可能与日本的战争已经不再遥远。

进入1939年之后，日本决心将美国完全排挤出中国的态度已经完全为美国所了解。美国逐步以强硬的姿态对待日本。“在界定美国亚洲政策方面，或许这一阶段最为关键的行为莫过于在7月份发给东京政府的通知：美国有意在1940年1月起废除两国间的贸易条约。这一措施比美国总统在欧洲的任何行动都更为激烈；废除贸易条约就等于将美日的双边贸易往来置于政府的支配之下，因为涉及与美贸易的日本运输商、商人以及金融家都不能再获得条约权利的保护。东京的官员十分震惊，尽管已经注意到美国的亚洲政策日趋强硬，但他们却没有认识到华盛顿对亚洲的局势持如此悲观的看法，并愿意在反对日本侵略方面如此坚决和果断。实际上，罗斯福总统之所以采取这样的行动，似乎是为了防止国会抢先提出同样的议案，国会议员们已经开始强烈批评日本，显然也是受到了日益壮大的反日公共情绪的影响。”②

从增加军备到废除与日本的贸易条约，这种变化从根本上讲是地缘政治性的，是美国民众和美国领导人在维护和平与防止侵略方面采纳军事武力、强权政治和国际集体行动等政策的重要组成部分。它表明美国的对外政策已经发生重大变化。

3. 美国的欧洲政策

美国在欧洲的政策也大体相似，它缺乏明确的定义，并且是极

① 【美】孔华润主编：《剑桥美国对外关系史（下）》，第150页。

② 同上书，第153页。

力置身问题之外。1934年意大利入侵埃塞俄比亚，美国明确指责意大利是侵略者，但是美国却以采纳中立政策的方式淡化该事件的影响。当国联投票对意大利进行制裁的时候，美国对意大利的石油和其他商品的运送船只并没有显著减少。对法西斯德国，美国的政策就更加缺少果断。美国许多公众厌烦德国的种族政治，但是美国国务院却拒绝增加希望进入到美国的德国犹太人的移民配额，主要原因是害怕他们成为社会负担，因为德国人不允许他们携带金钱。

针对法西斯德国违反凡尔赛安排的举动，欧洲各大国的反应是消极的，美国也不例外。美国联邦政府官员都认为美国在经济危机的情况下很难调动军事资源，罗斯福虽然认为如果欧洲国家能够找到处理德国重新武装的方法，那最好不过了，因为这是它们自己的事情，美国不应该介入其中。但是美国也确实希望欧洲各国能够制止德国对一战后国际体系的挑战。“1935年4月，他写信给威尔逊的顾问豪斯说，希望英、法、意三国4月11日在意大利期特雷扎举行会议以后，美国将有机会采取自己的立场。如果这三个大国和小协约国‘捷克斯洛伐克、罗马尼亚和南斯拉夫去决定对德国实行全面封锁，而如果我们认为封锁是有效的话……我们就将随之给予承认，……因为如果国会不批准，总统对于抵制或制裁是无权承认的，但对于封锁，只要它既成事实，总统就有权予以承认’。”① 然而，几个大国在斯特雷扎毫无作为，罗斯福大失所望，罗斯福由此认为战后的国际体系已经无法修复，美国在重新定义世界秩序方面做不了什么。当德国军队重占莱茵河地区时，美国反应十分平淡。美国公开宣布，美国与德国在1921年单独签署的和平条约并不包括莱茵河地区的内容。

因此，罗斯福第一任期内的欧洲政策“反映了公众的孤立主义情绪并强调回避麻烦，它远离了胡佛政府郑重努力防止国际秩序全面崩溃的呼声。世界正在支离破碎，而美国并没有给自己委以恢复

① 【美】罗伯特·达莱克：《罗斯福与美国对外政策（上）》，第149页。

它的重任”。[①]

这种情况从 1936 年开始出现变化。当年 7 月，西班牙爆发内战，佛朗哥领导的法西斯分子发动了叛乱，向马德里的共和政府发出挑战。德国和意大利几乎一开始就开始援助这些叛乱分子，而苏联则站到了共和政府一边。为了防止这场内战演变成一场国际战争，英国和法国建立了一个不干涉的国际委员会。但西班牙的内战没有停止。“美国人对这些事态的发展的反应是完全可以预料的。用参加西班牙内战的美国学生领袖理查德·特甘纳的话来说，‘反应是正常的、明显的和难以想象的’，国务卿赫尔通知美国驻西班牙使节：‘要遵循美国政府一贯的不干涉其他国家内政的既定政策，无论是和平时期，还是发生了内战，无论在不幸的西班牙出现了什么情况，美国政府绝不要进行干涉’。”[②] 按照国际惯例，罗斯福可以与得到国际承认的西班牙政府进行贸易和不受约束地运送武器，但是罗斯福竟不顾国际惯例，拒绝向西班牙共和政府出售武器。因为他对帮助西班牙政府摆脱法西斯统治兴趣不大，或者说根本没有兴趣。罗斯福的政策“即便是与欧洲国家的不干涉委员会（美国没有参加）相比，美国的这种政策也显得太过温和”。[③]

罗斯福之所以采取这种姿态是由于全国人民是那样强烈地渴望和平，罗斯福一心想使美国人民相信，他们反对战争的希望最好能寄托在他身上。8 月 8 日，他同芒特霍利约克学院院长、一位和平主义者领导人玛丽·E. 伍利共进午餐，他要求她到广播电台去宣讲政府的“睦邻”政策。如果她接受了这个要求，民主党全国委员会就可宣布，主要由于总统在国际事务中卓著功勋，而使伍利小姐脱离她一生效忠的共和党，转而支持总统。更有意义的是，罗斯福在 8 月 10 日同内政部长哈罗德·L. 伊克斯的谈话中，同意了伊克斯的建议。他认为，伊克斯建议发表一个声明，表示决心“要竭尽全力

---

① 【美】孔华润主编：《剑桥美国对外关系史（下）》，第 134 页。

② 【美】罗伯特·达莱克：《罗斯福与美国对外政策（上）》，第 182 页。

③ 【美】孔华润主编：《剑桥美国对外关系史（下）》，第 142 页。

避免卷入另一场欧洲战争”是“上策”。伊克斯是芝加哥的进步共和党人，他提议罗斯福利用这个声明去争取参议员奈对自己的支持，因奈得到进步共和党人及和平主义者的拥护。伊克斯写道：“总统对这个想法似乎非常感兴趣。他认为，预定8月14日在纽约肖托夸发表演讲时，‘或许是发表这种声明的好时机’。”[①] 罗斯福希望通过他的和平演说能够唤起美国民众对他的信任从而有助于他的竞选连任。实际证明他的政策起到了效果。“他的演说大受赞赏，他乘机进一步努力争取和平选票。根据伊克斯的意见，罗斯福能够在他对和平的贡献和他的和平演说的基础上争取参议员奈的支持，使他重新当选。8月21日，罗斯福在海德公园会见了这位参议员。虽然奈不愿公开支持罗斯福，但他也不赞成共和党的候选人兰登。”[②]

罗斯福对西班牙内战严守中立的立场还有一个原因，就是要和英法保持一致，虽然这在后来被证明是一个目光短浅的错误，但在当时，罗斯福认为如果想避免战争进一步扩大，就应该支持英法的建议，实行不干涉主义。曾经一度因为德意公然干涉西班牙内战，罗斯福打算对德意实行武器禁运。“如果墨索里尼或意大利政府、希特勒或德国政府正式承认参与西班牙战争或对此发表官方声明的话，那么……我们就必须按照中立法行事。一旦战争已经成为现实，而英国和法国却继续庄严宣布他们‘没有证据’证明意德两国参加了西班牙战争，我认为，我们就不能容忍这种荒谬的局面。”[③] 但是罗斯福最终还是听取了英国的建议，只有在发生全面欧洲战争时，才对德意实行禁运。英国外交大臣艾登宣布：“只要不干涉委员会继续有效，就不能认为西班牙已经同外国处于战争状态。”因此，扩大美国的禁运，就会“使它的任务复杂化”。[④]“不管人们对德意两国在西班牙的行为多么愤慨，也不管在西班牙发生了什么情况，罗斯福看

① 【美】罗伯特·达莱克：《罗斯福与美国对外政策（上）》，第183页。

② 同上书，第225—226页。

③ 同上书，第202页。

④ 同上。

重的首先是英国保卫和平的决心。罗斯福认为在美国孤立主义盛行的情形下，美国联邦政府是没有办法向外部世界投放资源的，因此维护国际秩序的重任首先应该落在英国的肩上，所以对英国的绥靖政策罗斯福是不太满意的，但同时他又不想阻止这种政策。当“英国对吞并奥地利一事抱以明确地默认的态度时，罗期福也不愿意以强烈反对德国的行动来危害‘欧洲的某些政治上的绥靖政策’”。英国于 1938 年 4 月 16 日承认了意大利对埃塞俄比亚的占领，罗斯福也照章办事，他在 1 月份对张伯伦明确表示，走这一步他是极不乐意的，“3 月初，他对劳德·鲍尔斯说，不可能预测出张伯伦通过让步能否成功地建立维持两三年和平的合理保证，或预测由于他让出去的东西太多，收获太少，是否终将遭到失败，并被赶下台去”。[①]

罗斯福的政策也有对国内的政治考虑。1938 年初，人们要求撤销对西班牙的武器禁运，甚至比要求全面修改中立法更加坚决。罗斯福仍然没有同意给予西班牙共和政府援助。因为“当恢复计划、工资和工时法案、对美国垄断资本的彻底调查以及清洗保守的民主党人等问题居于优先地位的时候，他不愿西斑牙问题的斗争再消耗他已日渐匮乏的政治资本了”。[②] 所以孤立主义参议员奈向参议院提交一项撤销武器禁运的决议案，美国联邦行政部门反而不同意，国务卿赫尔认为奈的提案致使国会篡夺总统的权力，将改变美国“置身欧洲纷争之外”的政策，也将使美国接管应该由英、法共管的欧洲事务。[③] 由于行政部门的反对，国会中止了对这一议案的讨论。

但是，罗斯福心中的危机感却越来越强烈。美国国家资源的有限对于美国的国家安全来说是一个严重的威胁。罗斯福特别迫切地想加强美国的海军力量。德国吞并奥地利之后，美国宣布了自己的扩军方案，1938 年 5 月份在罗斯福的推动下，国会通过文森海军扩军法，“该文件提出了一个全新的海军扩充法案，包括将主力舰的吨

① 【美】罗伯特·达莱克：《罗斯福与美国对外政策（上）》，第 225—226 页。
② 同上书，第 229 页。
③ 同上。

位增加到66万吨，首次突破了先前海军裁军协定（1936年失效）所规定的‘条约极限’”。[①]

1938年捷克斯洛伐克危机爆发之后，美国在保持沉默一段时间之后，罗斯福决定支持英法对抗德国。罗斯福强调有必要向德国政府明白表示美国是同情哪一方的，并且要告诉德国使节，如果希特勒袭击布拉格，美国就要对它实行抵销税。他的言外之意乃是“如果你进入捷克期洛伐克，我99%都要这样做”，“我希望你不要逼我动手”。[②]

但是“张伯伦同法国人说一套，同德国人说另一套，而同美国驻伦敦大使约瑟夫·P. 肯尼迪说第三套”的做法让罗斯福大失所望。但是罗斯福还是明确表示，他对反对柏林的坚定立场给予同情。罗斯福也反对英法对捷克施加压力。“空前未有地要求一个国家作出最可怕的、最残酷的牺牲。他说，如果张伯伦的政策奏效的话，他将是第一个向他祝贺的人；但罗斯福认为这事实上是不可能的。捷克人不会承认强加于他们的要求，即使他们默认了，罗斯福确信纳粹又会提出其他要求：丹麦，波兰走廊，或更可能是通过罗马尼亚进行危险的、强制性的经济或物质渗透。”[③] 美国考虑给英法运送武器，甚至认为美国最终可能“以某种方式”被卷进这场战争。

但是当布拉格竟屈服于英法的压力，割让了苏台德区之后，罗斯福立即改为极力追求和平，在希特勒在怎样移交的问题上，又制造了一次危机，加上了侮辱性的条件。在引起英法两国强烈反应之后，罗斯福认为，柏林同布拉格之间达成的“原则协议”，使得在“方法和细节问题”上再爆发一场战争，既无必要，也不应该。当罗斯福得知无论是英国还是法国都没有准备同德国打仗之后，9月26日，在德、英、法三国领导人签署将苏德台地并入德国的重要《慕尼黑协定》的前三天，罗斯福向欧洲各国政府发出和平解决难题的

① 【美】孔华润主编：《剑桥美国对外关系史（下）》，第147页。

② 【美】罗伯特·达莱克：《罗斯福与美国对外政策（上）》，第233页。

③ 同上书，第234页。

呼吁书，而且还分别在27日和28日发给了墨索里尼和希特勒。当慕尼黑会议似乎成功地防止了战争后，他当即表示了自己的满意，其想法或许反映在副国务卿韦尔斯充满希望的宣称中："一个基于公正和法律之上的全新国际秩序正在出现。"这也许是自欺欺人的浮夸之词，但至少也反映出美国政府更愿意表达它对国际事务的看法。[①]

但是，美国联邦政府对于德国咄咄逼人的态势越来越不满意。美国逐渐认识到"美国在没有被迫放弃民主政府的情况下已经度过了大萧条的最恶劣阶段，所有行政党和派系的美国人都感觉到美国的民主已经经受了最严峻的考验。但是就在对自己的民主制度重新获得信心时，他们意识到海外反民主力量对之所带来的危险。对这种国家危险的定义是重新界定他们对待国际事务态度的重要的第一步"。[②]

在慕尼黑会议之后，德国没有停止它的扩张步伐，加上日本在华的恐怖行动，使罗斯福总统深感不安，"在慕尼黑协定签署后几个月，罗斯福私下里承认他对自己早期的反应感到惭愧"。[③] 美国对德国的态度逐步强硬起来。1938年11月，美国以德国袭击犹太商人的名义，宣布召回大使，并且再也没有返任。而在此之前美国对于德国的反犹行动一直置若罔闻。当年12月，美国联合美洲国家在秘鲁首都利马举行会议，公开通过反对纳粹种族主义的决议。向法国和英国出售军用飞机，以加强它们与德国发生战争中的防御力量。

1939年春夏，当欧洲的局势紧张加剧以及战争一触即发的情况下，美国政府还提出了一些防止国际局势进一步恶化的提议。罗斯福总统向墨索里尼和希特勒发出紧急呼吁，要求和平解决波兰问题。但是罗斯福总统知道这些建议和措施难以起到作用，他的建议和声明更像一个姿态。

① 【美】孔华润主编：《剑桥美国对外关系史（下）》，第148页。

② 同上书，第154页。

③ 【美】托马斯·G. 帕特森：《美国外交政策》，第465页。

4. 美国的拉丁美洲政策

改变美国对拉丁美洲的干预主义政策的决定是胡佛总统作出的，从西奥多·罗斯福提出“罗斯福推论”开始，历任美国总统都在拉美地区挥舞大棒，加强对拉美的绝对领导权。但是胡佛总统开始改变这一政策。“富兰克林·罗斯福政府所作的只是扩大胡佛政策的范围与公开采取不干涉政策，但是罗斯福时期更为嘹亮的号角声是被称为‘睦邻政策’的拉美政策。当国务卿赫尔参加 1933 年 12 月在乌拉圭蒙得维的亚召开的第七次美洲国家会议（这样的会议是在战后开始的）时，他支持会议的宣言：‘任何国家都没有权力去干涉另一个国家的内外事务。’”[①] 罗斯福对拉美实行“睦邻政策”主要原因是 19 世纪后开始的美国对拉美国家的干预政策使拉美国家产生了强烈的反美情绪，这给了德意日等国对美洲渗透的机会。这让美国大为警惕，美国联邦政府强烈地意识到有必要将美洲各国团结起来，服从美国的意愿共同抵抗外部威胁，因而需要改变拉美国家内部的反美情绪。为了将此原则落到实处，美国开始着手采取改善与美洲国家关系的措施。

(1) 古巴

在马查多统治时期被释放的格劳回到古巴就任古巴总统，他废除了赋予美国干涉古巴权力的《普拉特修正案》，要求派军队登陆，但赫尔国务卿否决了这一违背睦邻政策的建议，而是派了几艘军舰前往古巴施压并最终承认古巴有权废除《普拉特修正案》，全面承认古巴的主权。

(2) 海地

大萧条期间咖啡的价格和出口的暴跌使海地人对美国的欺压十分不满，抗议和罢工遍及全国。为平息他们的不满，胡佛开始撤出军队，由罗斯福在 1934 年完成。

---

① 【美】孔华润主编：《剑桥美国对外关系史（下）》，第 135—136 页。

（3）墨西哥

1938年墨西哥总统拉萨罗·卡德纳斯实行石油资产国有化以后，美国的态度比较温和，虽然美国在墨西哥的“石油和其他大财团不同情睦邻政策，他们每晚睡觉都梦想迪亚斯复辟，并梦想我们挥舞大棒、让海军陆战队唯他们之命是从，随时准备登陆”。[①] 但罗斯福排除了美国干涉，决定通过谈判来获得对损失财产的赔偿。因此墨美会谈在1941年达成一项协议，美国承认墨西哥拥有自己的原料这个原则，而墨西哥则答应对石油公司和其他美国人被没收的财产提供赔偿。同时在1934—1935年，墨西哥政府顶住了美国天主教徒的巨大压力。美国天主教徒要求政府强迫墨西哥政府取消反教会政策，众议院议员提出了14个提案，要求对墨西哥的政策作出反应。但罗斯福拒绝对墨西哥的干涉。1935年11月，他给美国哥伦布会的领导人写信说：“我不允许美国政府奉行干涉外国政府内部事务的政策，因为它有害于维持和平关系。”[②]

（4）巴拿马

1936年3月2日，美国同巴拿马签订了一个新的条约，废除了1903年条约中关于美国拥有片面干预和无限制地控制巴拿马领土的权力，规定巴拿马有权共同负责保卫和使用巴拿马运河，并相应减少了运河区的美军，同时还可分享较大的利润。

此外，在1935年，美国国国务院同巴西、哥伦比亚、海地和洪都拉斯分别签订了互惠贸易协定；同其他9个拉美国家开始了贸易谈判。

这些措施是美国在20世纪以来第一次不再赋予自己确保加勒比海地区政治与经济安定的任务，也不再干预另一个美洲国家的内部事务。睦邻政策构成了在地区主义框架下的美国拉美政策。“在一定程度上，睦邻政策也将西半球从亚洲和欧洲当中孤立出来，从这一方面讲，它是美国孤立主义的一个方面，并反映了这样一种决心：

① 【美】托马斯·G. 帕特森：《美国外交政策》，第506—507页。

② 【美】罗伯特·达莱克：《罗斯福与美国对外政策（上）》，第178页。

在一个增加军备以及某些国家将之用于侵略的世界上，美国将保持低度武装并回避对海外的军事介入。”① 同时，国务卿赫尔又宣称，美国将“根据普遍承认和接受的国际法”保留干涉的权力。换句话说，美国仍坚持干涉是一种权力。②

20 世纪 30 年代末，当德、意、日企图改善它们在拉丁美洲的经济和政治地位时，美国越来越担心法西斯国家的渗透。美国开始采取行动，1938 年美洲国家在秘鲁首都利马召开会议，通过利马宣言，在这个宣言中“美洲各共和国”保证在反抗任何“可能威胁它们的外部干涉和活动中”进行合作。与此同时，美国说服拉丁美洲国家减少或停止同轴心国的贸易而把有价值的原料运往美国。“美国在清除纳粹在拉丁美洲的势力的同时，扩大了它的影响，并保护了它在西半球的霸权地位。”③

总之，20 世纪 30 年代美国对拉丁美洲的政策在一定程度上改变了长期以来的家长式态度。但尽管宣扬泛美主义，美国仍然把拉丁美洲当作被保护人，而不是伙伴来对待。美国依旧在拉丁美洲享有权力优势，依旧没有竞争者。历史学家保罗·瓦格曾指出：“睦邻这个字眼带有像早先的‘门户开放政策’那样的慈善声调，迎合了公众那种认为外交政策可以是利他主义的不切实际的愿望。自决原则在实践中被滥用了，因为美国行动的前提是，它知道对它的南方邻国来说什么是最好的。”④ 睦邻政策只维持了很短的一段时间，二战结束之后不久，美国的军事力量再次进入了拉丁美洲。

到第二次世界大战前夕，美国联邦政府相信只有更加强有力的外交和军事准备才有可能防止美国卷入大战。“利益和承诺必须用实力来保卫，各种原则如门户开放等必须用实力作为后盾，权力与秩序是密切不可分的；条约必须有强制执行的条款；国际组织如国际

① 【美】罗伯特·达莱克：《罗斯福与美国对外政策（上）》，第 135—136 页。

② 【美】托马斯·G. 帕特森：《美国外交政策》，第 501 页。

③ 同上书，第 511—512 页。

④ 同上书，第 511 页。

联盟，除非各成员国希望利用它，否则，它是软弱无力的。”[①] 这是典型的地缘政治思想，20 世纪 30 年代末它在美国逐渐流行开来。“公理就是权势的现实是世界事务当中的基本存在，不管美国是否愿意，它都要依靠自己实实在在的巨大块头、人口、资源以及经济产出等来参与全球强权政治。这就是实际情况，美国别无选择，只有在国际事务中坚持这种作用，而不应当被动地对世界各地的形势作出回应。”[②]

虽然离美国正式卷入第二次世界大战还有两年的时间，但是罗斯福已经有了明确的认识，美国必将卷入到第二次世界大战中去。美国必须强化行政部门调配和运用国家各种资源的能力。

① 【美】托马斯·G. 帕特森：《美国外交政策》，第 512 页。

② 【美】孔华润主编：《剑桥美国对外关系史（下）》，第 155 页。

第六章　二战时代（1939—1945）

1939 年第二次世界大战全面爆发，但是美国并没有立即卷入到战争中去，因为美国国内的孤立主义情绪依然存在，行政当局的扩军备战计划受到公众与国会的质疑，执行得并不顺利，一直到珍珠港事件爆发，美国正式介入二战，联邦行政部门才获得足够的权力去调度与使用国家资源去打赢战争，同时美国也吸取了一战的经验，通过一系列的国际会议和制度安排，将罗斯福的世界蓝图逐步变成现实，确立了美国在战后的世界霸权地位。

第一节　美国经济的全面复兴

一、美国的经济增长

第二次世界大战对于美国来说有着巨大的意义。实际上如果没有第二次世界大战，美国在世界上的优越地位很难这么快就确立起来，最起码美国的经济不会这么快得到复兴。在 1937—1938 年的经济危机中，美国工业较之危机前下降了 33%，发放的工资总额减少 35%，工业股票平均下挫 50%，利润下降 78%。唯一上升的是失业率，达到 23%。对此，新政的各项国内政策由于受到美国国会中代表工商业利益集团的议员的阻挠，拿不出什么切实可行的措施来。总统内阁一名成员都认为“罗斯福找不到其他出路”。罗斯福的最亲密顾问之一哈里·霍普金斯公开表示：“这个有着1000万—1200万失业者的国家不可能继续其民主制度，干脆就是不可能。”“是罗斯福在海军及稍后以5500架飞机装备空军方面的大规模开支计划，提供了应对这一危机的一个手段。到1939年，国防开支已经使许多美国人重返工作，尽管迟至1940年1月仍有1000万人失业。1941年以后的全面战争经济，才最终解决了新政永远无法克服的这些可怕的经济难题。”[①]“战争提出的经济问题不同于萧条造成的经济问题。在1930年代，罗斯福政府曾经大力限制生产量，为失业者创造就业机会，并提倡一定程度的通货膨胀。但在1940年代，政府突然改变政策，竭尽全力促进工农业生产，为国防工厂招募足额工人，压低工资和物价。只要有可能，政府总是通过许诺有吸引力的刺激来争取实业家、工人、农民和消费者的自愿顺从。但在这些社会集团拒绝合作时，政府则采取强制手段。”[②]

因此，美国经济的全面复兴是从1940年开始的。那一年战争物资的订单极大地加快了工业生产的步伐。“失业开始减少，因为工人进入到了提供战争产品的工业部门工作。到1941年11月底，失业率降低到6%。1941年美国出口已经高达325亿美元，到当年8月则达到46亿美元，而1939年8月则是25亿美元。到1945年8月，美国向同盟国提供了500亿美元的战争物资。租借交付远远大于1933—1939年的所有联邦支出总和。”[③]

表37：美国1940—1945年产品出口总额

	出口总额	出口美洲总额	出口欧洲总额	出口亚洲总额
年份	单位（百万美元）	单位（百万美元）	单位（百万美元）	单位（百万美元）
1940	4021	1501	1645	619

① 【美】沃尔特·拉菲伯、理查德·波伦堡、南希·沃格奇：《美国世纪——一个超级大国的崛起与兴盛》，第234页。

② 同上书，第254页。

③ 【美】乔纳森·休斯、路易斯·P. 凯恩：《美国经济史》，第537页。

续表

年份	出口总额 单位（百万美元）	出口美洲总额 单位（百万美元）	出口欧洲总额 单位（百万美元）	出口亚洲总额 单位（百万美元）
1941	5147	2047	1847	625
1942	8079	2205	4009	688
1943	12965	2418	7633	838
1944	14259	2627	9364	996
1945	9806	2564	9818	849

资料来源：The Historical Statistics of the United States，Volume V，Cambridge University Press，2006，p. 537。

农业摆脱了长期的生产过剩危机。第二次世界大战使世界各国对美国粮食、棉花等各种农产品的需求大增。“珍珠港事件”发生后，美国农产品由过去长期积压转为供不应求。1942 年联邦政府修改农业政策，由“新政”时期以来的限制生产改为鼓励增产，规定农产品价格的最高限额必须高于一般商品的价格。1943 年，美国成立战时粮食管理局，负责管理农业生产，直到战争结束为止。从 1940—1945 年，美国农业生产者从 1167.1 万人下降到 1087.3 万人，耕地面积只扩大 3%，但整个农业生产指数却因机械化程度的提高、农药的改良、化肥的大量使用和杂交玉米的推广，从 1940 年的 112 增加到 1945 年的 136。①

表 38：美国 1941—1945 年主要农产品出口额

年份	玉米 价格（百万美元）	烟叶 价格（百万美元）	小麦 价格（百万美元）
1941	83	65	11

① 【美】沙伊贝、瓦特、福克纳等：《近百年美国经济史》，第 466—467 页。

续表

年份	玉米	烟叶	小麦
	价格（百万美元）	价格（百万美元）	价格（百万美元）
1942	99	68	7
1943	184	170	16
1944	115	146	16
1945	279	239	240

资料来源：The Historical Statistics of the United States，Volume V，Cambridge University Press，2006，p. 548。

农产品价格在1939—1945年之间上涨大约118%。由于农业产量增加，农产品价格上升比工业品快，农场主的实际收入增加。从1940—1945年，美国农业的纯现金收入从23亿美元增长到94.58亿美元，即增长3倍以上。农场主在战争年代比历史上其他任何时期都更为富裕，他们偿还了几十亿美元的抵押债务，以储蓄和证券的形式积蓄了大约100亿美元。①

二战期间，美国人每周的平均收入几乎增长了一倍，工资从24.2美元增至44.39美元。战争结束时，持有公债的人就有8500万，美国人在银行的储蓄存款高达1364亿美元。哥伦比亚广播公司最著名的新闻广播员爱德华·R. 默罗评论说："这次战争开始以来，生活水平还能提高的，只有我们这个国家；整个欧洲都已弄得筋疲力竭，而我们却没有。"② 1940年，按当年美元计算的国民生产总值约为1000亿美元，超过1929年的11%左右。由于受到扩军备战和战费开支的刺激，国民生产总值（按当年美元计算）开始增长，1945年达到了最高点——2120亿美元，比1940年高出一倍多。国民生产总值的增加，在很大程度上归因于物价上涨，但实际国民生产总值还是提高了

① 刘绪贻、李存熏：《美国通史·第五卷》，第353页。
② 同上。

56%。1944 年有关战争方面的总支出约占全国生产总值的 42%，由此可见，战争是美国国民生产总值增加的主要原因。生产的增长使战争对消费者的支出影响较小。在 1940—1945 年间，按人口平均消费支出，用 1958 年价格计算，实际上从 1187 美元增为 1308 美元。[①]

美国的经济迅速增长同联邦政府采购商品和劳务达到巨大规模密切相关，整个二战期间，联邦政府采购了全部重工业产品的 80% 和一般工业产品的半数。联邦政府对商品和劳务的采购如此巨大，在美国历史上是空前的。这种情况对美国经济有决定性的影响。例如 1940 年，美国国民生产总值约为 1000 亿美元，而联邦政府采购的商品和劳务共值 60 亿美元，其中军事采购为 22 亿美元，只占国民生产总值的 2%左右。到 1944 年，联邦政府采购总额高达 890 亿美元，其中军事采购 874 亿美元，占当年国民生产总值 2101 亿美元的 41.6%，相当于 1940 年军事采购的 39.8 倍。这样国家财产在国民财富中所占比重由 1929 年的 10.4%上升到 1948 年的 15.8%。几乎无人怀疑猛增的政府开支导致了美国经济的突然兴旺。

表 39：联邦政府 1941—1946 年商品和劳务采购占国民生产总值的百分比　　单位：10 亿美元

国民生产总值		联邦政府对商品和劳务的采购			
		军事采购	其他	合计	联邦采购占国民生产总值的百分比（%）
1940	99.7	2.2	3.8	6.0	6.0
1941	124.5	13.8	3.1	16.9	13.6
1942	157.9	49.4	2.5	51.9	35
1943	191.6	79.7	1.4	81.1	42.3
1944	210.1	87.4	1.6	89.0	42.4
1945	211.9	73.5	0.7	74.2	35.0
1946	208.5	14.7	2.5	17.2	8.2

资料来源：刘绪贻、李存熏：《美国通史·第五卷》，第 352 页。

① 【美】菲特·里斯：《美国经济史》，第 332 页。

二、美国的战时措施

没有强有力的美国联邦政府的有效行动的话，这一切成果就不可能那么容易获得。战争的主要支柱是人力、物力、资金和技术知识。所有这些，都是美国充分具备的，关键在于如何通过有效的行政机构和行政管理将其有效地协调和整合起来。

表 40：联邦政府 1940—1945 年雇员人数

年份	联邦政府雇员总数单位（千人）	军事部门雇员人数单位（千人）	文官人数单位（千人）
1940	4652	642	793
1941	5281	944	1693
1942	7252	1702	4154
1943	12155	2497	9029
1944	14405	2520	11365
1945	14258	2420	11302

资料来源：The Historical Statistics of the United States，Volume V，Cambridge University Press，2006，p. 132。

实践证明，美国联邦政府在第二次世界大战中的效率是比较高的，这与它充分吸取了第一次世界大战的经验有关。经历了一战之后，美国联邦政府对于为进行战争而成立的机构所遇到的种种问题都非常了解。同时也与新政实施之后，美国联邦行政部门的行政能力显著提高密切相关，“因为存在统制经济，必然有些人必须作出命令。一战期间和新政期间的经验已经使人理解了这一教训。”[①] 美国

① 【美】乔纳森·休斯、路易斯·P. 凯恩：《美国经济史》，第538页。

联邦政府调控和运用国家资源的手段非常有力，从战前准备、经费筹集、征用劳工、物价管制等国家资源的管制的诸多方面，罗斯福的战时内阁都是与威尔逊的战时内阁不可同日而语的。当然，美国在第二次世界大战获胜还有一个重要原因是“上帝永远站在物质最强大的一边”，其充足的财政支出和强大的物质生产能力是法西斯国家无法比拟的。

1. 美国的战时财政

与一战情况相同，二战期间联邦政府最主要的工作依然是在不影响民众生活的前提下进行经费筹集。“珍珠港事件”后，政府开支急剧增加，并且一直增加到 1945 年。“联邦开支的平均水平在 1942—1945 年间几乎达到了国民总产出的一半，是第一次世界大战期间平均水平的两倍。”① “1941—1945 年财政年度，联邦政府的预算支出总计约为 3176 亿美元，其中 2815 亿美元（占总数的 88.6%）直接用于战争。这笔庞大战费相当于第一次世界大战期间美国全部直接战费的 8 倍，其中用于陆军的有 1596 亿美元，用于海军的有 884 亿美元，剩余部分分别用于美国海事委员会、战时航运总署，以及其他政府部门。”② 这种增加表明，与第一次世界大战期间相比，美国联邦政府从和平用途转向战时需要时所能够调动和运用的资源要大得多，能力要强得多。

表 41：联邦政府 1941－1945 年财政收入

年份	联邦财政收入（百万美元）	个人税收（百万美元）	企业税收（百万美元）
1941	8712	1314	2124

① 【美】斯坦利·L. 恩格尔曼、罗伯特·E. 高尔曼主编：《剑桥美国经济史（第三卷）》，第 254 页。

② 刘绪贻、李存熏：《美国通史·第五卷》，第 365 页。

续表

年份	联邦财政收入（百万美元）	个人税收（百万美元）	企业税收（百万美元）
1942	14634	3263	4719
1943	24001	6505	9557
1944	43747	19705	14838
1945	45159	18372	15988

资料来源：The Historical Statistics of the United States，Volume V，Cambridge University Press，2006，p. 128。

表 42：联邦政府 1940—1945 年财政支出

年份	联邦财政支出（百万美元）	国家防务支出（百万美元）
1940	9468	1660
1941	13653	6435
1942	35137	25658
1943	78555	66699
1944	91304	79143
1945	92712	82965

资料来源：The Historical Statistics of the United States，Volume V，Cambridge University Press，2006，p. 93。

怎样才能筹集到这样庞大的战费开支呢？罗斯福和国会吸取了第一次世界大战的筹资经验，认为政府应该加强物价控制，对每一种稀缺的物品实行配给，并尽可能地提高税收——以应付战时开支，防止消费者与政府竞争而抬高价格。由于财政收入增加，联邦赤字从 1941 年的 62 亿美元增长到 1943 年的 574 亿美元，之后，在战争期间就大致维持在1943年的水平了。[①] 和第一次世界大战一样，联邦政府在第二次世界大战的筹资依靠的仍然是税收、借款和货币创造的综合运用。其中“有42.5%来自税收收入，大大超过了第一次世界大战时的24.5%”。罗斯福的财政部长亨利·摩根索（Henry Morgenthau）认为，想要尽可能多地筹资就必须依靠税收。税收不仅能最小化任何未来的债务负担，它还能降低因战时家庭收入迅速增长而产生的消费能力和通货膨胀。第二次世界大战开支的33.7%来自政府债务，只是第一次世界大战中政府债务筹资所占比例的一半。第二次世界大战筹资中剩下的23.8%来自货币创造，这一比例也大大超过了第一次世界大战。无论从相对的还是绝对的条件来说，突出的问题都是税收的作用增强。但是，由于从一开始就在两条漫长的战线上作战，开支显然就大得多。1945年第二次世界大战结束的时候，以1982年美元价格计，其实际总成本是第一次世界大战的6.5倍，而且月平均实际开支也是第一次世界大战的3倍。[②]

1940年1月，第二次世界大战全面爆发之后4个月，罗斯福总统要求国会提高税率增加12亿美元的国防开支，以满足日益增加的国防需要。国会迅速通过了一个收入法案，适当降低个人所得税的起征点，提高消费税，提高个人所得税的边际税率，提高公司所得税的最高税率，提高股权转让税率，同时提高了赠品和不动产的税率。1940年6月22日，这一法案正式成为法律。在这年10月又将公司所得税的最高税率提高到24%，并开通25%—50%的超额利润税这个新税率。由于国防预算猛增，因此该年国家预算还是出现27亿美元的赤字。

同时美国国会通过法案，宣布建立一支在两个大洋驻扎的海军，并且在美国历史上第一次采用了强制性的和平时期征兵制度。这样“国会在1940年通过为各种类型的国防开支拨款177亿美元，1941

① 【美】斯坦利·L. 恩格尔曼、罗伯特·E. 高尔曼主编：《剑桥美国经济史（第三卷）》，第756页。

② 同上书，第254页。

年的近似值达到将近500亿美元的惊人数字。总支出从1940年财政年度的96亿美元猛增到1941年6月30日为止财政年度的140亿美元左右”。[①]国防开支的成本“从1940年7月的1.99亿美元持续增加到1941年11月的14亿美元。国会于1941年9月通过了1941年的《税收法》。这一法案分别将已婚者和单身者个人所得税的起征点降低到1500美元和750美元，将个人所得税税率调整到10%—72%，将公司所得税税率提高到31%，同时也提高了超额利润税、赠与税和不动产税的税率。1941年9月国会设计的税收法案使税收增加了35亿美元，但罗斯福总统立即宣布这一数额还不够”。[②] 他在美国正式参战后的第一个预算咨文中，建议用税收负担一半战费，但是在怎样提高税收问题上总统与国会产生了激烈的争论。罗斯福和摩根索建议应该对低收入和中等收人者完全免征所得税，而以高税率和高边际税率对高收入者和公司征税，以低免税标准征收超额利润税，同时要堵塞受富人和公司欢迎的税收漏洞。“1941年，摩根索提议对利润率在6%以上的所有公司征税。罗斯福则走得更远：‘在国家的生死关头，所有超额收入都应该为赢得战争服务。’”[③] 1942年4月28日，在“珍珠港事件”后，罗斯福总统在两院联席会议上正式向国会递交的第一份咨文中，他请求批准1943财政年度的支出589亿美元，财政收入为235亿美元。为了完成这一财政收入目标，罗斯福政府请求提高所有的联邦税率。“任何美国公民的税后净收入都不应该高于2.5万美元。”个人和公司利润“将被课以重税”，“每一个用得上的美元都应该为战争作出贡献”。[④] 但是罗斯福战时提案遭到了国会强有力的反对。国会认为国家处于紧急状态中需要提高税收收入，但国会中代表工商业利益集团利益的议员们对于罗斯福将矛头对准工商业集团、敲富人的竹杠非常不满，认为不应该将矛头

① 【美】沙伊贝、瓦特、福克纳等：《近百年美国经济史》，第459页。

② 【美】斯坦利·L. 恩格尔曼、罗伯特·E. 高尔曼主编：《剑桥美国经济史（第三卷）》，第255页。

③ 同上。

④ 关在汉编译：《罗斯福选集》，商务印书馆1982年版，第363页。

对准工商业集团，包括民主党人在内的许多国会议员与《时代》周刊的观点是一样的，就是警告摩根索的计划“在衰退和失业已迫在眉睫的情况下，将大大削弱公司的资金实力”。[①] 因此国会的反应是应该让“有广大群众基础的”所得税成为了新的税收体制的基础。通过降低免税标准，大量的财政收入就来自对工资和薪金征收的税收，而不是来自利润、股息、利息和租金收入。国会的意见又遭到财政部的反对。“财政部最初的提议是要求不要改变免税标准，而边际税率则提得很高；实际上，财政部建议的是将所有税后收入超过2.5万美元的个人所得税边际税率提高到100%。财政部关于消除富人和公司的偷税漏税现象的提议没有被采纳，征收国民销售税的提议也被否决了。”[②] 国会对财政部1942年立法提议的反对非常普遍，特别是代表工商业利益集团的议员反对特别激烈。“很明显的是在众议院的辩论中，没有讨论消除偷税漏税现象的提议，对超过2.5万美元的个人收入按100%的税率征税的提议也是如此。许多人认为核心问题应该是降低免税标准，以抑制一个大的收入集团可能导致通货膨胀的开支；也有人担心财政部的超额利润税提议可能使公司在战后经济中没有资源用于重新扩大生产；有些人强烈反对征收国家销售税；顽固反对罗斯福的人也在借题发挥。因此，可以将最终通过的包括降低免税标准在内的这一法案视为避开了销售税、同时也有助于抑制通货膨胀的法案，它也许不是罗斯福所希望的一个反通货膨胀措施，但也是政府所能接受的法案。”[③]

最终经过各方的反复博弈，到10月份这一法案最终通过的时候，“对个人和公司收入提高边际税率，正常所得税从4%提高到6%，在个人所得税方面，将已婚者和单身者的免税标准降低到1200美元和500美元；边际税率从0%—77%的范围提高到19%—88%，

① 【美】斯坦利·L. 恩格尔曼、罗伯特·E. 高尔曼主编：《剑桥美国经济史（第三卷）》，第757页。

② 同上书，第256页。

③ 同上书，第257页。

并对所有624美元以上的年收入者征收5%的胜利税。公司税率从31%提高到40%，但低于罗斯福行政当局建议的税率。确定了超额利润税，超额利润税的最高税率从60%提高到90%。但在计算超额利润的数量的时候确定的免税额非常大”。①

1941年和1942年的《税收法》极大地改变了美国的税收结构。“普遍的税收减免使新的税收体系受到中产阶级的欢迎。此外，与许多公司偏爱和支持的国家销售税相比，中产阶级纳税人更喜欢所得税。而且，对萧条卷土重来的恐惧使公众对这种有利于公司，使公司享受特权的税收更为宽容。同时，许多新政的立法者也把税收法视为确保财政收入、支持联邦社会公平计划的最佳途径。1943年，在工资薪金中预扣税款这种方法的引入也使税收增加不少。就像戴维·布林克利（Darid Brinkley）在他的战争回忆录中写的那样：“国会和总统愉快地学到了汽车销售商很久以前就学会了的东西：分期付款的消费者会被诱导花更多的钱，因为他们看到的不是总的债务，而只是每个月的偿付款。”② 最重要的一点是它所设定的免税标准低于美国人的平均年收入水平。由于美国雇员的年均收入在1941年和1942年分别为1492美元和1778美元，这两个法案降低了免税标准，从而大大增加了美国工资收入者中纳税人数的比例。1941年和1942年，应纳税人数都比上年增加了1010万人，个人纳税者的人数从1939年的390万增加到1945年的4260万，这样美国“数百万人第一次被列入个人所得税一类，当时尽管物价不断上涨，但是，个人免税标准已从1939年所得的1000美元减至1940年的800美元、1941年的750美元，和1942—1943年的500美元。于是因为国防而引起一项重大的长期变化，就是把几百万收入低的人们卷入税收系统”。正如两位经济学家所言，“从乡村俱乐部到铁路边，到处都是纳税人”。所得税除了涉及中产阶级和上层阶级外，还涉及工人阶

① 【美】斯坦利·L. 恩格尔曼、罗伯特·E. 高尔曼主编：《剑桥美国经济史（第三卷）》，第256页。

② 同上书，第758页。

级。向广大公众征税代替了向某一阶层征税。①

低免税标准、高边际税率以及更完善的征税体系，意味着个人所得税成为第二次世界大战期间巨大的联邦税收收入的主要来源。虽然超额利润税在增加第二次世界大战的税收收入方面的作用也是很重要的。“联邦所得税逐渐支配了国家的税收体系。联邦所得税收入从1939年的22亿美元猛增到1945年的351亿美元。1940年，联邦所得税只占总税收额的16%；到1950年，联邦所得税已占到总税收额的51%。”②

大多数美国人都认为他们国家的安全受到了威胁，美国公众普遍愿意为战争贡献力量。所以联邦政府的征税法案执行的非常成功，“与第一次世界大战时的战争动员不一样，第二次世界大战中不需要使用再分配性质的税收体制来获得民众对战争的支持。而且罗斯福政府的宣传机制也用在了说服新的纳税人方面，让他们相信自己应该纳税。财政部、国内税收局和作战新闻处发起了声势浩大的宣传运动，这种宣传遍布媒体，遍及全国。在宣传中，他们又搬出了威尔逊政府在第一次世界大战期间起到有效作用的爱国主义和公民义务这些工具。在这个过程中罗斯福政府认识到以大众为基础的所得税的成功，在相当程度上要取决于自愿的合作。所得税的成功进而再度证明了民主政府的筹资能力”。③

除了税收之外，全国战费的相当一部分是靠向私人、银行和其他机构借款来筹措。“从1941年5月1日罗斯福总统带头购买第一张E类公债的这一天起，到1946年1月3日竞购胜利公债的最后1美元存入美国国库时为止，美国财政部为筹措战费而出售的证券共计1857亿美元，其中7次战时公债和最后的胜利公债约为1569亿美元。其中2/3（1022亿美元）由公司认购，1/3（433亿美元）为

① 【美】斯坦利·L. 恩格尔曼、罗伯特·E. 高尔曼主编：《剑桥美国经济史（第三卷）》，第257页。

② 同上书，第757页。

③ 刘绪贻、李存熏：《美国通史·第五卷》，第366页。

个人认购，余数由商业银行认购。"[①] 由于财政部与联邦储备体系协作努力，所以政府利率一直十分稳定。"直到与联邦储备体系终止合作，1945 年财政部要应付其巨大债务的比例仅仅为平均 1.94％，一战结束时这个比例是 4.2％。"[②]

第二次世界大战的巨大开支主要是由税收收入获得，而不是靠给以后的政府造成财政负担得来的，这反映了美国政府调控和支配资源的能力有了巨大的发展。因为为了实现这一巨大的税收数额，个人所得税体系在收入分配体系中向下扩展，包含了大多数劳动者，每一个阶层的边际收入中所缴纳的税收都更重了，更不用说把战争负担在全国范围内进行更平均的分摊。如果没有强大的行政能力是无论如何做不到如此剧烈且永久改变美国税收结构的。

2. 美国的战时生产

美国正式参战之前，为了执行和协调庞大的防御计划，美国联邦行政部门就成立了一些行政管理机构来处理这些事务。为动员美国经济使之适应战争需要，1939 年 8 月成立了战时资源委员会。"它暂时作为军火委员会的顾问机构而存在。但在紧急情况下，将成为政府的执行机关，拥有类似过去的军事工业委员会的广泛权力。"[③] 1940 年 5 月，罗斯福总统建立了紧急事务处理办公室，"它将作为总统和国防机构之间的联络枢纽，后来根据行政命令建立的大多数紧急机构都是在紧急事务处理办公室领导之下的合法机构"。[④] 珍珠港事件后，美国国会通过两项重要的法案，授予总统广泛的权力以动员经济从事军工生产。1941 年 12 月通过的第一个战时权力法，赋予总统以全权根据作战需要建立任何新机构。根据这个法案，1942 年 1 月罗斯福成立了战时生产局。战时生产局具有国防生产的最终指

① 【美】乔纳森·休斯、路易斯·P. 凯恩：《美国经济史》，第 542 页。
② 同上。
③ 【美】哈诺德·J. 克莱姆；《经济动员准备》，第 41 页。
④ 同上书，第 47 页。

挥权，能够确定各种物质生产的优先权和配给程序。西尔斯—娄巴克公司前总经理唐纳德·纳尔逊被任命为该委员会主席。1942 年 3 月通过的第二个战时权力法，赋予总统以全权根据国防需要在整个经济范围内优先分配资源。同年 10 月成立经济稳定局，罗斯福总统任命詹姆斯·贝尔纳斯为该局局长，并授以处理经济问题的最高指挥权，有权管辖战时生产局。1943 年 5 月成立战时动员局，仍由詹姆斯·贝尔纳斯领导。这个局的成立是为了协调和加快其他机构的工作。美国国内经济终于全面处于联邦政府的控制之下，战时生产迅速达到最高纪录。

(1) 战时生产局

战时生产局长纳尔逊想“建立一套规则，以使生产活动能够按照实业界告诉他必须采取的方式进行。在这一点上他与陆军部长亨利·L. 史汀生的观点相合。史汀生认为，为了进行战争，你必须让公司在生产过程中赚钱，否则公司就不愿意干”。①

首先，美国政府同意承担大部分军事工业建设。“政府通过允许公司在不长的 5 年内以分期偿还的方式同意承担扩充工厂的很大一部分费用，从而压缩应税收入并扩大赚钱空间。”②

其次，为刺激军事承包商扩大军工生产，美国联邦政府在战时广泛采取一种成本加固定收益合同的制度，它保证军事承包商获得成本之外的利润，并消除接受军事订货的几乎一切风险因素。“政府还发明参加合伙经营的公司，只要它们能证明其活动满足了军事需要而且预先得到允许，即可免除反托拉斯法管辖。”③ 1939—1943 年，公司纳税前利润从 72 亿美元增为 279 亿美元。尽管战时税率很高，1940—1945 年公司纳税后利润还达到 620 亿美元，平均每年 103 亿美元，约为 1936—1939 年间每年平均纯利 55 亿美元的两倍。

① 【美】沃尔特·拉菲伯、理查德·波伦堡、南希·沃格奇：《美国世纪——一个超级大国的崛起与兴盛》，第 254 页。

② 同上。

③ 同上书，第 253 页。

由于出色的行政管理能力，美国在二战中取得惊人的军火生产，“在5年的生产期间，美国制造了8.6338万辆坦克，29.7万架飞机，1247万支步枪、卡宾枪和手枪，大量的大炮装备和军火，6.45万艘登陆艇，以及数千艘军舰、货舱和运陆舰。在这5年期间，美国的商船队增加了三倍，海军火力增加了10倍”。①

（2）物价管理署

1942年1月，国会通过物价紧急管制法，正式授权物价管理局控制物价和房租，并规定对违章者予以处罚。

“毫无疑问，当时通货膨胀的压力是很大的，政府和消费者都在大量购买，同时很多商品都供不应求。虽然工业方面实际上正在生产着比战前更多的消费品，但是消费者的收入已大大增加，因此需求也增加了。”②

罗斯福总统亲自领导反通货膨胀斗争，这样就有效地解决了其中所涉及到的许多复杂问题。联邦政府除了通过采取增加税收、大力推销公债的办法阻止通货膨胀，最重要的就是通过物价管理署对物资定量配给和管制物价。

1943年4月，罗斯福总统发出“坚守阵地”的著名命令，授权物价管理局“对影响生活费用的所有商品规定最高限价”，非经法律许可“一概不得提高”。“到1943年年中，有95%的食品实行定量配给。”③ 在二战的最后两年里，消费者承受的价格上涨不到2%。

3. 战时人力动员

第二次世界大战前，美国正规军的规模从未超过和平时期美国人口总数的1‰。1939年欧战爆发时，美国军事力量还相对弱小，武装部队人员总数仅33.5万人。为改变这种状况，罗斯福政府不断

① 【美】沙伊贝、瓦特、福克纳等：《近百年美国经济史》，第464—465页。

② 【美】沃尔特·拉菲伯、理查德·波伦堡、南希·沃格奇：《美国世纪——一个超级大国的崛起与兴盛》，第260页。

③ 【美】沙伊贝、瓦特、福克纳等：《近百年美国经济史》，第471页。

加强备战活动。

珍珠港事件发生后，美国迅速开展大规模的重整军备运动，实行全民总动员。国会立即通过一项新的兵役法，下令所有年龄在20—44岁之间的男子进行兵役登记，年龄在45—65岁之间的男子进行后备劳务登记。在战争结束以前，包括志愿兵在内，总共有1514万名男女在军队中服役，其中陆军1042万人，海军388.352万人，海军陆战队59.9683万人，海岸警备队24.1902万人。

表43：1941—1945年美军兵力人数

年份	总兵力人数	军官人数
1941	1801101	99536
1942	3858791	206422
1943	9044745	579576
1944	11451719	776980
1945	12055884	891663

资料来源：The Historical Statistics of the United States，Volume V，Cambridge University Press，2006，p. 355。

除了征集兵员，更重要的是扩大生产。这里面的问题比较复杂一些，因为它牵涉到劳工问题，也就是说联邦政府不仅需要为军事工业找到一批足够数量的受过训练的工人，还需要为处理劳资纠纷制订一个有效的政策。

为此，联邦政府像在第一次大战时一样，专门建立了战时人力委员会和战时劳工局两个机构来保持政府与劳工的合作。

（1）战时人力委员会

战时人力委员会的任务是“制订保证为支持战争而进行最有效动员和最大限度地利用全国人力的国家基本政策”。它有权对军事工业中的职业补充和职业训练进行监督，并有权把工人安置在最需要的地方。

战时人力委员会第一项任务也是最主要的任务，即解决足够劳动力来源的任务，在开始时似乎是一项难以完成的工作，需要做的不仅是要有人去顶替大约1150万参军的男女工人的工作，而且在供应最低民用需求的同时，还要照顾到扩大战时生产的需要。一直“到1942年底，战时人力委员会认识到，劳动力短缺的一个有效解决之道是利用‘女劳动力’。从1940—1945年，约600万妇女进入劳动力市场；女工薪族增加了50%以上；工作妇女所占比例从27%提高到37%。战争结束前夕，民用部门工人中超过1/3是妇女”。①

（2）全国战时劳工局

战时劳工局是为了对劳资纠纷起到类似最高法院的作用而建立的机构，对劳资纠纷有最后裁决权。如果拒绝执行裁决，唯一的选择就是由政府查封或经营。战时劳工局由12名代表组成，其中官方、资方和劳方都有相等的代表权。

战时劳工局主要负责劳工政策。主要是因为大萧条给劳工以极其深刻的印象。所以，劳工对于战时的工作给予了积极的支持。1941年12月末，劳资双方代表同意自我克制以避免罢工和关闭工厂，工会的领袖们保证一项不进行罢工的政策，并且强烈要求会员们予以最充分的合作。

战时经济繁荣导致就业人数的扩大和失业率的下降。美国工会的地位在第二次世界大战期间得到加强。从1933—1945年，各工会会员总数约从900万增加为1500万。

① 【美】沃尔特·拉菲伯、理查德·波伦堡、南希·沃格奇：《美国世纪——一个超级大国的崛起与兴盛》，第256页。

表 44：二战时美国就业、失业人数 单位：千人

时间	就业总人数	制造业就业人数	失业人数	失业率（%）
1945	52820	15302	1040	1.9
1944	53960	17111	670	1.2
1943	54470	17381	1070	1.9
1942	53750	15051	2660	4.7
1941	50350	12974	5560	9.9
1940	47520	10780	8120	14.6

资料来源：《殖民地时代至 1957 年美国历史统计》，第 70、73 页。

主要摩擦发生在工资方面。根据“工资控制应该服从物价管理”的理论，政府在 1942 年命令战时劳工局把工资稳定在当时生活费用上升的水平上，“但是战时劳工局拒绝放弃它所提出的数字，坚持说实际上工人们纳税后的实得工资与生活费用的上升水平相等”。[①]

不过战时劳工局的政策与工会要求增加工资之间的摩擦并不激烈。二战时罢工的特点：“一是罢工时间短，1942 年平均每次罢工时间为 12 天，1943 年为 5 天，而 1939 年是 13 天；二是损失小，罢工所损失的时间只不过是整个工作日（1943—1944 年）的千分之一；三是大多数罢工都是未经工会领袖批准的自发性罢工；四是许多罢工是由于对工资不满而发生的。”[②]

然而，战争时期的罢工和要举行罢工的威胁引起了国会的严重不满。仅在 1943 年，美国国会就提出 61 份反劳工法案。1943 年 6 月 25 日，国会不顾罗斯福总统的否决，通过了战时劳资纠纷法（即史密斯—康纳利法）。“这项法令一直执行到战争结束，以后又延长了 6 个月，通过战时劳资纠纷法令的目的首先是防止战时生产中断。

① 【美】沙伊贝、瓦特、福克纳等：《近百年美国经济史》，第 476 页。
② 同上。

这项法令加强了战时劳工局的权力，授权总统接管了生产作战所需物资的所有工业，并且禁止任何在政府接管以后煽动罢工、关厂停工和其他干扰活动。”[①] 它说明国会反对工会的强烈情绪，标志着国会对工人态度的明确转变。

总之，第二次世界大战解决了联邦政府面对的大部分重大难题，它带来了全面就业和较高生活水准。

4. 国家加强对科学研究的管理和支持

第二次世界大战“不独是在战场上打赢的，而且也是在实验室和试验场中打赢的”。第二次世界大战爆发后，美国政府日益认识到，科学技术发展水平对军事优势和战争结局具有决定性的意义；同时，随着科学技术的高度发展，许多重大的科研任务，需要大量的人力、物力和资金和承担极大的风险，私人组织是不愿意也难于承担的，只有国家出面组织和投资才有可能进行。因此，美国联邦政府对科研工作的干预和资助大大加强了，国家成了科研工作的主要组织者和经费的主要提供者。

战前，美国的整个科研力量已形成各自独立的系统，即联邦政府实验室、工业实验室、高等院校和非营利研究机构。战争期间，美国利用政府的力量将这 4 个分散而独立的科学研究系统联系在一起，由直属总统领导的科学研究与发展局进行集中统一的协调和管理，它有权批准或否决所有科研项目。把全国的科研人员和科研设备充分动员起来。在第二次世界大战的 5 个预算年度（1941—1945）里，联邦政府用于科学研究、发明和实验的经费共达 35 亿美元，使美国的科学技术跃居世界首位。

这其中最著名的就是“曼哈顿计划”。1942 年 8 月 11 日，美国制订了研制原子弹的“曼哈顿计划”。该计划集中 20 万工程技术人员，耗资 20 亿美元。美国陆军工程兵团建筑部副主任莱斯利·格罗夫斯将军被任命为执行该计划的总负责人。格罗夫斯将军通过采取

① 【美】沙伊贝、瓦特、福克纳等：《近百年美国经济史》，第 477 页。

建立精悍的领导核心、优先解决铀矿石供应和集中欧美最优秀的科学家等有力措施，经过两年多的日夜奋战，1945 年 7 月 16 日上午 5 点半原子弹在新墨西哥州阿拉莫戈多 50 英里的一片沙漠地带爆炸成功。这一武器的研制成功是科学技术史上最伟大成就之一，它标志着人类利用原子能时代的开始。[①]

第二节　美国国际抱负的实现

一、美国联邦行政部门权力优益的确立

第二次世界大战一旦进行开来，就极大加速了权力向总统的集中。罗斯福大大加强了总统在外交和军事方面的职权。如果说欧战之前，罗斯福在外交事务上还受到国会的严重制约，虽然很多时候由于意见分歧或紧急情况需要，罗斯福往往绕过国会和国务院处理外交事务，但是罗斯福总统出于多方面的考虑并没有对国会与公众的行为作出强有力的引导。但是在欧战爆发以后，特别是珍珠港事件之后，罗斯福总统完全掌控了美国的国防与外交事务，几乎很少征求国会的意见，由于国会的信息渠道较少，美国国会很少对总统的行为提出反对意见。“整个战争年代，罗斯福行使了首席外交官的权力。他多次与英国首相温斯顿·丘吉尔会晤，两次与丘吉尔和苏联部长会议主席约瑟夫·斯大林会晤。……罗斯福的活动多数是秘密的，没有征询国会的意见。在第二次世界大战中，作出了塑造未来世界的重大决定。”[②] 当然这也有一个过程。1939 年欧战爆发以后，美国国会中反对罗斯福外交政策的人对于总统日益上升的权力感到担忧。担心他在国会休会期间采取导致美国卷入战争的措施，

① 刘绪贻、李存熏：《美国通史·第五卷》，第 370—371 页。

② 同上书，第 318 页。

于是促使国会在1939、1940年不断地开会，1941年一天也没有停止过。直到1941年12月7日日本突袭珍珠港，美国全面参战，国会的议员们不能不承认，罗斯福总统能够更大胆地行使行政机构固有的特权。在全面战争状态下，罗斯福总统不仅被赋予了指挥在国外进行军事行动的权力，同时也有权管理国内的经济和社会事务。

最高法院对总统权力的默认也在第二次世界大战中达到了高潮。因为法律在武力面前只能保持沉默，法院连同其再也维持不了的和平一起归于失败。行政优益在全面战争不可避免的附随结果。实际上，最高法院只能批准政府处置全球性战争所需要的无限权力。在1944年的亚克斯诉美国案（Yakus v. United States）中，“大法官们支持了罗斯福宣布实行对工资和价格的控制权，这是罗斯福在1942年从国会获得的授权。在为这些管制措施进行辩护时，法院依据的是最模糊不清的立法标准，几乎放弃了它在1935年谢克特案裁决中宣布的不得将立法权授予行政机构的原则”。[①]

1942年6月，8名来美国从事间谍破坏活动的德国特工被抓捕，罗斯福在7月2日召集了一个秘密军事法庭，判处这8人死刑。后来，总统又对其中交代了犯罪事实并帮助抓获其他罪犯的两人减免了死刑，其他6人于8月8日在华盛顿被处决。最高法院对罗斯福用军事法庭审判8名来美国从事间谍破坏活动的德国人给予了支持。

1942年7月31日，代表最高法院起草意见书的首席大法官是哈伦·菲斯克·斯通（Ilarlan Fiske Stone），他在判决书里宣布：“现代战争不仅要打击敌人的武装部队，也包括要摧毁敌人的战争供应物质，以及生产和运输这些物质的工具。……战争法无法适当地应对那些进入我们领土的敌军间谍人员，他们配有爆炸物质，试图摧毁我们的战争工业和供应物资，与那些旨在摧毁我们的防御地区或我们的武装力量而进入我们领土的人员一样，是与我们交战的敌人。怀有这些目的的敌人穿过我们的边界，不着制服或其他表明交战身

① 【美】米尔奇·尼尔森等：《美国总统制（起源与发展1776—2007）》，第302页。

份的标记，或在进入我们领土后隐藏他们的交战身份，这样的敌人就成为了非法的交战者，应该受到审判和惩处。”①

这个案件影响很大，美国公众强烈支持罗斯福政府对纳粹间谍人员的处理，但很大一部分学术和法律界的人士认为，奎宁案开了一个危险的先例，因为不经过正当的法律程序就剥夺一个人的性命是对美国法律的一种亵渎，而且这种情形是对司法权力的侵犯。因而对罗斯福军事法庭令提出强烈批评，罗斯福被迫做出了让步，在1944年第二批德国间谍人员被抓捕后，联邦行政部门没有对这批德国间谍人员进行处决。但是这起案件却说明在二战期间美国联邦行政部门的权力范围有多大，而美国最高法院也对这种权力给予了默认。正如伯克所言：“在法律在武力面前只能保持沉默；法院连同其再也维持不了的和平一起归于失败。”美国最高法院只能批准联邦行政部门在第二次世界大战期间所需要的无限权力。

二、二战爆发至参战前美国国内的政治博弈

罗斯福扩大了权力，却并不能马上改变美国的外交政策。1939年欧战爆发后至1941年12月美国正式参战前，美国表面上仍然采取中立主义的政策。这主要是因为美国国内孤立主义思潮的影响，对战争有一种厌恶情绪，认为德国、苏联这些国家都是令人厌恶的国家。“人们没有忘记上一次战争所产生的两个影响：一是为美国参战感到不安，二是对威尔逊未能取得其崇高的和平目标而感到失望。这两者形成了卷入欧洲纠纷的特别阻力，使罗斯福在战备工作方面格外谨慎。从欧洲宣战到美国参战这段时间，美国战备的目的性更加明确，也不太需要像1914—1917年那样大搞战备宣传。但在珍珠港事件之前，战备工作收效甚微。”② 美国国会对总统在外交事务上权力不断扩大也存在着警惕，担心罗斯福会导致美国卷入战争，因

① 【美】米尔奇·尼尔森等：《美国总统制（起源与发展1776—2007）》，第303页。
② 【美】拉塞尔·韦格利：《美国陆军史》，第442页。

此拒绝对美国的对外政策进行重大修改，美国仍然受到1937年中立法的束缚。

但是，德国赤裸裸地入侵波兰对于美国的震动比之前意大利入侵埃塞俄比亚、日本入侵中国还要大得多，因为美国主要是一个以欧洲移民为主的国家，当欧洲主要国家卷入战争，不能不引起美国人的关注。1939年9月3日，英、法对德宣战后，罗斯福在当晚一次著名的炉边谈话中说："我国仍然是中立国，但我不能要求每一个美国人在思想上也是中立的。"[①] 9月5日，罗斯福宣布实施中立法，禁止向交战国输出军火武器。8日，他宣布全国处于有限紧急状态。

然而，美国和西半球的安全不能仅仅依靠政策声明，也有赖于英法两国的继续存在，这是当时美国联邦政府一项公认的战略原则。因此，在1939年7月18日参院拒绝修改中立法后，罗斯福一直没有停止争取修改中立法以援助英法的活动。欧战爆发后，美国舆论大都反对纳粹而同情英法，国会对修改中立法的情绪也起了巨大变化。"尽管赞成直接军事干预的人仍在少数，但公众们都清楚地认识到：如果德国击败英国，美国的安全与利益就会受到威胁，德国届时会进攻苏联或南美洲，而不管哪种结果最终都将把威胁带进美国本土。获胜的德国海军会中断美国的对外贸易，最根本的，一个专制的欧洲（和南美）会危及其余的民主国家并最终危及美国的民主。紧随之后，如果日本正式与德国结盟，整个威胁将会变得更为可怕。"[②]

罗斯福趁机要求国会取消中立法中规定的武器禁运作为使美国不介入战争的最好方法，并且积极争取共和党的合作。他说服来自堪萨斯州思波里亚的共和党艾伦·怀特组成一个"通过修改中立法争取和平非党派委员会。参议员博拉、克拉克、奈、范登堡以及库格林神父和查尔斯·林白上校等孤立主义者，掀起了一场全国性的反对修改中立法的攻势"。"仅在3天之内，就有100万份电报和信

① 【美】托马斯·G. 帕特森：《美国外交政策》，第524页。
② 同上。

件涌向国会，有些参议员一天就收到4000份。据说，共和党全国委员会准备散布流言：如果对总统不加限制，他将把美国推入战争。9月份前3周民意测验也表明，尽管有80%以上的公众同情交战中的盟国，有50%—60%公众一贯赞成援助英法，但这第二部分人中的大多数明确表示希望美国避免参战。”[①] 为了打消美国民众的怀疑和忧虑，罗斯福把两党合作和决心使国家避免战争定为争取修改中立法的基调。为此，罗斯福和他的助手们在国会内外进行了一系列艰苦而小心翼翼的活动，“他们一起向公众反复说明，现行中立法帮助了侵略者，并使美国易于卷入战争；而修改中立法，撤销武器军火禁运，才能帮助英法顶住纳粹侵略，并使美国避免卷入战争。同时，帮助英法还可以扩大就业，加强国防，增加黄金库存，也就是帮助了自己”。[②] 在罗斯福耐心和富有政治技巧的努力下，美国南部民主党保守派确信修改中立法不会导致扩大总统的权力，决定大力支持罗斯福总统。美国国会参众两院分别以63对30票和243对181票批准修改中立法，撤销武器军火禁运条款，实行现购自运原则，并禁止美国船只与交战国贸易、美国人乘交战国船只旅行。11月4日，罗斯福签署了新中立法，新中立法显然完全有利于拥有海上优势的英国和法国。

与此同时，罗斯福总统作为美军总司令也开始强化美国的军事力量。由于长时间疏于军备建设，在面临愈来愈紧迫的国家安全危机的时候，美国联邦政府无法有效利用军事资源。就陆军而言，当时能投入战斗的仅有5个师8万人，军械不足装备50万人的作战部队。就空军而言，只有160架驱逐机和52架重轰炸机，比美国国防基本需要还少83架。“美国陆军一直到1940年4月才进行了自1918年以来的第一次全面军事演习，5月进行了军事对抗演习，并首次根据早些时候获悉的德国作战方法，进行了新式武器和战术的试验。”美国海军的情形也不十分令人满意，虽然罗斯福上台之后，通

① 【美】罗伯特·达莱克：《罗斯福与美国对外政策（上）》，第290页。

② 刘绪贻、李存熏：《美国通史·第五卷》，第320—321页。

过国家工业复兴法案拨出2.38亿美元用于作为海军战舰的建设费。“第二年又制定了一个长远的海军建设规划，发起人是众议院海军事务委员会主席卡尔·文森，这个法案作为文森—特拉梅尔法案正式通过。它要求到1942年为止，海军新造舰船不少于102艘。”但是美国海军的建设步伐比不上日本海军。“文森—特拉梅尔法案的指标就是要使美国海军发展到裁军协定所许可的水平。”①

在二战爆发后一周，1939年9月8日，罗斯福总统宣布国家进入有限的紧急状态。“总统在同一个命令中为正规陆军增加1.7万人，达到22.7万人，并批准国民警卫队增加到23.5万人。命令还同意通过安排后备军官服现役，扩大军官人数。1940年初，罗斯福同意向国会提交8.53亿美元的陆军预算。这个数额是20世纪30年代中期陆军预算的两倍多，比已经增加的1940财年预算还多2亿美元。”② 但是，众议院通过的预算比总统提出的要少9.5%。而就在参议院审议预算之前，1940年4月9日，德国开始向西欧和北欧发动全面进攻。在此情形之下，美国国会迅速转变姿态。“参议院拨款委员会敦促罗斯福总统对防务问题做出新的估计。罗斯福为此亲自出席了国会的会议，要求补充拨款7.32亿美元。这个数额可以把正规陆军的人数提高到25.5万人，并购买75.6万人的预防性动员部队的装备。参议院又进一步提出把正规陆军增加到和平时期28万人满员额的议案，众议院迅速表示同意。在议案提交罗斯福之前，国会举行了听证会，听取马歇尔将军的进一步要求。马歇尔新提出建立33.5万人正规军的要求，而国会则投票批准37.5万人。同时还把整个陆军部的拨款提高到近30亿美元，其中大量资金用于紧急订货和制造新的设备，以扩大军工生产的工业力量。”③ 并建议每年至少生产5万架飞机，建设一支拥有5万架飞机的空军。

① 【美】内森·米勒：《美国海军史》，第236页。

② 【美】拉塞尔·韦格利：《美国海军史》，第443页。

③ 同上书，第444页。

在加紧军备建设的同时，罗斯福也开始有条不紊地进行战时内阁的准备并加强对国内意识形态的控制。1940年6月19日，总统邀请共和党人主张扩军备战以反对法西斯侵略的亨利·史汀生和弗兰克·诺克斯分别担任陆军和海军部长，以代替内阁中两个强硬的孤立主义分子哈里·伍德林和查尔斯·爱迪生，从而加强两党合作以巩固国防和援英活动。为了对付法西斯的间谍活动，在罗斯福的要求下，国会通过了《史密斯法》，规定任何团体在美国提倡或教导用暴力推翻政府是非法的；任何人参加这种团体是违法的。

1940年初，美国陆军部做了一个未来战时兵力评估，预计到1942年4月1日需要有400万陆军。[①] 因此必须实行征兵制。当时罗斯福对实行征兵制的要求顾虑重重，担心这时提出实行征兵制，会激怒孤立主义者和反对战备的势力，势必会遭到国会的强烈反对，从而会危及国会对总统所提出的各种要求给予的满足。而且1940年夏天他又正在谋求第三任总统的连任，这是一件非常困难的事情。罗斯福依靠高超的政治手腕完成了这件事情。因为在这件事情上，罗斯福认识到如果有行政部门出面的话，可能效果就不太好，必须鼓励一些有影响的利益集团为他的目标进行院外活动。特别是在征兵制上，当时“民间军事训练营地协会”的领导人格伦维尔·克拉克建议，在民间发起一场新的要求备战的运动。陆军部 对“民间军事训练营地协会”的活动不予公开支持，然而私下里罗斯福却鼓励采取这一行动。罗斯福于5月对征兵的主要鼓吹者格伦维尔·克拉克说，他认为他们没有理由不敦促实行军训，促使他们直接找到国会，鼓动内布拉斯加州民主党人、参议员爱德华·伯克在参议院提出征兵制的提案，还鼓动纽约州共和党人、众议员詹姆斯·沃兹沃思在众议院也提出。结果，国会立即支持伯克和沃兹沃思的提案。罗期福向史汀生表明，他赞同征兵主张，并同意陆、海军联合提出一项“征兵法案”。“他批准让史汀生和马歇尔将军为支持义务军训向国会各委员会发表讲话，并在幕后进行活动，制止在民主党的演

① 【美】拉塞尔·韦格利：《美国海军史》，第444页。

讲中发表反对征兵的讲话。”[①] “行政部门的自我克制是十分明智的。如果陆军自己提出征兵制建议，会引起人们指责他们是军国主义，很可能带来不利的反应。”[②] 罗斯福巧妙地达到了自己的目的。

6月份的民意测验虽然表明，赞成征兵的公众从50%增至64%，而史汀生和军方首脑们也一致敦促采取行动，但是罗斯福认为，如果他率先行动，征兵法就会被国会搁置起来，而实际上孤立主义者也确实极力反对征兵主张，说这是有意要把美国的子弟投入外国的战争，是“把最后唯一尚存的伟大的民主政体置于死地”。[③] 虽然民意测验仍然表明，支持实行征兵制的人数不断增加，但罗期福却没再公开地进一步予以支持，因为征兵问题有可能被共和党总统候选人威尔基用来在竞选中对他进行攻击。直到8月下旬，当威尔基也表示支持征兵时，罗斯福才公开敦促通过一项征兵法案。“在8月27日至9月14日，国会以微弱的多数勉强地否决了一系列征兵议案的修正案后，以多数票批准授予总统有权下令国民警卫队在美洲担任战备勤务，同时通过了一项选征兵役制法案，规定凡是21—35岁的男子均在选征之列。”[④]

但是，美国国内的孤立主义情绪还是让罗斯福感到疲惫。罗斯福为维护国家安全所采取的各种行动都遭到反对，即使战争的危险迫在眉睫，一些国会议员仍然对政府加强军事力量的行为表示质疑。

1941年6月，罗斯福批准陆军提出的把新兵和国民警卫队的服役期延长一年以上的意见，目的是为了应付紧急情况以及取消征兵法中把在西半球服役的应征入伍人数的限额不得超过90万人的规定。但是这个决议在国会审议的时候没有得到通过，国会反对派指责这些提案违反规定新兵服役期仅仅一年的保证，并说这是把美国军队派往国外的前奏。当众议院的领袖们表示反对破坏有关征兵法

---

① 【美】罗伯特·达莱克：《罗斯福与美国对外政策（上）》，第359页。
② 【美】拉塞尔·韦格利：《美国陆军史》，第444页。
③ 【美】罗伯特·达莱克：《罗斯福与美国对外政策（上）》，第360页。
④ 同上。

的“诺言”，并说他们认为延长新兵的服役期是办不到的时候，罗斯福同意与国会领袖们磋商。一位国会的秘书说：“他在国会山 40 年从未见过如此害怕这一提案。”①

通过相互交易，总统赢得了延长服役期的承诺；作为交换，罗斯福答应亲自要求立法推迟授予他向本半球以外派兵的权力的提案。而且国会还要求罗斯福必须承担万一美国民众知晓这件事情之后的全部责任。罗斯福对国会在国家面临危险的情况下仍然拘泥于孤立主义情绪之中感到愤怒。“7 月 21 日，他致国会一件措词强烈的信，陈述了他的意见。在这封被史汀生称作‘极其出色’的信中，他警告人们不要犯‘悲剧性的错误’，以免‘瓦解’本来就是比较‘小的’美国军队。他解释说，这个国家已处于比征兵之初要‘大不知多少倍’的危机中，‘我们……不能把英国的安全作为代价来投机’。他最后说：从时间上看，不出两个月，美国军队就要开始瓦解，而这正是国会未能采取行动而发生的。因此…国会要负全部责任。”7 月 29 日的民意测验表明，全国只有 51％的人赞成把服役期延长到一年以上，于是，国会小心翼翼地同意总统的呼吁。参议院在投票时，21 人弃权，只有 45 人赞成把兵役期延长至一年半，而不是政府提出的要求一直服役到非常时期结束为止。众议院的形势甚至更令人不安，众议员们害怕选民的反应，使赞成票和反对票相等而无法通过。对此，罗斯福又亲自向国会议员们呼吁。他强调，如果美国有一支“大多数是新兵组成的软弱军队”，那么形势将更严重。他告诫说：“美洲各国未来的……防务可能取决于这次投票。这个问题实在严肃，不可轻率对待。”尽管总统不断警告，但 8 月 12 日，服役期延长到一年半的法案在众议院以 203 票对 202 票、仅一票之差得到通过。②

国会的行动表明，“国会和全国人民对参战问题是何等分歧和抵触。尽管总统毫不含糊地呼吁立即采取行动，但国会只是七折八扣

---

① 【美】罗伯特·达莱克：《罗斯福与美国对外政策（上）》，第 405 页。

② 同上。

地通过政府所提出的要求，这种结果无疑使罗斯福越发相信，向国会提出更强硬措施的提案将注定要失败”。①

三、中立期间的美国对外政策

1. 美国对欧政策

欧战爆发以后，罗斯福曾经尝试调停欧战，虽然他对此并不抱有很大期望，但他希望起码能推迟德国的春季攻势，从而使盟国有机会加强防御，然而美国的调停遭到了失败。

当美国发现欧洲的局势以难以想象的速度恶化的时候，罗斯福立即采取有力行动来减少德国可能获得的收益，并尽力加强反法西斯国家的力量。德军占领丹麦后，罗斯福立即冻结丹麦在美资产2.67亿美元，使其不致落入德国手中，并由副国务卿伯利与丹麦驻美公使秘密合作，筹划丹麦的继续生存。

当6月5日德集中攻法后，法国总理保罗·雷诺一再向罗斯福发来紧急呼吁，要求美国发表在必要时参战的声明，以免法国停止战斗，以及法国舰队落入希特勒之手。罗斯福认为国会和公众不允许他作这样的声明，为了竞选胜利，他不能发表必要时参战的声明。只答应“决心提供一切可能的物质援助”，“罗斯福在6月5—7日悄悄批准向法出售并迅速交付50架海军航空兵的旧俯冲轰炸机和93架老式战斗机”。② 随着同盟国欧战战事的日益恶化，美国加大了对英国的军事援助，5月22日，“罗斯福尽管知道第一次世界大战使用的武器，都是现在美军进行训练所需，仍将之宣布为剩余武器，以便根据中立法规定移交私营公司转卖给英国”。③

进入7月之后，英国财政面临崩溃危险。罗斯福在8月2日内

---

① 【美】罗伯特·达莱克：《罗斯福与美国对外政策（上）》，第405页。

② 刘绪贻、李存熏：《美国通史·第五卷》，第326—327页。

③ 同上。

阁会议上表示赞成以租借英国西半球基地为条件而出让这些驱逐舰。罗斯福有意把驱逐舰交易作为行政性协定而不是条约来谈判，以避免国会的仔细审查。当时美国政府司法部长为罗斯福的行为辩护说：这是作为总司令的总统的合法权限。“罗斯福总统的行动得到以艾伦·怀特为首的规模较大的‘援助盟国保卫美国委员会’的大力支持，希特勒对英国残酷空袭，美国公众对英国充满同情，后来任兵役局局长的刘易斯·赫尔希说：“希特勒每轰炸伦敦一次，我们就会多得到几张选票。”①

英美于9月2日正式签订协定：美国将50艘驱逐舰交给英国，英国则正式保证决不放弃它的舰队，并将纽芬兰、百慕大和加勒比海地区英国领土上的海空军基地租给美国99年。这项协议得到美国公众的普遍拥护，他们相信国家因转让旧驱逐舰而得到了极大的利益。“然而，罗斯福所关注的倒不是协议本身的好处如何，而是这一协议是在未经国会批准的情况下秘密签订的。不出他所料，一些批评他的人抱怨说，他‘采取了战争行动’，变成了‘美国第一个独裁者’。出乎意料的是，国会并没有为此而大喊大叫，只不过发了一些牢骚。这笔交易对他再次竞选总统根本没有构成什么威胁。”② 这个协定是美国参战前的重要一步。“依靠人们对总统外交政策权威的广泛理解，并且得到最高法院的支持。它标志着美国摆脱了官方的中立政策。”③

但是到了11月底，事态清楚地表明，英国的财政已经破产。12月9日，丘吉尔来信表示，除非美国联邦政府能设法向伦敦提供购买战争物资的资金，否则英国无钱购买美国的军用物资。但是美国的约翰逊法和中立法规定禁止向交战国贷款，交战国购买军需品必须交付现金。但是“罗斯福不愿意为直接废除或修正这些法案而斗

① 【美】托马斯·G. 帕特森：《美国外交政策》，第527页。

② 【美】米尔奇·尼尔森等：《美国总统制（起源与发展1776—2007）》，第301页。

③ 同上。

争，这种努力看来肯定会激起人们对英国的敌意，并加重人们对战争的忧惧，当初正是出于这种忧惧才通过了这些法案”。①

罗斯福用丰富的政治想象力制订出租借法案这个设想，其用意是避免直接贷款，或者避免使用美元记帐。12 月 17 日，罗斯福在记者招待会上说：“达成某种协议，使英国人在有利于英国防务的基础上使用他们所需要的东西，并达成如下谅解，战后我们照样拿回这些东西，这就避免了使用美元标准而代以归还实物的君子协定。”②为了有效说明他的意图，他向记者们讲了一个故事，内容是一个人先不收钱将他花园的浇水管借给邻居，帮助邻居扑灭火灾，等邻居将火扑灭以后再将浇水管还给他。1941 年 1 月 10 日，罗斯福总统向国会提出了财政部起草的租借法案，虽经国会孤立派和最强有力的孤立主义组织——美国第一委员会——强烈反对，国会还是通过了该法案。作为条件，罗斯福也同意对该法案加以修正以保证国会通过，主要是加了几条对总统缔结租借协议权限的限制。罗斯福于 3 月 11 日签署该法案，并立即请求国会拨款 70 亿美元，作为生产与输出租借物资之用，也得到国会同意。到战争结束时，美国在租借法案上花费了 500 多亿美元。参议员范登堡大叫：“我们破坏了 150 年的美国外交政策传统，我们抛弃了华盛顿的告别词。”③

历史学家大卫·肯尼迪认为，在“租借法”通过之前，“美国人最多就是对那些没有参加战争的民主国家提供援助”，而现在，罗斯福“渐渐地使他们进一步承担起援助民主国家的义务，甚至冒着卷入战争的危险”。④ 1941 年 4 月公开宣布美国舰艇将监视德国战舰的活动。同月，美国军队占领了格陵兰岛。1941 年 5 月中旬，罗斯福下令将 1/4 的太平洋舰队调到大西洋，还指令海军参谋长制定一项占领亚速尔群岛的计划。

① 【美】罗伯特·达莱克：《罗斯福与美国对外政策（上）》，第 366—367 页。
② 同上书，第 368 页。
③ 【美】托马斯·G. 帕特森：《美国外交政策》，第 529 页。
④ 【美】米尔奇·尼尔森等：《美国总统制（起源与发展 1776—2007）》，第 301 页。

6月5日他派兵占领了冰岛。然而，6月11日在大西洋南部的非交战区内，美国货轮“卢赛·穆尔”号被德国潜艇无故击沉，罗斯福只冻结了德、意及其统治下国家的财产，命令所有德国领事馆人员离开美国，却并未断绝与这些国家的外交关系，也未支持霍普金斯开始正式护航的意见。

罗斯福作出这种温和的反应，主要还是因为他不愿把战争强加于公众，一直到7月7日，因为德国1941年6月发动对苏联的进攻，罗斯福确信美国国会的态度会发生根本性的变化，才通知国会他已派兵去冰岛防御德国的攻击，因为德国的进攻可能威胁格陵兰、北美洲的北部以及北大西洋的所有运输船只。正如罗斯福所料，他的行动得到了国会和全国的有力支持。例如，全国民意测验显示，61%的人支持这一行动，只有20%的人明确反对。

2. 美国对拉美的政策

因为地缘政治的缘故，美国对拉美的政策较之其他地区是明显不同的。不仅在于美国在该地区处于绝对的优势地位，而且该地区涉及到美国的国家安全。因此，欧战爆发之后，美国联邦行政部门对拉美地区采取的各种措施都得到了国会的大力支持。

根据布宜诺斯艾利斯条约和利马协议，当本半球的和平一旦受到成胁，各国将进行磋商。罗斯福筹备在巴拿马召开美洲国家会议，目的是制定共同的中立方案和措施，以应付欧洲战争将给美洲国家带来的金融和商务问题。罗斯福热切希望会议划出环绕西半球的海洋中立区，该区域将禁止交战国军舰驶入。从而有效保护美国的安全。1939年9月，美国召集21个拉美国家在巴拿马城召开会议，谋求西半球的中立。通过了罗斯福有关“中立区”的建议。“在加拿大以南大西洋沿岸周围300英里至1000英里的区域内，不许有任何非美洲的交战国的任何敌对行动”，以此作为一项“大陆自卫措施”和保持中立的“固有权利”。“虽然没有规定以武装力量做为宣言的后盾，但拉丁美洲诸国同意彼此协作在该区域进行巡逻，并要求各交战国尊重中立区。”①

“1940年夏季，罗斯福最为关注的问题莫过于纳粹对拉丁美洲的威胁。……迄5月末，罗斯福得出结论：如果纳粹继续获胜，柏林将试图推翻目前拉丁美洲各国政府，并把荷兰和法国在西半球的属地置于自己的控制之下。”②

为此罗斯福采取一系列的行动来加强美国和美洲地区各国的军事合作。5月，罗斯福批准邀请美洲各国派出军官同美国军官举行秘密军事会议的建议；同月，为防止欧洲国家的美洲属地落入德国之手，罗斯福命令军事首脑制定一项占领那些可能被德国宣布为战利品的属地计划。当时，罗斯福发现举国一致赞同抵制德国控制荷兰、法国和英国在美洲大陆的属地，在这一点上国会比罗斯福政府还要热心。“国会的领袖们敦促政府用黄金和用对方拖欠未还的债务抵帐的办法购买欧洲国家在美洲的基地，而罗斯福和国务院却反对公然占有这些地方，他们担心这样做会断送睦邻政策，并给日本夺取欧洲在太平洋的战地提供口实。但是，为了防止这些非美洲国家的领地落入德国之手，他们采取了其他步骤。6月，政府在国会的大力支持下发表声明，反对欧洲国家之间转让对美洲殖民地的控制权。美国政府向柏林表明了自己的立场，并决定在哈瓦那召开泛美会议，以争取美洲国家的支持。……会议声明反对直接或间接地进行旨在改变欧洲国家在美洲殖民地宗主权的活动，并同意这些受到威胁的属地能够实现独立或将它们交还原宗主国之前，由美洲诸国实行托管。”③

与举国一致赞同抵制德国控制荷兰、法国和英国在美洲大陆的属地相比，美国国会与公众反对为拉丁美洲的经济进行谋划，两者形成了鲜明的对照。“在正常的情况下，欧洲市场可吸收拉丁美洲半数以上的出口物资。由于战争时期欧洲市场缩小了，南美各国遂出

① 【美】罗伯特·达莱克：《罗斯福与美国对外政策（上）》，第296页。
② 同上书，第339页。
③ 同上书，第340页。

现大量的食品过剩，并导致了与30年代初类似的经济困难。除非美国为这些商品提供市场，否则拉丁美洲各共和国就不得不同希特勒做交易，而希特勒看来越来越有能力恢复他们已失去的同欧洲的贸易。美国政府找不到解决这一问题的现成办法，便建议成立一个半球性的组织，对主要产品的生产进行控制并安排销售。但是，由于美国也有和拉丁美洲同样的过剩物资，这一建议在国内引起了强烈的反对。”① 金融界、农业界和商业界的领导人一致向罗斯福提出了警告，他们认为：“这样做将付出几十亿美元的代价，造成供过于求的竞争性商品的积累，还会把对农业生产的控制扩大到所有的拉丁美洲国家。”② 罗斯福只能寻求通过常规的办法向拉美地区提供帮助。7月，他要求国会给进出口银行增加5亿美元资本，并取消对其业务活动的某些限制，主要为管理和有顺序地销售拉美国家的部分过剩产品提供资金。这是符合工商业利益集团利益的。

虽然后来各种事实证明，希特勒从未制定过发动美洲战争的详细计划，但是对于美国来说美洲是美国的核心利益地区，这个地区的安危对于美国的国家利益是至关重要的，绝对不允许其他国家染指该地区，这是美国的战略高压线。美国联邦政府和美国民众在这个问题上有着高度的共识。

3. 美国对亚太地区的政策

罗斯福在致力于西半球防务的同时，还为了避免爆发太平洋战争而尽力遏制日本。“美国驻东京大使约瑟夫·格鲁在得到罗斯福的明确同意后，在东京举行的一次美日社交午餐会上发表谈话，他直截了当地表明：美国舆论对日本在中国的所作所为十分不满，并一致主张对进一步危害美国权利的行为进行经济报复。”③ 不过，由于欧洲形势紧张，美国当时对日采取的是一种拖延的、态度模糊的政

① 【美】罗伯特·达莱克：《罗斯福与美国对外政策（上）》，第341页。
② 同上。
③ 同上书，第343页。

策。美国没有足够的海军力量和日本抗衡，一直到1940年，美国除了航空母舰的数量多于日本以外，其他的种类的军舰数量均少于日本。罗斯福说："我确实没有足够的海军到处使用——在太平洋上发生的每一个小插曲都意味着减少大西洋上的军舰。"[①] 同时美国对日本的巨大出口也感到犹豫。"迟至1940年美国对中国的出口是7800万美元，而对日出口达2.27万美元。"[②] 因此，罗斯福虽然反对对日本采取任何绥靖方针，但还是希望避免对抗。因此，他一面接受了赫尔提出的在1940年1月26日日美商约到期时，美国既不续约也不订新约，但允许像条约有效时那样与日本进行贸易商约的建议。一面又让赫尔告诉日本人，"不予制裁仅仅是个暂时措施，只要还存在合情合理地达成某种协议的可能性，这种措施就可以持续下去，而一旦这种可能性消失，赫尔必须向日本人说明———总统就要限制与日本的贸易。[③]

罗期福对日本的政策与对德国的政策大致相似，都陷入到一种困境之中。罗斯福认为，采取强硬措施会引起危机，而采取绥靖政策又会怂恿对方进一步提出新的要求，因而只能采取一种中间立场。

所以当蒋介石提出和美国结盟的要求时，罗斯福毫不犹豫地拒绝了，美国国内的政治气氛和权力关系不允许美国走出这一步。但罗斯福同情中国的情况，特别是日本于1940年3月在南京炮制一个鼓吹与日本合作的汪精卫伪政权之后，罗斯福认为这是对美国门户开放政策肆无忌惮的挑衅，美国可以动用的各种资源虽然不多，但是仍然可以给日本以教训。"11月30日，在东京承认南京政府的同一天，罗斯福宣布给中国期待中的1亿美元贷款，赫尔表示，美国继续承认"合法的按照宪法程序产生的重庆政府。"[④]

从1940年末到1941年上半年，日美双方都已清楚，彼此的矛

① 【美】托马斯·G. 帕特森：《美国外交政策》，第533页。

② 同上。

③ 【美】罗伯特·达莱克：《罗斯福与美国对外政策（上）》，第345页。

④ 同上书，第396页。

盾只有通过战争才能解决。1940年11月下旬，罗斯福对英国建议，派遣部分美国舰队去新加坡，“并且同意不准日本购买超过战前每年购买的钢铁产品的数量。12月，驻菲律宾高级专员弗朗西斯·B.塞尔警告说，对日开战就会分散对英国的援助，罗斯福回答说，如果英国要生存下去，美国对英国的援助部分地需用于保卫它赖以得到物资的太平洋领地，并暗示英国已准备采取强硬行动，甚至不惜在太平洋打仗”。[①] 日本上层在1941年7月2日作出“南进”的决定，这意味着哪怕同英美进行战争。但是在最后的时刻到来之前，日本还是希望能够做更充分的准备。因此，就出现了双方以争取时间为目的的秘密谈判。但是随着美国开始进入战时经济，美国的武力有了显著发展，美国可以支配的资源越来越多，因此美国的总体态度是越来越强硬。1941年4月，赫尔明确告诉日本大使野村，任何日美协定必须满足四项基本原则：尊重所有国家的领土完整和主权；不干涉别国内政；尊重贸易机会均等，即门户开放；只支持和平地改变太平洋现状。7月，罗斯福认为谈判和绥靖几乎不能制止日本，他签署了一项行政命令，冻结日本在美国的全部资金，主张采取强硬路线的官员们认为这项命令实际上意味着停止同日本的一切贸易——包括石油。因此，按照乔纳森·厄特利的说法，华盛顿和东京驶向“互相撞车的路线，即使非常灵活的政治家也难以避免”。[②] 8月，美国开始对日本全面禁运。

日本面对美国要求它放弃通过侵略所获得一切权益时，双方的矛盾已不可调和，只能选择孤注一掷偷袭珍珠港。“人们在军事史上再也找不到对侵略者更致命的作战行动了。当罗斯福称这一天为‘永远感到耻辱的日子’而要求宣战时，国会在12月8日的反应是参议院一致投票赞成，众议院仅1票反对。珍珠港事件“对任何现实主义者来说，孤立主义已经结束。12月8日，美国向日本宣战。

① 【美】罗伯特·达莱克：《罗斯福与美国对外政策（上）》，第391页。

② 【美】托马斯·G.帕特森：《美国外交政策》，第536页。

11日，德意向美国宣战。同日下午，美国向德意宣战”。[①]

虽然对珍珠港的突然袭击使罗斯福深感悲伤，但它又使罗斯福如释重负。据霍普金斯说，总统认为要和平还是要战争，已经“完全不由他来作主了，因为日本人已替他作了决定”。他一直以为日本人会尽力避免同美国打仗，而只对其他太平洋国家采取行动，这就给他留下一个“保卫我们利益的非常难办的问题……。所以，日本采用的方法使他如释重负。尽管珍珠港发生了不幸的灾难……，但这一事件把美国人完全团结起来，从而使对日战争成为必然”。埃莉诺·罗斯福后来在谈到她丈夫时说，那天“富兰克林显得在过去很长一段时间所没有过的宁静沉着”。[②]

四、美国的世界蓝图

在美国宣战之后，美国对自己必将获得最终的胜利毫不怀疑，因为美国拥有远远胜于其他国家的工业能力。问题是在这场战争结束以后，美国需要达到的目标是什么？怎样达到这个目标？在参战之前罗斯福就已经在考虑这个问题了。

美国的战时目标是，彻底消灭法西斯政权，并使其不再有发动战争的可能。1942年1月1日由美国领衔发表了《联合国家声明》，表示“对于美利坚合众国总统和大不列颠及北爱尔兰联合王国首相于1941年8月14日发表的联合声明、即众所周知的《大西洋宪章》所体现的宗旨及原则的共同纲领业已表示赞同；深信完全战胜它们的敌国，对于保卫生命、自由、独立和宗教自由，以及对于维护本国和其他国家的人权和正义是非常重要的；同时，它们现在正对力图征服世界的野蛮和残暴的势力进行共同的斗争”。[③] 以及在战后对它进行美国模式改造。“美国的战略聚焦于遏制日本在东亚扩张和阻

① 【美】罗伯特·达莱克：《罗斯福与美国对外政策（上）》，第447页。
② 同上。
③ 同上书，第462页。

止德国称霸欧洲。正如罗斯福在卡萨布兰卡不经意地说得那样，一旦战争开始，美国的目标就成了轴心国的‘无条件投降’。然而不久就变得显而易见的是：美国追求的不是毁灭其敌手，而是按照自己的面貌改造它们。正如麦克阿瑟在日本投降时所言：‘我们，无论胜利者或失败者，都要升华到一种更崇高的境界，只有它才适合我们准备为之效劳的神圣目的。’这直接指向了随后而来的重建和复兴。”[①] 战后，“麦克阿瑟将军对日本的重建基本上就是在刺刀的威逼下实施教会项目。传统统治者在神灵面前低头让步，宗教自由得以建立，封建主义被废除，土地分给了农民，妇女得到了解放，西方民主政体被引入，出版自由得以推广，工会被合法化，战争被视为非法。尽管许多争议伴随而来，但这项外交政策事业一般被认为是美国历史上最重要、最成功的一项创造”。[②]

美国的战后目标是成为战后领导世界的主要国家。其实在 1941 年的 8 月，美英首脑会谈所确定的关于战争目标的八点声明——《大西洋宪章》。已经将美国人的利益诉求表达得淋漓尽致，虽然用词显得十分含糊，而且多少需要照顾到英国人的脸面，但是美国的抱负已充分表达出来了。不是仅仅重申威尔逊的集体安全、民族自决、航海自由和自由贸易等老原则，而是清楚地表达美国在战后世界的主导权，“全球战争的考验给美国外交带来了新的权力和信心”。《大西洋宪章》反映了一种按照美国的设想塑造战后世界的承诺。正如亨利·卢斯 1941 年在他的畅销书《美国世纪》中所说的，美国必须“为了我们认为合适的目的，并采取我们认为合适的手段，对世界发挥我们的全部影响”。[③]

二战期间，罗斯福在谈到美国这场战争的目的时说：“我们作为一个成熟的国家，我们的意愿不能再次被阻挠，我们不能遭遇永无

---

① 威廉森·默里、阿尔文·伯恩斯坦、麦各雷戈·诺克斯主编：《缔造战略：统治者、国家与战争》（时殷弘等译），世界知识出版社 2005 年版，第 105 页。

② 沃尔特·拉塞尔·米德：《美国外交政策及其如何影响了世界》，中信出版社、辽宁教育出版社 2004 年版，第 159 页。

③ 【美】托马斯·G. 帕特森：《美国外交政策》，第 541 页。

止境的恐惧。我们正在遇到一个无限的境界，我们将担负起我们全部的责任，使用我们全部的力量，并且把我们全部的帮助和鼓舞带给所有渴望和平和自由的人们。”①

现代科技已经使美国长期以来所享有的地缘政治优势消失了，因此，美国不能再孤芳自赏，只有成为世界的领导者，美国的安全才能得到维护，美国以天下为己任的理想才能实现。

接下来的问题在于如何有效实现美国的目标。罗斯福的想法是和其他大国取得谅解，美国将考虑其他大国的利益，但必须是在美国的利益得到保障的前提之下。二战期间的 18 次重要国际会议，罗斯福亲自参加的就有 10 次，通过诸多首脑会谈以及在一系列的制度性安排中，罗斯福逐步将他的这一蓝图加以实现。

1942 年 3 月，当苏联外交部长莫洛托夫在华盛顿拜会罗斯福时，罗斯福第一次提出四大国维持世界和平的建议。他认为战后美苏英中四大国可以发挥“警察”作用以确保全球安全。“如果四大警察能够合作管辖世界，那么其他小国将不必维持大量的军事力量以防止德国或日本的复活。总统似乎还希望如果这样的大国合作得以维持，苏联和英国也都无需拥有殖民地或势力范围。实际上，他认为在殖民地和附属国人民准备自己的最终自由时，四大国还可以充当他们的‘托管人’。”②

之后，在多个国际会议上，美国将这一意愿加以陈述。例如在开罗会议以及之前的莫斯科外长会议上，罗斯福极力支持中国成为四大国之一。“罗斯福希望满足中国的领土目的并保证它战后的安全和国际影响，但这种心愿并非出于对中国的情感上的关怀，他的主要目标是维护美国在太平洋和全世界的战时和战后利益。他希望获得中国的支持来对付太平洋其他国家，即英国、苏联以及最后还有

① John Fousek：To Lead The Free World，American Nationalism and the Cultural Roots of the Cold War，Chapel Hill and London：The University of North Carolina Press，1999，p. 43.

② 【美】孔华润主编：《剑桥美国对外关系史（下）》，第 181 页。

东山再起的日本。在战争期间和战后不久，他指望中国在美国可能就太平洋问题同英国和苏联发生政治性争执时给予支持。罗期福也需要有一个稳定的、合作的中国，帮助他对那些由于战争而同其宗主国分离的殖民地和托管地建立一种战后的国际托管制；根据这项计划，联合国的三四个成员国将分别对于所隶属的地区民族负有责任，直到他们准备自治为止。”[①] 在德黑兰会议上，罗斯福极力说服斯大林接受美国的蓝图，罗斯福提出了建立一个以联合国家为基础的战后维护和平机构的问题。他所形容的三部分“世界性”组织包括：一个由35—40个会员国组成的组织将定期在各地召开会议以制订各项建议；一个包括四大国在内的十国执行委员会将处理一切非军事性问题；第三组是“四国警察”组，它“将有权直接处理对和平的任何威胁”，或任何需要采取行动的突然出现的紧急状况”。[②] 虽然斯大林像丘吉尔一样，不喜欢建立一个世界性组织的想法，喜欢划分势力范围，但是斯大林还是接受了罗斯福总统的关于建立“世界性的而不是区域性的”世界组织的想法，因为苏联需要美国的援助。

1944年10月，在华盛顿的敦巴顿橡树园，“来自美国、苏联、英国和中国的代表们正式为战后国际机构创立了一个基础，其指导思想并非新颖，但他们现在已经准备为这样的一个机构起草具体的章程，它将被称为联合国（the United Nations），显示了他们决心将战时合作继续维持到战后时代。代表们还知道联合国要远比国联有效，会议提出的设立一个四大国作为常任成员的安全理事会，反映了被其他三个政府所同意的罗斯福长期以来的大国合作观念。然而，苏联坚持在安全理事会采取任何行动之前需要四大国的完全一致，美国反对给予任何常任成员国的一揽子性的否决权，与会国当时未能解决这一分歧。尽管如此，敦巴顿橡胶园仍然是标志着战后世界

① 【美】罗伯特·达莱克：《罗斯福与美国对外政策（上）》，第611页。

② 同上书，第618页。

组织已经确有雏形的里程碑”.[①]

除了筹建联合国，1944年7月，44个成员国在美国的主导下在新罕布什尔州的布雷顿森林召开会议，讨论战后世界经济格局。“布雷顿森林体系”是美国为了重建被大萧条和各国自给自足政策所摧毁国际经济秩序、保障战后的世界经济发展和美国处于领导地位所做的制度安排。

“布雷顿森林体系”规定各国货币汇率采用双挂钩原则：（1）美元与黄金挂钩，即美国政府维持每盎司黄金等于35美元的官价，并承担各国政府或中央银行按照黄金官价用美元兑换黄金的义务；（2）各国只能在法定汇率上下各1%的范围内波动，各国政府有义务干预外汇市场以保持汇率的稳定，不得轻易调动汇率；汇价变动超过10%，必须获得国际货币基金组织（TMF）80%以上的票权同意。美元由此成为国际支付手段和储备货币，拥有了干预其他国家经济政策的合法依据。国际货币基金组织的资本总额为88亿美元，美国认缴的份额为27.5亿美元，拥有投票权的27%。《国际货币基金组织协定》规定，在确定股份分配、特别提款权分配、贷款利率及其确定、汇率制度安排、基金黄金储备的处置等18项最重要的事务上要求85%以上的有效多数投票通过，在这实际上赋予美国以否决权。[②]布雷顿森林体系还通过了建立世界银行和关贸总协定（GATT）等重要国际金融贸易机构的办法，世界银行的决策程序与国际货币基金组织相同，美国在世界银行100亿美元原始股金中认缴了32亿美元，因而也同时拥有了对世界银行的否决权。按照常规，世界银行行长由美国总统提名担任，从而赋予了美国在世界银行日常运作中的主导地位。“美国控制着世界银行贷款的提供与获得，这是美国对国际货币体系发挥主导性影响的原因所在。”[③]

① 【美】孔华润主编：《剑桥美国对外关系史（下）》，第181页。

② 邹加怡：“关于布雷顿森林机构改革的几点观察”，载《世界经济与政治》，2005年第2期，第31—36页。

③ Susan Strange，“The Persistent Myth of lost Hegemony”，International Organization，Vol. 41，Autumn 1987，pp. 551－574.

关贸总协定则是一个以互惠、平等竞争、减少关税和贸易壁垒为基本原则的制度安排，旨在使缔约国在相互关税减让中受益。美国是成立之初最大的出口国，因而控制了关贸总协定，其后的原则也主要体现着美国的利益诉求。

“显而易见的是，一旦它们建立，美国将被要求向之提供大量的启动资金。这显然也是从大萧条当中得到的一个教训，美国不再重拾经济民族主义，反而要成为经济国际主义的领头羊。”[①]

1945 年 2 月，在苏联克里米亚半岛上的雅尔塔举行的首脑会议为罗斯福世界蓝图的最终确立搭建起了舞台。盟国“三巨头”领导人约瑟夫·斯大林、温斯顿·丘吉尔和罗斯福参加了会议。罗斯福在雅尔塔的主要目标是在主要大国中建立某种合作的框架，而第一次世界大战结束后，战胜国所建立的那种框架是失败的。

为此，在雅尔塔会议上，罗斯福做出一系列的让步，目的只有一个，只要“让苏联和美国能够继续某种形式的合作，这些合作就有希望最终扩大到其他领域并使得苏联政策符合《大西洋宪章》的原则，那正是战时同盟的思想基础”。[②] 最终建立联合国以纲要的形式得到批准，“罗斯福特别注重的是管理这一新的国际组织的投票程序和成员规则。由于担心美国和英国会联合起来将苏联永久置于少数地位，斯大林坚持在联合国安全理事会拥有单个国家的否决权，该机构将承担维护国际和平的主要责任。罗斯福和丘吉尔对斯大林的要求做出了让步，保证任何主要大国在没有获得它同意的情况下，将不能对另一大国强行采取行动”。联合国协议是在有关东欧、特别是波兰前途问题上所进行的激烈争吵中出炉的，罗斯福对他的一名助手说道：“我没有说过这个结果是好的，我说过这是我所能做的最好的。”[③] 罗斯福清醒地认识到，“如果没有苏联的支持，当时美国充

---

① 【美】孔华润主编：《剑桥美国对外关系史（下）》，第 191 页。

② 同上书，第 193 页。

③ 【美】米尔奇·尼尔森等：《美国总统制（起源与发展 1776—2007）》，第 306 页。

其量也只能成为一个西方世界的领袖。正是为了获得这种支持，罗斯福不仅精心设计了似乎既能满足斯大林的欲望，又能符合美国利益的地区性安排，而且精心筹划了既能给予苏联大国地位、又能限制苏联从而保证美国领导的世界性机制”。[①] 所以“雅尔塔协议首先反映了罗斯福的主导世界、领导世界的世界主义。三大国达成的地区性安排确实使苏联在一些国家获得了某种特殊权益，但是，美国绝对没有承认东欧一些地区是苏联的势力范围。从总体上看，这些安排是美国早就在中国推行的‘门户开放’政策的扩大。……并且，雅尔塔协议中的全球性安排一旦得到有效执行，更会使美国成为世界理所当然的领袖”。[②]

五、第二次世界大战对美国的影响

1. 对美国联邦政府权力结构的影响

第二次世界大战是社会变革的催化剂，它永久性地加强了联邦政府和总统直辖机构的权力。政府在战争期间聘用的雇员和支出的经费比以往任何时候都要多。从 1940—1945 年，政府的文职雇员数量由 100 万增至 380 万人，支出从 90 亿美元上升到 984 亿美元。恢复和平后，政府虽然减少了运转经费，但仍然高于战前水平。战争也加快了行政权力的扩大和立法机构势力的相应削弱。国会授予总统以全面权力，总统反过来委任议员们为战时机构的行政官员。战争期间的重大决策通常由向总统负责的人员而非国会领袖做出。最高法院过去要仔细审查立法权限的委任，而战争期间甚至拒绝对这类案件进行复核。杜鲁门上任之后之开始改变罗斯福的主张，一个重要原因就在于杜鲁门对于美国可利用的的资源与实力有着更清晰

① 朱明权、俞沂暄：《“雅尔塔理想”、威尔逊主义和合作安全论——对美国安全战略的再思考》，载徐以骅主编：《世纪之交的国际关系》，上海远东出版社 2001 年版，第 137 页。

② 同上。

的认识。这个变化是在不知不觉中形成的，那就是联邦行政部门有了更多的信息、更多的资源也就有了更多的权力。例如军方的影响日益增长是战时的一个显著特征。“罗斯福带着他的参谋长们，而不是国务卿赫尔去参加各种战时会议，象征着军事决策主导外交政策已达到何种程度。罗斯福以履行总司令的职责为乐，他喜欢全神贯注于大战略，愿意与陆海军将领在一起，把联合参谋部作为战争的主要顾问，而把制订战后计划和与国会的联系留给国务院去办。赫尔常常要等到陆军部长史汀生告诉他，他才知道罗斯福作出了什么决定。办事的程序竟然变得如此混乱，以致 1944 年有一次国务院制订的一项占领德国的计划与总统几个月以前在德黑兰会议上作出的决定大相径庭。罗斯福没有把德黑兰发生的事件告诉赫尔，赫尔显然也从未问过。”[①] 这种情形永久地改变了美国外交决策的模式，战后美国军方介入到了美国外交决策的过程中去。

2. 对美国社会经济结构的影响

战争改造了美国人生活其中的经济格局，用于军事目的的巨额经费支出（战争高潮阶段达到每天 2.5 亿美元）极大地扩展了工业生产能力。制造业产量在战争时期增加了一倍，国民生产总值从 1939 年的 886 亿美元上升到 5 年后的 1987 亿美元。出现了一些新型工业部门，如合成橡胶与合成纤维品。但是，在最短时间获得最大产量的强烈愿望使得压倒多数的军事合同都授予了大公司，并促进了公司合并的趋势。全部军事合同的 2/3 交给了 100 家公司；近一半合同归 36 家巨型公司拥有。从 1941—1943 年，50 万家小公司消失。工人超过 1 万的公司雇用的制造业劳动力在 1939 年占 13%，而 1944 年则提高到 31%。

“由于军事合同乃由陆军和海军采购官员授予，公司与军队之间形成了紧密联系。公司经理与军官发现他们有许多共同利益，尤其是在 1944 年他们竟然联合起来反对一项打算尽快恢复民用生产的计

① 【美】托马斯·G. 帕特森：《美国外交政策》，第 540—541 页。

划。军方担心恢复民用生产将使人们误以为战争已经胜利而对军事生产造成不利影响，大军事承包商则担心没有得到军事订货的小竞争者将抢在他们之前生产消费品。军方与大公司利益的相互依存在查尔斯·E. 威尔逊手中得到加强，威尔逊是离开通用电气公司后到军事生产委员会担任高级职务的，他于1944年1月在陆军军械协会发表讲话，建议一种使公司与军队保持永久性联系的长期安排，这将使国家在任何未来紧急情况下有备无患。军工联合企业后来达到成熟，其发端却源于第二次世界大战。”①

3. 美国世界领导地位的确立

对于美国来说，战后的世界应该由美国来领导，绝对不能允许在其所谓的势力范围内有情况发生。所以杜鲁门不愿意像罗斯福那样对苏联做出让步，美国决心将自己的制度、价值观和生活方式推广到整个世界。这种信心实际上在美国使用原子弹时达到了高潮。“第二次世界大战结束后的世界是一个美国军事力量、经济资源与文化影响比以往任何时候都更加显现的世界。可以预见，它们将被用于塑造和平，如果不是这样，那一定是因为美国的权势与影响受到了挑战，这种挑战不仅仅是来自苏联及其他那些未来的军事超级大国，还来自那些想更好地利用新的经济机会和更全面地拥抱出现在地平线上的自由前景的国家和人们。正当美国走向全球化之时，世界也正在变得美国化了。”②

① 【美】沃尔特·拉菲伯、理查德·波伦堡、南希·沃格奇：《美国世纪——一个超级大国的崛起与兴盛》，第272—273页。

② 【美】孔华润主编：《剑桥美国对外关系史（下）》，第196页。

结　语

通过对1865—1945年这80年的美国历史包括经济史、政治史、外交史、军事史、法律史和思想史的史料梳理，我们完全可以得出这样一个答案：一个强化市场型政府的形成是美国成功崛起的关键所在。从这个观点出发，我们大致上可以解释清楚美国崛起过程中的几个疑问。

1. 为什么利益集团没有阻碍美国经济增长

利益集团的存在始终都是影响一个国家发展的重要障碍，因为利益集团的特点就是排他性，时间一长必然会变成一个分利集团。它们会阻碍技术及资源的合理流动，降低生产活动的报酬，从而提高了社会交易成本而降低了社会经济效益。由于分利集团有能力采取集体行动，因而它们只会关心自身的收入增加，而不会关心社会总产出的增加。因而它们会减少社会总收入。所以奥尔森教授在《国家兴衰探源》一书中认为：如果希望国家经济长期增长，那么最根本的一点在于不能让分利集团存在。因为分利集团的存在和活动会阻碍社会的经济增长，但同时他又指出在允许自由地建立各种组织而又长期没有动乱和外敌入侵的国家，最容易形成分利集团，因而对经济增长会产生严重的阻碍。根据这个假设，我们可以得出两个相反的结论，第一，美国经济之所以保持长期增长，在于美国国内的分利集团的力量不是那么强大，因此它们对经济增长的阻碍和危害并不严重。第二，在美国这样一个允许自由地建立各种组织而又长期没有动乱和入侵的国家，最容易形成分利集团，从而对经济增长产生严重的阻碍。这两个结论显然是相反的一个悖论。一方面我们从大量的资料中发现，在美国内战结束之后，美国利益集团确实如雨后春笋般兴起。而诸多利益集团特别是工商业利益集团运用各种手段为自己谋取私利是十分突出的。它们强大的集体行动能力能够促使美国联邦政府按照它们的利益和目标行动。例如美国的关税政策在绝大多数时候是有利于工商业利益集团的。产权制度的设计也经常是非中性的。最为明显的就是美国最高法院对美国宪法修正案的延伸解释，最高法院把修正案中的“任何人”解释为任何“法人”，从而使各个大公司可以以“法人”的身份行事，从而可以更有效地进行产权保护。另一方面，美国对工商业利益集团的偏爱没有阻碍美国经济的长期增长。换句话说，美国工商业利益集团力量十分强大，但是却没有变成分利集团，更多的表现为具有生产性的利益集团，因而没有对经济增长产生阻碍作用，反而起促进作用。

为什么会有这种情形发生？本文认为这其中最主要的原因是与联邦政府权力的兴起有关，由于利益集团之间的相互抗衡以及竞争机制促使国家制度的建设向着这样一个方向前进，即推动一个更加关注社会总产出的增加也就是共容利益的政府产生，即联邦政府日益向着一个强化市场型政府方向发展。例如在 20 世纪初面对社会各个利益集团的强大压力，美国联邦政府加强对铁路公司的管制。这是其职能扩大的一个表现。1906 年美国国会通过《赫伯恩法》。较为彻底地修改了 1887 年颁布的州际贸易法。“到 1910 年国家对铁路的管制已经确立起来了，铁路业很快就成为全国被政府管制得最彻底的产业部门之一。”[①]“历史学家约翰·莫顿勃鲁姆指出，自由定价是自由企业最古老的原则，是最受珍视的私有管理特权，赫伯恩法案即是对这种特权提出的挑战。虽然赫伯恩法案从头到尾都受到了总统所属政党领袖在参议院的反对，但它最终还是获得了通过，从

① 【美】菲特、里斯：《美国经济史》，第 561 页。

过去的总统史来看，这是一个令人瞩目的事件。”[①] 然而“令人惊奇的是对铁路公司的管制不仅受到社会各界的欢迎，也受到铁路公司的支持”。“铁路公司也许不喜欢接受政府管制，但它们反对政府管制的力量已被它们力图避免可能造成巨大损害的运费率竞争的愿望削弱了”。[②]

这解释了联邦政府权力的扩大为什么受到普遍支持。一般来说，美国工商业利益集团十分支持和欢迎自由放任政策，但是工商业利益集团也认识到整个社会总产出的增加也是对他们非常有利的。特别是当它们的运营扩展到全国范围时，“这些支持‘公司自由’的利益集团总是对州的地方性监管和其他措施的混乱状态感到失望。它们希望为一个已经以工业为主的社会带来更多的秩序。因此，它们愿意和政治领导人一起工作，使全国性的问题有一个有序的统一的解决方案。这种统一的解决方案与由 48 个独立的州立法机构来进行协商和行动所达成的不一致的并且经常互相矛盾的解决法案相比，更加符合公司自由利益集团”。[③]

由于联邦政府更关心“蛋糕做的更大”，因而致使工商业利益集团通过影响政府的政策并用组织手段来控制市场变得更加困难，促使工商业利益集团只能通过提高劳动生产率、降低生产成本的方式获取利润。所以联邦政府并不需耗费大量资源，“聪明而坚决的政策本身就能大大增加经济繁荣与社会效益”。

2. 美国对外崛起与扩张的冲击度强弱不等的原因

自 1865—1945 年，美国对外崛起与扩张冲击度的强弱不是直线性的，而是成波浪形。本文认为美国崛起冲击度的强弱与美国联邦政府对外职能的强弱相关。美国联邦政府的对外职能不断扩大时，

---

① 【美】米尔奇·尼尔森等：《美国总统制（起源与发展 1776—2007）》，第 217 页。

② 【美】菲特、里斯：《美国经济史》，第 561 页。

③ 【美】斯坦利·L. 恩格尔曼、罗伯特·E. 高尔曼主编：《剑桥美国经济史（第三卷）》，第 384 页。

美国对外部世界的反应就变得相当灵敏，美国崛起冲击度强，或者说美国的国际抱负大，联邦政府不仅致力于同时追求越来越广泛的商业利益，同时也追求政治和战略利益，这种情形在 1898—1908 年、1913—1920 年、1939—1945 年这几个时段表现的较为明显。美国联邦政府向强化市场型政府方向形成的速度慢，美国联邦政府的对外职能停滞甚至收缩时，美国对外部世界的反应就会变得迟钝，美国崛起的冲击度弱，或者说美国的国际抱负小。美国对外部世界的利益诉求，会更倾向和集中在经济利益方面。这种情形比较明显的体现在 1865—1897 年、1909—1912 年以及 1921—1939 年这几个时段。

在 1865—1897 年间，美国对外职能是虚弱的，政府调控和支配资源的能力非常有限。美国获得的有限的几次领土扩张成功，主要是因为战略利益而得到美国国会的支持。这几次国会支持下的成功主要集中在中北美洲，可以看出美国的力量和关注焦点主要是它周围的地区，这是对美国的安全影响最大的地区。同时也说明没有利益集团驱动的对外扩张不容易在国会中获得支持，因此美国在这一阶段的对外扩张很难成功。在 1898—1908 年间，美国的扩张视野已经拓展到整个世界。不仅仅是在美洲和亚洲，其目光也波及到非洲和欧洲。美国行政部门变得更加集权和有序，其调控国家资源的能力大大增强，开始更加积极主动地去寻求商业、政治和战略利益，而不再畏惧与其他列强特别是头号列强英国的碰撞。由于利益集团特别是工商业利益集团的利益驱动，在美国的对外扩张中，商业利益处于优先考虑位置。但是美国获得的扩张成功仍然主要局限在美洲地区，只不过范围已经扩大到南美洲地区。他在美洲之外的扩张成功次数依然有限，这说明美国联邦政府调配和运用国家资源的能力还是不够强，美国的崛起和扩张还处在一个量变到质变的过程中。在 1909—1913 年间，美国的对外职能出现了停滞，因而联邦政府调配资源的能力出现了下降。虽然注重寻求商业利益，但是美国在美洲之外地区的扩张多数不成功，1914—1920 年间，第一次世界大战爆发，随着美国卷入战争，它需要在短时间内把大量人力、物力和财力资源动员起来用于支持战争。促使美国联邦政府的职能大大增强。

美国的利益诉求急剧扩大，首次谋求对世界秩序的主导。1921—1939年美国对外职能再次出现停滞和收缩，尤其是经济危机爆发后，美国政府调动和运用国家资源特别是武力资源的意愿显著下降。美国的利益诉求特别是政治和战略利益的诉求下降了。美国对外部世界的总体态度是孤立主义政策。1939—1945年，第二次世界大战再次促使美国的对外职能急剧扩大。联邦政府获得了足够的权力去调度与使用国家资源去打赢战争，同时美国也吸取了一战的经验，通过一系列的国际会议和制度安排将罗斯福的世界蓝图逐步变成现实，确立了美国在战后的世界霸权地位。

3. 美国联邦政府功能变化的原因

这个问题同前一个问题相连，即为什么联邦政府的职能在不同历史时期会有显著的差异，本文认为这种情况的发生同工商业利益集团的力量和意识形态的变化相关。在利益集团之间相互博弈的过程中，受制于集体行动成本的困难，工商业利益集团在某些时期会处于较大的优势，其影响力扩大，以及受美国根深蒂固的自由主义意识形态的影响，对政府的权力持怀疑态度的意识形态在社会占据上风的时候，美国联邦政府的功能就相应会停滞和收缩。相反，反工商业利益集团的声音在社会变大，社会意识形态的钟摆向左，联邦政府被要求充当公正裁判的角色的时候，联邦政府的功能就会增加，以适应日益复杂的社会管理，增加整个社会共容利益。这说明自由主义的意识形态对于美国联邦政府权力的变化影响极大，是一个重要的变量。在美国，自由主义成为美国公众的共识。“美国人要证明……自己对国家的忠诚，就要表现出对个人主义、自由、机会平等这些价值观念的尊崇。作为一个美国人，不仅要表现出对这片特殊的土地的忠诚，更要表现出对经典自由主义的无保留的接受。”①

① John Kenneth White. Still Seeing Red：How the Cold War Shapes the New American Politics［R］. 11. 转引自刘建飞：《美国政治文化的基本要素及其对国民行为的影响》，第124页。

所以霍夫斯塔特说："没有意识形态，只有一种意识形态，这就是我们民族的宿命。"[1] 虽然自立国起，在美国的政治思想中就有两股潮流在并行发展，一股潮流是以杰斐逊为代表的民主思想，一股潮流是以汉密尔顿为代表的精英思想，这两股思潮都是自发产生的，而且在政治理论变革中共同存在与发展，形成了后来所谓的自由主义和保守主义。但实际上它们都是以自由主义为底色，因此有着很大的共性。"在美国无论是左翼还是右翼，都是围绕着这些根本原则展开辩论，所以所谓的自由主义和保守主义之争，并不是根本信念之争。即使是传统的保守主义，他们所要保守的也是自由的传统；他们所要保守的也就是形成于英国、光大于美国，从盎格鲁－萨克逊到美利坚一脉相承并扩展整个世界的自由主义传统。"[2] 不管钟摆向左摆动还是向右摆动，也不管摆动有多大，总是围着自由主义的基点在运动。而自由主义对于政府的权力总是存在着深深地怀疑的，因此联邦政府职能的扩大总是伴随着质疑声。历史学家小施莱辛格曾经提出，美国历史中的这种钟摆运动具有周期性爆发的特点，差不多每隔 15—16 年，自由期和保守期就会风水轮流转一次，小施莱辛格认为这是全国的政治心理周期，与经济形势并无明显联系。但实际上从历史史料可以看出，每一次钟摆都是与经济形势联系在一起的。当 19 世纪后期自由放任主义哲学导致工商业利益集团一强独大的时候，社会中不同利益集团积压的不安与不满就开始变得越来越强烈，最后导致进步主义运动的兴起，美国联邦政府的功能有了显著的扩大。推动整个社会共容利益的增加，不同利益集团的的蛋糕都相应扩大了。这时候社会不满情绪得到了有效的释放。加上美国社会对于社会主义意识形态天然的恐惧，进步主义思潮消退，钟摆又向自由保守主义方向打去。对政府权力的扩大重新持怀疑的态度，造成联邦政府功能的停滞。当民众不再关心政治时，政治权力就必然又落入经济上最强大的利益集团——工商业界，其对利益的

① 亨廷顿：《失衡的承诺》，周端译，东方出版社 2005 年版，第 26 页。

② 王缉思："美国霸权的逻辑"，载《美国研究》，2002 年第 3 期。

过度追求，使财富越来越集中到少数人手中，势必影响其他利益集团的蛋糕分配。这样反过来又引起了农民、劳工和知识界等其他阶层的严重不满，重新推动联邦政府扮演一个积极的平衡者角色，联邦政府的功能又一次扩大。

参考文献

限于篇幅所限，参考书目仅限于详细阅读和引用部分。

一、中文部分

1. 美国经济史部分

【美】吉斯特：《美国垄断史》，傅浩等译，经济科学出版社 2004 年版。

【美】菲特、里斯：《美国经济史》，司徒淳、朱秉铸译，辽宁人民出版社 1981 年版。

【美】杰里米·阿塔克、彼得·帕塞尔：《新美国经济史：从殖民地时期到 1940 年》，罗涛等译，中国社会科学出版社 2000 年版。

【美】沙伊贝、瓦特、福克纳等：《近百年美国经济史》，彭松建、熊必俊、周维译，中国社会科学出版社 1983 年版。

【美】斯坦利·L. 恩格尔曼、罗伯特·E. 高尔曼主编：《剑桥美国经济史（第二卷）《剑桥美国经济史》（第三卷），高德步、王珏总译校，中国人民大学出版社 2008 年版。

【美】查里斯·吉斯特：《华尔街史》，敦哲、金鑫译，经济科学出版社 2004 年版。

【美】乔纳森·休斯、路易斯·P. 凯恩：《美国经济史》，邢露等译，北京大学出版社 2011 年版。

【美】理查德·富兰克林·本塞尔：《美国工业化的政治经济学1877—1900年》，吴亮等译，长春出版社2008年版。

【美】杰拉尔德·冈德森：《美国经济史新编》，杨宇光等译，商务印书馆1994年版。

【美】罗恩·彻诺：《摩根财团：美国一代银行王朝和现代金融业的崛起》，金立群校译，中国财政经济出版社1996年版。

【美】福克讷：《美国经济史 下册》，王昆译，北京：商务印书馆1964年版。

【美】加里·约翰·普雷维茨、巴巴拉·达比斯·莫里诺：《美国会计史》，杜兴强、于竹丽等译，孙丽影、杜兴强审校，中国人民大学出版社2006年版。

【美】米尔顿·弗里德曼、安娜·雅各布森·施瓦茨：《美国货币史》，巴曙松、王劲松译，北京大学出版社2009年版。

【美】理查德·雷恩著，《政府与企业——比较视角下的美国政治经济体制》，何俊志译，复旦大学出版社2007年7月版，第18页。

【美】约翰·S. 戈登：《伟大的博弈：华尔街金融帝国的崛起(1653～2004)》，中信出版社2006年版。

【美】威廉·恩道尔：《金融海啸：一场新鸦片战争》，顾秀林、陈建明译，知识产权出版社2009年版。

【美】迈克尔·赫德森：《金融帝国——美国金融霸权的来源和基础》，嵇飞等译，中央编译出版社2008年版。

【美】迈克尔·赫德森：《保护主义：美国经济崛起的秘诀(1815—1914)》，贾根良等译，中国人民大学出版社2010年版。

【美】查尔斯·A. 比尔德：《美国宪法的经济观》，何希齐译，商务印书馆2010年版。

【美】哈诺德·J. 克莱姆：《经济动员准备》，库桂生 张炳顺译，北京理工大学出版社2007年版。

王书丽：《政府干预与1865—1935年间的美国经济转型》，人民出版社2009年版。

陈宝森：《美国经济与政府政策：从罗斯福到里根》，世界知识出版社 1988 年版。

洪朝辉：《社会经济变迁的主题：美国现代化进程新论》，杭州大学出版社 1994 年版。

胡国成：《塑造美国现代经济制度之路：美国国家垄断资本主义制度的形成》，中国经济出版社 1995 年版。

李世安：《一只看得见的手：美国政府对国家经济的干预》，当代中国出版社 1996 年版。

薛伯英主编：《美国政府对经济的干预和调节》，人民出版社 1986 年版。

2. 美国通史部分

【美】阿瑟·林克等：《一九OO年以来的美国史》，上、中册，刘绪贻等译，中国社会科学出版社 1983 年版。

【美】布卢姆等著：《美国的历程》，下册，戴瑞辉、吕永祯、吴聿衡译，黄席群校，商务印书馆 1988 年版。

【美】卡尔·戴格勒：《一个民族的足迹》，王尚胜等译，辽宁大学出版社 1991 年版。

【美】丹尼尔·布尔斯廷：《美国人：殖民地历程》、《美国人：建国历程》、《美国人：民主历程》，中国对外翻译出版公司译，生活·读书·新知三联书店出版社 1993 年版。

【美】塞缪尔·埃利奥特·莫里森等：《美利坚共和国的成长》，上下卷，南开大学历史系美国史研究室译，天津人民出版社 1991 年版。

【美】威廉·曼切斯特：《光荣与梦想：1932—1972 年美国实录》第 1、2 册，朱协等译，商务印书馆 1978 年版。

【美】尼尔·R. 彼尔斯：《美国志》（上、下册），中国社会科学院美国研究室编译室译、董乐山校，中国社会科学出版社 1987 年版。

【美】霍华德·津恩：《美国人民的历史》，许先春等译，上海人民出版社 2000 年版。

【美】沃尔特·拉菲伯、理查德·波伦堡、南希·沃格奇：《美国世纪——一个超级大国的崛起与兴盛》，黄磷译，海南出版社 2008 年版。

丁则民主编：《美国内战和镀金时代》，人民出版社 1990 年版。

余志森主编：《崛起和扩张的年代》，人民出版社 2001 年版。

刘绪贻主编：《富兰克林·D. 罗斯福时代 1929—1945》，人民出版社 1994 年版。

黄安年：《二十世纪美国史》，河北人民出版社 1989 年。

李庆余等著：《美国现代化道路》，人民出版社 1994 年版。

3. 美国政治史部分：

【美】小阿瑟·施莱辛格：《美国共和党史》、《美国民主党史》，复旦大学国际政治系译，上海人民出版社 1977 年版。

【美】梅里亚姆：《美国政治思想》，朱曾汶译，商务印书馆 1984 年版，第 188 页。

【美】哈罗德·G. 瓦特：《美国大政府的兴起》，刘进、毛喻原译，重庆出版社 2001 年版。

【美】理查德·霍夫施塔特：《美国政治传统及其缔造者》，崔永禄、王忠和译，商务印书馆 2010 年版。

【美】米尔奇、尼尔森等：《美国总统制（起源与发展 1776—2007)》，朱全红译，华东师范大学出版社 2008 年版。

【美】乔纳森·卡恩：《预算民主美国的国家建设和公民权(1890—1928)》，马骏、牛美丽、叶娟丽译，格致出版社、上海人民出版社 2008 年版。

【美】沃塞曼：《美国政治基础》，陆震纶、何祚康、郑明哲译，中国社会科学出版社 1994 年版。

【美】詹姆斯·麦格雷戈·伯恩斯等：《民治政府：美国政府与政治（第 20 版)》，吴爱明、李亚梅译，中国人民大学出版社 2007 年版。

【美】迈克尔·埃默里《美国新闻史》，展江译，中国人民大学出版社 2009 年版。

张定河：《美国政治制度的起源和演变》，中国社会科学出版社 1998 年版。

周琪、袁征：《美国的政治腐败与反腐败：对美国反腐败机制的研究》，中国社会科学出版社 2009 年版。

4. 美国社会史部分

【美】纳尔逊·曼弗雷德·布莱克：《美国社会生活与思想史（下）》，许季鸿等译，商务印书馆 1997 年版，第 16—17 页。

【美】史蒂文·J. 迪纳著：《非常时代：进步主义时期的美国人》，萧易译，上海人民出版社 2008 年版。

5. 美国法律史部分

【美】劳伦斯·M. 弗里德曼：《美国法律史》，苏彦新等译，中国社会科学出版社 2007 年版。

【美】伯纳德·施瓦茨：《美国法律史》，王军译，法律出版社 2007 年版。

【美】斯坦利·I. 库特勒：《宪法的精神》，北京大学法学院司法研究中心译，中国方正出版社 2003 年版。

【美】伯纳德·施瓦茨：《美国最高法院史》，毕洪海、柯翀、石明磊译，中国政法大学出版社 2005 年版。

【美】保罗·布莱斯特等：《宪法决策的过程：案例与材料（第四版上下册）》，张千帆等译，中国政法大学出版社 2002 年版。

韩铁：《美国宪政民主下的司法与资本主义经济发展》，上海三联书店 2009 年版。

王希：《原则与妥协：美国宪法的精神与实践》，北京大学出版社 2000 年版。

丁玮：《美国宪法上的正当法律程序：一个历史的视角》，黑龙江人民出版社 2007 年版。

6. 美国思想史部分

【美】沃浓·路易·帕灵顿著：《美国思想史》，陈永国、李增、郭乙瑶译，吉林人民出版社 2002 年版。

【美】H. S. 康马杰：《美国精神》，南木等译，光明日报出版社 1988 年版。

【美】杜威：《人的问题》，傅统先、邱椿译，上海人民出版社 2006 版。

【美】赫伯特·D. 克罗利：《美国生活的希望：政府在实现国家目标中的作用》，王军英、刘杰、王辉译，江苏人民出版社 2006 版。

钱满素：《美国自由主义的历史变迁》，三联书店 2006 年版。

马骏、刘亚平主编：《美国进步时代的政府改革及其对中国的启示》，上海人民出版社 2010 年版。

7. 美国外交史部分

【美】孔华润主编：《剑桥美国对外关系史（上）（下）》，王琛等译，新华出版社 2004 年版。

【美】扎卡利亚著：《从财富到权力》，门洪华、孙英春译，新华出版社 2001 年版。

【美】S. F. 比米斯：《美国外交史》，第三分册，商务印书馆 1997 年版。

【美】罗伯特·达莱克：《罗斯福与美国对外政策：1932—1945》，伊伟等译，商务印书馆 1994 年版。

【美】迈克尔·亨特：《意识形态与美国外交政策》，褚律元译，世界知识出版社 1999 年版。

【美】唐纳德·怀特：《美国的兴盛与衰落》，徐朝友等译，江苏人民出版社 2002 年版。

【美】亨利·基辛格：《大外交》，顾淑馨、林添贵译，海南出版社 1997 年版。

【美】罗伊·沃森·柯里：《伍德罗·威尔逊与远东政策》，张玮英等译，社会科学文献出版社 1994 年版。

【美】托马斯·佩特森：《美国外交政策》上下册，李庆余译，中国社会科学出版社 1989 年版。

【美】沃尔特·拉塞尔·米德：《美国外交政策及其如何影响了世界》，曹化银译，中信出版社、辽宁教育出版社 2004 年版。

【美】罗伯特·阿特：《美国大战略》，郭树勇译，北京大学出版社 2005 年版。

王晓德：《美国外交与文化》，世界知识出版社 2000 年版。

杨生茂主编：《美国外交政策史：1775—1989》，人民出版社 1991 年版。

陶文钊：《中美关系史，1911—1950》，重庆出版社 1993 年版。

王晓德著：《梦想与现实：威尔逊“理想主义”外交研究》，中国社会科学出版社 2009 年版。

吴心伯著：《金元外交与列强在中国》，复旦大学出版社 1997 年版。

8. 美国军事史部分：

【美】拉塞尔·韦格利：《美国陆军史》，丁志源 等译，解放军出版社 1989 年版。

【美】内森·米勒：《美国海军史》，卢如春译，海洋出版社 1985 年版。

【美】斯蒂芬·豪沃斯：《驶向阳光灿烂的大海—美国海军史》，王启明译，世界知识出版社 1991 年版。

【美】阿伦·米利特、彼得·马斯洛斯金：《美国军事史》，军事科学院外国军事研究室译，军事科学出版社 1989 年版。

【美】肯特·格林菲尔德：《第二次世界大战中的美国战略》，解放军出版社 1985 年版。

【美】拉塞尔·韦格利：《美国军事战略与政策史》，彭光谦译，解放军出版社 1989 年版。

【美】詹姆斯·M. 莫里斯：《美国陆军史》，靳绮雯等译，湖南人民出版社 2010 年版。

【美】詹姆斯·M. 莫里斯：《美国海军史》，靳绮雯等译，湖南人民出版社 2010 年版。

【美】布莱恩·威廉·特纳、布鲁克斯·洛巴兹：《美国空军史》，曹玥译，湖南人民出版社 2010 年版。

【美】杰克·墨菲：《美国海军陆战队史》，蔡晓惠、米琳译，湖南人民出版社 2010 年版。

9. 经济理论部分：

【美】约瑟夫·熊彼特：《资本主义、社会主义与民主》，吴良健译，商务印书馆 1999 年版。

【美】约瑟夫·熊彼特：《经济发展理论》，何畏等译，商务印书馆 1997 年版。

【美】曼瑟尔·奥尔森：《集体行动的逻辑》，陈郁、郭宇峰、李崇新译，上海三联书店、上海人民出版社 1995 年版。

【美】曼瑟尔·奥尔森：《权力与繁荣》，苏长和、嵇飞译，上海人民出版社 2005 年版。

【美】曼瑟尔·奥尔森：《国家兴衰探源》，吕应中译，商务印书馆 1999 年版。

二、英文部分

Albert Weinberg，*Manifest Destiny*：*A Study of Nationalist Expansionism in American History* . Chicago：Quadrangle Books，1963)，pp. 72—77.

Arthur S . Link，*Woodrow Wilson and the Progressive Era*，*1900—1917*. N. Y.：Harper，1963. p. 20.

Bruchey，Stuart Weems ，*The wealth of the nation*：*an economic history of the United States.* New York：Harper & Row 1988.

Bryant，Keith L.，Jr. & Dethloff，*A History of American*

Business, the Second Edition. NJ: Prenticel Hall, 1990.

Charles Beard, *The Idea of National Interest.* New York: The Macmillian Company , 1934.

Dinner, Steven J, *A Very Different Age: Americans of the Progressive Era*. New Nork: A division of Farrar, Straus and Giroux. 1998.

Du Boff, Richard B, *Accumulation and power: an economic history of the United States*. Armonk, N. Y: M. E. Sharpe 1989.

Fareed Zakaria , *From Wealth to Power: the Unusual Origins of America's World Role* Princeton. New Jersey: Princeton University Press. 1998.

Frederick Merk, *Manifest Destiny and Mission in American History*: A Reinterpretation. New York, 1963, p. 24.

F. W. Tausig. *The Tariff History of the United States*. New York: G. P. Putnam'sons, 1931.

Eavoy, Ronald E An economic history of the United States: from 1607 to the present New York: Routledge, 2006.

Heilbroner, Robert & Singer, Aaron, *The Economic Transformation of America: 1600 to the Present*, Third Edition. NY: Harcourt Brace College Publishers, 1994.

Historical Statistics of the U. S.

Jay M. Shafritz et a. lIntroducing Public Administration. NewYork: Longman, 2000.

Kenneth Hagan, William Roberts, eds. , *Against All Enemies: Interpretations of American Military History from Colonial Times to the Present.* New York: Greenwood Press, 1986.

La Feber, Walter, *The American Age: United States Foreign Policy at Home and Aboard since 1750*. New York, 1989.

Maureen A. Flamgan, *America Reformed: Progressives and Progressivisms 1890s — 1920s*. New Nork: Oxford University

Press. 2007.

Mc Cartney，Paul T*Power and progress*：*American national identity*，*the War of 1898*，*and the rise of American imperialism*. Baton Rouge Louisiana State University Press，2006.

McDowell，Gary L，*Curbing the Courts*：*The Constitution and the Limits of Judicial Power*. Baton Rouge：Louisiana University Press，1988.

Novak，William J，*The People's Welfare*：*Law and Regulation in Nineteenth－Century America*. Chapel Hill：The Universiy of North Carolina Press，1996.

Paterson，Thomas G.，et al.，*American Foreign Policy*：*A History since 1900*，third ed.，D. C. Feath and Company，1988.

Russell F . Weigley，The American Way of War：A History of United Sstaes Military Policy . New York：Macmillan，1973.

Stenphen Skroweonek. *Building A New American State*：*The Expansion of National Administrative Capacities*，*1877－1920*. New York：Cam bridge University Press，1982. p. 193.

Thomas J McCormick，*China market*：*America's quest for informal empire*，*1893－1901* Chicago：Elephant Paperback，1990.

Urofsky Melvin I，and Paul Finkelman *A march of Liberty*：*A Constitutional History of The United states*. New York：Oxford University Press，2002. pp. 51－72.

Williams *The roots of the modern American empire*：*a study of the growth and shaping of social consciousness in a marketplace*. New York：Random House，1969.

William Appleman Williams *The Tragedy of American Diplomacy*. New York：W. W. Norton & Company，1972.

Willis，James Frederick：*An economic history of the United States*. Englewood Cliffs，N. J：Prentice Hall 1989.